马淑文 古家军
主 编

面向独立学院的经济管[illegible]材

管理学

MANAGEMENT

图书在版编目(CIP)数据

管理学 / 马淑文，古家军主编. —杭州 ：浙江工商大学出版社，2016.7

ISBN 978-7-5178-1719-2

Ⅰ. ①管… Ⅱ. ①马… ②古… Ⅲ. ①管理学—高等学校—教材 Ⅳ. ①C93

中国版本图书馆 CIP 数据核字(2016)第 160698 号

管理学

马淑文　古家军 主编

责任编辑　郑　建

封面设计　林朦朦

责任印制　包建辉

出版发行　浙江工商大学出版社

(杭州市教工路 198 号　邮政编码 310012)

(E-mail:zjgsupress@163.com)

(网址:http://www.zjgsupress.com)

电话:0571-88904980,88831806(传真)

排　　版　杭州朝曦图文设计有限公司

印　　刷　杭州五象印务有限公司

开　　本　787mm×1092mm　1/16

印　　张　23.75

字　　数　439 千

版 印 次　2016 年 7 月第 1 版　2016 年 7 月第 1 次印刷

书　　号　ISBN 978-7-5178-1719-2

定　　价　49.00 元

总　序

我国的独立学院在近十几年中得到了迅速的发展，已经成为高等教育体系中的一个重要组成部分。独立学院人才培养的特性，使得为独立学院的学生撰写一套在教学上更具针对性的适用教材，已经成为一项不容耽搁的工作。我在多年从事大学的经济学教学实践中，并通过和独立学院的老师的经常交流，可以明显地感觉到，独立学院的学生在学习经济学和管理学等课程中，有着自身的特点和需求。独立学院的学生思想活跃、思维敏捷、关注现实、喜欢争论，但由于独立学院人才培养的定位及独立学院毕业生的职业生涯，相对于单纯基础理论知识的学习，独立学院学生更加偏好理论的应用，对应用理论解决实际问题有着更大的兴趣。课堂教学中安排过多的基础理论知识内容，可能会影响他们学习的兴趣。因此，编写一套适合的经济管理教材，可以说是许多在独立学院教学第一线的老师们的心愿。经过相当一段时间的筹备，浙江工商大学杭州商学院的老师们编写这套独立学院的经济管理教材，做出了新的尝试。

首先，在教材的内容设置上，本着独立学院的学生“基础理论够用、专业知识适用、实践能力管用”的要求来编排教学内容。在以往选用的大学教材中，内容通常较多，规定课时内根本无法从容地授完相应的内容，而且有不少理论知识过于抽象，学生在短时间内难以很好理解。因此，这套教材在教学内容安排上，尽量避免了一般教材中通而全的设置，从“基础理论够用”的要求出发，力求做到概念清晰，逻辑严谨，重点突出，体系完整，特别注重叙述方法的简明、易读、清晰，尽可能深入浅出地将理论讲透，如同一潭清水，清澈见底，方能窥得鱼儿的踪迹。以《微观经济学》这部教材为 例，将原有庞博的微观经济学理论整合为七大章，分别简要阐述了市场供求理论、消费者行为理论、生产者行为理论、厂商市场竞争理论、生产要素理论和市场失灵及微观经济政策理论，较好地概括了微观经济学中的原理和最基础的知识。其次，在教材的编写上，尽可能将分析方法和分析工具讲透彻，以使学生能掌握这些方法和工具，更好地在实践中运用，而不是仅仅停留在教材内容的理解。为了达到这个目的，这套教材在一定程度上简化了教材各章节中的理论阐述，扩展了解读性内容的体量，每个章节都辅之相应的知识拓展和相关的案例，同时列出思考题，供课堂教学时开展讨论。这样的教学内容安排，一方面让学生在阅读教材时，既能知其然，又能知其所以然；另一方面可以增强教与学的互动，也符合独立学院学生思想活跃、喜好争论的特点。与此同时，教材尽量避免了过于复杂的数理推导内容，将一些必要的数理推导，以附录的形式放入每一章，供那些掌握了相应数学知识和有兴趣深入学习的学生阅读。

第三，为了增强教材的通俗可读性，教材在体例设计方面也作了一些改进与创新。教材的每一章不是先提出理论概念，而都是以故事和案例开头，通过具体的案例提出问题，然后说明这些问题的解释和解决，依据的就是本章所阐述的基本原理和方法。每章结束后，配有相应的案例或者习题，并竭力使其中的问题具有趣味性和指导性，为学生深入理解和掌握经济管理基本原理和知识提供非常有用的帮助。案例是理解经济学和管理学原理最为重要的素材，所以，在案例的选用上，编写者尽可能做到引入的案例是身边发生的经济现象和管理实践，通过拉近理论和实际的距离，提升学生的学习兴趣和热情，让学生更好地领悟到经济学和管理学都是学以致用的学科。同时，在教材的每一章的最后都会结合相应的教学内容，介绍两位经济学或管理学名家的生平和学术成就，拓宽学生的视野。

到目前为止，教育部公布认可的国内独立学院已达300多所，学生数量也已超过百万，撰写一套适用于独立学院学生的经济管理教材是一件非常有意义的事情。浙江工商大学杭州商学院在这方面率先做了有益的尝试，希望通过他们的努力，能够进一步带动和促进独立学院的经济管理教学水平的提高。

浙江大学教授、博导　史晋川

2014年11月

目 录

第一篇 管理学概述

第二篇 计 划

第三篇 组 织

第四篇　领　导

第五篇　控　制

第六篇 创 新

第一篇 管理学概述

第一章 管理与管理学

管理是由心智所驱使的唯一无处不在的人类活动。

——戴维·B.赫尔茨

【学习目标】

1. 掌握管理的概念、特征、职能和性质
2. 理解管理的起源
3. 熟悉管理者的角色和技能
4. 了解管理学的学科特点及其学习方法

导入案例

有位新房主,买了栋带大院的房子,他一搬进去,就对院子全面修整,杂草杂树一律清除,改种自己新买的花卉。某日,原先的房主回访,进门后大吃一惊地问,那些名贵的牡丹哪里去了?这位新房主才发现,他居然把牡丹当草给清除了。

后来他又买了一栋房子,虽然院子更杂乱,但他按兵不动。后来,冬天里以为是杂树的植物,春天里竟开了繁花;春天以为是野草的,夏天却是个个锦簇;半年都没有动静的小树,秋天居然红了叶。直到暮秋,他才认清哪些是无用的植物而大力铲除,并使所有珍贵的草木得以保存。

在管理实践中,企业就好像一个大花园,员工就是其间的珍木,珍木不可能一年到头开花结果,管理者在企业经营中只有经过长期的观察,才能发现人才、用好人才!

请思考 从这个小故事中,你如何体会管理的艺术?

第一节　管理的概念

管理活动是人类活动中最基本、最重要的活动之一，它与人类的历史一样久远。18世纪中期的产业革命产生了工厂和企业，开始了企业管理实践。在长期的企业管理实践基础上，一门以研究企业管理理论为主，对其他类型组织同样具有指导意义的学科——管理学诞生了。

一、管理的内涵

“管理”一词，在西方源于意大利语（Manggiare）和法语（Manage），原意是“训练和驾驭马匹”。英语“管理”（Manage）很可能源于法语，经过长期的演变，才具有“处理”“经营”“办理”等多种含义。关于管理的定义，至今仍未得到公认和统一，可谓众说纷纭，其中具有代表性的有：

“科学管理之父”弗雷德里克·W·泰勒（Frederick Winslow Taylor）：管理就是要确切地知道要别人做什么，并注意使他们用最好、最经济的办法去做。

亨利·法约尔（Henry Fayol）：管理是由计划、组织、指挥、协调及控制等职能为要素组成的活动过程。

赫伯特·A·西蒙（Herbert A. Simon）：管理就是决策。他认为管理是制定和贯彻决策的活动，决策是否科学和贯彻是否有效，关系着管理的全部命运，即决策的成败关系到组织的生死存亡。在组织管理中，最大的失误是决策失误，最大的效益往往也是决策效益。

玛丽·帕克·福莱特（Mary Parker Follett）：管理是通过其他人来完成工作的艺术。

帕梅拉·刘易斯（Pamela Lewis）：管理是有效支配和协调资源，并努力实现组织目标的过程。

哈罗德·孔茨（Harold Koontz）：管理是设计和保持一种良好环境，使人在群体里高效率地实现预定目标，并为实现预定目标而进行的计划、组织、人员配备、领导和控制。

现代管理学大师彼得·德鲁克（Peter F. Drucker）：管理就是界定企业的使命，并激励和组织人力资源去实现这个使命。界定使命是企业家的任务，而激励与组织人力资源是领导力的范畴，两者的结合就是管理。从根本意义上讲，管理意味着用智慧代替鲁莽，用知识代替习惯和传统，用合作代替强制。归根结底，管理是一种实践，其本质不在于“知”，而在于“行”；其验证不在于“逻辑”，而在于“成果”。

斯蒂芬·P·罗宾斯(Stephen P. Robbins):管理是指同别人一起,或通过别人使活动完成得更有效率的过程。

周三多、陈传明和鲁明泓:管理是管理者为了有效地实现组织目标、个人发展和社会责任,运用管理职能进行协调的过程。

综上所述,众多的管理定义主要是对于管理的过程或职能的侧重各有区别,但从本质上说对于管理的认识却是相通的。我们认为以上定义包含以下5层含义:

(1)管理的目的是为了实现组织的预期目标。世界上既不存在无目标的管理,也不可能实现无管理的目标。

(2)管理的核心问题是协调。协调是使每一个人的努力与组织的预期目标相一致。每一项管理职能、每一次管理决策都要进行协调,都是为了协调。

(3)管理的载体是组织。管理不能脱离组织而存在,同样,组织中必定存在管理。

(4)协调的中心是人。在任何组织中都同时存在人与人、人与物的关系。但人与物的管理最终仍表现为人与人的关系,任何资源的分配也都是以人为中心进行的。由于人不仅有物质的需要还有精神的需要,因此社会文化背景、历史传统、社会制度、人的价值观、人的物质利益、人的精神状态、人的素质、人的信仰等都会对协调活动产生重大影响。

(5)管理工作的有效性要从效率和效果两个方面来评判。效率涉及组织是否"正确地做事",即不浪费资源。效果涉及组织是否选择"正确的事"去做。从效率和效果来看,效果更重要。拿足球运动员来说,足球运动员跑步速度快,满场飞,效率高,但就是不进球,无效果,一切都无意义。可见,仅仅有效率是不够的,管理者更应关注事情的效果,效果涉及组织目标的实现,在有效果的前提下讲效率。我们可以用图来表示它们之间的关系,如图1-1所示。

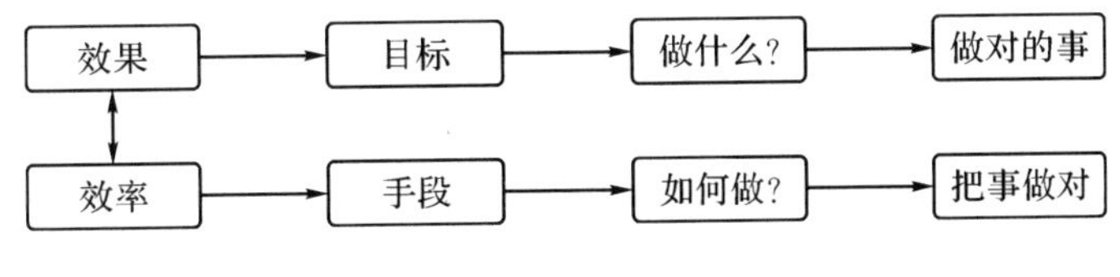

图1-1 管理追求效率和效果

专栏1-1

富士康的N连跳。1个、2个、3个……12个,已经没有人敢预测在富士康跳楼的年轻生命最终会定格在哪个数字上,这个全球最大的代加工工厂就像被诅咒了一般。

从富士康开出的工资、保险、年假、加班制度等硬性指标来看,这确实是一家符合规定的外企。没有违法用工,而且,每日都有数千人排队求职想进入富士康。或许,我们应该寻找更深层次的原因。

在富士康,工业化生产流水线做到了极致,人的自由意志、情感需求、精神追求,均不在企业的考虑范围。在富士康,每个动作被精确计算,人和流水线融为一体,以达到劳动力利用的最大化。工人就像是被植入了电脑芯片的智能零件,每天都按规定的指令程序,到固定的地方吃饭、上班、睡觉。在这样的企业里,工人完全没有正常的家庭和社会生活。

这种机械作业、军事化管理下的流水线生活,严重伤害了工人的身心健康,而在工人劳动能力下降之后,他们很快就被淘汰出工厂,企业会另外招聘年轻力壮的工人。在富士康,员工大多数都是20岁以下的年轻人。这就是"泰勒制"对工人的异化摧残。

资料来源:李铁.如果"该死"的富士康真的死了.读报参考,2010(17).

小思考 你认为富士康的管理哪里出了问题?

专栏 1-2

电影《红高粱》在德国举行首映式时,走的是"以智取胜"之路。我国电影代表团经过精心设计,在首映式上别出心裁地向每位观众免费赠送了一件成本只有1.5元的红色粗布对襟小褂,背后印有"红高粱"3个汉字。这一精心设计,竟收到了意想不到的效果。电影散场后,外国观众纷纷把红小褂穿在身上,无论是影院还是街头,到处可见红小褂。没有得到红小褂的德国人也纷纷涌入影院,希望目睹《红高粱》,得到一件红小褂。在电影节期间,《红高粱》上座率一直在直线上升,一炮打响。这不仅使巩俐、张艺谋名扬四海,而且使《红高粱》成为首部打动世界的中国电影,为中国电影业的发展立下汗马功劳。只有那种低消耗、高利润的发展策略,才是组织全胜的经营战略。

管理启示 现代管理过程学派的观点,管理体现的是一种经营职能。目的在于以很少的投入取得较多的产出,管理就是谋取利润,以最小的代价获取最大的效益。也就是说管理过程就是实现低耗费、高成就的过程,就是把资源的利用降到最低限度,而把目标实现提到最高的程度。效率加效果就是效益,即提高效益,追求效果。

二、管理的重要性

(一)管理的普遍性

1. 管理的历史渊源流长

人类社会的初级阶段是氏族社会,在氏族社会中,人们联合起来与大自然、与猛兽做斗争,在此过程中就已经形成了管理活动,如当时议事会的组织及选举和撤换酋长,讨论生产活动安排及产品分配;酋长指挥部署劳动及抵御外侵;等等。从历史记载的古今中外的管理实践来看,素以世界奇迹著称的埃及金字塔、中国的万里长城等,其宏伟的建筑规模不仅是劳动人民勤劳智慧的结晶,也是历史上伟大的管理实践,这些浩大的工程,就是人类杰出的管理和组织能力的力证。

2. 管理渗透到现代社会生活的方方面面

管理既是成果的要素,也是失败的根源。在现代社会中,管理无处不在、无时不在。可以这样说,凡是存在组织的地方,就存在管理。人们不断地管理着国家、政府、企业、学校和医院;管理着部门、业务、家庭和事业;管理着时间、行为、信息和资源等。

按组织的性质分,有政治管理、军事管理、文化教育管理、宗教管理、家庭管理等。按组织的层次分,有宏观管理和微观管理。所谓宏观管理,就是规模比较大、层次比较高的组织管理,如整个国家或地区的国民经济管理;所谓微观管理,就是规模较小、层次较低的组织的管理,如企业管理、学校管理、俱乐部管理、家庭管理等。宏观管理与微观管理的区分是相对的,对于整个国民经济来说,企业管理属于微观范畴,但对于一个较大的企业来说,例如拥有许多分厂或车间的公司,则公司的决策、组织等管理活动又属于宏观范围。

3. 管理关系到每个人的切身利益

我们生活在各种各样的组织中,要和各种各样的组织打交道。现实中不是管理别人就是被别人管理,不是扮演管理者的角色就是扮演被管理者的角色。一个管理有素的家庭、学校、企业可使人终身受益,相反,管理不善的组织往往会给人以烦恼和损害。

(二)管理的必然性

管理活动是必然存在的,主要体现在以下 3 个方面。

1. 管理是群体活动的产物

组织是一个由人组成的集合体,这些人共同进行活动,如果没有管理必然杂乱无章。因此,为了保障活动有序进行,获得有效成果,就必然进行组织和协调,这些都是管理的范畴。

2. 资源的有效配置需要管理

个人或组织的活动，都是建立在对资源的利用上，但是世界上的资源都是稀缺的，作为资源使用者的组织，使用资源是要支付成本的。面对资源的相对稀缺性，组织必须合理有效地配置极其有限的各种资源，以最大限度地发挥其效用。

3. 目的性活动需要管理

任何组织活动都具有强烈的目的性，而组织愿景、目标的实现有赖于组织成员的共同努力，有赖于组织的谋划、协调和控制。因此，管理是组织目的性活动的客观要求。

（三）管理是促进社会经济发展的最基本的要素

1. 管理是一种生产力

生产力可以理解为人们运用各种资源获取物质财富的能力。管理作为生产力，表现在通过管理者的预见性及合理的计划、组织及协调，可以完成分散个人无法完成的生产作业，可以以较少的资源耗费，获取较多的物质财富。众所周知，大多数生产活动，特别是较大的工程（如修铁路、建跨海大桥、建发电站等）和现代工业生产（如炼钢、汽车制造等），只有许多人协作才能完成，而协作劳动离开统一的管理，根本无法进行。正如美国著名的管理学家孔茨所说："管理工作是一切有组织的协作所不可缺少的。"

2. 管理是促进社会经济发展和进步的动力源

世界各国的经验证明，现代管理是社会进步和经济发展的重要因素。现代管理学大师德鲁克指出，管理是促进社会经济发展的最基本的关键因素。所谓发展中国家，并非是资源落后，而是管理落后。经济发展固然需要丰富的经济资源和发达的技术，但是最需要的还是管理的能力，即合理组织和利用资源及技术的能力。可以说，管理是社会进步的另一个不可忽视的因素。20 世纪初，美国逐渐超过当时号称世界第一强国的英国成为西方各国的盟主，并不是英国在技术和工艺方面比美国落后很多，而是英国的组织和管理水平比美国要低很多。到了 20 世纪七八十年代，日本的经济发展超过了美国，他们横扫英国的摩托车产业，超越美国和德国的汽车生产，抢夺瑞士的钟表市场，打击美国在钢铁、造船、电子产品上的传统优势，原因就在于日本成功地建立了先进的管理体系。

在当代，人们普遍认为先进的科学技术和先进的管理科学是推动现代社会发展的"两个车轮"，缺一不可。还有人认为，管理是现代社会文明发展的 3 大支柱之一，它与科学、技术三足鼎立。这一点已被许多国家的发展经验所证明，虽然科学技术进一步决定了社会生产力水平，从而推动指挥发展的进程，但是，仅有先进的科学技术，没有先进的管理水平，没有相应的管理科学的发展，先进科学技术的作用就无法得到充分的发挥，而且还有可能阻碍社会生产力的提高。这些都表明管理在现代社会的发展中有着重要的地位。

当前，包括我国在内的发展中国家都面临着如何实现现代化的课题。而发展中国家普遍面临技术落后、资金短缺的困难，因此，发展中国家大都从引进发达国家的资金和技术开始现代化的进程。然而，严酷的现实是，有了大量资金和先进技术并不一定能获得预期的发展，管理水平落后常常成为这些国家实现经济腾飞的严重障碍，引进的资金往往被浪费，设备和技术往往得不到有效的利用。所以，要促进经济发展和社会进步，当务之急是提高管理水平。

(四)管理是一个组织生存和发展的重要条件

管理的作用犹如组织的神经系统，众所周知，离开了神经系统的联络、指挥、控制，有机体便无法在复杂变化的环境中生存发展。对于整个社会来说，其道理也一样。以经济管理为例，它所面对的是分工精细、协作广泛、变化节奏快、活动连续并要严格保持资源的合理比例的一个有机整体，显然，如没有科学的管理，分工协作就难以实现，比例和节奏更无法保证，社会生产必然陷入一片混乱。管理有方的组织，像中国华为公司、德国西门子公司、韩国三星集团等都赢得了顾客的忠诚、获得了增长和繁荣。而那些管理不善的组织，如英国巴林银行、日本住友银行、中国三株口服液公司等，因管理不善企业生存受到威胁。可以说，90%以上的企业破产是由于管理上的无能与缺乏管理经验。

管理知识总的来讲是来源于经验，这个经验包括直接经验和间接经验，直接经验是主管人员在亲身的管理实践中获得的，而间接经验是通过各种方式学习他人的经验获得的。主管人员要提高自己的管理能力，关键在于把这两种经验有机地结合起来，而管理学的学习正是获得他人成功经验最有效的、最迅速的途径。用较短的时间掌握必要的管理基本理论和方法，然后在实践中因地制宜运用这些知识来指导自己的工作，与过去那种完全凭权威、凭直觉和自己摸索出的零散经验进行管理的方式相比，往往效果事半功倍。

人类社会进入 21 世纪，全球的政治、经济、文化格局发生了巨大的变化，世界正进行着全新的整合，市场竞争更为激烈，组织及其管理的发展面临新的环境、机遇和挑战。随着未来社会共同劳动的规模日益扩大，劳动分工协作更加精细，社会化大生产日趋复杂，比起过去和现在，管理在未来社会中的地位将更加重要。

第二节 管理的职能与属性

一、管理的职能

管理的具体职能是指管理者为了实现有效管理所必须开展的基本活动,它是从具体方面回答管理是“做什么”和“怎么做”的问题。最早系统提出管理具体职能的是法国管理学者、大企业家法约尔。他在1916年发表的《工业管理和一般管理》一书中指出:“管理就是实行计划、组织、指挥、协调和控制。”即“五职能学说”,这是比较传统和权威的看法。自法约尔提出5种管理职能以来,不同时期的管理学家对管理职能的看法亦不相同。

许多新的管理理论和管理实践一再证明:计划、组织、领导、控制和创新这5种管理职能是一切管理活动最基本的职能。

(一)计划

计划是管理过程中的首要职能,它对未来事件做出预测,以制订行动方案。计划工作是为事物未来的发展规定方向和进程,重点要解决好两个基本问题:一是目标的确定问题。如果目标选择不对,计划再周密具体也枉费心机,这是计划的关键;二是进程的时序,即先做什么,后做什么,可以同时做什么,均不能错位,这是计划的准则。换言之,管理的计划职能就是要选择组织的整体目标和各部门的目标,决定实现这种目标的行动方案,从而为管理活动提供基本依据。因此,计划职能是管理的首要职能,是从现在通向未来的桥梁。

(二)组织

组织是指完成计划所需的组织结构、规章制度、人财物的配备等。组织工作是为了提高人员合作的效率,使整个组织协调运转而对管理系统拥有资源的职责、权限和相互关系进行有序安排的过程。为此,组织工作应根据工作的要求与人员的特点来设计岗位,通过授权和分工,将适当的人员安排在适当的岗位上,应用制度规定各成员的职责和上下左右的相互关系,形成一个有机的组织结构。它有两个基本要求:一是按目标要求设置机构、明确岗位、配备人员、规定权限、赋予职责并建立一个统一的组织系统;二是按实际目标的计划和进程,合理地组织人力、物力和财力并保证它们在数量和质量上相互匹配,以取得最佳的经济和社会效益。

(三)领导

计划与组织工作做好了,也不一定能保证组织目标的实现,因为组织目标的实现要依靠组织全体成员的努力。由于在个人目标、需求、偏好、性格、素质、价值观、工作职责和掌握信息量等方面存在很大差异，在相互合作中必然会产生各种矛盾和冲突，因此就需要有权威的领导者进行领导。领导是指管理者的一种行为和影响力，这种行为和影响力用于引导和激励组织成员去实现组织目标。领导是管理的基本职能，它贯穿管理活动的整个过程。管理的领导职能不仅具有科学性，更具有艺术性，它的价值体现在指导人们的行为，沟通人们之间的信息，消除误会，减少内耗，增进理解，统一思想和行动，激励每一个成员自觉地为组织目标而努力。

专栏 1-3

位于温州市的中国德力西集团公司现有资产 11 亿元，年产值 26 亿元，并连续多年被国务院发展中心评为中国最大低压电器出口基地。胡成中作为该集团公司的董事局主席，却是一个操着不太标准普通话、只念过初中的年轻人。20 世纪 80 年代，他在家乡小镇摆摊做裁缝，后来走南闯北，帮别人推销低压电器，就这样一步步成就了今天的事业。这样的浙江私企老板还有很多，他们出身贫寒，如万向集团董事长鲁冠球是打铁匠，正泰集团董事长南存辉是修鞋匠，宁波三星集团总裁郑坚江是汽车修理工，星星集团总裁叶仙玉出身农民……由此可见，真正的企业管理者，不一定自己的能力有多强，而是能够很好地利用在某些方面比自己强的人。管理就是让别人去做自己想做的事情。怎么样让别人去做并且别人愿意去做，这就涉及"择人而任势"(《孙子兵法 · 势篇》)的问题。所谓"择人"，就是要知人善任。在美国汽车发展史上，福特汽车公司曾因起用有杰出智慧的专家詹姆斯 · 库兹恩(James Kuzn)担任经理而使福特成了汽车大王；通用汽车公司又因起用"现代化公司组织天才"艾尔弗雷德 · 斯隆(Alfred Prichard Sioan)当总经理，使该公司的营业额迅速上升而超越福特。20 世纪 80 年代初期，克莱斯勒公司起用艾科卡(Lacocca)担任总裁，使该公司发生了翻天覆地的变化，不但偿还了全部债务，还获得了前所未有的巨额利润。

管理启示 人们印象中的优秀管理者好像一定要是能力非常全面的人，其实不然，真正的企业管理者，不一定自己的能力有多强，只要懂得信任，懂得放权，能够管理并团结自己的下级，就能更好地利用在某方面比自己强的人，从而自身的价值也通过他们得到了提升。相反许多能力非常强的人却因为过于追求完美主义，事必躬亲，觉得什么人都不如自己，最后只能做最好的公关人员、销售代表等，成不了优秀的企业领导人。

(四)控制

控制是促使组织的活动按照计划规定的要求而展开的过程。控制职能是按照既定的目标、计划和标准,对组织活动各方面的实际情况进行检查和考察,发现差距,分析原因,采取措施,予以纠正,使工作能按原计划进行;或根据客观情况的变化,对计划做适当的调整,使其更符合实际。控制必须具备3个基本条件:一是有明确的执行标准,如数量、定额、指标、规章制度、政策等;二是及时获得发生偏差的信息,如报表、简报、原始记录、口头汇报等;三是纠正偏差的有效措施。缺少任何一个条件,管理活动便会失去控制。

控制职能与计划职能密不可分。计划是控制的前提,为控制提供目标和标准,没有计划就不存在控制,控制是实现计划的手段,没有控制工作,事先拟定的计划是不会自动实现的。控制活动为计划的实现提供保证。

(五)创新

周三多1990年最先把创新列为管理职能,认为创新是管理工作的原动力。近几十年来,由于科学技术迅猛发展,社会经济活动空前活跃,市场需求瞬息万变,社会关系也日趋复杂,每位管理者每天都会遇到新情况、新问题。如果因循守旧、墨守成规,就无法应付新形势的挑战,也就无法完成肩负的任务。现在已到了不创新就无法维持的地步。许多事业获得成功的管理者成功的关键就在于创新。如今这个时代,“唯一不变的就是变化了”,组织要想生存发展,只有创新。

以上5种管理职能都有自己独特的表现形式。计划职能通过计划的制订表现出来,组织职能通过组织结构的设计和人员的配备表现出来,领导职能通过领导者和被领导者的关系表现出来,控制职能通过偏差的识别和纠正表现出来。至于创新职能,则没有特定的表现形式,它总是在与其他管理职能的综合中表现其存在性的,对一个有活力的组织来说,创新无处不在、无时不在。

在管理实践中,各种管理职能并不是孤立存在的,它们之间的界限不是能够简单、清晰、严格地加以区分,它们相互交叉渗透。所以,应将管理的职能描述为一个过程,在这个过程中管理者从事计划、组织、领导、控制和创新工作,即管理过程。

二、管理的属性

(一)管理具有自然和社会双重属性

马克思认为,管理双重性理论可以概括为:“一方面具有与生产力、社会化大生产相联系的自然属性;另一方面又具有与生产关系、社会制度相联系的社会属性。”

也就是说,任何社会的企业管理都具有双重属性:管理的自然属性和社会属性。管理双重性分别表现为合理组织生产力(指挥劳动)以及维护和发展生产关系(监督劳动)两种管理职能。前者表现为管理的自然属性,而后者表现了管理的社会属性。

(二)管理是科学性与艺术性的统一

1.管理的科学性

无论什么性质的管理都必须遵循客观规律,这是其科学性的体现。管理体现科学性,是因为它应用定量分析的方法,研究管理的决策问题,如资源配置、人力资源管理、项目规划、财务、时序、选址等问题。这些解决方案的定量计算方法,是研究制定最优化决策的科学方法,如线性规划、目标规划、决策分析等;也是研究改善决策制定的一种合理的、富有逻辑的分析方法,具有科学性。例如:进行设备管理时,必须依据设备运转规律,本来某台设备一天只能运转 8h,如果让它运转 12h,肯定会出故障,影响其寿命。再比如:产品生产必须按照 A→B→C→D 的顺序进行加工,如果调换,让它按照 B→C→A→D 的顺序来加工的话,生产出来的可能是“废品”或者根本无法生产。

2.管理的艺术性

管理实践中,一定要根据具体情况,“随机应变”地处理问题。这就是管理的艺术性,艺术性的高低,直接影响管理的效果。尤其是对人的管理,更要注重艺术性。例如,某一位主管人员善意地、用开导的方式指出其下属所犯的错误,让他改正。某种程度上比在大庭广众之下,用带讽刺的口吻批评下属让其纠正错误的效果要好得多。

第三节 管理者的角色与技能

一、管理者的角色

管理职能只是抽象地探讨了管理者需要做什么,但管理者是否会这样履行管理职责呢?20 世纪 60 年代末,亨利·明兹伯格(Henry Mintzberg)对 5 位总经理的工作进行了长期、认真和仔细的观察,对他们的管理过程中的时间分布进行了记录,然后对他们的行为进行了分类,得出了著名的管理者角色理论。明兹伯格的实证研究结论为:管理者扮演着 10 种不同的,却是高度相关的角色。这些角色整体上可以分为人际角色、信息角色和决策角色。明兹伯格的管理角色理论如图 1-2

所示。

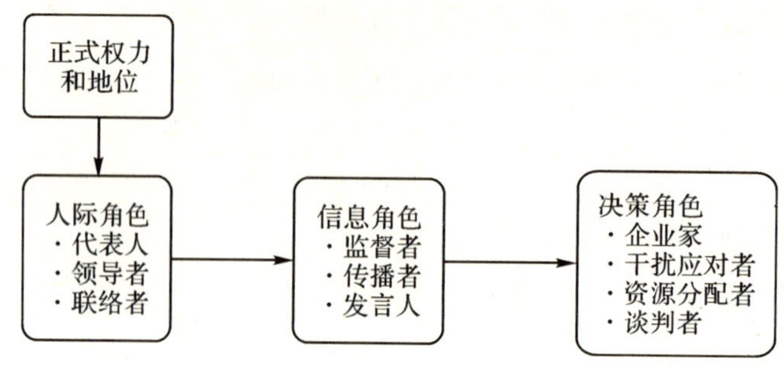

图 1-2　明兹伯格的管理者的角色理论

资料来源：Henry Mintzberg. "The Manager's Job; Folklore and Fact," Harvard Business Review. March-April 1974.

(一)人际角色

明兹伯格所确定的第一类角色是人际角色，是指所有的管理者都要履行礼仪性和象征性义务。人际角色直接产生自管理者的正式权力基础，管理者在处理与组织成员和其他利益相关者的关系时，就是扮演人际关系角色。管理者参加各种签字仪式等活动时，他们都在扮演代表人角色；管理者处理雇佣、培训、激励、惩戒员工等活动时，他们在扮演领导者角色；管理者与提供信息来源的组织内外的个人或团体接触时，在人群中间充当联络者角色，如销售经理从人事经理那里获得信息属于内部联络关系，而他通过市场营销协会与其他公司的销售经理接触时，就属于外部联络关系。

(二)信息角色

明兹伯格所确定的第二类管理者角色是信息角色，是指所有的管理者在某种程度上都从外部的组织或机构接受和收集信息，同时又是所在单位的信息传递中心和信息传递渠道。在信息角色中，管理者负责确保和其一起工作的人具有足够的信息，从而能够顺利完成工作。如当他们关注外部关系，了解公众趣味的变化或竞争对手可能正打算做什么时，管理者正在扮演监督者角色；当管理者作为信息通道向其他部门或组织成员传递信息时，他们扮演着传播者的角色；当他们代表组织向外界表态，如向董事和股东说明组织的财务状况和战略方向，向消费者保证组织切实履行社会义务时，管理者是在扮演发言人角色。

(三)决策角色

决策角色是指围绕决策制定而担负起的角色。在决策角色中，管理者起着决策者的作用，他们处理信息并得出结论。如果信息不用于组织的决策，这种信息就丧失其应有的价值。当管理者密切关注组织内外环境的变化和事态的发展，发现机会，利用机会，发起和监督那些将改进组织绩效的新项目，他们是作为企业家角色；当管理者采取纠正行动应付那些未预料到的问题，如处理冲突，对员工之间的争端进行调节，平息客户的怒气，应付不合作的供应商等，他们是作为干扰应对者角色；此外，管理者负有分配人力、物资和金融资源的责任，是作为资源分配者角色；最后当管理者为了自己的组织利益与其他团体议价和商定成交条件时，他们是在扮演谈判者角色。

后续的大量研究发现，不论何种类型的组织和在组织的哪个层次上，管理者都扮演着相似的角色，只是各种角色的重要性有所不同。但是管理者角色的侧重点是随着组织的等级层次变化而变化的，特别是代表人角色、联络者角色、传播者角色、发言人角色和谈判者角色，对于高层管理者要比基层管理者更重要。

专栏 1-4

小企业的管理者要花大量的时间处理外部事务，如接待消费者、向银行贷款、寻求新的生意机会以及促进变革，他可能是一个多面手，往往身兼数职。因此，一般而言，小企业管理者最主要的角色是发言人角色。而大企业的管理者主要关心的是企业内部事务，如怎样在组织单位间分配现有的资源等。因此，大企业管理者最主要的角色是资源分配者角色。

小思考 你认为上述说法合理吗？

二、管理者的类型

(一)根据管理者在组织中所处的层次

根据管理者在组织中所处的层次将管理者分为基层管理者、中层管理者和高层管理者，如表 1-1 所示。

表 1-1 管理者类型

组织级别	职 位	职能头衔
高层管理者(下属是管理者)	执行官	总裁 生产副总裁 销售副总裁 人力资源副总裁 首席财务官

续 表

组织级别	职 位	职能头衔
中层管理者(下属是管理者)	经理或总监	生产总监 销售总监 人力资源部经理 财务部经理
基层管理者(下属是操作者)	主管	生产监督员 地区销售经理 人力资源助理经理 会计

高层管理者是指对整个组织的管理负有全面责任的人。主要职责是制定组织的总目标、总战略,掌握组织的大政方针并评价整个组织的绩效。高层管理者在与组织外界交往中,往往代表组织,并以“官方”的身份出现。

中层管理者通常是指处于高层管理者和基层管理者之间的一个或若干个中间层次的管理人员,在组织的管理活动中常常起承上启下的作用。他们的主要职责是:贯彻执行高层管理者所制定的重大决策,监督和协调基层管理者的工作。与高层管理者相比,中层管理者更注重日常的管理事务。

基层管理者,也叫一线管理者,是组织中对他人工作进行管理的最低一层,他们仅负责指挥员工却不能监督其他管理者。基层管理者的主要职责是:给作业人员分派具体的工作,直接指挥和监督现场的作业活动,保证各项工作有效的完成。

(二)按管理者所从事管理工作的领域宽窄及专业性质不同

按管理者所从事管理工作的领域宽窄及专业性质不同划分为两大类:综合管理者和专业管理者。

综合管理者是指对一个组织的活动负有全面责任的管理人员。他们统管一个综合性的单位,如一家公司、一家子公司或一个独立的生产部门,负责该单位的所有活动,包括生产、人事、营销和财务等,一家小公司可能只有一个综合管理者,而一个大公司则可能有几个综合管理者,分别负责一个个相对独立的部门,像一家小公司总裁一样,这些部门的首脑将负责所管辖单位的所有活动。

专业管理者是指仅仅负责一种组织行为的管理者,如公司中的财务经理、人力资源经理等。专业管理者不仅要具备一般的管理技能,而且要掌握所管理领域的专业技能。

值得注意的是,专业管理者和综合管理者进行着相似的基于时间的计划、组织、领导和控制的工作,他们工作的不同之处仅在于他们所统管的活动范围不同。

三、管理者的技能

不同的管理者在组织的不同层次上从事不同范围的组织活动,他们所需和所用的管理技能各不相同。罗伯特·卡茨(Robert L. Katz)认为,一名管理人员应该具备3方面管理技能:技术技能、人际技能和概念技能。

(一)技术技能

技术技能是指能使用某一专业领域内有关的工作程序、技术和知识完成任务的能力。如外科医生、教师、工程师和音乐家都在他们各自不同的领域内具有技术技能。在公司里,产品加工技能、会计核算技能、营销技能等也是如此。技术技能可以通过教育、培训和学习等途径来获得和掌握,专业知识掌握得越多,技术技能的水平一般也越高。一个有效的管理者可以不是专家,但必须不是外行。

(二)人际技能

人际技能是指具有与他人或团队协同工作、理解并激励他人行为的能力。其基础是一个人的协作精神与团队精神,合格的管理者能创造出一种良好的氛围,使员工能够自由地无所顾忌地表达个人的观点。组织成员往往乐于与人际技能较强的管理者一起工作,因为他善于处理各种人际关系。他会说服上级领导,会同其他部门同事密切合作,同时掌握激励和引导下属以及正确指导和指挥工作的能力。与技术技能不同的是,人际技能对各级领导者都很重要,高层、中层和基层管理者都需要有很强的人际技能。

(三)概念技能

概念技能也叫思维技能,是指管理者能透过现象看本质、从全局看问题、从有限的信息中做出科学决策的能力。拥有概念技能的管理者,把组织当作一个整体,能总揽全局,判断出重要因素并了解这些因素之间的关系,以此做出正确决策,引导组织的发展方向。概念技能体现的是管理者的抽象思维能力,主要是对组织的战略性问题进行分析、判断和决策的能力。概念技能与一个人的知识、经验和胆略有关,它所需要的知识基础相当广泛,而不仅仅限于专业知识。越是处于高层的管理者,他们越需要更多地掌握概念技能,显然在组织中所处的层次越高,对全局、关键领域及组织所处的发展时期的理解就越重要,管理者也就必须对组织的全景有更清楚的把握。

法约尔和罗伯特·卡茨认为这些管理技能的相对重要性取决于管理者在组织中所处的层次,如图1-3所示。

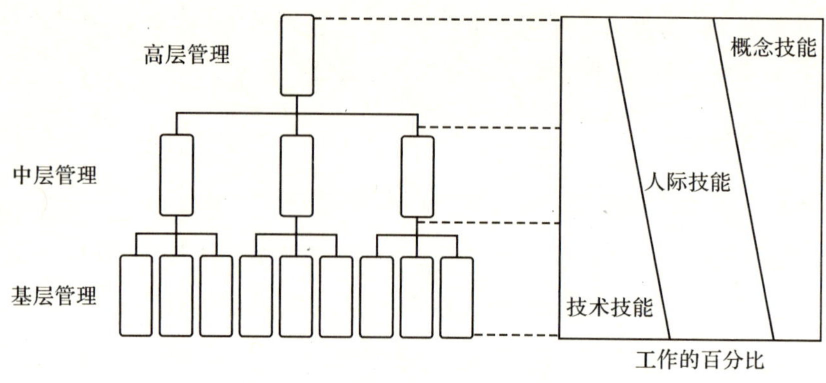

图 1-3 技能与管理层次

技术技能对于基层管理者最为重要；人际技能对于各个层次的管理者都很重要，但它是中层管理者所必需的主要技能，他们指挥下属员工的技能比他们自己对技术的精通要重要得多；概念技能的重要性则随着一个人在管理系统中层次的上升而逐渐增强，因为在组织中所处的层次越高，对全局、关键领域及组织所处的发展时期的理解就越重要，管理者也就必须对组织的全景有更清楚的把握。

专栏 1-5

彼得·德鲁克认为一位卓越的管理者，一般具有以下 6 个特征：

1. 重视目标和绩效；只做正确的事情。

2. 一次只做一件事情，并只做主要的事情。他极为审慎地设定自己的优先顺序，随时进行必要的检查，毅然决然地抛弃那些过时的任务，或者推迟做那些次要的任务；他知道时间是他最为珍贵的资源，必须极为仔细地使用它。

3. 作为一名知识工作者，他知道自己所能做出的贡献在于：创造新思想、愿景和理念；他的原则是：我能做哪些贡献？为了达成整体目标，我如何激励他人做出自己的贡献？他的目标在于提高整体的绩效。他尝试建立一个有绩效的团队，他知道每个人都有能力做出更多的贡献，他会不断地给自己以及与其共事的人树立更远大的目标，并提高自己和他人的工作水平。

4. 在选用高层管理者时，他注重的是出色的绩效和正直的品格。他能敏锐地察觉选用人才的重要性，这种用人的决策至关重要，必须经过长久的深思熟虑。作为卓越的管理者，他与自己的下属保持一定距离，为的是使自己能够不偏不倚、合理地衡量他们的绩效。他知道人无完人，即使是最有能力的人也有弱点，他关心的是一个人能做什么，而不是他不能做什么。他致力于充分集中人员的知识和技能，利用这些优势达成组织的目标。

5.他知道增进沟通的重要性;他有选择地搜集所需要的信息。他知道有些事物不能被量化,而过多的信息会导致混淆和混乱。

6.他只做有效的决策。

第四节　管理学的研究对象与方法

一、管理学的研究对象

管理学是一门系统地研究管理活动的基本规律和一般方法的学科。管理活动千差万别,如一个政府的首脑和一个公司的经理要处理的问题,可能有本质的差别,但他们都要通过一定的计划、组织、领导和控制等职能来实现组织的目标,在实施这些管理职能时,其内容会有所不同,但是遵循的基本原理及原则却是一样的,这就是管理的共性,也就是管理学所要研究的对象。

根据管理学研究的对象、性质和特征,管理学在研究管理的基本规律时,具体涉及以下几方面内容。

1.从管理的双重性出发,着重从3个方面研究管理学。

生产力方面。管理学主要研究生产力诸要素之间的关系,即合理组织生产力的问题。研究如何合理配置组织中的人、财、物等各要素,使各生产要素充分发挥作用的问题;研究如何根据组织目标、社会的需要,合理使用社会资源,以求得最佳经济效益和社会效益的问题。可见,合理组织生产力是管理学研究的一个极其重要的内容。

生产关系方面。管理学主要研究如何正确处理组织中人与人之间的相互关系。研究如何激励组织内成员,从而最大限度地调动各方面的积极性和创造性;研究如何完善组织机构和各种管理体制的问题;研究组织与组织之间的关系,提供妥善处理这些关系的准则,为实现组织的目标服务。

上层建筑方面。管理学主要研究组织的规章制度如何反映经济基础的要求,使其与社会的政治、经济、法律、道德的要求保持一致,从而维持正常的生产关系,促进生产力的发展。

2.着重从历史方面研究管理实践、思想、理论的形成、演变、发展,知古鉴今。

3.着重从管理者出发研究管理过程。主要包括:管理活动中有哪些职能;职能涉及哪些要素;执行职能应遵循哪些原理,采取哪些方法、程序、技术;执行职能会遇到哪些困难,如何克服。

二、管理学的学科性质

依据我们对管理学研究对象的认识，不论是管理现象还是管理活动，都是一种人类的社会活动或社会现象。管理学中具有科学特质的部分应该将其归入社会科学的范畴，而管理学中具有人文特质的部分则属于人文学科的范畴，因此，管理学的学科属性位于社会科学和人文学科之间。

将管理学定位在社会科学与人文学科之间，其本质是“人”这一要素在管理学中的地位相对而言更加靠近人文学科。自然科学也把人作为研究对象，但所指的人是“物质的人”，是可以将其完全客体化，并对其施以科学方法的；社会科学的研究对象也涉及人，但所指的人是作为“社会的物”，作为社会系统的一个构成要素；而管理学研究对象中的人，无论是管理者还是被管理者，都是具有各自价值观念、感情和偏好的“思想的人”，并且都是个性化的人，这是难以对象化、定量化的，因此研究者对这种管理活动的认知与研究是离不开“理解”与主观判断的。正因为“人”的因素的引入，使得管理学研究面临管理者的形象思维和管理情境两大难点，从而使得逻辑思维和理性方法在管理学中的应用具有一定的局限性。

因而，管理学必定是社会科学与人文学科的混合体。从这样的科学属性出发，管理学的发展也必然要兼顾科学与人文的根本特质，既探求人类管理活动的一般运动规律，又重视对“人”这一要素的关注。唯有如此，管理学才能逐渐建立起其独特的理论体系。

从管理学的理论基础看，管理学也是一门交叉学科、边缘学科。管理学涉及许多其他学科，如经济学是管理决策的依据；行为学是对人的心理、行为进行定性分析的基础；数学是定量计算分析与决策方法的基础；计算机科学是智能计算的基础，它为定性分析提供了智能信息处理方法；复杂科学是为使人们在研究管理问题时拥有一种以整体观为核心的系统思维模式。

三、管理学的研究方法

管理原理与管理之间有着密切的关系，这种关系体现为理论与实践的关系、基础与应用的关系。管理是应该做什么，怎样才能做好？这就要靠管理科学做指导。而管理科学的研究，提出的管理思想、管理理论、管理方法均来自于管理实践，是管理学家深入实践、观察、分析，进行案例研究，总结、提炼管理实践经验的结果。正因为管理的实践，才丰富和升华了管理学理论。

管理学领域产生的各种管理学派，实际上也可以说是因为采用了不同的研究方法的结果，管理学科的发展也就是研究方法的不断发展和进步。其研究方法主要有 4 种:系统方法、归纳法、比较研究法和案例分析法。

(一)系统方法

系统方法是研究组织与管理问题的主要的思维方法。按系统方法,把组织视为统一目标的相互联系各部分的组合,以期在环境中获得生存和发展。

从系统观点看,管理在研究和解决组织中一部分的问题时,必须全面地顾及对组织中其他部分所产生的影响。因为系统论认为组织中一个部分不能脱离组织中其他部分而孤立地生存。因此,管理者在解决问题时必须把组织当作一个动态的整体。系统方法不仅把组织的各组成部分视为相互联系的,同样也把组织及其环境视为相互联系的。组织的绩效及生存都取决于它和环境的相互作用,组织从环境中取得信息、能量和资源,又将其产出返回给环境。对绝大部分组织来说,必须按照开放系统来运行,并运用系统理论与观点从事管理,否则难以生存。管理者必须从很广阔的视野考虑问题,不能局限地只考虑其产出的结果,因为所预期的结果会引起其他问题,会影响到组织中的其他部门,以致影响超越组织的环境。只有具备系统观点的管理者,才能从整个组织"一盘棋"的思想处理好本部门目标与整个组织目标的相互关系,使整个组织协调的发展。

(二)归纳法

归纳法是通过对客观存在的一系列典型事物(或经验)进行观察,从掌握典型事物的典型特点、典型关系、典型规律入手,进而分析研究事物之间的因果关系,从中找出事物变化发展的一般规律,这种从典型到一般的研究方法也称为实证研究。

在管理学研究中,归纳法应用最广,但其局限性也十分明显,运用时应注意 4 方面问题:一是,弄清与研究事物相关的因素,包括各种外部环境和内部条件以及系统的干扰因素;二是,选择好典型;三是,按抽样检验原理,保证样本容量,即调查对象应有足够数量;四是,调查提纲或问卷设计要力求包括较多的信息,并做出简单明确的答案。

(三)比较研究法

比较研究法是科学研究中较常用的一种研究方法。它把不同的或相似的事物放在一起做比较,用以鉴别事物之间的异同,分辨出一般性和特殊性的东西、可为我借鉴的东西和不可为我借鉴的东西。

(四)案例分析法

案例分析法是指在学习研究管理学的过程中,通过对典型案例的分析,从中总结出管理的经验、方法。案例分析法对于管理学的研究是行之有效的,这种方法的最大优点是能够体现理论联系实际的原则，使抽象的一般管理原理建立在大量的实际案例分析基础上。

总之，管理学具有一般性、多学科性或综合性、实践性和社会性的特点。作为管理学的基本理论，管理原理对管理学的理论发展和实际应用，都具有重要的意义。管理的重要性决定了学习、研究管理学的必要性；同时，学习研究管理学也是培养管理人员的重要手段之一，可以满足未来对管理人才的需要。

人物介绍

科学管理之父

——弗雷德里克·W·泰勒

弗雷德里克·W·泰勒（Frederick Winslow Taylor，1856—1915），美国著名管理学家、经济学家，被后世称为“科学管理之父”。

20世纪初的美国工业已经发展到了一定的水平，但是各大企业中始终存在一个问题：资本家不清楚工人一天能干多少活，却总嫌工人干活少，拿工资多，于是就往往通过延长劳动时间、增加劳动强度来加重对工人的剥削。而工人，也不确切知道自己一天究竟能干多少活，但总认为自己干活多，拿工资少。当资本家加重对工人的剥削，工人就用“磨洋工”消极对抗，这样工作效率当然十分低下。而这个时候的泰勒通过之前一系列的研究与实践提出了一套科学管理理论，是系统阐述标准化管理科学的学者。

泰勒认为：“最佳的管理理论是一门实在的科学，基础是建立在明确规定的纪律、条例和原则上。科学管理理论的核心是，管理要科学化、标准化；倡导革命精神，劳资双方利益一致。”

泰勒的科学管理理论通过对企业中的生产技术、操作流程、人员选拔、制度管理等方面进行标准化管理，使企业各部门的工作都按部就班地开展，提高了企业的工作效率，为员工和资本家实现了双赢。而泰勒的《科学管理理论》也为标准化学科发展奠定了坚实的基础，同时也对以后管理学理论的成熟和发展起到了非常大的推动作用。他的主要著作：《计件工资制》（1895年）、《车间管理》（1903年）和《科学管理原理》（1912年）。20世纪以来，科学管理在美国和欧洲大受欢迎。100多年来，科学管理思想至今仍然发挥着巨大的作用。

经营管理理论之父

——亨利·法约尔

亨利·法约尔(Henri Fayol,1841—1925),法国人,早期就参与企业的管理工作,并长期担任企业高级领导职务。他是古典管理理论的主要代表人物之一,创立了一般管理理论。他是管理过程学派的开创者,主要代表作为1916年出版的《工业管理与一般管理》。他的主要贡献在于:(1)经营不等于管理,并明确地提出了管理的5种职能;(2)提出了管理的14项原则(被后人称为“法约尔灯塔”);(3)提出了管理教育的思想。他被后人尊称为“经营管理理论之父”。

法约尔的一般管理理论是西方古典管理思想的重要代表,后来成为管理过程学派的理论基础,也是以后各种管理理论和管理实践的重要依据,对管理理论的发展和企业管理的历程均有着深刻的影响。管理之所以能够走进大学讲堂,全赖于法约尔的卓越贡献。一般管理思想的系统性和理论性强,对管理5大职能的分析为管理学科提供了一套科学的理论构架,来源于长期实践经验的管理原则给实际管理人员巨大的帮助,其中某些原则甚至以“公理”的形式为人们接受和使用。因此,继泰勒的科学管理理论之后,一般管理也被誉为管理史上的第二座丰碑。

现代管理学之父

——彼得·德鲁克

彼得·德鲁克(Peter F. Drucker,1909—2005),管理学科开创者,被尊为“大师中的大师”“现代管理学之父”,他的思想传播影响了130多个国家,他称自己是“社会生态学家”,他对社会学和经济学的影响深远,他的著作架起了从工业时代到知识时代的桥梁。

1909年彼得·德鲁克出生于维也纳的一个书香门第,1931年获法兰克福大学国际法博士学位,并移居美国,终身以教书、著书和咨询为业。在美国他曾担任由美国银行和保险公司组成的财团的经济学者,以及美国通用汽车公司、克莱斯勒公司、IBM公司等大企业的管理顾问。为纪念其在管理领域的杰出贡献,克莱蒙特大学的管理研究生院以他的名字命名;为表彰他为非营利领域所带来的巨大影响,国际慈善机构“救世军”授予德鲁克救世军最高奖项“伊万婕琳·布斯奖”。

他曾连续20年每月为《华尔街日报》撰写专栏文章,一生在《哈佛商业评论》上共发表38篇文章，至今无人打破这项纪录。他著书颇丰，包括《管理的实践》《卓有成效的管理者》《管理:使命、责任、实务》《旁观者》等几十本著作，以30余种文字出版，总销售量超过600万册。其中《管理的实践》奠定了他作为管理学科开创者的地位，而《卓有成效的管理者》已成为全球管理者必读经典。

他曾7次获得“麦肯锡奖”;2002年6月20日，获得当年的“总统自由勋章”，这是美国公民所获得的最高荣誉。

本章小结

管理是协作劳动的、内在的、本质的要求。管理的重要性随着组织规模的扩大而日益显现。管理的基本职能是计划、组织、领导、控制和创新。

组织的管理者按其所处的管理层次不同分为高层管理者、中层管理者和基层管理者。按管理者所从事管理工作的领域宽窄及专业性质不同，可分为综合管理者和专业管理者。

管理者能否开展行之有效的管理工作，取决于他是否具备了相应的管理技能，即技术技能、人际技能和概念技能。管理者所处的层次不同，所需掌握的各种管理技能的比例也有所不同。

管理实践活动是一门艺术，而有关管理的系统知识则是一门学科。管理学是一门系统地研究组织管理活动的基本规律和一般方法的学科。管理学以一般组织的管理为研究对象。本书以管理的基本职能为主线，重点阐述管理活动的基本规律和方法。

学习和研究管理学，要综合运用系统的方法、理论联系实际的方法，学会辩证思维与实践应用。

本章重点:管理的概念、管理职能的内容和管理者的技能。

本章难点:如何理解管理既是科学又是艺术，以及有效地掌握管理的艺术性内容。

复习题

1. 简述管理的概念和属性?
2. 什么是管理职能?包括哪些内容?
3. 一个有效的管理者需要扮演哪些角色?需要具备哪些技能?
4. 管理学的研究对象和研究方法是什么?
5. 在学术上有杰出成就的科技人员，为什么在管理岗位上常常不称职?

技能训练

1. 案例分析题

一个和尚挑水吃、两个和尚抬水吃、三个和尚没水吃。总寺的方丈得知情况后，就派来了一名主持和一名监院，共同负责解决这一问题。主持上任后，发现问题的关键是管理不到位，于是就招聘一些和尚成立了寺庙管理部来制定分工流程。为了更好地借鉴国外的先进经验，寺庙选派一些领导干部出国学习取经；此外，他们还专门花钱请了天主教堂、基督教会的神父传授 MBA 课程。外国的神父待了不久留下几个 P 就走了，一个 P 叫 BPR，一个 P 叫 ERP。

监院也没有闲着，他认为问题的关键在于人才没有充分利用、寺庙文化没有建设好，于是就成立了人力资源部和寺庙工会等，并认真地走起了竞争上岗和定岗定编的过场。

几天后成效出来了，3 个和尚开始拼命挑水，可问题是怎么挑也不够喝。不仅如此，和尚都忙着挑水，寺庙里没人念经了，日子一长，来烧香的客人越来越少，香火钱也变得拮据起来。为了解决收入问题，寺院管理部、人力资源部等连续召开了几天的会，最后决定，成立专门的挑水部负责后勤和专门的烧香部负责市场前台。同时，为了更好地开展工作，寺庙提拔了十几名和尚分别担任副主持、主持助理，并在每个部门任命了部门小主持、副小主持、小主持助理。

老问题终于得到了缓解，可新的问题跟着又来了。前台负责念经的和尚抱怨口渴水不够喝，后台挑水的和尚也抱怨人手不足、水的需求量太大而且没个准，不好伺候。

为了更好地解决这一矛盾，经开会研究决定，成立一个新的部门：喝水响应部，专门负责协调前后台矛盾。为了便于沟通、协调，每个部门都设立了对口的联系和尚。

协调虽然有了，但效果却不理想，仔细一研究，原来是水的需求量不准，水井数量不足等原因造成的。于是各部门又召开了几次会议，决定加强前台念经和尚对饮用水的预测和念经和尚对挑水和尚满意度测评等，让前后台签署协议、相互打分，健全考核机制。为了便于打分考核，寺院特意购买了几个计算机系统，包括挑水统计系统、烧香统计系统、普通香客捐款分析系统、大香客捐款分析系统，同时成立香火钱管理部、香火钱出账部、打井策略研究部、打井维护部，等等。由于各个系统出来的数总不准确，都不一致，于是又成立了技术开发中心，负责各个系统的维护、二次开发。由于部门太多、办公场地不足，寺院专门成立了综合部来解决这一问题，最后决定把寺院整个变成办公区，香客烧香只需在山门外烧。

部门多、当官多，文件和会议自然多，为了减少文山会海，综合部牵头召开了 N 次关于减少开会的会，并下达了“关于减少文件的文件”。同时为了精简机构、提高效率，寺院还成立了精简机构办公室、机构改革研究部等部门。

一切似乎都合情合理，但香火钱和喝水的问题还是迟迟不能解决。问题在哪呢？有的和尚提出来每月开一次分析会，于是经营分析部就应运而生了。寺院空前地热闹起来，有的和尚在拼命挑水，有的和尚在拼命念经、有的和尚在拼命协调、有的和尚在拼命分析……忙来忙去，水还是不够喝、香火钱还是不够用。什么原因呢？这个和尚说流程不顺、那个和尚说任务分解不合理，这个和尚说部门界限不清，那个和尚说考核力度不够。又过了一年，寺院关门了，和尚们有累死的，有渴死的。

案例思考：

(1)寺庙面临的主要问题是什么？

(2)什么是有效管理？

2. 实训操作题

(1)进行社会调查，分别在当地找出一个成功企业和一个失败企业，并比较它们在管理上的差别。

(2)5－6 人为一组访问某一企业或一位管理者，要求学生了解该企业的某一基本业务职能，如计划、生产、技术、营销、物资设备、财务管理、行政管理、后勤管理等工作流程及规章制度。每位学生写出访问报告，记录访问当中承担的任务和完成情况，与全班同学分享你们小组的观点。

第二章 管理思想与理论的发展

在人类历史上，还很少有什么事比管理的出现和发展更为迅猛，对人类具有更为重大和更为激烈的影响。

——彼得·德鲁克

【学习目标】

1. 了解中国古代管理思想的主要内容
2. 掌握古典管理理论的主要内容
3. 掌握人际关系理论和行为科学理论
4. 熟悉管理理论丛林各学派的主要观点
5. 了解现代管理理论的新发展思想

导入案例

《吕氏春秋·察贤》：宓子贱是孔子的学生，名字叫宓不齐，字子贱，孔子有弟子三千，贤者七十二，宓不齐就是这七十二个贤者之一。宓不齐从孔子这里拿到学位证毕业之后，作为鲁国的国立大学校长，孔子向鲁国的国君哀公推荐他的高徒宓不齐。鉴于孔老夫子的介绍，哀公就让宓不齐去治理单父这个地方。

走马单父之前，宓不齐请求国君鲁哀公给他配两个助手，哀公就派了两个亲信跟随宓不齐一块上任。宓不齐到单父之后，下车伊始，各种宴会还是要有的，宓不齐就让国君给他的两个助手去记录与会人员的名单，可是就在这个时候宓不齐做了一件有意思的事，就在两个助手写字的时候他却老是拉扯人家的胳膊肘。结果可想而知，那张名单写得乱七八糟，就这样宓不齐还骂那两个助手是饭桶连个字都写不好。这两个助手一看这宓大人不是个好伺候的主儿，就写了个辞呈回去了。他俩回去之后就到国君鲁哀公那里去告状，把宓不齐拉扯他们胳膊肘导致他们写不好字，还因为写不好字而宓责怪他们的事告诉了鲁哀公。哀公听了之后叹息道：“宓不齐这是在向我劝谏啊，他是要告诉我在下面做事的人有自己的主张，有自己的才能去做好分配给他的任务，作为领导就不要人为地设置障碍，那样只会适得其反。”于是哀公立马着人召回宓不齐，告诉他：“以后单父这个地方你说了算，我一律不加过问，全权交付于你，我只看结果。”

第二次回到单父之后，宓不齐也做了两件事：第一件事是立德，他率先垂范尊老爱幼，提倡道德风化教育人民，在百姓中树立了很高威望；第二件事是选贤任能，他礼贤下士，找到当地的士君子并给予一定职位，但对于这些下属只是统筹分配好他们的任务，绝不掣肘。办好这两件事后，剩下的就是在草堂里弹琴了。3 年过后，单父政治清明、民风淳朴、路不拾遗、夜不闭户，人民的物质生活和精神生活都得到了极大提高，为此，宓不齐还赢得了“鸣琴而治”的美名。

请思考 宓不齐治民体现了哪些管理思想？

第一节　中国古代管理思想

自古以来，人类的管理活动从未中断。早在原始社会，人类便产生了氏族组织以捕猎、抵御外部入侵，出现了最早的领导、分工、分配等。到了奴隶社会，随着生产力的进一步发展，出现了政府、军队、宗教、手工作坊等社会组织，人类的管理活动越发多样，就有了管理实践；随着管理实践的进一步发展，人们对管理活动逐渐产生了认识，便升华为管理理论与管理思想。

中国的传统管理思想在其长期演进过程中，形成了极其丰富的内容，其发展是和中国儒家、道家、法家、佛家思想联系在一起；是和中国 2000 多年的封建军事斗争联系在一起。中国传统的管理思想，分为宏观管理的治国学和微观管理的治生学。治国学适应中央集权的封建国家的需要，包括财政赋税管理、人口田制管理、市场管理、货币管理、漕运驿递管理、国家行政管理等方面。治生学则是在生产发展和经济运行的基础上通过官、民的实践逐步积累起来，包括农副业、手工业、运输、建筑工程、市场经营等方面的学问。这两方面的学问极其浩瀚，作为管理的指导思想和主要原则，可以概括为如下几个要点。

（一）顺道

“道”在中国历史上有多种含义，属于主观范畴的“道”是指治国理论，属于客观范畴的“道”，是指客观经济规律。这里主要指管理要顺应客观的规律。《管子》认为自然界和社会都有自身的运动规律,“天不变其常,地不易其则,春秋冬夏,不更其节,古今一也”。

(二)重人

“重人”是中国传统管理的一大要素,是开展管理工作的关键。“世必有非常之人,然后有非常之事;有非常之事,然后有非常之功。”作为一个管理者,想达成卓越的管理,建立“非常之功”,除了管理者自身的努力外,还要能找到一些能帮助他的“非常之人”。

我国古代贤明君王往往能做到礼贤下士、求贤若渴。最著名的莫过于刘备三顾茅庐的故事。“得贤人,国无不安;……失贤人,国无不危。”(《吕氏春秋·求人》)。刘邦在与项羽逐鹿中原的过程中得了天下,他自己曾经说过:“运筹帷幄之中,决胜千里之外,吾不如子房(即张良);镇国家,抚百姓,给饷馈,不绝粮道,吾不如萧何;连百万之众,战必胜,攻必克,吾不如韩信。三人者皆人杰,吾能用之,此吾所以取天下者也。”印证了“贤主劳于求贤,而逸于治事”的用人理念。老子的《道德经》认为“善用人者为之下”。王夫之的《读通鉴论》要管理者“善用人者不恃人”。《韩非子》有言:善用人者,“私怨不入公门”。管理者还需做到“将能而君不御”《孙子兵法·谋攻篇》。

专栏 2-1

曹操在官渡之战后,发现许多军中人与袁绍暗通的书信,有人提出要查清之后收而杀之,曹操却说当绍之强,孤亦不能自保,况他人乎?遂命“皆焚之”。又如陈琳,原是袁绍的部下,曾为其起草讨曹檄文,直骂到曹操祖宗三代。但归附曹操之后,仍然受到重用,并未遭受报复。再如张绣,与曹操有杀子之仇。但张绣归降后,曹操不计前嫌,仍拜他为扬武将军,并结为儿女亲家。官渡之战中,张绣力战有功,后又击破袁谭,曹操论功行赏,增邑二千户。

善用人的管理者要懂得着眼长处,用人之长。唐太宗李世民在总结用人之道时说“智者取其谋,愚者取其力,勇者取其威,怯者取其慎”。

小思考 我国古代的重人思想对现代企业管理有何启示?

(三)法治

法治,就是通过法规制度来进行管理。法治是管理者进行管理的基础。成功法治的最高境界是如商鞅所说的“治不听君,民不从官”,即治理国家完全依法行事，不需国君发号施令，民众也不需要听从各级官员的指挥。这是因为，各种法规、制度已经把一切都安排好，只要大家自觉地依照法规和制度办事就行了，不再需要各级管理者的干预。

老子曾提出了管理的4种状态："太上，不知有之，其次，亲而誉之，其次，畏之，其次，侮之。"第一种是管理的最佳境界，在这种状态下，组织在正常运转，但成员甚至不知道组织最高管理者的存在。管理稍次一等的情况，是管理者在组织中执法公正，组织成员对组织的管理者亲近而交口称誉。再次一等的情况，是组织成员对管理者畏而避之。管理的最差情况，是组织成员不把组织的管理者当一回事，甚至敢公开侮辱他。

(四)纳言

纳言，作为管理者必须首先注意的管理要务，与管理的本质紧密地联系在一起。荀子指出："天之生民，非为君也；天之立君，是为民也。"对于一个组织的管理者来说，两大任务应当是：了解情况，拿出办法。《六韬・大礼》中姜太公要求国家治理者："以天下之目视，则无不见也；以天下之耳听，则无不闻也；以天下之心虑，则无不知也。"即一个人的力量毕竟是有限的，当政者要治理好国家，就必须依靠人民群众的力量；历史上有多少刚愎自用、独断专行的君主，闭塞了自己的视听之路，最终导致了身死国亡的下场！

在纳言时，管理者必须注意两个问题。《管子・君臣上》指出"民别而听之则愚，合而听之则圣"，对群众的议论，若个别地听取，则可能会受人愚弄，而如果综合地听取，则会变得圣明。另一个中国的先贤管子提醒当时的治国者"勿妄而拒，勿妄而许。许之则失守，拒之则闭塞"(《管子・九守》)。管理者在纳言时对所听既不要妄加拒绝，也不要轻易许诺。轻易许诺会丧失原则，妄加拒绝会闭塞言路。

(五)对策

在中国传统管理思想中，治国、治军等一切活动都多多少少涵盖了统筹谋划，正确研究对策，进行决策分析。《孙子兵法》认为："知彼知己，百战不殆；不知彼而知己，一胜一负；不知彼，不知己，每战必殆。"即在军事纷争中，既了解敌人，又了解自己，百战都不会有危险；不了解敌人而只了解自己，胜败的可能性各半；既不了解敌人，又不了解自己，那只有每战都失败。"先谋后事者逸，先事后谋者失。"(《旧唐书・陈子昂传》)即做事之前不规划是不会成功的，反之必然失败。

中国古代的贤明人士深知运筹帷幄的道理，通过集思广益能知何可为，何不可为。《管子・牧民》指出："不为不可成，不求不可得。"王夫之《读通鉴论》认为："尽己之所可为，尽己之所宜为。"古代的圣贤也知道相对论的道理，在昨日"不可成、不可得”之事，今日或许就变成“可成、可得”之事了；今日“不可成、不可得”之事，明日也可能变成“可成、可得”之事了。

我国自古以来有“先谋后断”“多谋善断”的说法。管理者应该做到“谋贵众，断贵独，行贵力”。明末时期崇祯皇帝面临两面夹攻的困境——在东面有皇太极陈兵山海关，在西面有李自成数十万农民起义军，当时有官员提出“南迁”的建议。在后面的讨论中，少数人主张南迁，但朝中大多数官员出于迂腐的正统观念反对南迁。在这种情况下，崇祯皇帝不能在决策时敢于决断、敢于拍板、敢于负责，没有遵循“断贵独”的古训，拍板南迁，造成了后来的李自成攻破北京城，崇祯皇帝自缢于北京煤山上。

(六)指挥

指挥的传统管理思想，常常出现于中国古代的军事理论中。如“杀一人而三军震者，杀之，赏一人而万人悦者，赏之”(《六韬·将威》)；“立威者胜，任势者强”(《明太祖实录》)。

在管理中，必定涉及对人的指挥。需要树立管理者的权威。在封建统治治理下，有“威立于上，民服于下”“威寡者，则下侵上”的阶级统治观念。但我国古代也有指挥的超凡远见，在当代也适用。如《韩非子·外储说右下》指出：“圣人治吏不治民。”圣明的管理者只要管好下级管理者就好了，不必直接去管理普通老百姓。唐甄《潜书》认为：“天下难治，人皆以为民难治也，非民也，官也。”君王应该做到“且怀且威，则君道备矣”，对下属需要有慈悲为怀的人文关怀精神，但同时也要有威严。

专栏 2-2

韩非子曾经讲过一个故事，王良和造父都是天下著名的御马专家。但是，如果让王良和造父一个坐在左边、一个坐在右边同时用鞭子御马，那么马连十里路都跑不到。这是指挥管理的形象论述。指挥必须做到“威不两错，政不二门”(《管子·明法》)。权力应该集中在一个人手里，政令必须由一个部门发出。

小思考 这个故事给我们的启示是，在管理工作中为了提高管理效率，下级工作人员的直接领导只能有一个。你同意这个看法吗？

(七)守信

治国要守信，办企业也要把诚信放在第一位。办一切事都要守信。信誉是人类社会人们之间建立稳定关系的基础，是国家兴旺和事业成功的保证。

治理国家，言而无信、政策多变、出尔反尔，从来是大忌。故《管子》十分强调取信于民，提出国家行政应遵循一条重要原则："不行不可复。"人们只能被欺骗一次，第二次就不信你了，"不行不可复"者，"不欺其民也"。

治生亦然。商品质量、价格、交货期、信贷往来，都要讲究一个"信"字。我国从来有提倡"诚工""诚贾"的传统。商而不诚，苟取一时，终致瓦解，成功的商人多是商业信誉度高的人。

（八）变革

中国的《易经》有句名言：穷则变，变则通，通则久。《吕氏春秋・察今》有这样一个故事：楚国人想趁夜渡河突袭宋国，在白天派人先到河边摸了一下情况，在可以徒步涉河的地方做了标志。但不料到了晚上河水暴涨，楚国军队不知道这一情况，还是在白天做记号的地方下水徒步过河，结果"溺死者千有余人"。《吕氏春秋》评论道："今世之主，法先王之法也，有似于此。"情势在变化，"今世之主"不能古板地遵循"先王之法"。当然，不能笼统地说"先王之法"对"今世"都不适用，要经常加以审视。如《韩非子》有言"法与时转则治，治与世宜则有功"。

我国历史上的大改革家几乎无一善终，商鞅在秦国主持改革，国君死后被车裂；吴起在楚国主持改革，楚王死后被乱箭射死；王安石主持改革，后被罢相；张居正主持明朝改革，死后被抄家，子孙或死或罪；戊戌变法中光绪皇帝遭囚致死，六君子惨遭杀害……说明了改革的艰巨性和复杂性。尽管在当今社会，"知难而进"已经成为褒义词，但面对改革特别是大改革时，应做到《吴子兵法》所言："见可而进，知难而退。"逐步推行改革，才能赢得改革的最后成功。古代圣贤也谈到一些变革的方法论，如《商君书》："论至德者不和于俗，成大功者不谋于众"；"愚者暗于成事，智者见于未萌。民不可与虑始，而可与乐成。"《淮南子》："事有可行而不可言者，有可言而不可行者。"意思是指用有的事只干不说，有的事只说不干的策略来进行改革，切忌公开全面地对传统价值观念宣战。否则，改革就有可能遭到保守派的反对而归于失败。

（九）修身

中国传统思想中非常强调修身为本的思想，如《礼记・大学》指出："自天子以至庶人，壹是皆以修身为本。"传统思想中对于为官者、领导者的修身要求也很多。"身修而后家齐，家齐而后国治，国治而后天下平"(《礼记・大学》)。《论语・子路》中说："其身正，不令而行；其身不正，虽令不从。"这里强调领导者的表率作用。

领导者首先要立志，"修身养德，明志致远"。明代王阳明对立志的看法是："志不立，天下无可成之事，虽百工技艺，未有不本于志者。”修身必须讲究德才兼备，以德为本。《资治通鉴》说：“才者，德之资也；德者，才之帅也。”周公力主“唯听用德”；孔子强调“为政必以德”。德服、才服、力服是领导者进行管理的3种手段，以德服为最高层次。“仁人”与“能人”的选择要求领导者“因时而异，因事而异”，但对于领导者自身的修身明德，应如《大学》中开宗明义所言：“大学之道，在明明德，在亲民，在止于至善。”

（十）求实

实事求是，办事从实际出发，是思想方法和行为的准则。儒家提出“守正”的原则。看问题不要偏激，办事不要过头，也不要不及，“过犹不及”，过了头，超越客观形势，犯冒进错误；不及于形势又错过时机，流于保守。两种偏向都会坏事，应该防止。

《管子》提出“量力”原则和“时空”原则。凡事量力而行，“动必量力，举必量技”“不为不可成，不求不可得”。指挥作战，要知道自己兵力、装备的承受能力，“量力而知攻”“不知任、不知器，不可”。切不可不顾主观条件的“妄行”“强进”，“妄行则群卒困，强进则锐士挫”。“时空”原则就是办事要注意时间（时机）和地点等客观条件。韩非说：“圣人不期修古，不法常可，论世之事，因为之备。……事异则备变。”他以守株待兔的故事，告诫治理国家者不可是“守株之类也”。这是一切管理者都应引以为戒的。

第二节　西方传统管理思想

一、西方早期管理思想

西方管理思想虽然古已有之，但管理理论的系统形成是伴随着工厂制度的出现而开始的，是为适用于社会化大生产和资本主义生产方式而孕育产生的新的管理思想。在这一时期，管理在实际中基本上是手工作坊式的经验管理。这一阶段亦称为“经验管理阶段”。最早对经济管理进行系统论述的学者，首推英国经济学家亚当·斯密（Adam Smith）、查尔斯·巴贝奇（Charles Babbage）和罗伯特·欧文（Robert Owen）。

（一）亚当·斯密的劳动分工观点和经济人观点

亚当·斯密（1723—1790）在1776年发表了著名的《国民财富的性质和原因研究》一文，系统地阐述了劳动价值论及劳动分工理论。

劳动分工观点。斯密在分析增加“劳动生产力”的因素时，特别强调了分工的作用。他对比了一些工艺和一些手工制造业（制针工厂）实行分工前后的变化，说明分工可以提高劳动生产率。原因主要有：分工可以使工人重复完成单项操作，从而提高劳动熟练程度，提高劳动效率；分工可以减少由于转换工作而损失的时间；分工可以使劳动简化，使劳动者的注意力集中在一种特定的对象上，有利于创造新工具和改进设备。斯密的劳动分工观点适应了当时工业革命社会对迅速扩大劳动分工以促进工业革命发展的要求，成为资本主义管理的一条基本原理。

经济人观点。斯密在研究经济现象时的基本论点是所谓“经济人”的观点，即经济现象是具有利己主义的人们的活动所产生的。他认为：人们在经济活动中，追求的完全是私人利益，但每个人的私人利益又受其他人利益的限制。这就迫使每个人必须顾及其他人的利益。由此产生了相互的共同利益，进而产生了社会利益。社会利益正是以个人利益为立足点的。这种“经济人”的观点，正是资本主义生产关系的反映，他对于资本主义管理的实践和理论，都有重要的影响。

（二）查尔斯·巴贝奇的时间成本分析思想

在亚当之后，另一位英国人查尔斯·巴贝奇（Charles Babbage）（1792—1871）发展了亚当的观点。巴贝奇是英国有名的数学家，剑桥大学数学教授，他的好学精神引导他研究了不少手工业工场和工厂的实际问题，从而在经济学和管理思想上也做出了让人称赞的贡献。

巴贝奇在1832年出版了《论机器和制造业的节约》一书，对劳动分工的效益和主管人员对设备、物质、人力使用上的具体管理技术进行了比较全面的论述。他指出分工可以提高劳动生产率，这是因为分工节省了学习所需的时间。如果生产中包含的不同工序越多，所需的学习时间就越长，而一个工人只做其中一道工序，学习时间就缩短了；由于劳动分工所需学习的内容减少，学习时间缩短，学习所需耗费的材料也就相应地减少；由于分工节省了由一道工序转变到另一道工序所耗费的时间，而且还可以保证工人有足够的体力来完成繁重的工作。巴贝奇提出了“边际熟练”原则，即对技艺水平、劳动强度定出界限，作为报酬的依据。他主张按照对生产率贡献的大小来确定工人的报酬。工人的收入应由3部分组成：按照工作性质所确定的固定工资；按照对生产率贡献大小分得的利润；为增进生产率提出建议而应得的奖金。另外，对工作方法的研究，他认为：“一个体质较弱的人如果所使用的铲在形状、重量、大小等方面都比较适宜，那么他一定胜过体质较强的人。”因此，要提高工作效率，必须仔细研究工作方法。

（三）罗伯特·欧文的人事管理

英国的空想社会主义者罗伯特·欧文（Robert Owen）（1771—1858）经过一系

列试验，首先提出在工厂生产中要重视人的因素，要缩短工人的工作时间，提高工资，改善工人住宅。他的改革试验证实重视人的作用和尊重人，也可以使工厂获得更多的利润。有人认为欧文是人事管理的创始人，称他为"人事管理之父"。

上述这些早期的管理思想，虽然主要反映在经济学家和社会学家等的个别论述之中，但对适应当时的资本主义工厂制度，促进生产，促使早期管理理论和以后的科学管理理论的形成，都有着积极的影响。

专栏 2-3

18 世纪时，英国的经济学家亚当·斯密曾用制针业的例子来说明分工协作能提高劳动生产率的道理。没有分工协作时，一个工人既要把钢丝截成段，又要把一头磨尖，还要把另一头穿眼，不断转换工作和工具，耽误时间，所以一天只能生产 20 枚针。把工人组织起来实行分工协作后，有人专门把钢丝截成段，有人专门把一头磨尖，还有人专门给另一头穿眼，效率大大提高，平均每人每天可以生产 4800 枚针。他认为分工的好处主要有以下 3 点：第一，增加了每一个专业工人的熟练灵巧程度；第二，节省了从一种工作转移到另一种工作损失的时间；第三，发明了许多便于工作、节省劳动的机器，使得一个人能做许多人的工作。

小思考　专业化分工贯穿整个组织。比方说，当一个公司在任命营销、财务、生产和研发的副总经理时，就相当于将组织的活动按专业化进行划分了。你同意这个看法吗？

二、古典管理理论

19 世纪后期，随着生产力水平的逐渐提高，自由竞争的个体资本主义开始向垄断资本主义转变，企业的规模与实力在不断扩大，市场也在迅速扩张，不仅仅在一个国家，而是从一个大洲走向另一个大洲。欧洲的殖民者开始在亚洲、美洲、非洲攫取原料、倾销商品。竞争的对手和激烈程度逐渐增强，竞争的范围逐渐扩大，这些都迫使企业改进生产和管理，使自身的市场竞争能力得到提高。企业的管理职能也开始发生变化，出现了管权分离的委托代理，企业主开始委托专门的管理人员或管理机构行使企业的管理职能。"古典管理理论"或"科学管理理论"正是从这一时期形成。

(一)泰勒的科学管理理论

泰勒 1856 年生于美国费城的一个律师家庭，青年时期考取哈佛法学院，1875

年到一家水力机械厂当学徒工，1878 年到米德瓦尔钢铁公司当普通工人，先后被提升为工长、机修车间主任、总机械师、总工程师。他对生产现场很熟悉，对生产基层也很了解。从 1891 年开始，泰勒离开米德瓦尔钢铁公司，专职从事管理咨询和宣传活动。当时工人自己决定制造方法，每个工厂主有自己的管理方法，工人缺少培训，不少工人有偷懒和磨洋工的现象。为了解决这些问题，泰勒从 1898 年起进行了一系列著名的实验。

1. 搬生铁块试验

伯利恒钢厂 5 座高炉生产的生铁块由 75 名装卸工负责将其装运到货车车厢，搬运距离为 30m。由于工作效率不高，原来每人每天平均只能搬运 12.5t。泰勒通过观察分析，并挑选一名叫施米特的工人进行试验，用秒表测量和记录每一个动作所消耗的时间，由于改进了搬运方法和作息时间，试验获得了成功，使班组每人每天的劳动定额都提高到 47.5t，即比原来提高了 3 倍，工人的工资也由当时每天的 1.15 美元提高到 1.85 美元。

2. 铲铁试验

泰勒对伯利恒钢厂堆料厂工人的铁锹进行了系统研究，并重新进行了设计，使每种铁锹的载荷都能达到 21 磅左右，同时训练工人使用新的操作方法，结果使堆料场的劳动力从 400—600 人减到 140 人，平均每人每天的工作量从 16t 提高到 59t，每吨操作成本从 7.2 美分降至 3.3 美分，每个工人的工资也由每日 1.15 美元增至 1.88 美元。

3. 金属切削试验

泰勒从米德瓦尔钢铁公司工作开始，先后对金属切削进行了长达 26 年之久的各种试验，试验次数共计 3 万次以上，耗费 80 万吨钢材，资金 15 万美元。试验结果发现了能大大提高金属切削加工产量的高速钢，并取得了各种车床适当转速和进刀量的完整资料。制定了切削用量规范，使工人选用机床转数和进刀量都有了科学标准。

泰勒致力于寻求做每一件工作的最佳方法，然后，选择适当的工人并培训他们严格按最佳方法从事工作；为了激励工人，泰勒主张采用刺激性工资计划。总的来说，泰勒取得了生产率在 200%甚至更高范围内的持续改进。

泰勒“科学管理”理论的主要内容：

(1)制定科学的操作方法和工作定额标准

泰勒的研究和试验，把每一个工作都分成尽可能多的简单的基本动作，把其中没用的动作去掉，并通过对最熟练的工人的每一个操作动作的观察，选择出每一个基本动作的最快和最好的方法，把时间记录下来。这就构成了他制定科学操作方法的基础。当然，他这样做时还要考虑到不可避免的耽误和停顿所需要的百分比，工人干工作“没有经验”所需的百分比以及休息间隙所需的百分比。最后为保证其落实，还要把工具、机器、原料、方法和其他各有关要素都实现标准化。这样的标准定额，就是对工作进行管理的依据。

(2)实行差别计件的奖励制度

为了鼓励工人努力工作，完成定额，泰勒提出了这一制度。按照作业标准和时间分配，规定不同工人的工资率。对完成和超额完成工作定额的工人，以较高的工资率计件支付工资；对完不成定额的工人，则按较低的工资率支付工资。如果工作超过了定额，则按高工资率付酬，而且不仅超额部分按高工资率付给，全部生产成果都按高工资率计算，鼓励工人采用科学的操作方法和工艺手段。

(3)对工人进行科学的选择、培训和提高

泰勒认为，选择第一流的工人使能力与工作相适应。第一流的工人一方面是其能力适合做这种工作，另一方面工人必须愿意做这种工作。企业管理部门要根据人的能力和天赋把他们分配到最合适的工作岗位上去，而且要对他们进行培训，激励他们尽最大努力来工作。

(4)实行“职能工长制”

泰勒主张实行“职能管理”，将管理的工作予以细分，使所有的管理者只承担一种管理职能。他设计出 8 个职能工长，代替原来的一个工长，其中 4 个在计划部门，4 个在车间。每个职能工长负责某一方面的工作。在其职能范围内，可以直接向工人发出命令。后来的事实表明，一个工人同时接受几个职能工长的多头领导，容易引起混乱，所以“职能工长制”没有得到推广。但泰勒的这种职能管理思想为以后职能部门的建立和管理的专业化提供了参考。

(5)将计划职能与执行职能分开

为了提高劳动生产率，泰勒主张把计划职能与执行职能分开。泰勒的计划职能实际上就是管理职能，执行职能则是工人的劳动职能。完成一系列工作，需要有专职的管理者，他们要每天分配每个工人一项具体任务，并附有关于这项任务的每一个组成部分的详细的书面指示及确切的时限规定，还要承担具体组织工作，指导完成任务并做好统计记录。泰勒主张明确划分计划职能和执行职能，由专门的计划部门来从事调查研究，为定额和操作方法提供科学依据；拟定计划并发布指示和命令；比较“标准”和“实际情况”，进行有效的控制等工作。至于现场的工人，从事执行的职能，按照计划部门制定的操作方法和指示，使用规定的标准工作，从事实际的操作，不得自行改变。

(6)在管理上实行“例外原则”

泰勒指出，规模较大的企业不能只依据职能原则来组织管理，还需要运用例外原则，即企业的高层管理者把处理一般事务的权限下放给下级管理者，自己只保留对例外事项的决策权和监督权，如企业基本政策的制定和重要人事的任免等。

泰勒在管理方面的主要著作有：《计件工资制》（1895 年）、《车间管理》（1913 年）、《科学管理原理》（1912 年）。这一系列的著作，总结了几十年试验研究的成果，概括出一些管理原理和方法，并形成了“科学管理”理论。由于他的杰出贡献，他被后人尊为“科学管理之父”。

泰勒的“科学管理”一方面冲破了百年来沿袭下来的传统落后的经验管理方法，将科学引入了管理领域，并且创立了一套具体的科学管理方法，使生产效率得到了提高，适应了资本主义经济在这一时期的发展需要。另一方面，泰勒把工人看成是会说话的“活机器”，工人劳动异常紧张劳累，把工人看作是纯粹的“经济人”，忽视了工人的感情，引起怠工、罢工以及劳资关系日益紧张。

（二）法约尔的一般管理理论

法约尔，法国人，他于 1916 年出版了《工业管理与一般管理》，这是他一生管理经验和管理思想的总结，也是古典管理理论重要的组成部分。与泰勒不同，法约尔长期担任一家大型煤矿的总经理，使他从最高层次探讨企业及其他组织管理问题。他被后人尊称为“经营管理之父”。

1. 企业的基本活动与管理的 5 项职能

法约尔指出，任何企业都存在着 6 类基本的活动，管理是其中之一。这 6 类基本活动是：

技术活动——生产、制造、加工；

商业活动——购买、销售、交换；

财务活动——资金筹集和运用；

安全活动——设备和人员的保护；

会计活动——存货盘点、资产负债表制作、成本核算、统计；

管理活动——计划、组织、指挥、协调、控制。

其中，计划是指预测未来并制订行动方案；组织是指建立企业的物质结构和社会结构；指挥是指使企业人员团结一致，使企业中的所有活动和努力统一和谐；控制是指保证企业中进行的一切活动符合制订的计划和下达的命令。在这 6 类活动中，管理活动处于核心地位，即企业本身需要管理，同样，其他 5 类企业活动也需要管理。

2. 管理的 14 条原则

由于任何组织的活动都存在共同的管理问题，因此人们在管理实践中必须要遵循一系列一致的原则。法约尔根据自己的工作经验，归纳出了简明的14条管理原则。这些原则如表2-1所示。

表2-1 法约尔14条管理原则

原则	内容
(1)劳动分工	这条原则与亚当·斯密的"劳动分工"原则是一致的。专业化使雇员的工作更有效率，从而提高了工作量，分工是在各种机构、组织中进行管理活动所必不可少的工作
(2)权力与责任	管理者必须能够发布命令，职权赋予管理者这种权力。但是，责任应当与职权相对应，凡行使职权的地方，就应当建立责任，有权无责或有责无权都是组织上的缺陷
(3)纪律原则	纪律包括两个方面，即企业与下属之间的协定、人们对这个协定的态度及其对协定遵守的情况。纪律是一个企业兴旺发达的关键，没有纪律，任何一个企业都不能兴旺繁荣
(4)统一指挥	每一位员工应当只接受来自一位上级的命令
(5)统一领导	每一个具有同一目标的组织活动，应当在一位管理者和一个计划的指导下进行
(6)个人利益服从整体利益	任何一位员工个人或员工团体的利益，不应当置于组织的整体利益之上
(7)人员的报酬	报酬必须公平合理，尽可能使职工和企业双方满意。对工人的劳务必须付给公平的工资
(8)集权	集权是指下级参与决策的程度。决策是集权好(集中于管理层)还是分散好(分散给下属)，涉及一个适度的问题，管理当局的任务是找到在每种情况下最适合的集权程度
(9)等级链	等级链就是从最高层权力机构直到基层管理者的领导体系。沟通应当按这种等级链进行传递。但是，如果遵循等级链会导致信息传递的延迟，而所有当事人都同意并通知了各自的上级，则可以允许横向交叉沟通(即"跳板"形式，也称"法约尔桥")
(10)秩序	秩序原则包括物品的秩序原则和人的社会秩序原则。人员和材料应当在恰当的时候放到恰当的位置上，各尽其能
(11)公平	管理者应当诚恳和平等地对待下级
(12)人员的稳定	过高的员工离职率是低效的。管理者应当提供有章法的人事计划，鼓励职工尤其是管理人员长期为企业服务
(13)首创精神	允诺员工自发制订和实施计划将会极大地调动他们的积极性
(14)合作精神	鼓励团队合作精神，将会在组织中建立起和谐团结的氛围

法约尔的14条管理原则是其长期从事高层管理实践的经验所做的理论抽象。他指出，这14条原则不是死板和绝对的东西，而是灵活的。要懂得如何运用它们才可以发挥效力。这是一门很难掌握的艺术，它要求智慧、经验、判断和注意尺度。由经验和机智合成的掌握尺度的能力是管理者的主要才能之一。

法约尔的一般管理理论并没有像泰勒的科学管理理论在提出之初便声名鹊起，在20世纪40年代之前，一般管理理论并没有得到广泛的传播，但是这种理论在内容上的系统性、逻辑上的严密性以及对管理工作普遍性的认识，使得它在稍后的时间里得到了普遍的承认。经过多年的研究和实践证明，总的来说仍然是正确的，这些原则过去曾经给实际管理人员巨大的帮助，法约尔提出的许多概念、术语和原理在现代管理学中得到了普遍的继承和运用。

（三）马克斯·韦伯的行政组织理论

古典组织管理学派的另一个代表人物是马克斯·韦伯（Max Weber）。他在社会学、宗教学、政治学和经济学领域均发表过著作。他在管理思想方面的贡献是在《社会组织与经济组织理论》一书中提出了现代社会最有效和合理的组织形式，即“理想行政组织体系理论”。因此，韦伯被称为“古典组织理论”的创始人。

1. 权威基础与组织类型

韦伯认为组织建立在3种权力之上：一是传统的世袭权力，这是由历史沿袭下来的惯例、习俗而规定的权力；二是神授的超凡权力，它是以对某人的特殊和超凡的神圣、英雄主义的崇拜为基础的；三是法定的权力，这种权力是由社会公认的法律规定的或者掌有职权的那些人下命令的权力。韦伯认为在这3种权力中，传统世袭权力的效率较差，神授权力过于带感情色彩且是非理性的，凭借前两种权力建立的组织不是科学的理想组织，只有法定权力基础上建立的组织，才能在绝对纪律性和可靠性等方面比其他任何组织要优越。

2. 理想的行政组织体系

韦伯主张建立一种高度结构化的、正式的、非人格化的“理想的行政组织体系”，行政组织体系又称为官僚政治或官僚主义。该体系是一种以分部—分层、集权—统一、指挥—服从为特征的效率最高的组织形式。韦伯主张通过职务或职位而不是通过个人或世袭地位来管理，要使行政指挥发挥作用，管理者应以知识为依据进行控制，管理者应该有胜任工作的能力，应该依据客观事实而不是主观意志来领导。

韦伯认为，理想的行政组织体系具有以下特征：(1)明确的分工；(2)自上而下的等级系统，组织内的各个职位按照等级原则进行法定安排；(3)组织按照明文规定的法规、规章组成；(4)根据职务要求任用人员，正式选拔后任命；(5)组织中人员之间的关系完全是工作与职位的关系，只受职位关系而不受个人情感的影响；(6)管理与资本经营分离，管理者是职业工作者，非所有者。

韦伯认为，理想的行政组织体系最符合理性原则，是达到目标、提高劳动生产率的最有效的形式，它在精确性、稳定性、纪律性和可靠性等方面都优于其他组织。韦伯的行政组织理论对后来的组织理论有很大的影响，他被人们尊称为“组织理论之父”，作为与泰勒、法约尔齐名的管理学开创者而被载入史册。

三、行为科学的早期理论

古典管理理论都是以经济人假设为前提，侧重于生产过程、组织控制，强调科学性、精密性和纪律性，忽略了对“人”或人的心理的关注。工人常被视为机器的附属品，这就激起了工人的不满和劳资矛盾。20 世纪 20 年代前后，工人日益觉醒，反对资产阶级剥削的斗争日益高涨，使得古典的管理理论和方法在有效控制工人效率方面作用不如以往。在这种背景下，一些学者开始从生理学、心理学、社会学等方面研究企业中人的因素。而行为科学理论是运用社会学、心理学的方法和技术，研究组织中人的心理、行为等对高效率地实现组织目标的影响。它的产生是对管理理论的丰富与完善。行为科学的产生与发展经历了人际关系学说的产生和行为科学的建立。

(一)霍桑试验

乔治·埃尔顿·梅奥(George Elton Mayo，1880—1949)，美国哈佛大学心理学家，人际关系理论的创始人，行为科学的奠基人之一。梅奥等人在美国西部电器公司霍桑工厂进行了长达 9 年的实验研究——霍桑试验(Hawthorne Studies)，真正揭开了作为组织中的人的行为研究的序幕。

霍桑试验始于 1924 年，最初的研究是由西方电器公司的工业工程师们设计的，目的是检查不同的照明水平对工人生产率的影响，试图通过照明强弱变化与产量变化之间关系的研究来为合理设定工作条件提供依据。霍桑试验的主要流程是：照明试验、继电器装配室试验、访谈计划试验、电话线圈装配工试验。

1. 照明试验(1924—1927)

试验的目的在于调查和研究工厂的照明度和工作效率的关系。研究人员建立了试验组和对照组，试验组被给予不同的照明强度，而对照组则保持原有的照明强度不变。两组的工作内容都是单调而高度重复性的工作。研究者对两组的工作情况做了仔细观察和精确的记录，结果发现，照明度不断变化的试验组同照明度始终不变的对照组一样，产量一直是上升的，研究人员得出结论，照明强度与生产率没有直接关系，这让研究者感到困惑不解。

2. 继电器装配室试验(1927—1928)

在照明试验之后，研究人员开始试验各种工作条件的变化对生产率的影响。但试验的结果却出乎意料，研究人员发现无论各种因素如何变化，生产效率都在提高。于是梅奥等人意识到：生产效率的决定因素可能不是作业条件与环境，而是职工情绪、人际关系方面的因素，这成为霍桑试验的转折点。

3. 访谈计划试验（1928—1930）

梅奥等人用了 3 年时间对西部电器公司的两万余名职工进行了访问调查，主要了解和研究员工对公司领导、保险计划、晋升、工资报酬等方面的意见和态度。调查发现，影响生产率最主要的因素不是工资报酬、福利待遇，而是工作中形成的人际关系。

4. 电话线圈装配工试验（1931—1932）

这是霍桑试验中为了研究非正式组织的行为、规范及其奖罚对工人生产率的影响而设计出来的一组试验。这次试验选了多名工人分 3 组分别在一间单独的观察室中进行。每组实行集体刺激工资制，并强调互相协作，工作场地布局、工具、设备、操作方法都是按照科学管理方法设计的。结果发现工人们自己规定了他们实际产量的限额，即非正式产量标准。这就说明了非正式组织在组织中确实存在。

试验中梅奥的研究小组比较尊重工人，试验计划的制订，工作条件的变化事先都倾听过工人的意见，研究小组通过访谈研究，调查员工的士气，了解员工对工作、工作环境、监工、公司和令他们烦恼的任何问题的看法，以及这些看法如何影响生产效率。工人与研究小组的人员建立了良好的感情。工人之间增加了接触，也产生了一种团结互助的感情。

（二）梅奥的人际关系学说

根据霍桑试验的结果，梅奥于 1933 年出版了《工业文明中的人性问题》一书，该书主要研究人的行为以及产生行为的原因，指出调动人的内在积极性才是管理的最佳方法。梅奥的理论是以人为中心研究管理问题，他的人际关系学说的主要观点如下。

1. 人是“社会人”，不是单纯的“经济人”

影响人的生产积极性的因素，除物质条件以外，还有社会与心理因素。作为复杂社会系统成员，金钱并非刺激积极性的唯一动力，人们的生产效率不仅受生理方面、物理方面等因素的影响，而且更重要的是受社会环境、社会心理的影响。

2. 企业中除了“正式组织”之外，还存在着“非正式组织”

所谓“正式组织”是指为了有效地实现企业目标，规定企业各成员之间相互关系和职责范围的一定组织体系。“非正式组织”是指人们在企业共同工作过程中，通过一些“惯例、价值观、准则、信念和非官方的规则”来约束团体成员行为的组织。非正式组织是人们在自然接触过程中自发形成的，人与人之间共同的感情、爱好、性格，进而构成一个体系，而区别于正式组织。如果管理者只是根据效率标准来管理企业，却忽视工人的感情，就必然会引发冲突，影响企业生产效率和目标的实现。

3. 生产效率的提高主要取决于职工的工作态度和他与周围人的关系

梅奥认为，企业管理者要树立新型领导方式，注重提高职工的满足感。不能再把工人当成机器的附属品而采取“胡萝卜加大棒”的管理方式。领导者要善于倾听下属的意见，善于与下属沟通，更好地处理人际关系，运用各种方法和手段去激励员工的“士气”，使正式组织的经济需求和工人非正式组织的社会需求之间保持平衡。

专栏 2-4

李军领导着一个不错的销售队伍，手下有二三十名员工，这个团队的业绩一直不错，可是想要成为公司最佳销售团队，却似乎总达不到。李军的感觉是，这个团队好像缺了点什么。

一个偶然的机会，李军带着队伍参加了一个团队拓展训练，当时大家玩得非常开心，以前所未有的合作共同完成了很多高难度的项目。训练回来后，李军辗转难眠，他意识到，团队缺少的就是一种信念，一种相互扶持、互相帮助的氛围。

他于是给员工下达命令，每天至少要夸一名同事，要努力地帮每一名需要帮助的同事。自己也以身作则，一改以前不苟言笑的作风，将赞美挂在了嘴边，甚至对于那些工作不理想的员工，也由以前的批评变成了鼓励。办公室的笑声渐渐多了，每个人的声音都开始充满了信心和力量，一股勃勃生机荡漾在每个员工的身边。

刚好不久后一个员工过生日，李军偷偷订了一个大蛋糕。下班后，大家推着蛋糕唱着生日歌出现的时候，李军看到这名员工的眼眶湿了。从那以后，这个团队里每个人的生日都是一起过的。

大多数管理者都明白物质需求对于员工的重要性，也都知道物质刺激对于激励员工的积极性非常有效。但是，有一个有趣的现象，许多管理者慷慨地给予员工良好的福利待遇，以此来增加企业的凝聚力，结果却发现员工的离职率一点也没有下降。

管理启示 仅仅依靠加薪的手段不一定能够有效地激励员工，因为人的需求是多方面的，物质需求只是一种较低层次的需求，一个高素质的管理者更应该关注员工精神方面的需求。比如，上司应该花一定的时间了解下属，在了解的基础上给予下属足够的信任，让他把自己的能力充分发挥出来。

四、行为科学理论的发展

霍桑试验及其人际关系理论揭开了对人进行正式研究的序幕。20 世纪 30 年代中期，美国国会通过了《全国劳动关系法》，企业中工会相继成立，劳资关系和力量对比发生了变化。此后，美国许多机构、大学设立人际关系研究中心。1949 年在芝加哥大学召开“行为科学”成立大会，提倡运用各有关学科的知识，从管理的角度对人的行为进行综合分析研究，预测、控制和引导人的行为，达到充分发挥、调动人的积极性的作用与目的。此后行为科学成为管理学中的一个重要理论，主要涉及以下几个方面。

(一)关于人的需要、动机和激励的理论

行为科学认为，人的行为是由动机导向的，当人们的某种需要尚未得到满足以前，就会产生对某件事的驱动力，寻找能够满足需要的目标。这种理论主要研究怎样从人的需要和动机来激励人的积极性。这方面的理论主要有：马斯洛(Maslow)的需求层次理论、赫兹伯格(Herzberg)的双因素理论、弗鲁姆(Vroom)的期望理论以及亚当斯(J. S. Adams)的公平理论等。

(二)关于人性的理论

这种理论主要研究人性的几种假设，以及对不同的人性如何采取相应的管理方式。如道格拉斯・麦格雷戈(Douglas Mcgregor)的 X 理论和 Y 理论，超 Y 理论和威廉・大内(William Ouchi)Z 理论。

(三)领导行为理论

这种理论主要研究领导行为方式对职工的士气和工作效率的影响。代表理论有罗伯特・布莱克(Robert R. Blake)和简・莫顿(Jane S. Mouton)在 1964 年提出的管理方格理论、伦西斯・利克特(Rensis Likert)的支持关系理论、罗伯特・坦南鲍姆(Robert Tannenbaum)和沃伦・施密特(Warren H. Schmidt)的领导连续统一体理论、斯托格迪尔(R. M. Stodgill)等人的“领导四分图理论”、罗伯特・豪斯(Robert House)的途径—目标理论等。

(四)关于企业中非正式组织的理论及群体行为理论

这方面的研究主要是人际理论的继续。群体行为理论除了包括对正式组织与非正式组织的特征、相互关系及其作用等方面的继续探讨外，还包括群体的沟通与冲突及群体的动态发展(群体动力学)等方面的研究。代表性理论主要有皮尔尼克(S. Pilnick)的规范分析法、库尔特・卢因(Kurt Lewin)的团结力学理论以及沙赫

特(Schachter)的群体凝聚力理论。

上述关于行为科学的这些理论,我们将在第九章做详细介绍。

第三节　西方现代管理理论

一、管理理论丛林

第二次世界大战之后,现代化科学技术日新月异的发展,生产和组织规模急剧扩张,生产社会化程度日益提高,引起了人们对管理理论的普遍重视。在西方许多国家,除了实际从事管理实践工作的人和管理学家研究管理理论,一些心理学、经济学、社会学、哲学、数学的教授学者开始从不同的角度、不同的情境背景,用不同的方法对现代管理的问题进行研究,这一趋势使管理理论空前繁荣,出现了各种各样的学派,造就了管理理论的丛林。现就几个有代表性的学派介绍如下。

(一)管理过程学派

管理过程学派又叫管理职能学派或经营管理学派。这个学派主要继承和发扬了法约尔的一般管理理论,主要代表人物之一是美国著名的管理学家哈罗德·孔茨。

管理过程学派是以管理的职能及其发挥作用的过程为研究对象,认为管理就是通过别人或同别人一起完成工作的过程。管理过程学派首先把管理者的工作划分为各种职能,试图通过对管理过程或管理职能的研究,把管理的概念、原则、理论和方法加以理性概括,从而形成一种“一般性”管理理论。

(二)定量分析学派或“管理科学”学派

管理学中的定量分析学派是从第二次世界大战中对军事问题进行数学和统计方法求解的基础上发展起来的。战争结束后许多曾用于解决军事问题的定量分析方法被用到工商界,将管理科学(运筹学)引入管理领域,运用科学的计量方法来研究管理的问题。主要代表人物有:布莱克特(Blackett)、丹齐克(Dantzig)等人。例如,20 世纪 40 年代中后期,一个号称“天才小子”的军官小组,加入福特汽车公司,并且立刻开始用统计方法改进公司的工作决策。至今,管理科学的应用更加广泛,不仅运用于企业中,还应用于研究城市交通管理、能源的合理分配与利用、国民经济计划的编制以及世界范围的经济发展模型等一些范围更大、更复杂的经济管理问题。计算机科学的出现与科学技术水平的提高,使管理科学拥有了更强有力的工具。

(三)决策理论学派

决策理论学派采用管理科学的方法,解决企业决策的问题。这一学派的基本观点是:企业管理问题的主要研究对象不是作业而是决策;决策贯穿管理的全过程,管理就是决策;应该按“令人满意”的准则来决策,而不是按“最优化”准则来决策。

决策理论学派的代表人物是美国的经济学家和社会学家赫伯特·A·西蒙(Herbert Alexander Simon)与詹姆士·马奇(James G. March)。他们吸收了行为科学、系统理论、运筹学和计算机科学的有关成果,创立了决策理论学派。西蒙在《管理决策新科学》一书中提出了“管理的关键是决策”“管理就是决策”的观点。传统的决策观仅仅把决策看成组织上层管理者的职能以及仅仅把决策看成是决断的瞬间行为,是用来解决经济管理中发展目标和经营方针等重大问题。但西蒙认为决策贯穿管理的全过程、决策程序就是全部的管理过程等思想,以及企业中所有成员都是“决策人”的思想,突出了决策的重要性并扩大了决策的时空范围。西蒙等人的这种管理思想有利于调动下属的积极性和责任感,参与管理即参与决策,容易加速决策和减少贯彻时的阻力,实现个人目标与企业目标的一致。西蒙利用计算机、心理学和计量经济学等科学方法对决策理论进行研究,注重数据、最优模型、信息模型、计算机模拟和其他定量技术在管理活动中的应用,为管理者提供工具,降低工作难度,他在1978年被授予诺贝尔经济学奖。

(四)经验主义学派或“案例”学派

经验主义学派的代表人物有彼得·德鲁克、艾尔弗雷德·斯隆(Alfred P. Sloan),斯隆是第一位成功的职业经理人,曾为通用汽车的CEO,被誉为20世纪最伟大的CEO,其所著的《我在通用汽车公司的年代》被看作是管理学的一个里程碑。经验主义学派主张通过分析经验(即分析案例)来研究管理的问题。通过分析、比较、研究各种各样成功的管理经验和失败的管理教训,抽象出某些一般性的管理结论或管理原理,帮助学生和实际工作的管理者学习与理解管理学理论,使他们更有效地从事管理工作。

严格意义来说,经验主义学派实质是传授管理学知识的一种方法,称为“案例教学”。目前全球很多大学的商学院都采用“案例教学”,这是培养学生分析和解决问题能力的一种有效途径。但从管理思想和理论方面看,内容比较庞杂,完整的理论体系不容易建立。

(五)权变理论学派

权变理论学派也称情境学派,有的管理者还称之为因地制宜理论。权变管理即权宜管理和应变管理的合称。权变理论在20世纪70年代开始形成，其代表人物有弗雷德·菲德勒(Fred Fiedler)、卢桑斯(Luthans)、伍德沃德(Woodward)等人。这一学派基本的管理思想是：在企业管理中，没有什么一成不变、普遍适用的，"最好的"管理理论和管理方法，企业管理必须随着企业所处的内外条件变化而随机应变。管理者应做什么以及怎么做，要取决于当时的既定情况。环境变量(组织内部与外部的环境)与管理变量(管理者在管理中所选择和采用的管理观念、技术)之间存在着函数关系，即权变关系。

菲德勒在多年实验基础上提出的"领导的权变模式"是三维的，即认为有三个重要因素直接影响着领导效果：(1)领导与成员的关系——下属对领导人的信任与忠诚程度以及领导者对下属的吸引力；(2)任务的结构——下属任务的常规化程度；(3)职位权力——领导职位、官方权威以及相关联的奖惩权，领导从上级和整个组织所得到的支持的大小。菲德勒认为，不应当简单地谈什么好的领导或差的领导；一位在一种情况下取得成功的领导在另一种情况下未必成功；指令性领导和宽容性领导在一定的情况下都能发挥最好的作用。

权变理论学派试图通过"权宜应变"融各学派学说于一体。它并不排斥任何一个学派，而是认为每个学派的理论和方法都是可取的，许多学派的理论和方法都是权变关系中的管理变量，对权变管理都做出了贡献。目前广泛使用的权变变量包括组织规模、技术的常规性、环境的不确定性和个体差异。

二、管理理论的新发展

进入20世纪60年代以后，随着社会、经济、文化的迅速发展，特别是信息技术的发展与知识经济的出现，世界形势发生了极为深刻的变化。面对信息化、全球化、经济一体化等新的形势，企业之间竞争加剧，联系增强，管理出现了深刻的变化与全新的格局。正是在这样的形势下，管理理论出现了一些全新的发展趋势。

(一)战略管理理论

20世纪60年代后，战略观点进入管理领域。之前的大多数情况下，组织所面对的管理问题相对简单、静态，只是在一个相对狭小的时空中来思考问题。随着竞争的加剧，管理环境越来越复杂，有关战略管理的研究开始受到人们的关注。钱德勒(Chandler)在1962年发表的《战略与结构》一书对于战略概念的探讨是划时代的。安索夫(Ansoff)于1965年在《公司战略》一书中把战略限定在3个领域，即提供与企业业务活动有关的广泛概念，为探讨企业新的成长机会制定具体的方针，以及确定在优选市场机会时所遵循的决策原则。

20世纪80年代，迈克尔·波特(Michael Porter)的《竞争战略》和《竞争优势》两部著作，提出了"五种竞争力量"(新进入者威胁，替代品的威胁，买方的讨价还价能力，供方的讨价还价能力和现有竞争者的竞争能力)——分析产业环境的结构化方法和3种通用战略。波特论述的竞争战略分析成为战略分析的标准模型。人们在战略分析中大量应用了经济学、社会学、政治学、数学等相关领域的理论、工具和知识。

一般认为，战略管理是由环境分析、战略制定、战略实施、战略控制等4个不同阶段组成的动态过程，这一过程是不断重复、不断更新的。实践中，这些步骤往往同时发生变化，或者是按照不同于上述步骤的顺序进行的。因此，管理者必须创造性地进行战略思考，以适应不断变化的外部环境。

(二)企业文化理论

20世纪80年代初，美国哈佛大学教育研究院的教授特雷斯·迪尔(Terrence Deal)和麦肯锡咨询公司顾问阿伦·肯尼迪(Allan Kennedy)在长期的企业管理研究中积累了丰富的资料写成了《企业文化——企业生存的习俗和礼仪》一书。它用丰富的例证指出：杰出而成功的企业都有强有力的企业文化，即为全体员工共同遵守，但往往是自然约定俗成的而非书面的行为规范；并有各种各样用来宣传、强化这些价值观念的仪式和习俗。其他的代表人物还包括约翰·科特(Johnp Kotter)、威廉·大内等。企业文化理论的主要观点有如下几点。

(1)企业的管理不仅是理论的，而且是文化的。

(2)企业文化受企业环境制约，在企业内主要体现为全体成员共同的信念、方向、意识、思维方式和日常行为准则。

(3)作为企业领导，必须具有文化意识，在完成对企业战略、组织、制度、技术管理的同时，应把主要精力用在企业文化的塑造与培育上。

(4)正是企业文化——这一非技术、非经济的因素，导致了这些决策的产生、企业中的人事任免，小至员工们的行为举止、衣着爱好、生活习惯。在两个其他条件都相差无几的企业中，由于其文化的强弱，对企业发展所产生的后果就完全不同。

(5)未来企业的竞争，将主要是企业文化的竞争。

(三)学习型组织与流程再造

进入20世纪90年代，全球经营环境发生着深刻的变化，技术的进步，尤其是信息技术的发展，正在从根本上改变着人们的生产生活方式。在这个新的世界中，比竞争对手学习得更快、变化得更快，这或许是唯一有效的竞争优势。从而，培育组织的学习能力成为管理当局的重大任务。越来越多的机构都加入了力争成为学习型组织的行列。所谓学习型组织，就是能够迅速地获取、传播并在整个组织中分享信息，从而不断改进自身以适应环境的组织，造就弥漫于整个组织的学习气氛而建立起一个符合人性的、有机的、扁平化的组织。这种组织具有持续发展能力，是可持续发展的组织。其与传统组织的区别如表 2-2 所示。

表 2-2　学习型组织与传统组织的区别

不同点	传统组织	学习型组织
对变革的态度	只要事情还能运转就不要改变它	如果不能改变它，则运转不了多久
对新思想的态度	如果不能付诸实践，就不要理它	如果为实践证明，就不算新思想
对创新负责	研究与开发部门	组织中的每一个人
主要的担心	犯错误	不学习，不改进
竞争优势	产品与服务	学习能力、知识和专业技能
管理者职责	控制其他人	推动和支持其他人

彼得・圣吉(Peter Senge)在其 1990 年出版的代表作《第五项修炼——学习型组织的艺术与实践》一书中提出学习型组织理论是以五项修炼为基础的，这五项修炼包括：

1. 自我超越。这是五项修炼的精神基础，是指学习不断理清并加深个人的真正愿望，集中精力、培养耐心，并客观地观察现实。

2. 改善心智模式。即不断适应内外的变化，改变自己的思维定式以及由此决定的假设、成见甚至图像、印象。

3. 建立共同愿景。是指要使组织拥有一种能够凝聚全体成员，并坚持实现的共有的目标、价值观与使命。

4. 团体学习。是指在群体中进行思想交流，分享集体的智慧。当团体真正在学习的时候，不仅团体整体产生出色的成果，个别成员成长的速度也比其他的学习方式要快。

5. 系统思考。这是五项修炼的核心，是指树立系统观念，善于运用完整的知识体系和实用的工具，认清整个变化形势，并了解如何有效地掌握变化，开创新局面。

组织的学习既包括对于当前做法的持续改进，也包括会导致确立新的目标、新方法的重大改革。业务流程再造(Business Process Reengineering，BPR)，又称企业再造，其创始人是美国管理学家迈克尔・哈默(Michael Hammer)和詹姆斯・钱皮(James Champy)，他们在 1993 年出版的《再造企业——工商管理革命宣言》中指出：企业再造，是指为了在衡量绩效的关键指标上取得显著改善，从根本上重新思考、彻底改造业务流程，其中衡量绩效的关键指标包括产品质量和服务质量、顾客满意度、成本、员工工作效率等。也就是说，为了能够适应新的世界竞争环境，企业必须摒弃已成惯例的运营模式和工作方法，以工作流程为中心，重新设计企业的经营、管理及运营方式，“从头改变，重新设计”。

（四）虚拟组织理论

1992年，威廉·戴维陶（William H. Davidow）和迈克尔·马隆（Michael Malone）发表了《虚拟组织：21世纪企业的构建和新生》，该书指出新的商业革命将围绕一种新的产品——虚拟产品或服务展开，这种产品的生产“费时短，且可以同时在许多地点满足不同的客户化需求”。主要从产品角度出发，对虚拟组织的概念进行了探讨。1993年，约翰·拜恩（John A. Byrne）在美国《商业周刊》发表了《虚拟组织》的封面文章，首次提出：为了追求最大的适应性，虚拟组织是多个企业快速形成的、暂时的公司联盟，以把握快速变化的机遇。

通俗地讲，虚拟组织是指两个以上的独立的实体，为迅速向市场提供产品和服务，利用网络经济、电子商务等手段，在一定时间内结成的动态联盟。它没有固定的组织层次和内部命令系统，而是一种开放式的组织结构，因此可以在拥有充分信息的条件下，从众多的组织中通过竞争招标或自由选择等方式精选出合作伙伴，迅速形成各专业领域中的独特优势，实现对外部资源的整合利用，从而以强大的结构成本优势和机动性，完成单个企业难以承担的市场功能，如产品开发、生产和销售。例如，耐克公司只有强大的研发设计中心和采购营销系统，从来就没有自己的生产工厂，但全世界尤其是亚洲到处都有为它生产耐克鞋的基地，耐克鞋风靡全球，经久不衰。

虚拟组织所表现的基本特征是：人力资源虚拟化，即将不同企业的人员集中在一起，协同工作。组织结构虚拟化，即虚拟型组织结构是松散的，其空间的分布和功能的确定都是临时的，完全取决于项目和产品。信息网络虚拟化，即企业成员之间的信息传递和业务往来主要通过信息网络完成。

互联网的急剧成长及全球通信设施的发展促成了虚拟组织的兴起。科技的进步促使产品不断地推陈出新；交通通信的发展缩短了地理距离；全球的国际化使商业无国界化；产业结构加速调整和升级；传统的企业经营方式和组织结构需要不断适应时代的需要。企业的知识化、信息化和虚拟化是企业组织演变的未来趋势。信息化在技术上为企业的知识化提供了保证，知识化水平的提高将促进企业对信息技术的应用，同时，知识化和信息化又为企业“虚拟”运作提供了可能。

专栏 2-5

菲尔·奈特（Phil Knight）将耐克公司的所有人力、物力、财力等资源集中起来，然后全部投入到产品设计和市场营销这两大部门当中去，全力培植公司强大的产品设计和市场营销能力。菲尔·奈特一方面强调产品开发设计能力，另一方面更加注重公司营销能力的培训，产品设计和品牌营销成了耐克的两件有力的竞争武器。

耐克在生产上采取了一种虚拟化策略，即向外部借力，通过整合外部资源使其为我所用，从而拓展自身的疆域，利用外部的能力和优势来弥补自身的不足，不装配生产线，耐克公司的所有产品都不自己生产制造，而是全部外包给其他的生产厂家加工制造出来。耐克公司的这一妙招，不仅节约了大量的生产基建投资、设备配置费用以及工人人工费用，而且又充分发挥了其他生产能力强的厂家的能力，尤其是将产品的生产加工外包给东南亚等地许多发展中国家的企业，这些地方及其低廉的劳动力成本为耐克公司节约了大量的人工费用，这也是耐克运动鞋之所以能以较低的价格与其他名牌产品竞争的一个主要原因。实施虚拟化生产过程中，耐克公司将设计图纸交给生产厂家，让他们严格按图纸样式进行生产，并保证相应的质量，耐克公司再将自己的品牌和商标贴在这些产品上，并将产品交给公司营销人员，通过公司的营销网络将产品销售出去，这种模式充分实现了优势互补的作用。

从耐克公司的经验看，公司在资源有限的条件下，把重心放在他们擅长的、关键性的、高附加值的工作上，而其他工作外包给外部完成，从而发挥自身的竞争优势。

管理启示 做企业就是要善于整合内外部资源，虚拟组织是企业赢得竞争、加快发展的必由之路。

人物介绍

管理学的理论奠基人

——亚当·斯密

亚当·斯密(Adam Smith，1723—1790)是公认的经济学祖师，作为古典经济学理论体系的创立者，斯密在经济学界的地位是独一无二的，他的《国富论》在经济学领域的影响极为深远。同时，他在伦理学方面的建树也十分出名，他的《道德情操论》至今依然是经典之作。

斯密出生于苏格兰法夫郡一个只有1500人左右的小镇柯卡尔迪(Kirkcaldy)。14岁就进入格拉斯哥大学(University of Glasgow)，主修拉丁语、希腊语、数学以及道德哲学。1748年，斯密开始在爱丁堡大学担任讲师；1751年，斯密回到母校格拉斯哥任教授，主讲逻辑学和道德哲学。在格拉斯哥大学任职期间，斯密公开发表经济自由主义的主张，形成了自己的经济学观点。1759年，斯密的第一部著作《道德情操论》出版，这部著作为他赢得了巨大的声誉，使他跻身于英国一流学者之列。1776年完成经济学巨著《国民财富的性质和原因的研究》(即《国富论》)。它的发表，标志着古典自由主义经济学的正式诞生。

斯密的经济学理论为管理学的诞生铺垫出了理论前提。《国富论》同管理学紧密相关，主要有两方面内容，一是经济人假设的提出，二是劳动分工理论。斯密虽然没有明确提出“经济人”概念，但学界公认经济人假设的始祖是他。斯密提出的分工思想，直接导致了管理学的诞生。从数学家巴贝奇到工程师泰勒，都秉承了斯密的分工理论。可以说，斯密的经济人假设和分工理论，构成了管理学的理论前提和技术前提。

组织理论之父

——马克斯·韦伯

马克斯·韦伯(Max Weber，1864—1920)，德国著名社会学家、政治学家、哲学家，是现代一位最具生命力和影响力的思想家。1864年4月21日，韦伯生于德国图林根的埃尔富特市，在1882年他进入了海德堡大学的法律系就读，除了法律的学习外，年轻的韦伯也学习了经济学、中世纪历史、神学。在韦伯即将完成博士论文的那一年里，他开始对当时的社会政策产生兴趣。韦伯最初在柏林大学开始教职生涯，并陆续于维也纳大学、慕尼黑大学等大学任教。他同泰勒和法约尔处同一历史时期，并且对西方古典管理理论的确立做出杰出贡献，他在管理思想方面的贡献是提出了理想行政组织体系理论，是公认的现代社会学和公共行政学最重要的创始人之一，被后世称为“组织理论之父”。

韦伯的主要著作围绕于社会学的宗教和政治研究领域上，但他也对政治、经济学领域做出极大的贡献。他的知名著作《新教伦理与资本主义精神》是他对宗教社会学最初的研究。韦伯将国家定义为一个“拥有合法使用暴力的垄断地位”的实体，这个定义对于西方现代政治学的发展影响极大。

韦伯对西方资本主义社会的影响是巨大而深远的，他的成就开创了比较社会学、理解社会学的基本研究方法，指出了理性对于近代资本主义社会的潜移默化的影响，系统地阐释了东西方宗教伦理差异对于社会现代性以及现代资本主义发展的影响，他和迪尔凯姆(Durkheim)被认为是宗教社会学最早的开创者，也是宏观社会学的集大成者。

人际关系学说的创始人

——乔治·埃尔顿·梅奥

乔治·埃尔顿·梅奥(George Elton Mayo,1880—1949),美国管理学家,原籍澳大利亚,早期的行为科学——人际关系学说的创始人,美国人文与科学院院士。他出生在澳大利亚的阿福雷德,20岁时在澳大利亚阿福雷德大学取得逻辑学和哲学硕士学位,应聘至昆士兰大学讲授逻辑学、伦理学和哲学。后赴苏格兰爱丁堡研究精神病理学,对精神上的不正常现象进行分析,从而成为澳大利亚心理疗法的创始人。

在人际关系学派产生以前,各种管理理论主要强调管理的科学性和严密性,轻视人的作用,把工人看作机器的附属品。梅奥学派则注重人的因素,研究人的个体行为和群体行为,强调满足职工的社会需求,而这些结论的重要依据来自于著名的霍桑实验。霍桑实验是一项以科学管理的逻辑为基础的实验。从1924年开始到1932年结束,在将近9年的时间里,前后共进行过两个回合:第一个回合是从1924年11月—1927年5月,在美国国家科学委员会赞助下进行的;第二个回合是从1927年—1932年,由梅奥主持进行。整个实验前后经过了4个阶段。霍桑实验的结果由梅奥于1933年正式发表,书名是《工业文明中的人性问题》,这标志着人际关系学说的建立。人际关系学说的提出,完全地改变了管理理论发展的进程。

本章小结

管理活动源远流长,人类进行有效的管理活动,已有数千年的历史,但从管理实践到比较完整的理论,则是一段漫长的历史过程。研究与学习管理的历史,有助于理解今天的管理理论和实践,有助于使人对管理活动与管理理论产生系统的认识。中国古代的管理是一种典型的经验管理,管理思想涉及治国、治兵、经营、农耕等方方面面,丰富而深邃。

20世纪初进入古典管理理论阶段。古典管理体现在两个方面:作业管理与组织管理。在作业管理方面,泰勒从个人效率角度提出了制定科学的操作方法、科学地选择一流的工人、实行刺激性的差别计件工资制度等理论。法约尔从企业组织效率的角度提出了计划、组织、指挥、协调和控制5项职能及14条管理原则。韦伯从社会组织效率角度提出了“理想行政组织体系”的特征。

梅奥主持的霍桑试验提出人际关系学说,主要观点为:员工是社会人,在正式组织中存在着非正式组织以及新的领导方式在于提高员工的满意度。行为科学理论的主要代表观点有马斯洛的需要层次理论、赫兹伯格的双因素理论、弗鲁姆的期望理论、亚当斯的公平理论、麦格雷戈的X理论和Y理论等。

孔茨提出的“西方管理理论丛林”的概念,包括管理过程学派、管理科学学派、决策理论学派、经验主义学派和权变理论学派。现代管理理论的主要特征表现为以经营决策为中心,把人作为中心来管理,广泛地吸收优秀科研成果。进入20世纪80年代,企业管理中出现了引人注目的变化。决策理论、竞争战略、企业文化、学习型组织、虚拟组织和企业资源计划系统等从不同角度研究当今管理问题,代表着当前管理理论的发展趋势。

本章重点:各个时期管理思想的基本内容。

本章难点:各个时期管理思想的代表人物及其主要观点。

复习题

1. 理解中国古代管理思想的主要内容,并思考对现代企业经营有何启示?
2. 分析亚当·斯密和巴贝奇关于劳动分工的研究。
3. 泰勒的科学管理理论的主要内容是什么?评价泰勒的科学管理理论对管理学界的贡献。
4. 法约尔提出了哪些管理职能?他提出的14项管理原则的内容是什么?
5. 人际关系学说的主要内容是什么?行为科学研究的主要内容是什么?
6. 说一说学习型组织与传统组织有什么不同?

技能训练

1. 案例分析题

著名的企管顾问邦纳保(Eric Bonabeau)和梅耶(Christopher Meyer)在“哈佛商业评论”上分析,从蚂蚁身上,可以教我们很多管理的功课。当蚂蚁集结在一起的时候,能够自我组织,不需要任何领导人监督,就形成一支很好的团队。更重要的是,它们能够根据环境变动,迅速做出调整,找出解决问题的答案。两位学者把这种能力称为“蚁群智慧”,并且把这种智慧运用到工厂排程、人员组织,甚至策略拟定上。

举例来说,蚂蚁总能找出最短的路径,把食物搬回家。当寻找食物时,两只蚂蚁同时离开巢穴,分别走两条路线到食物处,较快回来的,会在其路线释放出较多的化学外激素作为记号。因此，其他同伴闻到较重的味道时，自然就会走较短的路线。这个智慧靠的是两个简单原则：留下外激素，以及追随足迹。

运用这个简单原则，可以解决复杂问题。例如，电信网络从夏威夷到巴黎，必须经过很多节点，聪明的系统必须能够自动避掉塞车的地方。惠普实验室研究出一个方法，设计大批软件使其不断流动，在网络间留下信息，就像蚂蚁留下外激素一样，电话就追随这些信息来连接。当一个路线塞车，走这条路线的使用者也会塞车，自然发出讯号，这条路线就放弃。电话改走比较顺畅的路线，让塞车迅速缓解。

蚂蚁的另一个分工模式是弹性分工。一只蚂蚁搬食物往回走时，碰到下一只蚂蚁，会把食物交给它，自己再回头，碰到上游的蚂蚁时，将食物接过来，再交给下一只蚂蚁。蚂蚁要在哪个位置换手不一定，唯一固定的是起始点和目的地。

一家大型零售连锁店就运用这个模式，来管理其物流仓储中心。以前该仓储中心用区域方式来接货，除非上一手完成工作，下一手不能接手。以书为例，一个人专门负责装商业书，另一个人专门负责装儿童书。问题是，每个人的速度可能差距非常大，订单对每一种商品的需求差异也很大，因此总有人在等待别人完成才能接手。经过研究，该物流中心采用蚂蚁模式，一个人不断拣出产品，一直到下游有空来接手工作后，再回头接手上游工作。

研究人员用计算机仿真运算发现，运用这个模式时，应该将速度最快的员工放在最末端，速度最慢的放在一开始，如此是最有效率的。该仓储中心通过这种方法，生产力比之前提高了30%。两位学者指出，这种“蚁群智慧”有3种优势：一是弹性，可以迅速根据环境变化进行调整；二是强韧，即使一个个体失败，整个群体仍然可以运作；三是自我组织，无须太多从上而下的控制或管理，就能自我完成工作。这些正是今天多变的环境中，企业最需要具备的特质。

资料来源：赵金先，张立新，姜吉坤. 管理学原理. 经济科学出版社，2011年

案例思考：我们从蚂蚁身上学到了哪些管理知识？

2. 实训操作题

项目内容：查阅有关管理思想的文献资料

(1)要求学习查阅文献资料的方法，通过查阅有关管理思想的文献资料，掌握某种管理思想的主要观点及其发展趋势，分析其贡献和局限性，以及对当今管理实践的指导意义。

(2)要求每一位同学写一份查阅资料报告，择优在班级进行交流。

第三章 社会责任与管理道德

市场没有心肺和大脑，因而不能指望市场自身能够自觉地意识到它所带来的严重的社会不平等，更不能指望市场自身来纠正这种不平等。

——哈里·马克维次

【学习目标】

1. 了解古典观和社会经济观对社会责任的解释
2. 掌握社会责任的内容及类型
3. 了解典型的管理道德观
4. 掌握管理道德的功能
5. 掌握管理道德的影响因素
6. 了解如何进行管理者的道德建设

导入案例

2008年9月15日，金融服务企业雷曼兄弟公司向纽约南区联邦破产法院提交了破产保护申请。这项行动——美国金融史上涉及金额最大的破产申请引发了一场“使全球金融市场陷入一片混乱的信心危机，导致自1929年大萧条以来最严重的危机”。悲哀的是，这家华尔街明星企业的垮台并不是什么新鲜事，我们已经在安然公司、世界通讯公司以及其他许多公司身上看到这样的故事。在联邦破产法院检察官安通·瓦卢卡斯(Anton Valukas)公布的一份报告中指出，雷曼兄弟公司的高管及其审计公司安永会计事务所，需要为导致该公司垮台的行为承担责任。他说：“雷曼兄弟公司多次违反自己的内部风险限制和控制规定，而且公司管理层的一系列误判导致了该公司的破产。”让我们来看看这些表面现象背后的一些问题。

雷曼兄弟公司存在的主要问题之一是它的企业文化和奖励结构。员工过于冒险的举动受到公开的称赞和丰厚的奖赏。实施可疑交易的员工受到赞赏，并被视为“攻城拔寨的英雄”。另一方面，对决策提出质疑的员工常常被忽视或驳斥。例如，在该公司担任副总顾问长达9年的奥利弗·布德(Oliver Budde)负责为该公司高管的薪酬填写纳税申请报单。他认为该公司“故意瞒报公司高层管理者获得的薪酬数额”，并对此感到极为愤怒，于是他和上司就这个事情争论了数年之久，始终无济于事。于是，有一次当一家外部会计事务所建议降低医疗保险成本以避税时，他拒绝了该建议并且说道：“我的直觉认为，这不仅仅是调整几页文件以便把这项开支从资产负债表中挪走。这是不正确的行为，我会向上汇报。”然而，他的上司却不同意他的意见，并且批准了这项建议。

雷曼兄弟的另一个主要问题是最高管理层的领导力。检察官瓦卢卡斯的报告对该公司“应该做更多事情且做得更好”的高管提出了严厉的批评。他指出，这些高管通过自己的行为，其范围从“严重但并不有罪的商业误判到可判有罪的资产负债表操纵行为”，使得该公司的问题更加恶化。瓦卢卡斯继续说道：“导致该公司发布误导性的定期报告方面，前首席执行官理查德·福尔德(Richaed Fuld)至少犯下了严重的玩忽职守罪。”这些误导性的报告是一种被称为“回购105”的会计手段的组成部分。雷曼兄弟公司通过这种会计手段把大约500亿美元的不良资产从2008年第一季度和第二季度末的资产负债表中移走，而不是亏本出售这些不良资产。检察官瓦卢卡斯的报告“包含了雷曼兄弟公司全球财务总监发送的电子邮件，财务总监在这些邮件中确认，回购105交易的唯一目的或动机就是降低自己的资产负债表金额，并且补充说这些交易并没有什么实质意义”。雷曼兄弟公司的审计公司知道该公司使用了回购105交易，但是并没有对此提出质疑或疑问。有足够证据表明，前首席执行官理查德·福尔德也知道这种会计手段在该公司的使用；但是，他签署并批准了对此交易没有丝毫提及的公司季报。理查德·福尔德的辩护律师说：“理查德·福尔德先生并不知道这些交易是什么——他并没有设计或探讨这些交易，而且对他们的会计操作也不知情。”安永会计事务所的一位发言人说：“雷曼兄弟公司的破产是金融市场上一系列前所未有的错误事件导致的结果。”

资料来源：斯蒂芬·P.罗宾斯，玛丽·库尔特.管理学(第11版).中国人民大学出版社，2012：143-144

管理启示　从雷曼兄弟公司的情况，我们可以看到，一个企业管理者的个人职业道德可以影响到企业的发展，甚至可以带领一个企业走入深渊。

第一节 社会责任

当今的管理者时常要思考有关社会责任的问题，如雇员劳动关系、慈善事业、定价问题、资源保护、产品质量与安全等，这些都是极为明显的社会责任问题。企业管理者如何进行这些决策呢？社会责任与企业绩效之间关系如何？

一、社会责任的内涵及相关观点

（一）社会责任的内涵

企业社会责任是指企业在创造利润、对股东承担法律责任的同时，还要承担对员工、消费者、社区和环境的责任。企业的社会责任要求企业必须超越把利润作为唯一目标的传统理念，强调在生产过程中对人的价值的关注，强调对消费者、对环境、对社会的贡献。

可依据社会责任与企业关系的紧密程度把企业社会责任分为 3 个层次：一是基本企业社会责任，包括对股东负责、善待员工；二是中级企业社会责任，包括对消费者负责、服从政府领导、搞好与社区的关系、保护环境；三是高级企业社会责任，包括积极参与慈善捐助、热心公益事业。

在现实中大多数企业不能完全做到承担这 3 个层次的企业社会责任。企业首先应做到基本企业社会责任，这是判断一个企业是否具备企业社会责任的首要条件。在此基础上，完成了中级企业社会责任和高级企业社会责任，那么可以说这个企业完成了全面企业社会责任。还应指出不能孤立地看待企业的某一个行为，如果一个行为不能为企业带来利润或这个行为为企业带来了利润，但员工的合法权利得不到保证，都不是真正为社会负责的行为。

（二）有关社会责任的两种观点

1. 古典观点

古典观点指出管理当局唯一的社会责任就是利润最大化。代表人物是诺贝尔奖获得者、经济学家米尔顿·弗里德曼（Milton Friedman）。1970 年 9 月 13 日，弗里德曼在《纽约时报》刊登题为《商业的社会责任是增加利润》的文章，指出企业的一项，也是唯一的社会责任是在比赛规则范围内增加利润。他认为管理者的主要责任就是从股东（公司真正的所有者）的最佳利益出发来从事经营活动，股东只关心一件事，就是财务方面的回报。弗里德曼认为不管何时，当管理者自作主张将企业资源用于社会利益时，都是在增加经营成本。这些成本只能要么通过高价转嫁给消费者,要么降低股息回报由股东所吸收。弗里德曼的观点并不是说企业不应当承担社会责任,他支持企业承担社会责任,但这种责任仅限于为股东实现企业利润的最大化。

2.社会经济学观点

社会经济学观点认为管理当局的社会责任不只是创造利润,还包括保护和增进社会福利。公司并非只是对股东负责的独立实体。它们还要对社会负责,社会通过各种法律法规认可了公司的建立,并通过购买产品和服务对其提供支持。此外,社会经济观的支持者认为,企业组织不仅仅是经济机构。社会接受甚至鼓励企业参与社会的、政治的和法律的事务。例如,雅芳公司发起了乳腺癌防治运动,让妇女,尤其是那些难以获得医疗护理和治疗的妇女,接受更多的乳腺癌教育,并为她们提供早期检查服务。

社会经济观认为,企业必须承担社会义务以及由此产生的社会成本,企业必须以不污染、不歧视、不从事欺骗性的广告宣传等方式来保护社会福利,必须融入企业所在的社区及资助慈善组织,从而在改善社会中扮演积极的角色。

二、企业社会责任的内容

美国经济发展委员会明确指出企业社会责任的10项内容:经济增长与效率;教育;用工与培训;公民权与机会均等;城市建设与开发;污染防治;资源保护与再生;文化与艺术;医疗服务;对政府的支持。

企业社会责任的内容是一种动态的调整,而非一成不变。它的内涵与外延是随着经济社会的发展不断发展变化并及时调整的。因此,我国企业社会责任的内容不仅应包括法律等强制性要求,也必须涉及超越法律、道德和伦理等层面。具体来讲,我国企业社会责任的内容主要包括以下几方面。

1.诚实守信,货真价实

确保产品货真价实是企业社会责任的第一重要责任。由于种种原因造成的诚信缺失正在破坏着社会主义市场经济的正常运营,由于企业的不守信,造成假冒商品随处可见,消费者因此而造成的福利损失每年在2500亿—2700亿元,占GDP比重的3%—3.5%。因商品造假的干扰和打假难度过大,很多企业生存难以为继,岌岌可危。为了维护市场的秩序,保障人民群众的利益,企业必须承担起确保产品货真价实的社会责任。

2.科学发展,互利互赢

企业的任务是发展和赢利,并担负着增加税收和国家发展的使命。企业必须承担起发展的责任,搞好经济发展,要以发展为中心,以发展为前提,不断扩大企业规模，扩大纳税份额，完成纳税任务，为国家发展做出大贡献。但是这个发展观必须是科学的，任何企业都不能只顾眼前，不顾长远，也不能只顾局部，不顾全局，更不能只顾自身，而不顾友邻。所以无论哪个企业，都要高度重视在“五个统筹”（统筹城乡发展、统筹区域发展、统筹经济社会发展、统筹人与自然和谐发展、统筹国内发展和对外开放）的科学发展观指导下发展。

3. 可持续发展

企业社会责任与可持续发展之间存在高度一致性和紧密关联性，企业不仅应关注自身的生存与可持续发展，而且更应关注人与社会、人与自然的生存与可持续发展。因此，企业的社会责任有了一种超越法律、道德与伦理的内容。只有这样才能创造一种更加长远的经济增长模式，既满足当代人的需求，又不对后代人满足其需求的能力构成危害的发展，在企业发展的过程中要坚持以人为本，以人与自然和谐为主线，强调经济、社会与人口、资源和生态环境的协调发展。

4. 发展慈善事业

虽然我国的经济取得了巨大发展，但是作为一个有 13 亿人口的大国还存在很多困难。特别是农村的困难更为繁重，更有一些穷人需要扶贫济困。这些责任固然需要政府去努力，但也需要企业为国分忧，参与社会的扶贫济困。为了社会的发展，也是为自身的发展，企业更应该重视扶贫济困，更好承担起扶贫济困的责任。

5. 保护职工利益

人力资源是社会的宝贵财富，也是企业发展的支撑力量。保障企业职工的生命、健康和确保职工的工作与收入待遇，这不仅关系到企业的持续健康发展，而且也关系到社会的发展与稳定。为了应对国际上对企业社会责任标准的要求，也为了使政府关于“以人为本”和构建和谐社会的目标落到实处，企业必须承担起保护职工生命、健康和确保职工待遇的责任。作为企业要坚决遵纪守法，爱护自己的员工，搞好劳动保护，不断提高工人工资水平和保证按时发放。企业要多与员工沟通，多为员工着想。

6. 发展科技

企业为解决效益低下问题，必须要重视科技创新。通过科技创新，降低煤、电、油、运的消耗，进一步提高企业效益。因此，企业要高度重视引进技术的消化吸收和科技研发，加大资金与人员的投入，以科技创新为企业的驱动力。

专栏 3-1

2008 年 5 月 12 日，四川汶川地震当天，万科宣布捐款 200 万元。与上年超过

48 亿元的净利润相比，200 万元的善款不足其净利润的万分之四。万科因此被批为"捐款数额与收入不符"。

5 月 15 日，王石在博客中予以理性回应："200 万元是个适当的数额，企业的捐赠活动应该可持续，而不应成为负担，普通员工的捐款以 10 元为限。"

5 月 19 日晚，王石公开道歉。5 月 21 日，万科发出"补捐"公告，称将参与四川地震灾区的临时安置、灾后恢复与重建工作，该工作为纯公益性质，净支出额度为人民币 1 亿元。

万科在 5 月 24 日发表声明称，公司参与四川地震灾区的临时安置、灾后恢复与重建工作是完全无偿的，不收取任何直接与间接经济回报，不回收任何成本的纯公益性质，万科在本次地震灾后重建的全过程中，不承揽任何有回报的重建业务。

6 月 5 日，万科召开 2008 年第一次临时股东大会，会议表决通过此前捐款 1 亿元的董事会决议。

至此，轰动一时的捐款门事件基本告一段落。一直以来，有"好公民"之称的万科董事长王石在中国地产界享有很高声誉，他领导的万科连续多年被评为"中国最佳企业公民"。然而，因为给地震灾区捐款事件，王石和万科站在了舆论的风口浪尖上，几乎成为众矢之的。声声质疑，步步回应，王石和万科完全处在被动境地。

理性回顾整个事件，万科的表态不存在"道义"问题，却过不了公众"情感关"，尺度把握存在问题。在特大地震灾害这一敏感时刻，在各方赈灾热情高涨的背景下，王石抛出"灾难常态论""合适理论""10 元为限论"和"慈善负担论"，对于这样的表态，公众从感情上显然不能接受。

在事态刚刚起步时道歉最合适。整整一周后，王石和万科才做出回应，显然已经过了最佳修复时间。在这段时间里，舆论对王石和万科的不满已经全面扩大，此时道歉只能让公众认为万科是迫于压力的补救行为。捐款本是一件赢得社会尊重的善举，然而，对万科来说，这次捐款所产生的社会反响却恰恰走向了舆论的另一端。

尽管不该用社会道德来"绑架"企业的捐款数额，但在公众心目中，捐款数额成为企业社会责任感的体现。通过此次赈灾捐款，内地一些富豪和企业在公众心中树立爱心"缺失"的群体形象，这个问题不得不引人深思。

公众对于企业社会责任感的把握和考量往往是从众而又感性的，事件本身暗藏的真相往往掩盖于媒体喧闹的评论中。地震发生后，万科一直在地震灾区进行救灾，但公众对此知道的不多，相反媒体对公司负面程度的报道铺天盖地，舆论对企业事件夸张极端类的报道很大程度上掩盖了事实真相。

请思考 你认为企业是否应该背负社会责任？企业应该如何树立自身在公众心目中的社会形象？

三、企业社会责任的类型

企业社会责任可以分为两类,一类是反应型企业社会责任,另一类是战略型企业社会责任。

(一)反应型企业社会责任

反应型企业社会责任有两种形式:一是做一个良好的企业公民,关心各利益相关者所关注的社会问题的变化;二是减少企业经营活动已经产生的或可能会产生的负面影响。

做一个良好的企业公民是企业的社会责任中必不可少的内容,企业必须履行好这个职责。地方上许多公益性组织需要依靠企业的捐助才能经营下去,企业有必要对它们伸出援手,企业员工也会因为企业为社区所做的这些贡献而备感骄傲。由于每个业务单元的价值链都可能带来诸多社会影响,许多企业干脆就可能的社会和环境风险罗列了一张标准化清单,据此来一一查找企业需承担的社会责任。如今,全球报告倡议组织的规范正日益成为全球企业编制社会责任报告的标准,该组织列举了 141 项社会责任,针对不同行业还设有补充清单。

编制这类清单当然给企业提供了一个良好的开端,但是企业还需要一个更具前瞻性和更加定制化的内部流程。每个业务单元的管理者都可以用价值链这个工具来系统地判断本单元的活动在当地所造成的社会影响。就价值链活动造成的大多数影响而言,企业无须从头改造才能扭转这些影响,而是应该把改变每一种影响的最佳实践找出来,并且关注这些实践做法的变化,这样就可以更前瞻、更有效地减轻价值链活动所造成的各种负面社会影响,并为企业获得竞争优势。

(二)战略型企业社会责任

战略型企业社会责任是指寻找能为企业和社会创造共享价值的机会,包括价值链上的创新和竞争环境的投资,企业社会责任应该支持企业目标。对任何一家企业而言,战略都不仅仅是一个最佳实践的框架,而是关乎如何选择一个独特定位的问题——如何采取不同于竞争对手的经营方式,以更低的成本更好地满足某种顾客需求。这条原则既适用于企业与社会的关系,也适用于企业与客户、竞争对手的关系。

履行战略型企业社会责任不只是做一个良好的企业公民,也不只是减轻价值链活动所造成的不利社会影响,而是要推出一些能产生显著而独特的社会效益和企业效益的重大举措。

企业在产品生产和价值链运营中有许多引领创新的机会，既能为社会谋福利，又能提高自身的竞争力。丰田解决汽车尾气排放问题的举措就是一个范例。丰田的油电混合动力车普锐斯(Prius)是丰田一系列创新车型的第一款，这些车型既为丰田赢得了竞争优势，也为环保做出了贡献。混合动力车所排放的有害气体仅仅是常规汽车的 10%，而油耗只有一半。被《汽车动向》杂志(Motor Trend)评为 2004 年度最佳车型的普锐斯，给丰田带来了巨大的领先优势，其他公司也开始向它购买专利技术。显然，丰田已经在顾客当中建立了独特的地位，而且正在积极争取把这项技术确立为世界标准。

战略型企业社会责任还包括投资于竞争环境中某些能促进企业竞争力提高的社会因素，发挥出企业与社会的共享价值，并由此建立起企业与社会的共生关系：企业越成功，社区就越繁荣；反之，社区越繁荣，企业就越成功。通常而言，某个社会问题与企业的业务关系越紧密，利用企业的资源和能力造福社会的机会就越大。

微软公司(Microsoft)和美国社区学院协会(American Association of Community Colleges)建立的合作伙伴关系，就是投资竞争环境以创造共享价值的一个范例。IT 技术人员短缺是限制微软增长的一个重要因素，而目前仅美国 IT 业就有超过 45 万个岗位缺口。美国社区学院的在册学生人数多达 1160 万，占美国大学生总数的 45%。帮助这些学校培养 IT 技术人员将是解决上述问题的重要途径。但是，微软发现这些学校面临一些特殊的困难：IT 课程没有标准化，课堂传授的技术大多已经过时，没有系统的职业发展计划帮助教师更新他们的知识。于是，微软针对这 3 个问题发起了一个为期 5 年的援助计划，总共投入资金 5000 万美元。除了捐助资金和产品之外，微软还派出一些员工义务为学校评估各种需求，协助学校开发课程和建立教师培训机构。值得注意的是，这远不只是一项通常意义上的志愿者行动，因为微软的这些志愿者和派出的员工都在用他们的核心专业技能满足社会的需要。微软该项计划不仅使众多社区从中得益，对其自身业务也产生了直接影响。

专栏 3-2

通用电气公司(GE)捐助公立中学的举动堪称典范。该公司在其几个大工厂附近选择了一些办学质量较差的学校，在 5 年内向它们各捐款 25 万—100 万美元不等，另外还有实物捐赠。除此之外，通用电气公司的管理者和员工积极与学校管理者合作，体察学校的办学需求，对学生进行各类辅导。某第三方机构对该捐赠计划所覆盖的 10 所中学做了一项独立研究，结果表明，在 1989—1999 年的 10 年间，几乎所有学校的办学质量都有了显著提升，而办学质量最差的5所学校中有4所学校的学生毕业率翻了一番，从30%提高到了60%。

管理启示 做最出色的企业公民，需要企业制定明确的量化目标，并且不断跟踪行动结果。通用电气公司有效的企业公民行为帮助企业赢得了良好的声誉，改善了企业跟当地政府和其他重要利益相关群体的关系，而且通用电气的员工对自己的参与也备感自豪。

第二节　管理道德观

随着信息社会的发展、生活质量的提高和对环境保护的日益关注，企业管理与道德的结合趋势日益明显。管理必须注重道德伦理环境，同时道德作为一种重要的管理手段，可调节企业内部关系和评价管理工作优势。管理道德是管理活动的精神动力。把管理与道德相结合，既是时代的要求，也是现代管理理论趋向成熟的一个标志。

一、几种典型的管理道德观

(一)功利主义的道德观

功利主义道德观认为决策要完全依据其后果或结果做出。功利主义的目标是为尽可能多的人提供尽可能多的利益。接受功利主义的管理者可能认为解雇其工厂20%的工人是正当的，因为这将增加工厂的赢利能力，使余下的80%工人的工作更有保障以及符合股东的利益。一方面，功利主义对效率和生产率有促进作用，并符合利润最大化的目标。另一方面，它会造成资源配置的扭曲，尤其是在那些受决策影响的人没有参与决策的情况下；同时，功利主义也会导致一些利益相关者的权利受到忽视。

(二)权利至上道德观

权利至上道德观关注于尊重和保护个人自由和特权，包括隐私权、思想自由、言论自由、生命与安全以及法律规定的各种权利。例如，当雇员揭发雇主违反法律时，应当对他们的言论自由加以保护。权利观的积极一面是它保护了个人的自由和隐私。但它在组织中也有消极的一面：它能够造成一种关注保护个人权利胜过把工作做好的工作气氛，而阻碍生产力和效率的提高。

(三)公平原则道德观

公平原则道德观要求管理者公平和公正地贯彻和加强规则,并在此过程中遵守所有的法律法规。管理者可能会应用公平观理论来决定给那些在技能、绩效或职责处于相似水平的员工支付同等级别的薪水,其决策的基础并不是性别、个性、种族或个人爱好等似是而非的差异。按公平原则行事,也会有得有失。得的是它保护了那些未被充分代表的或缺乏权力的利益相关者的利益,失的是它可能不利于培养员工的风险意识和创新精神。

(四)社会契约道德观

社会契约道德观认为,只要按照企业所在地区政府和员工都能接受的社会契约所进行的管理行为就是善的。例如美国公司在中国的雇员,与美国本土的同等技能、同等绩效或同等职责的员工相比,工资待遇差别可能在5—10倍之多,并且中国员工在失业、医疗、休假等方面的保障往往更少。但这些行为通常并不被认为不道德,而被视为正常至少是可以理解和接受的。这种道德观实质上是功利主义道德观的变种。既不符合权利至上道德观,更不符合公平原则道德观的基本原则,却能大幅度降低企业人力资源的成本,增加企业的利润。

大多数经营管理者会采用哪种道德观呢?或许功利主义并不足为奇。为什么呢?因为这一观点与效率、生产力和利润等目标是一致的。但是,由于管理者所在的环境正在发生变化,这一观点也需要改变。强调个人权利、社会公正和社会契约的趋势意味着管理者的道德准则要以非功利标准为基础。这对当今的管理者是一个实实在在的挑战,因为依据这些标准制定决策要比依据效率和利润等功利标准制定决策具有更多的模糊性。结果自然是管理者日益发现自己正在道德困境中艰难行进。

二、管理道德的功能

管理道德的功能,是指管理道德作为一个有着特定结构的系统,同外部环境、管理主体和组织、利益相关者的相互关系与相互作用的过程中的能力和功效。

(一)激励功能

所谓激励,就是激发人的行为,使人在从事某种行为时能够积极主动,具有强大的动力。管理道德的激励功能,就是通过管理道德激发主体和道德行为的发生,使主体受到鼓励去做出合乎伦理道德的行为,最终取得预期的管理效果,形成理想的管理秩序。

人的需要一般可以分为物质需要和精神需要，其中伦理道德是满足人的精神需要的主要方式之一。管理道德激励功能的发挥，主要是激发人的需要，特别是采取伦理道德的激励方式，如情感投入、正面肯定、事业留人、激发创造精神等，使人们的精神需要得到满足。

（二）升华功能

管理道德的升华功能是指管理道德能够指引人们的管理行为超越物质利益，提高管理活动的层次，赋予其伦理形态的价值，从而使一项具体的管理活动更加具有重要性。管理道德可以提升管理活动及其结果的价值等级或档次，可以通过树立企业的道德形象，实现人际关系的升华。由此看来，管理活动并不必然等同于狭隘的功利，它完全可以通过管理道德升华为一种高层次的道德活动，从而既满足人们的物质需要，又满足人们的精神需要。

（三）调节功能

调节功能是管理道德的最主要功能，它是指管理道德通过管理评价活动等方式来指导和纠正管理者与被管理者的行为和实际活动，以协调两者之间的管理关系的作用和效能。与各种刚性的管理法规相比较，它的成本低廉。应该看到，企业内部的人际关系基本上是借助情感得以维系和凝聚，在调节企业内部的人际关系方面，道德情感具有管理法规无可比拟的优越。但是它毕竟属于“软调节”的范畴，管理者必须积极地将管理道德调节同其他调节手段结合起来，这样才能使管理道德的调节功能在管理活动中发挥更大的作用。

（四）整合功能

管理道德的整合功能主要是把企业融合、凝聚为一个整体，在管理中发挥人事协调、沟通、和谐的作用，从而发挥整体的优化管理效益。管理组织的凝聚力离不开管理道德的自律作用，管理道德的自律作用是出于人们内心的道德情感和道德信念，在调节范围和调节深度上具有管理规章制度所达不到的优势。它主要是通过人与人之间道德心理情感的传递和感染，在潜移默化中建立起一种互相帮助、和谐友好的人际关系，形成一种强大的向心力，从而把人们凝聚成一个整体，发挥经济、社会、生态相统一的整体效益。

管理道德的这些功能是相互联系、相互影响、相互依存的。管理道德功能的发挥是管理道德作为一个整体在管理活动中体现出的功用和能力。激励功能和升华功能证明管理道德是管理活动的稳定和持久的动力源，表明管理道德对管理活动在伦理价值上的提升与超越。调节功能和整合功能表明管理道德是管理活动的基础和秩序保证。

专栏 3-3

放眼望去，似乎一些著名的大公司的道德丑闻经常成为新闻的头条：百事可乐公司承认它在促使欧盟委员会调查可口可乐公司中所起的作用，因为它认为可口可乐公司在欧洲市场上滥用其主导地位；华纳唱片公司因传播宣扬暴力的说唱歌词而受指责；保诚保险公司被指控犯有销售欺诈罪和伪造罪；哥伦比亚保健公司因夸大病人病情以获取更高的医疗保险和医疗补贴支付款而接受调查；博士伦公司被指控利用会计原则及处理上的舞弊行为来实现严格按数字考核的绩效目标。事情在怎样发展？企业界的道德在倒退吗？

小思考　企业如何保持高道德标准？

第三节　影响管理道德的因素

道德是一种意识形态，主要依靠传统习惯、社会舆论等力量调整人与人之间、人与社会之间的行为规范。管理道德，简单地说，就是以组织为主体，以组织的道德观念为核心，处理组织与组织之间、组织与个人之间的道德原则、规范和实践的总和。

一、影响管理道德的因素

综合中西方管理学理论，管理道德一般受以下 4 种因素影响最大。

（一）个人特性

管理者的个人特性对组织的管理道德有着直接的影响。这里所讲的个人特性主要是指管理者的个人价值观（包括道德观）、自信心和自控力。

人们的价值观是由家庭、朋友、社区环境、教育环境、生活和工作经历等因素影响而逐渐形成的。由于每个人所遇到的这些因素千差万别，因而每个人判断是非善恶的标准就不可能完全相同。每个人对待权力、财富、爱情、家庭、子女、社会、人生以及个人责任等的态度也各式各样。所以在同样的管理道德面前，每个管理者做出的决策不可能完全相同，甚至可能完全相反。

管理者个人的自信心和自控力与管理道德存在着强关系。自信心和自控力强的人，一般都会深信自己的判断是正确的。因而通常都能坚持去做自己认为正确的事。他们也会听取不同的意见，但自己确定的方向和底线不会轻易改变。由于涉及道德的管理问题一般都有较大争议，都会受到利益与道德风险两方面的巨大压力，自信心和自控力弱的人就会摇摆不定和困惑不解，很容易屈服于外力摆布，而难于坚持自己的主张。

(二)组织结构

组织结构的设计能够影响到员工是否实施道德行为。如果一个组织没有一套完整精密的组织结构设计，那么它可能会产生道德漏洞，员工不能完全被组织结构约束，那么就有可能产生不道德的行为。

另外，组织设定的经营目标也会影响员工的道德行为。一个将社会责任、绿色管理等列入组织经营目标中的企业，其员工更趋于实施道德行为。如果公司仅仅以达到某种利润而制定经营目标，可能会潜在地影响一些员工做出不道德的行为判断。

最后，一个组织的绩效考核体系也可能会影响员工的道德行为。一个组织如果仅仅注重员工绩效的结果，而忽视整个实施的过程，则会迫使部分员工不择手段地做事。

(三)组织文化

如果管理者和员工在积极创新进取时，一旦遭受挫折或失败，不会受到组织的歧视和惩罚；相反，如果采用某些不道德的行为取得成果，将会被人们揭露和鄙视。这样，诚信做事、包容失败的组织文化将必然减少不道德的管理行为。没有诚信、包容的组织文化必将助长不道德管理行为的滋生与扩散。

(四)问题强度

道德问题强度会直接影响管理者的决策。所谓问题强度，是指该问题如果采取不道德的处理行为可能产生后果的严重程度。例如：有多少人会受到伤害？有多少舆论会谴责这种行为？这种行为造成的危害概率有多大？人们是否能直接感觉到？潜在受害者与这种不道德行为距离有多近？这种行为的危害是否可能集中爆发？如果这些问题的答案是肯定的，那么管理者很可能采取道德的行为。但是当问题本身对组织具有特别重大影响时，管理者为了保护本组织的利益也可能冒被揭露的风险而采取不道德的管理行为。

专栏 3-4

美国通用电气公司(GE)是世界上最大的多元化服务公司，同时也是高质量、高科技工业和消费产品的提供者，从飞机发动机、发电设备到金融服务，从医疗照影设备、电视节目到塑料，GE公司致力于通过多项技术和服务创造更美好的生活。GE在全世界100多个国家开展业务，在全球拥有员工近30万人。

该公司的管理者认为学生是未来社会的栋梁之材，企业有责任引导学生为社会做贡献。通用电气公司的几个分公司在当地都建立了企业与高校学生之间的友好联系，意在为国家教育及社会目标的实现做贡献，为此通用电气公司赢得了良好的社会声誉，得到更多人的认可。该公司的座右铭是：在追求顶尖的公司地位时，牺牲正直是绝对不允许的。

小思考 企业管理者应该有什么样的管理道德观？

二、国际环境中的道德规范

道德标准在全球都是一样的吗？很明显，在全球各个国家各个民族中，都拥有自己不同的文化，自己的道德准则。有些事情可能在一个国家是合乎他们的道德标准，但是在另外一个国家却是完全违背他们的道德标准的。

对于在外国文化环境中工作的管理者而言，很重要的一点是应该了解该国的文化、社会、政治、法律法规，判断什么是正确的、恰当的、可以接受的行为。跨国公司必须清晰、详细地阐明它们的道德准则，使员工知道当他们在国外工作时公司对他们的期望是什么。当然，当他们在做出道德判断时，也应该考虑所在国家的实际情况。

全球契约也能够为跨国公司的道德行为提供指导性的意见。在1995年召开的世界社会发展首脑会议上，联合国秘书长科菲·安南提出了“社会规则”“全球契约”的设想，在1999年1月的世界经济论坛年会上，安南提出了“全球契约”的计划，并于2000年7月在联合国总部正式启用。“全球契约”计划号召各公司遵守在人权、劳工标准、环境及反贪污方面的10项基本原则。其具体内容如表3-1所示。

表3-1 联合国全球契约

全球契约
1. 人权方面 (1)企业应该尊重和维护国际公认的各项人权 (2)绝不参与任何漠视与践踏人权的行为
2. 劳工标准 (3)企业应该维护结社自由，承认劳资集体谈判的权利 (4)彻底消除各种形式的强制性劳动 (5)消除童工 (6)杜绝任何在用工与行业方面的歧视

续 表

全球契约
3.环境方面 (7)企业应对环境挑战未雨绸缪 (8)主动增加对环保所承担的责任 (9)鼓励无害环境技术的发展与推广
4.反贪污 (10)企业反对各种形式的贪污,包括敲诈、勒索和行贿受贿

目前联合国全球契约组织在中国拥有276名成员,其中有民营企业256家,央企15家,还有5名城市会员。

专栏3-5

早前,一批上海可口可乐饮料公司生产的零度可乐原液中被台湾当局查出对羟基苯甲酸甲酯,这是台湾当局严禁在碳酸饮料中含有的物质。可口可乐公司中国大陆区对此的回复是,该物质在中国大陆地区属于合法食品添加剂,而且含量符合规定。可口可乐公司的解释暴露了其在两个不同的市场运用双重标准。虽然可口可乐按照双重标准下的市场法规是合法地实施其市场运作,但是此举却引来消费者的质疑,知名跨国公司是否在商业道德上存在瑕疵。

小思考 为什么一些跨国公司会在不同的国家执行不同的标准?在国际化的背景下,企业是否应该执行双重标准?

三、管理道德建设

(一)挑选高道德素质的员工

员工的选拔是企业进行道德建设的第一步,如果人选得好,那么育人就会比较容易,在招聘甄选的过程中,招聘人员要了解掌握企业的道德价值观,招聘选拔人员本身就应该是一个具有道德的管理者。员工的选拔可以成为一个企业选择合适的具有道德的工作者的一个良好的机会。很多企业会选择情景面试、谈话面试、心理测试等来了解员工的价值观、道德发展水平、自我强度及控制点。但是,仅仅一个员工甄选的过程并不能够完全地确定所选拔的绝对是道德良好的个体,企业也有可能会在毫不知情的情况下雇佣个别道德有问题的个体。不过,如果其他道德调控措施可以发挥良好成效的情况下,这个问题也可以得到解决。

(二)建立道德准则和决策规则

在一部分组织中,有些员工对于道德是什么,应该怎样有道德地实施工作分不清楚，这显然不适合组织建设。建立道德准则可以缓解这一问题。

道德准则是表明组织的基本价值观和组织期望员工遵守的道德准则的正式文件，如浙江××建设集团的企业员工职业道德准则。

专栏 3-6

浙江××建设集团的企业员工职业道德准则

一、职业道德是指从事一定职业劳动的人们，在特定的工作和劳动中以其内心信念和特殊社会手段来维系的，以善恶进行评价的心理意识、行为原则和行为规范的总和，它是人们在从事职业的过程中形成的一种内在的、非强制性的约束机制。

二、职业道德的内容

1. 文明礼貌

文明礼貌是人们在职业实践中长期修养的结果；是从业人员基本素质；是塑造企业形象的需要。

文明礼貌的基本内容和具体要求：

仪表——端庄；

举止——得体；

语言——规范；

表情——待人热情。

2. 爱岗敬业

爱岗就是热爱自己的工作岗位，热爱本职工作；敬业就是用一种恭敬严肃的态度对待自己的工作。

爱岗敬业的具体要求：树立职业理想、强化职业责任、提高职业技能。

3. 诚实守信

(1)诚实守信是为人之本、从业之要。

(2)诚实守信的具体要求：

忠诚所属企业——诚实劳动、关心企业发展、遵守合同和契约；

维护企业信誉——树立产品质量意识、重视服务质量、树立服务意识、保守企业秘密。

4. 办事公道

办事公道是正确处理各种关系的准则。

(1)办事公道是指我们在办事情、处理问题时，要站在公正的立场上，对当事双方公平合理、不偏不倚，不论对谁都是按照一个标准办事。

(2)办事公道的具体要求:坚持真理、公私分明、公平公正、光明磊落。

5.勤劳节俭

勤劳节俭是中华民族的传统美德。

勤劳节俭是一事业成功的催化剂。

勤劳节俭是企业在市场竞争中常战常胜的秘诀——勤劳促进效率的提高;节俭降低生产的成本。

6.遵纪守法

(1)遵纪守法是指每个从业人员都要遵守纪律和法律,尤其要遵守职业纪律和职业活动相关的法律法规。

(2)职业纪律是指在特定的职业活动范围内从事某种职业的人们必须共同遵守的行为准则,包括:劳动纪律、组织纪律、财经纪律、群众纪律、保密纪律、宣传纪律、外事纪律等基本纪律要求以及各行各业的特殊纪律要求。

(3)遵纪守法的具体要求

学法、知法、守法、用法;遵守企业纪律和规范。

7.团结互助

(1)团结互助是指在人与人之间的关系中,为了实现共同的利益和目标,互相帮助,互相支持,团结协作,共同发展。

(2)团结互助的基本要求:平等尊重、顾全大局、互相学习、加强协作。

8.开拓创新

(1)创新是指人们为了发展的需要,运用已知的信息,不断突破常规,发展或产生某种新颖、独特的有社会价值或个人价值的新事物、新思想的活动。

创新的本质是突破,创新活动的核心是“新”。

(2)如何开拓创新

开拓创新要有创造意识和科学思维;

开拓创新要有坚定的信心和意志。

管理启示 企业采取制定职业道德准则的方法起到辅助约束员工的职业道德的作用,在一定程度上可以让员工明白以什么样的精神来从事工作,以什么样的态度来对待工作,规定内容要比较宽松以便让员工有判断的自由。

正直和高道德标准要求员工努力工作,具有勇气和做出艰难的选择。有时候遵守道德准则可能会让员工放弃一些商业机会,如雷曼兄弟公司的例子,但是长远来看,这样做比不道德的实施更对组织有利。

管理者对组织道德准则的态度,和对组织道德准则的响应对组织道德准则的实施有着重要的影响。如果管理者认为这些道德准则是非常重要的，并适时对员工进行道德准则培训，严格执行道德准则里的每一条，则对组织道德准则提供坚实的基础。

由此看来，组织在实施道德准则的过程中，决策规则也是很重要的。劳拉·纳什(Laura Nash)提出了使用正式文件来指导行为的另一种方法，她提出了12个问题如表3-2所示，这些问题作为决策规则，在管理者处理决策中的道德问题时可以起到一定的指导作用。

表3-2　作为决策规则的12个问题

(1)你正确确定问题了么?
(2)如果站在对方的立场上，你将如何确定问题?
(3)这种情形原本是如何发生的?
(4)作为一个人和公司的一员，你忠于什么人和什么事?
(5)在决策时，你的意图何在?
(6)这一意图与可能的结果有何差距?
(7)你的决定或行动可能伤害谁?
(8)你能在决策前与有关各方讲清楚这一问题吗?
(9)你有信心认为你的立场不仅现在看起来正确，即使长期也正确吗?
(10)你能问心无愧地把你的决定或行动透漏给你的上司、你的首席执行官、董事会、你的家人以及整个社会吗?
(11)你的行动在被人理解的情况下有什么可能的后果?在不被人理解的情况下又如何?
(12)在什么情况下你将容忍反对意见?

(三)在道德方面引导员工

组织的管理者在言行方面应是员工的表率，他们所做的比所说的更为重要，他们作为组织的领导者应该在道德方面起带头作用。如果组织领导者做出了任何不道德的行为，这很有可能会给员工暗示这样做是可以的。因此，成为有道德的管理者应做好以下几点：

(1)通过成为诚实的、有道德的人来充当良好的榜样或表率；

(2)始终告知真相；

(3)不隐瞒或操纵信息；

(4)愿意承认自己的错误；

(5)通过与员工的定期交流来分享领导个人的价值观；

(6)强调组织或团队共享价值观的重要性；

(7)使用奖励制度来使每个人对这些价值观负责。

组织的管理者可以通过奖惩制度来影响员工的道德行为。如果员工通过道德行为得到了惊人的成果，组织因此对其进行提升，那么这种行为本身向所有人表明这么做是对的。

（四）设定工作目标和绩效评估

企业的工作目标不应该仅仅是经济效益，而应该把员工的道德建设和企业的环境方针、环境业绩、绿色管理等设为自身的发展目标。如果仅以经济成果来衡量绩效，人们为了取得成果，就会不择手段，比如本章开篇引例中的雷曼兄弟公司的例子，员工被潜移默化为可以为了经济效益而不考虑其他任何因素，从而有可能产生不符合道德的行为。在对管理者的评估中，不仅要考虑其决策带来的经济效果，还要考虑其决策带来的道德后果。

（五）对员工进行道德培训

越来越多的组织意识到对员工进行适当的道德培训的重要性，它们积极采取各种方式（如开设研修班、组织专题讨论会等）来提高员工的道德素质。人们对这种做法意见不一。反对者认为，个人价值体系是在早年建立起来的，从而成年时的道德教育是徒劳无功的。而支持者指出，一些研究已发现价值准则可以在成年后建立。另外，他们也找出了一些证据，这些证据表明：向员工讲授解决道德问题的方案，可以改变其行为，这种教育提升了个人的道德发展阶段；道德教育至少可以增强有关人员对职业道德的认识。

本章小结

企业社会责任是指企业在创造利润、对股东承担法律责任的同时，还要承担对员工、消费者、社区和环境的责任。可依据社会责任与企业关系的紧密程度把企业社会责任分为3个层次：基本企业社会责任、中级企业社会责任和高级企业社会责任。

有关社会责任的两种观点：古典观点和社会经济学观点。古典观点指出管理当局唯一的社会责任就是利润最大化。社会经济学观点认为管理当局的社会责任不只是创造利润，还包括保护和增进社会福利。

企业社会责任可以分为两类，一类是反应型企业社会责任，另一类是战略型企业社会责任。

几种典型的管理道德观包括：功利主义道德观、权利至上道德观、公平原则道德观和社会契约道德观。管理道德的功能包括：激励功能、升华功能、调节功能和整合功能。

影响管理道德的因素主要有：个人特性、组织结构、组织文化和问题强度。改善企业道德行为的途径包括：挑选高道德素质的员工、建立道德准则和决策规则、在道德方面引导员工、设定工作目标和绩效评估、对员工进行道德培训。

复习题

1. 什么是社会责任？对你个人来说，社会责任意味着什么？企业的社会责任主要体现在哪些方面？
2. 企业社会责任的类型有哪些？
3. 在管理道德上存在哪些典型的观点？
4. 影响管理道德的因素有哪些？请解释所有的相关因素。
5. 管理者可以采取哪些办法来改善组织成员的道德行为？
6. 请阐述今天的管理者面临的道德事项和社会责任事项。

技能训练

1. 案例分析题

2007年2月1日沃尔玛CEO李·斯科特(Lee Scott)宣布：公司开展“环保360”项目。沃尔玛希望通过该项目将环保从简单地减少公司本身对环境的损害扩展为员工、供应商、社区和顾客的共同参与及分享利益。“‘环保360’涉及全公司，无论是顾客、供应商、员工，还是我们货架上的商品，或我们所服务的社区。”李·斯科特在演讲中表示。

沃尔玛全球采办中国纺织品总监陈洁表示：在具体的实施中，“环保360”主要包含了包装、物流、供应商及店铺设计4大方面。

在沃尔玛已经进行的工作中，包装是成效最为明显的一环。按照李·斯科特的计划，沃尔玛将与供应商一起努力以求达到目标：在2013年前减少5%的包装用料，相当于每年从运货上减少21.3万辆卡车，节省32.4万吨煤和6700万加仑柴油，但对于沃尔玛及其伙伴来说，更重要的还在于这样做所能够获得的商业利益：据沃尔玛测算，此举能为全球供应链节约110亿美元，仅沃尔玛自身的供应链就能节省34亿美元。

沃尔玛的绿色包装倡议实施措施很多，其中比较重要的包括：每吨包装材料的温室效应气体排放量平均减少15%；通过精简产品包装，节约产品运输成本10%；包装材料回收量提高10%；节约能源提高5%；此外，沃尔玛还规定，凡是产品包装材料超过300美元的须报沃尔玛分管部门核准，超过

500 美元的须获得沃尔玛总部的批准，而对于超过 900 美元的，则必须由行业组织专家委员会审核批准。

沃尔玛为供应商设定了包装计分卡，在计分卡里，沃尔玛可以根据 9 个可持续度量的标准，包括立体利用、可再生成分比例、每吨产品的二氧化碳释放量以及回收价值来对产品进行评估。超过 6 万家沃尔玛的供应商都被要求在 2007 年的 12 个月份使用该计分卡，以便弄清同类似的供应商相比，他们在包装创新、环境标准、能源效率以及材料利用率方面的情况；从 2008 年起，与沃尔玛交易的制造商和供应商必须全面达到绿色包装规范标准，否则一律按违约处理。

在物流方面，沃尔玛规定，凡是冷藏货运卡车在仓库、码头和堆场进行装卸货或者其他作业期间，必须停止发动机，改用现场电源帮助制冷。据估计，仅此一项，沃尔玛全球冷藏车队就可以减少排放二氧化碳 40 万吨，减少能耗 7500 万美元。

目前，在全球采购区内，沃尔玛都对供应商实行审核制度，审核内容包括供应商在社会道德和环保等方面的表现，这其中，沃尔玛的环保工作正在变得越来越细致。“关键是将与供应商的关系从单纯的买卖发展成合作伙伴关系。”

沃尔玛全球纺织品采购负责人陈洁特别指出：“我们要深入工厂，看空气污染状况、污水处理、废弃品处理等很多方面。严格来讲，这项审核制度实质是一种教育机制，帮助促进供应商的环保意识。我们希望通过这项工作帮助供应商从仅仅是为了合规发展到能够看到环境保护对他们业务的长期发展也是非常有利的。为了达到这样一种教育目的，我们提供一套由一家第三方环保机构编制的教材，从中供应商能够看到自己的不足，并找到改进方法。”

沃尔玛制定了一整套的评价标准，对产品质量、社会道德和环保方面的合规提出了更高的要求。“这个项目的意义不是简单的合规，而是和供应商发展长期的合作伙伴关系，促进双方的互相认识和学习。”

案例思考：

(1)你如何看待沃尔玛公司的“环保 360”项目？请予以讨论。

(2)其他组织能够从沃尔玛公司的“环保 360”项目中学到什么？

2. 实训操作题

5—6 人为一组，通过沃尔玛—FT 中文网站，分析讨论沃尔玛的可持续发展之路。

第二篇 计 划

第四章 决 策

管理的实质就是决策，决策贯穿于管理的全过程，决定了整个管理系统的成败。如果决策失误，组织的资源再丰富，技术再先进，也是无济于事的。

——赫伯特·A·西蒙

【学习目标】

1. 掌握决策的概念与重要性
2. 了解决策的原则与类型
3. 理解决策的作用与特性
4. 了解决策过程及决策的影响因素
5. 掌握各种决策方法的应用

导入案例

万科公司组建于1984年，最初从事录像机进口贸易，接着“什么赚钱就干什么”。到1991年底，万科的业务已包括进出口、零售、房地产、投资、影视、广告、饮料、机械加工、电气工程等13大类。在企业发展方向上，其创始人王石曾提出，把万科建设成一个具有信息、交易、投资、融资、制造等多种功能的大型“综合商社”。1992年前后，万科通过增资扩股和境外上市筹集到数亿元资金，一方面将业务向全国多个地区、多个领域扩展；另一方面向全国30多家企业参股，多元化发展的速度和程度达到其历史顶点。虽然万科的每一项业务都是盈利的，但是，从1993年开始，万科的经营战略发生了重大改变。第一，在涉足的多个领域中，万科在1993年提出以房地产为主业，从而改变过去的摊子平铺，主业不突出的局面。第二，在房地产的经营品种上,万科于1994年提出以城市中档居民为主,从而改变过去的公寓、别墅、商场、写字楼什么都干的做法。第三,在房地产的投资地域分布上,万科于1995年提出回师深圳,由全国13个城市转为重点经营京、津、沪、深4个城市,其中以深圳为重中之重。万科公司的战略决策,即从多元化经营转向有重点的经营,既顺应了时代的特点,抓住了机遇,又在社会经济政策环境改变时迅速调整战略,顺应新的环境。

请思考 什么是决策,决策有什么特点?

第一节 决策概述

决策是管理的本质。所有的管理者都希望能做出好的决策。管理决策的质量将对整个组织的成功或失败产生非常大的影响。在组织中,我们看到决策贯穿于管理的全程,即计划、组织、领导、控制和创新5大管理职能中。

一、决策的概念及特性

(一)决策的概念

关于决策的定义,尽管中外很多管理学者给出了很多不同的说法,但基本内涵是相似的。狭义地说,决策是指选择方案的活动或行为;广义地说,决策指的是为了实现某个目标,从若干行为方案中选择一个合理或满意方案并付诸行动的活动过程。本书将决策定义为,为了实现既定的目标,提出解决问题和实现目标的各种可行性方案,并依据一定的标准,对各方案进行分析,选择其中某个方案实施的管理过程。简言之,决策就是一个提出目标,分析问题并选择方案解决问题的过程。

1978年诺贝尔经济学奖获得者西蒙教授曾有过“管理就是决策”的提法,决策的重要性可见一斑。决策,是管理的核心问题,贯穿于管理过程的始终,是一项非常重要的管理职能,它的重要性主要体现在以下4个方面。

1.决策是管理的基础

决策是从各种方案中选择一个作为将来实施行动的指南。在组织的管理过程中,管理的计划、组织、领导、控制和创新各项职能都离不开决策,只有做好正确的决策,才会有合乎理性的行动,管理的各项职能才有可能真正发挥作用。

2.决策是组织中管理者的首要工作

首先,计划工作的每一个环节都涉及决策,如目标的确立、预测方法和分析方法的选取、行动方案的选择等都离不开决策;其次,组织、领导、控制管理职能的发挥也离不开决策,如组织结构形式、领导方式的选取以及如何控制等,都需要通过决策来解决。所以,决策渗透于管理的每个职能之中。因此,从这种意义上来说,决策是每个管理者的首要工作。

3. 决策正确与否关系着组织的生死存亡

决策规定了组织在未来一定时期内的活动方向和方式,是任何行动发生之前必不可少的一步,它提供了组织中各种资源配置的依据,因而在组织活动尚未开始之前决策就已经在一定程度上决定了组织的活动效率,组织行动的成败得失与决策是否正确密切相关,正确的决策可能会使组织转败为胜,而一项错误的决策也可能使组织陷入困境。所以说,决策的正确性、合理性对组织的生存和发展是至关重要的。

4. 决策能明确目标,统一行动,让组织成员明白工作的方向和要求

民主的决策有助于提高组织的凝聚力,创造良好的组织文化,改进管理水平。民主的决策由于是大家的共识,便于推动决策的实施,决策更加易于执行,更为有效。

专栏 4-1

为改变林业生产中长期形成的林木品种单一、林业生产率低的局面,B 县人民政府专门发文,要求全县人民大搞速生丰产林基地建设。为贯彻县政府的指示,该县林业局立即召开局长办公会议,专门讨论建设丰产林基地的问题,与会的 3 位局领导经过简单讨论,一致决定在该县某区沿江村建设一块面积达 200 亩的"泡桐"速生林基地。沿江村有一片 200 亩的荒滩,这片滩地由于地势低,地下水位高,土壤的碱性重,根本不适合泡桐树的生长。针对这种情况,在局长办公会议的决策形成后,林业局的林业助理工程师曾专门向局长进谏,要求局长取消这个决定。可是局长却无视劝告,一意孤行,坚持实施原决策。于是,林业局便利用省里下拨的林业扶助款,一方面从邻省购树苗,另一方面从沿江村召集劳动力,从而正式开始了基地建设。经过一个月的奋战,作为"样板林"的泡桐速生林基地建成。然而,第二年春天,该基地的泡桐树苗却发芽慢、长势弱。一到夏天,由于基地的地下水位迅速增高,树苗开始大面积枯黄,至年底,树苗已死亡了 40%,而到第二年底,该基地的树苗已全部死亡。

管理启示 无论做什么事情,成功与失败取决于决策的正确与否。科学的经营决策能使企业充满活力,兴旺发达,而错误的决策会使企业陷入被动,濒临险境。

(二)决策的特性

决策通常是在两个或者多个不同方案中进行选择。现代管理决策的特性,主要包括:目标性、可选择性、超前性、风险性和过程性。

1. 目标性

任何管理决策都是根据既定目标做出的,决策实际就是根据目标去抉择方案。目标即组织在特定时间内希望实现的一种愿望,只有确定了目标,组织才能拟定未来活动的方案,才可以据此对方案做出评价和做出决策。也就是说,决策都是目标导向的,决策具有很强的目标性。

2. 可选择性

决策应有若干个可供选择的可行方案。可行方案是指能够解决决策问题、实现决策目标并具备实施条件的方案。只有一个方案则谈不上决策,只有对多个方案进行选择才能进行优劣的比较,得到满意的决策。

3. 超前性

决策的问题通常都是与未来有关,是为了解决目前面临的、待解决的问题或者是将来可能会遇到的问题,找出各种可行的解决方案。任何决策都是针对未来行动的,所以决策是未来行动的基础,具有超前性。

4. 风险性

决策的超前性就决定了它的风险性。任何一种备选方案都是在预测未来的基础上制定的,所以备选方案就不可避免带有不确定性。决策者对自己做出的决策是否可以达到预期目标都要冒一定的风险,所以说决策具有风险性。

5. 过程性

决策是一个分析判断的过程。决策通常遵循提出问题、分析问题和解决问题的过程来操作。在进行决策前,决策者需要做好信息收集、调查分析工作,然后确定决策目标,找出可行方案,并进行判断和选择,最后组成一个完整的决策。

二、决策的原则

决策的原则是反映决策过程的客观规律和要求,在决策工作中需要遵守的基本准则。为了提高决策的效率和效果,以下一些基本原则需要决策者引起重视并且遵循。

(一)整体性原则

整体性原则也称为系统性原则,它要求把决策对象视为一个整体或系统,以整体或系统目标的优化为准则，协调整体或系统中各部分或各个分系统的相互关系，使整体或系统完整和平衡。因此，在决策时，应该将各个部分或分系统的特性放到整体或大系统中去权衡，以整体或系统的总目标来协调各个部分或分系统的目标。

（二）满意原则

满意原则是针对“最优化”原则提出来的。“最优化”的理论假设把决策者作为完全理性的人，以“绝对的理性”为指导，按最优化准则行事。决策者要达到最优的决策必须做到：获得与决策有关的所有相关信息；真实了解全部信息的价值所在，并据此制定所有可能方案；准确预测到外部环境和内部条件的变化，知道每个方案在未来的执行结果；决策不受时间和其他资源条件的约束。由于现在的组织处于复杂多变的环境中，所以这些在现实生活中很难得到满足。因此，决策者不可能做出“最优化”的决策，只能做到“令人满意”的决策。

“满意”的决策，就是能够满足合理目标要求的决策。它包括以下内容：

第一，决策目标追求的不是使组织及其期望值达到理想的要求，而是使它们能够得到切实的改善，实力得到增强；

第二，决策备选方案不是越多越好、越复杂越好，而是要达到能够满足分析对比和实现决策目标的要求，能够较充分利用外部环境提供的机会，并能较好地利用内部资源；

第三，决策方案选择不是要避免一切风险，而是对可实现决策目标的方案进行权衡，做到“两利相权取其大”“两弊相权取其轻”。

（三）信息原则

信息在决策中的作用是非常重要的，它是决策的基础与前提。决策的信息原则是指决策者必须通过各种方法和手段获取充分、准确、全面、系统和有效的信息，并对信息运用科学的方法进行分析和处理，从而得出科学的决策。

决策对信息的要求是全面、及时、准确和有效。所谓“全面”指的是与决策相关的全部信息，只有全面的信息才能完整地反映管理活动和决策对象发展的全貌，从而为决策的科学性提供保障；所谓“及时”是指信息具有时效性。信息只有及时、迅速地提供给它的使用者才能有效地发挥作用。特别是决策对信息的要求是“事前”的消息和情报，而不是“马后炮”。所以，只有信息是“事前”的，对决策才是有效的；所谓“准确”，它强调所收集到的信息要真实、可靠。虚假的信息将会严重影响决策的正确性。最后，“有效”指的是信息对决策是有帮助、有作用的，使决策更加科学。当今社会正向信息社会发展，信息在决策中的地位越来越重要，这就要求决策者在决策时，一定要重视信息性原则。

（四）可行性原则

如果一种决策最终不能实行，那么，它就是再好也没有任何意义。这就要求经过优选的决策必须切实可行。这种可行性要求决策者在做出决策时充分考虑相关的人力、物力和财力的承受条件，不仅要考虑市场对组织发展的需要，还要考虑到组织外部环境和内部条件各方面是否具有决策实施的可行性，进行全面性、选优性和合法性的研究分析，从而保证决策的顺利实现。

（五）科学性原则

组织的决策者只有加强学习现代管理知识，遵循科学性原则，才可进行科学的决策。决策科学性的基本要求如下。

1. 决策程序科学化

科学的决策应该遵循一套科学的程序，执行程序的态度和方法是否科学，很大程度上影响着决策方案的质量。决策程序化的直接目的是使决策行为规范化、条理化，在此基础上，才能提高决策效能，收到预期效果。

2. 决策方法科学化

现代决策已经形成了两类相互区别、相互补充的科学决策方法："软"技术和"硬"技术。前者是指依靠大量专家的知识、经验、智慧，运用社会学、心理学的理论，做出科学判断的定性分析方法；后者是指借助于运筹学、系统分析和电子计算机的知识，通过数理分析来进行判断的定量分析方法。在决策时，应该将两种方法结合起来，即把发挥专家的经验与智慧同运用数学模型进行系统分析结合起来，结合实际探索出一套科学而适用的决策方法、技术和手段。

3. 决策体制科学化

现代决策体制在宏观上完整的结构，一般由 5 大系统所组成，即决策系统、智囊系统、信息系统、执行系统和监督系统。由这 5 大系统建立起来的决策体制能够保证决策信息广泛、咨询充分、执行分散、决策集中、监督独立、反馈及时，从而有利于实现决策的民主化和科学化。

（六）民主性原则

决策的民主性原则，是指决策者要充分发扬民主作风，调动决策参与者、甚至包括决策执行者的积极性和创造性，共同参与决策活动，并善于集中和依靠集体的智慧与力量进行决策。现代化管理面临着复杂性、多变性和竞争性的特点，单靠个人的智慧和能力很难做出一个满意的决策。因此，必须充分发扬民主，依靠集体决策。决策者在进行决策的时候，应该相互合作、相互协调、群策群力，充分调动起组织中成员的积极性，广泛听取他们的意见，并发挥群众和专家的主观能动性，吸引他们积极参与到决策的制定中来。

（七）预测性原则

预测是决策的前提和依据。预测是根据过去和现在的状况，运用各种科学的合理的方法对不确定的将来进行推理和预估。科学的决策以科学的预测为基础，科学的预测是实现科学决策的前提。决策的正确与否，通常取决于对未来状态判断的正确程度，所以决策必须遵循预测性原则。

（八）动态原则

动态原则也称变化原则。决策者身处不断变化的环境中，在制定决策的时候，再沿用固定不变的观点就显得刻板僵硬，应该根据具体情况采用动态的、变化的观点来应对。这个世界一直在变，唯一不变的就只有改变。由于决策总是在行动之前做出，所以不断改变的环境就成为不确定因素，也就意味着风险的存在，这些都是决策者必须充分重视的问题。当决策者在制定决策的时候，需要尽量充分考虑未来改变可能带来的影响，做好多种应对方案，一旦出现变化，也会有备选方案，不至于乱了手脚，这样也使得决策的适应性大大提高。

（九）创新性原则

组织发展的过程是不断地追求更高目标的过程，是解决不断出现的新问题、新情况，创造出新成果、新水平的过程。一个组织的活动，如组织的生产经营活动，正是通过一系列的决策过程，调整内部条件，适应外部环境，使组织在适应市场需求，进行市场竞争的过程中，得到创新和发展。也就是说，组织的生命力就在于它的创新力，而创新力又在于它不断进步的决策过程。

（十）时效性原则

决策的时效性很大程度上制约着决策的客观效果，即了解外部环境的变化并相应调整决策以利于生存和发展。在高速发展的现代社会中，机会稍纵即逝，决策者必须要掌握适当的时机，否则容易让其他人捷足先登。换句话说，组织中的决策者应该做到能够审时度势，观察分析时势，估计情况的变化，充分调动起人的主观能动性，分析利用条件达到活动的最佳效果。

专栏 4-2

瑞士向来号称“钟表王国”，早在 1969 年就研制成功世界上第一块石英电子手表，但是瑞士的手表厂家却对是否大量生产石英手表迟迟不做决策。瑞士人的优柔寡断为日本手表厂家提供了机会，日本手表厂家经过广泛的市场调查后，认为石英表大有销路，于是当机立断，利用自己雄厚的电子技术，生产了大批优质石英表，打进国际市场，结果“石英技术，誉满全球”。仅在20世纪70年代的后5年，日本的石英手表就迫使175家瑞士机械手表厂破产。

管理启示 现代社会，环境条件变化多端，影响因素千头万绪，一个组织的管理者经常遇到大量问题需要及时决策，任何故步自封、因循守旧、优柔寡断，都会坐失良机。

三、决策的类型

在现代组织活动中，为了使决策者能更好地把握各种决策的特点，我们可以根据不同的要求和角度对决策进行科学合理的分类，这样将会有助于决策的有效制订和实施。

(一)按决策影响的时间划分

1.长期决策

长期决策是指有关组织今后发展方向的长远的、全局性的重大决策。需要一定数量的投资，具有实现时间长和风险较大的特点。组织长期决策应考虑以下4个因素：货币的时间价值、投资的风险价值、资金的成本、现金流量情况。

2.短期决策

短期决策是指组织为有效地组织现在的生产经营活动，合理利用经济资源，以期在不远的将来取得最佳的经济效益而进行的决策。短期决策的特征为涉及面小、投入资金不大、风险相对长期决策小。短期决策的具体内容较多，概括地说主要包括生产决策、定价决策和存货决策3大类。

(二)按决策的层次划分

1.战略决策

战略决策是指涉及组织命运和前途的、重大的、长远问题的决策。如组织的长远规划、组织的经营总目标、组织经营方针的确定等。战略决策要综合各项信息确定组织战略及相关方案，这类决策对组织的生存和发展将产生至关重要的影响，是组织经营成败的关键。决策正确可以使组织沿着正确的方向前进，提高竞争力和适应环境的能力，取得良好的经济效益。反之，就会给组织带来巨大损失，甚至导致组织破产。

据美国兰德公司调查，世界上破产倒闭的大企业，85%是因管理者决策失误造成。战略决策是高层管理的任务和责任，他们决策水平的高低直接关系企业的生死存亡。德隆公司董事长唐万里、飞龙公司总裁姜伟等在反思企业失败的原因时，无一不深刻检讨自己的决策失误。据一位美国科学家对企业的调查得出，90%高层管理者认为“最难的工作是决策”。因此，对中国企业家来说，企业决策竞争和实现决策制胜是第一要务。

2.战术决策

战术决策是指组织在实现战略经营目标、经营方向、经营规划等战略决策过程中，对具体经营问题、管理问题、业务问题、技术问题的决策。它比战略性决策更具体，作用范围小，影响的时间也更短些。战术决策旨在实现组织内部各个环节活动的高度协调和资源的合理利用，以提高经济效益和管理效能。它不直接决定组织的命运，但其正确与否将会影响组织目标的实现和工作效率的高低。

3.业务决策

业务决策也叫执行性决策，是组织内部在执行计划过程中，为提高生产效率和日常工作效率而进行的决策。其中包括:作业计划的制订，生产、质量、成本，以及日常性控制等方面的决策，一般由组织的基层管理者来制订。

(三)按问题的性质划分

1.程序化决策

程序化决策，是指对重复出现的、日常管理问题所做的决策，又称常规决策、重复性决策和例行决策。这类决策有先例可循，能按原已规定的程序、处理方法和标准进行决策，它多属于日常的业务决策。比如，消费者在百货商场要求退货，学院处理学生退学的程序等。问题和决策者的目标都是非常清楚的，问题也是决策者所熟悉的，所以决策者处理这些问题都会有一些标准的程序来遵循，在这种情况下管理者的决策被称为程序化决策。据统计，在管理工作中，大概有80%的决策属于程序化决策。通常，管理者依据系统化的程序、规则或者政策来制定这类决策。

2.非程序化决策

非程序化决策是指对管理中出现新颖的问题所做的决策。这种决策没有常规可循，虽然可以参照过去类似情况的做法，但需要按新的情况重新研究，进行决策。又称非常规决策或例外决策。它多属于战略决策和一些新的战术决策，由于非程序化决策需要考虑内外部条件变化及其他一些因素，除采用定量分析外，决策者个人的经验、知识、洞察力和价值观都会对决策产生非常大的影响。例如，组织面临是否在一项新的项目上进行投资，是否对经营不善的事业部进行关闭，这些问题都是不经常发生的、信息模糊不完整的，对组织的决策者而言，没有可以参考的现成的解决方案，必须依靠非程序化的决策方法来制定解决方案。

(四)按决策的可控程度划分

1. 确定型决策

确定型决策亦称标准决策或结构化决策。是指决策过程的结果完全由决策者所采取的行动决定的一类问题，它可采用最优化、动态规划等方法解决。确定型决策应具备以下 4 个条件：

(1)存在着决策人希望达到的一个明确目标；

(2)只存在一个确定的自然状态；

(3)存在着可供选择的两个或两个以上的行动方案；

(4)不同的行动方案在确定状态下的损失或利益值可以计算出来。

例如：某组织可向 3 家银行借贷，但利率不同，分别为 8%、7.5%和 8.5%。组织需决定向哪家银行借款。很明显，向利率最低的银行借款为最佳方案。这就是确定型决策。此外，像组织中确定状态下的库存管理，生产日程计划或设备计划的决策都属于确定型决策。

2. 风险型决策

风险型决策是指决策者对决策对象的自然状态和客观条件比较清楚，也有比较明确的决策目标，但是实现决策目标必须冒一定风险。在未来的决定因素、可能出现的结果不能做出充分肯定的情况下，根据各种可能出现结果的客观概率做出的决策。决策者对此要承担一定的风险。风险型问题具有决策者期望达到的明确标准，存在两个以上的可供选择方案和决策者无法控制的两种以上的自然状态，并且在不同自然状态下不同方案的损益值可以计算出来，对于未来发生何种自然状态，决策者虽然不能做出确定回答，但能大致估计出其发生的概率值。对这类决策问题，常用损益矩阵分析法和决策树法求解。

3. 不确定型决策

不确定型决策是指人们对于决策所处的环境和条件完全不知情，甚至不知道决策究竟有多少种备选方案，也不知道每种决策备选方案的可能结果及其概率分布，这种决策主要依赖决策者的经验和主观判断进行，所以也被称为完全不确定型决策。

(五)按照决策的主体划分

1. 群体决策

群体决策是群体整体或群体的某个部分对未来一定时期的活动所做的选择或

调整。群体决策是为充分发挥集体的智慧，由多人共同参与决策分析并制定决策的整体过程。对于那些复杂的决策问题，往往涉及目标的多重性、时间的动态性和状态的不确定性，这是单纯个人的能力远远不能驾驭的。为此，群体决策因其特有的优势得到了越来越多的决策者的认同并日益受到重视。群体决策时，决策主体的决策能力不仅取决于诸如学识、胆略、经验等个人素质，而且还取决于群体中由上述个人素质的组合所形成的整体智能结构和决策方式。

2. 个人决策

个人决策是指决策机构的主要领导成员通过个人决定的方式，按照个人的判断力、知识、经验和意志所做出的决策。个人决策一般用于日常工作中程序化的决策和管理者职责范围内的事情的决策，它具有合理性和局限性。个人决策具有合理性，是因为它具有简便、迅速、责任明确的特点。科学意义上的个人决策，是领导者在集中多数人的正确意见，经过反复思考后做出的，它并不意味着不负责任的独断专行。群体决策与个体决策的区别如表 4-1 所示。

表 4-1　群体决策与个人决策的比较

方式	个人决策	群体决策
速度	快	慢
准确性	较差	较好
创造性	较高，适于工作不明确，需要创新的工作	较低，适于工作结构明确，有固定程序的工作
效率	任务复杂程度较低；通常费时少，但代价高	从长远看，费时多，但代价低。效率高于个人决策
风险性	视个人气质、经历而定	视群体性格（尤其是领导）而定

群体决策和个人决策各有其优缺点，在决策过程中，应该根据问题的性质来确定决策的方式。

专栏 4-3

美国通用电气公司是一家集团公司，1981 年杰克·韦尔奇接任总裁后，认为公司管理太多，而领导得太少，“工人们对自己的工作比老板清楚得多，经理们最好不要横加干涉”。为此，他实行了“全员决策”制度，使那些平时没有机会相互交流的职工、中层管理人员都能出席决策讨论会。“全员决策”的开展，打击了公司中官僚主义的弊端，减少了烦琐程序。实行“全员决策”，使企业在经济不景气的情况下取得巨大进展，他被人誉为全美最优秀的企业家之一。

管理启示　杰克·韦尔奇的“全员决策”有利于避免企业中的权力过分集中

这一弊端。让每一个员工都体会到自己也是企业的主人，从而真正为企业的发展着想，绝对是一个企业家的妙招。

(六)按照决策的起点划分

1. 初始决策

初始决策是指组织对从事某种活动或从事该活动的方案所进行的初次选择。初始决策是零起点决策，它是在有关活动尚未进行，从而环境未受到影响的情况下进行的。

初始决策的实施对环境的影响表现在两个方面：一方面，随着初始决策的实施，组织与外部的协作单位已经发生了一定关系，比如，组织为了开发某种产品，已经组织了资源供货渠道，已经向有关厂家订购了生产这种产品必需的某些设备等；另一方面，随着初始决策的实施，组织内部的有关部门和人员已经投入相应活动。随着这种活动的不断进行，这些部门和人员不仅对自己的劳动成果(或初步成果)以及这种劳动本身产生了一定的感情，而且他们在组织中的未来也可能在很大程度上与这种活动的继续命运相系。因此，如果改变原先的决策，会在不同程度上遭到外部协作单位以及内部执行部门的反对。

2. 追踪决策

追踪决策是在初始决策的基础上对组织活动方向、内容或方式的重新调整。随着初始决策的实施，组织环境发生变化，这种情况下所进行的决策就是追踪决策。因此，追踪决策是非零起点决策。

如果说初始决策是在对内外环境的某种认识的基础上做出的话，追踪决策则是由于这种环境发生了变化，或者是由于组织对环境特点的认识发生了变化而引起的。显然，组织中的大部分决策当属追踪决策。

第二节　决策过程及其影响因素

一、决策的过程

决策不是瞬息之间的行为，是一个解决问题的过程。它是一个发现问题、分析问题和解决问题的系统分析判断的过程。为了保证决策正确，一般应按一定程序进行。如图 4-1 所示。

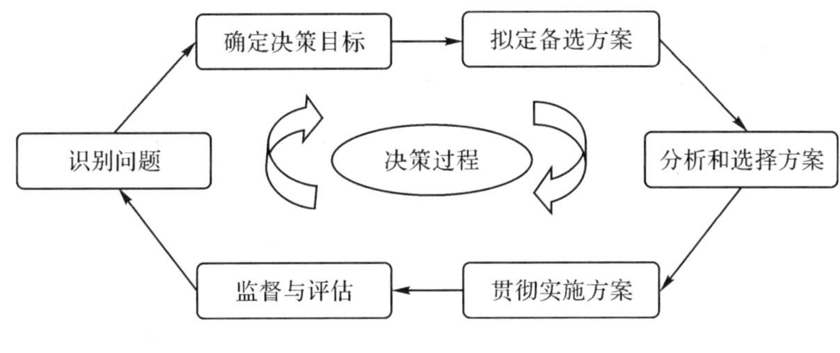

图 4-1 决策过程图

(一)识别问题

识别问题是一项决策过程的开始,以后各个阶段的活动都是围绕所识别的问题展开的,只有确切地找出问题及产生问题的原因,才能确定决策的目标。如果问题确定错了,那么在以后的分析和选择方案中无论怎么样努力,也无法达到预期的目标,也解决不了问题。当问题确定后,必须收集和分析有关信息,在此过程中,应尽可能把注意力集中在相关的和重要的信息上。

(二)确定决策目标

决策目标是管理者希望通过决策活动所要取得的成果或所要达到的预期状态,合理的目标是科学决策的前提。决策目标的形成、目标的大小与决策者对目标的认识都会影响决策的顺利进行。提出目标是一切决策的起点,对诸多的决策问题进行分析、研究、归纳,开发出它们共同的本质,这就构成了决策目标。当决策目标不止一个,而且多个目标之间存在矛盾的时候,这会给决策带来一定的困难,所以还需要合理处理好多目标的问题。

(三)拟定备选方案

一旦机会或问题被正确地识别出来,管理者就要提出达到目标和解决问题的各种方案。这一步骤需要创造力和想象力,在提出备选方案时,管理者必须把其试图达到的目标牢记在心,而且要提出尽可能多的方案。

管理者常常借助其个人经验、经历和对有关情况的把握来提出方案。为了提出更多、更好的方案,需要从多角度审视问题,这意味着管理者要善于征求他人的意见。备选方案可以是标准的,也可以是独特的和富有创造性的。标准方案通常是指组织以前采用过的方案。通过头脑风暴法、名义小组法和德尔菲法等,可以推出富有创造性的方案。

(四)分析和选择方案

拟定出各种备选方案后,就要根据目标的要求来评估各种方案可能的执行后果，看其对决策目标的满足程度，然后从中选出一个优化方案来执行，这一工作又称决断，这是决策全过程的关键。

分析方案是确定所拟定各种方案的价值或恰当性，即确定最优的方案。为此，管理者起码要具备评价每种方案的价值或相对优势/劣势的能力。在评估过程中，要使用预定的决策标准以及每种方案的预期成本、收益、不确定性和风险。最后对各种方案进行排序。例如，管理者会提出以下问题：该方案会有助于我们质量目标的实现吗？该方案的预期成本是多少？与该方案有关的不确定性和风险有多大？

选择方案是管理者要做出最后选择。但做出决定仅是决策过程中的一个步骤。尽管选择一个方案看起来简单——只需要考虑全部可行方案并从中挑选一个能最好解决问题的方案，但实际上，做出选择是很困难的。由于最好的决定通常建立在仔细判断的基础上，所以管理者要想做出一个好决定，必须仔细考察全部事实，确定是否可以获取足够的信息并最终选择最优方案。

（五）贯彻实施方案

方案的实施是决策过程中非常重要的一步。如果没有把决策的方案付诸实施，则与没有做出决策是一样的；当然如果没有有效执行，再好的方案也无法达到预期的目标。有些方案的实施非常简单，有些则要困难很多。根据方案实施中可能遇到的问题以及相关组织可能采取的措施等制定对应的对策，以便保证决策可以顺利实施。在实施过程中，还要建立信息反馈机制，将每一局部过程的实际效果与预期目标做对比，发现差异，查明原因，采取必要措施，保证决策目标的顺利实现。

（六）监督与评估

这是决策过程的最后一个步骤。通过追踪、监督和评估，可以发现决策在执行过程中出现的偏差，以便及时采取相应的处理措施进行决策控制。由于组织内部条件和外部环境都处于不断变化之中，管理者必须不断修正方案来减少或消除不确定性，定义新的情况，建立新的分析程序。决策者具体的追踪处理措施有 3 种：一是保持现状，不采取措施；二是采取措施纠正偏差；三是修正原决策。选择哪一种方法，取决于很多条件。决策者可以根据职能部门反馈的信息及时追踪方案实施情况，对与既定目标发生部分偏离的，应采取有效措施，以确保既定目标的顺利实现；如果客观情况发生重大变化、原先目标确定无法实现的，则要重新寻找问题或机会，确定新的目标，重新拟定可行的方案，并进行评估、选择和实施。

从上述决策的过程可以看出，从问题的提出到问题的解决，完成了一个决策的循环。研究决策的程序主要是给决策者提供大致的决策思路，使之掌握科学决策过程需要经过的几个阶段。同时，也应强调在实际的决策中，不能将这些步骤看成死板的公式，拘泥于步骤去做，将会影响决策的效率。需要说明的是，管理者在以上各个步骤中都要受到个性、态度、行为、伦理、价值观以及文化等诸多因素的影响。

专栏 4-4

猫和老鼠的故事。老鼠们在一起开会，商讨怎样才能不被猫抓住。其中一只老鼠提议，在猫的脖子上挂一个铃铛。全体老鼠欢声雷动——“这个主意太好了！”但当有老鼠问，怎样才能将铃铛挂到猫的脖子上时，刹那间全体老鼠鸦雀无声。

管理启示 再好的决策，如果无法付诸行动，那么任何决策都是没有意义的。

二、影响决策的因素

在决策过程中，影响决策的因素很多，但其中最重要的可以归纳为以下几类。

(一)环境因素

环境对组织决策的影响主要有两个方面：一方面，环境的特点影响着组织的活动选择。组织决策要面临的环境包括企业经营的微观环境和宏观环境。微观环境是指与企业产、供、销、人、财、物、信息等直接发生关系的客观环境，这是决定企业生存和发展的基本环境。宏观环境是指对企业的生存发展创造机会和产生威胁的各种社会力量，包括人口环境、经济环境、自然环境、技术环境、政治和法律环境以及社会和文化环境。另一方面，对环境的习惯反应模式也会影响组织的活动选择。即便在相同的环境背景下，不同的组织也可能做出不同的反应。而这种调整组织与环境之间关系的模式一旦形成，就会趋向固定，限制着决策者对行动方案的选择。

每个企业都和总体环境的某个部分相互影响、相互作用，我们将这部分环境称为相关环境。企业的相关环境处于不断变化的状态之中，企业得以生存的关键在于它在环境变化时拥有的自我调节能力。

(二)过去决策

今天是昨天的继续，明天是今天的延伸。历史总是要以这种或那种方式影响着未来。在大多数情况下，组织决策不是在一张白纸上进行初始决策，而是对初始决策的完善、调整或改革。组织过去的决策是目前决策的起点，过去选择方案的实施，不仅伴随着人力、物力、财力等资源的消耗，而且伴随着内部状况的改变，带来了对外部环境的影响。“非零起点”的目前决策不能不受到过去决策的影响。如果过去的决策是由现在的决策者制定的，而决策者通常要对自己的选择及其后果负管理上的责任，因此会不愿意对组织活动进行重大调整，而倾向于仍然把大部分资源投入到过去方案的执行中，以证明自己决策的正确性。相反，如果决策者与组织过去的重要决策没有很深的渊源，则会有很大可能接受重大改变。

(三)决策者对风险的态度

决策者是影响决策过程的关键因素。决策者对决策的影响，主要是通过决策者的心理、观念、能力等各种因素对决策产生作用。就是说，决策的过程就是对决策者的一种全面的检验。在决策时，无论是确定目标还是选择手段，都要对各种目标和手段进行比较。在决策时，决策者还要调动心理因素，克服各种心理障碍。此外，决策者还必须有承担决策风险的心理承受能力。因为任何决策都会在不同程度上带有一定的风险，组织及其决策者对待风险的不同态度将会影响决策方案的选择。愿意承担风险的决策者通常会在被迫对环境做出反应之前就已经采取进攻性的行动；而惧怕风险的决策者，通常只是被动地对环境做出反应，并习惯于按过去的规则策划将来的活动。对于决策者，行使决策职能经常会受到自身的知识条件、心理条件和其他一些能力条件的限制，所以，管理者需要注意不断提升自己的知识水平和心理素质。

(四)组织文化

组织文化是组织成员所广泛接受的价值观念，以及由这种价值观念所决定的行为准则和行为方式，它制约着组织及其成员的行为。在一个组织文化的长期熏陶下，决策者的思维方式、对事物所持的态度等诸多方面一般都会打上组织文化的烙印。例如，过去决策的经验和方式可能会制约现在的决策。决策者本人及其组织成员对待变化的态度会影响到方案的选择和实施。在偏向保守、怀旧的组织中，人们总是根据过去的标准来判断现在的决策，总是担心在变化中会失去什么，从而对将要发生的变化产生怀疑、害怕、抵制的心理与行为；相反，在具有开拓、创新精神的组织中，人们总是以发展的眼光来分析决策的合理性，总是希望在可能发生的变化中得到什么，因此渴望变化、欢迎变化、支持变化。很明显，欢迎变化的组织文化有利于新方案的通过与实施；而抵御变化的组织文化不利于那些对过去做重大改变的方案的通过，即使决策者费尽周折让方案勉强通过，也要在正式实施前，设法创建一种有利于变化的组织文化，这无疑增加了方案的成本。

(五)时间

决策受时间的制约。决策是在特定的情况下,把组织的当前情况与组织未来可能的行动联系起来,并旨在解决问题或把握机会的管理活动。这就决定了决策必然受时间的制约,一旦超出了时间的限制,情况发生了变化,再好的决策也不可能达到预期目标。

一个方案可能涉及比较长的时间,在这段时间内,情况可能发生变化。因此,管理者要不断对方案进行修改与完善,以适应不断变化的形势。同时,连续性活动因涉及多阶段控制而需要定期的分析与控制。

第三节　决策的方法

一、定性决策法

定性决策法,是指在决策中主要依靠决策者或者有关专家的智慧来进行决策的方法。决策者运用社会科学原理并依据个人的经验和判断力,采用一些有效的组织形式,充分发挥各自丰富的经验、知识和能力,对企业的经营管理决策目标、决策方案的拟定以及方案的选择和实施做出判断。这种方法适用于受社会、经济、政治等非计量因素影响较大,涉及社会心理因素较多以及难以用准确数量表示的综合型问题。下面介绍几种比较常见的定性决策方法。

(一)集体决策方法

1.德尔菲法

德尔菲法是由美国兰德公司在20世纪50年代初发明的,最早用于预测,后来推广应用到决策中来。德尔菲法的实施过程大致如下:

(1)拟定决策提纲。先把决策的项目写成几个提出的问题,问题的含义必须十分明确,而且最好以具体明确的形式回答。

(2)组成专家小组。所选择的专家一般都是比较有名望的或从事该项工作多年的专家,选定人数以20—50人为宜。

(3)征询专家意见。向专家邮寄第一次征询表,要求每位专家提出自己决策的意见和依据,并说明是否需要补充资料。

(4)修改决策意见。决策的组织者将第一次决策的结果及资料进行综合整理、归纳,再分发给各位专家,让专家比较自己同他人的不同意见,修改自己的意见和判断。

(5)确定决策结果。征询、修改以及汇总反复进行三四轮，专家的意见就逐步集中和收敛，从而确定专家们趋于一致的决策结果。

德尔菲法采用匿名发表意见的方式，即专家之间不得讨论，不发生横向联系，只能与调查人员发生联系。通过多轮次调查专家对问卷所提问题的看法，经过反复征询、归纳、修改，最后汇总成专家基本一致的看法，作为预测的结果，这种方法具有广泛的代表性，比较可靠。但它的缺点是太费时间。由于时间方面的限制，这种方法一般不用于日常事务的决策，但在很多重大问题的预测和决策中还是被认为有显著效果的一种方法。

2.头脑风暴法

头脑风暴法又称自由畅谈法、智力激励法，是由美国创造学家亚历克斯·奥斯本(Alex Faickney Osborn)在1939年为了帮助一家广告公司产生观点而制定的。这种方法问世后，被广泛应用到许多需要大量新方案来回答某一具体问题的场合。采用小型会议的形式，启发大家畅所欲言，充分发挥创造性，经过相互启发，产生连锁反应，通过集思广益，提出多种可供选择的方案。该方法在讨论中要遵循4项原则：

(1)鼓励每个人独立思考，开阔思路，想法新颖奇异，不要重复别人的意见；

(2)意见和建议越多越好，不考虑建议的质量，想到什么就说什么；

(3)对别人的意见不要反驳，不要批判，也不要做结论；

(4)可以补充和完善已有的建议，使之更有说服力。

这种方法最适合于问题比较单一、明确的情况。如果问题比较复杂，因素很多，牵涉面广，则不适用这种方法来决策。

3.名义小组法

名义小组法也是一种比较常见的组织决策方法。与德尔菲法有所不同，名义小组法的成员要求集中在一起工作，但小组成员之间不允许自由讨论，因此被称为名义小组。在集体决策中，如对问题的性质不完全了解且意见分歧严重，则可采用名义小组法。运用这种方法的步骤如下。

(1)由组织者挑选适当的成员组成小组，再告之大致的问题轮廓，然后请小组成员独立地写出尽可能多的各种方案；

(2)每个成员把自己的想法提交给群体，然后一个接一个向大家说明自己的想法，直到所有人的想法都被表述并被记录下来为止；

(3)群体开始讨论，以便把每个想法搞清楚，并做出评价；

(4)由全体成员对各种方案进行打分表决，得分最高的方案便成为小组决策的结果。

这种方法的主要优点是小组成员正式开会但不限制每个人的独立思考，传统的会议往往很难做到这一点。

4. 电子会议

电子会议是一种名义小组法与计算机技术结合的群体决策方法。在使用这种方法时，先将群体成员集中起来，每人面前有一个与中心计算机相连接的终端。群体成员将自己有关解决政策问题的方案输入计算机终端，然后再将它投影在大型屏幕上。个人评论和票数统计都投影在会议室内的屏幕上。

电子会议的主要优点是匿名、诚实和快速。它使决策参与者能不透露姓名地表达出自己所要表达的任何信息，而且信息即刻显示在屏幕上，使所有的人都能看到。它消除了闲聊和讨论跑题，且不必担心打断别人的“谈话”。它的缺点是：打字快的人会使得那些口才好打字慢的人相形见绌；另外，这一过程缺乏面对面的口头交流所传递的丰富信息。不过，随着科技的发展，未来的组织决策很可能会广泛使用电子会议技术。

（二）确定活动方向的分析方法

这类方法可以帮助企业根据自己的特点，选择企业或某个部门的活动方向，主要有经营单位组合分析法和政策指导矩阵。

1. 经营单位组合分析法

经营单位组合分析法由波士顿咨询集团提出，该方法认为，企业在确定其经营业务发展方向时，应综合考虑各项经营业务的市场增长情况和该项业务在该市场上的相对竞争地位。在矩阵中，横坐标轴代表相对市场竞争地位，一般用该业务单位的相对市场占有率来表示，相对市场占有率即本企业某产品的市场占有率与同行中最大竞争者的市场占有率之比。纵轴表示该业务的市场增长率，即这项业务所在市场的年销售增长率。企业经营单位分析组合图，如图 4-2 所示。

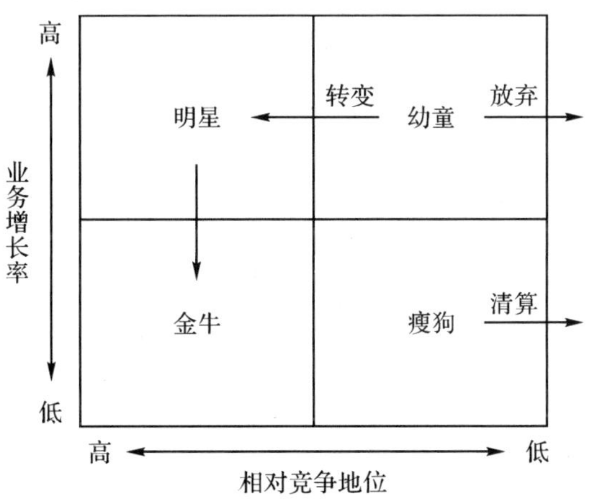

图 4-2 企业经营单位分析组合图

根据这两种标准，可以把企业的经营单位分成4种不同类型。企业应根据各种类型的不同特征，选择相应的经营方向和活动方案。

(1)金牛。该经营单位的特点是相对市场占有率较高，而业务增长率较低。较高的相对市场占有率为企业带来较多的利润和现金，而较低的业务增长率需要较少的投资。“金牛”经营单位所产生的大量现金可以满足企业的经营需要。

(2)明星。该经营单位的相对市场占有率和业务增长率都较高，因而所需要的和所产生的现金数量都很大。“明星”经营单位代表着最高利润增长率和最佳投资机会，因此应该增加必要的投资，扩大市场规模，以维持其有利的市场地位。

(3)幼童。幼童经营单位又称问题经营单位，该经营单位业务增长率高，而目前的相对市场占有率低，这可能是企业刚刚开发的很有前途的经营领域。由于高增长速度需要大量投资，而较低的相对市场占有率只能提供少量的现金。因此，企业应做出的选择是投入必要的资金，以提高市场份额，扩大销售量，从而转成“明星”。如果决策者认为某些刚开发的领域不能转变成“明星”，则应及时采取放弃策略。

(4)瘦狗。该经营单位的特点是相对市场增长率低，相对市场份额也低，利润率低，处于保本或亏损状态，难以为企业带来收益。对这种没有发展前途的瘦狗类业务，公司应该适当采取放弃策略，把资源用于经营效益高、有发展前途的领域。

经营单位组合分析法的步骤如下：

(1)把企业分成不同的经营单位；

(2)计算各个经营单位的相对市场占有率和业务增长率；

(3)根据其在企业中占有资产的比例来衡量各个经营单位的相对规模；

(4)绘制企业的经营单位组合图；

(5)根据每个经营单位在图中的位置，确定应选择的活动方向。

2.政策指导矩阵

由荷兰皇家—壳牌公司创立。这种方法用矩阵形式，根据市场前景和相对竞争地位来确定企业不同经营单位的现状和特征。市场前景由赢利能力、市场增长率、市场质量和法律限制等因素决定，分为吸引力强、中等和弱3种；相对竞争能力受到企业在市场上的地位、生产能力、产品研发等因素的影响，分为强、中、弱3类。这3种标准、3个等级的组合，可把企业的经营单位分成3种不同类型，如图4-3所示。

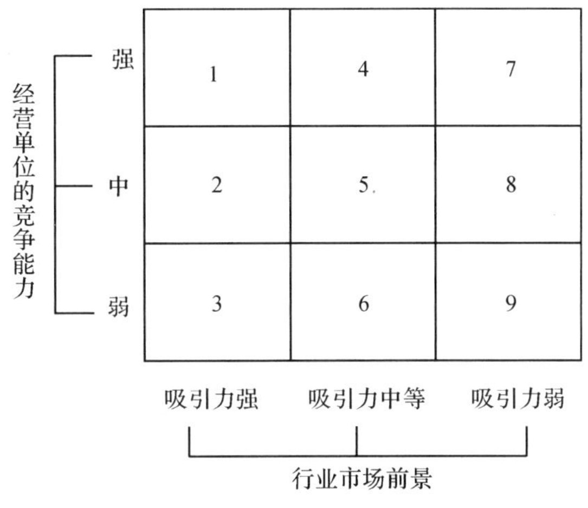

图 4-3　政策指导矩阵

处于区域 1 和 4 的经营单位竞争能力较强，市场前景也较好。应优先发展这些经营单位。确保它们获取足够的资源，以维持自身的有利市场地位。

处于区域 2 的经营单位虽然市场前景较好，但企业利用不够，这些经营单位的竞争能力不够强。应分配给这些经营单位更多的资源以提高其竞争能力。

处于区域 3 的经营单位市场前景虽好，但竞争能力弱。由于企业资源的有限性，要根据不同的情况区别对待这些经营单位：最有前途的应得到迅速发展，其余的则需逐步淘汰。

处于区域 5 的经营单位一般在市场上有 2—4 个强有力的竞争对手。应分配给这些经营单位足够的资源以使它们随着市场的发展而发展。

处于区域 6 和 8 的经营单位市场吸引力不强且竞争能力较弱，或虽有一定的竞争能力（企业对这些经营单位进行了投资并形成了一定的生产能力），但市场吸引力较弱。应缓慢放弃这些经营单位，以便把收回的资金投入到赢利能力更强的经营单位。

处于区域 7 的经营单位竞争能力较强但市场前景不容乐观。这些经营单位本身不应得到发展，但可利用它们的较强竞争能力为其他快速发展的经营单位提供资金支持。

处于区域 9 的经营单位市场前景暗淡且竞争能力弱。应尽快放弃这些经营单位，把资金抽出来并转移到更有利的经营单位。

二、定量决策法

（一）确定型决策方法

确定型决策是指确定条件下的决策。这类决策的每一种备选方案都会得到一个明确的结果，决策就是从中找到结果最好的方案。确定型决策最主要的方法有：线性规划法、模型求解法、盈亏平衡分析法、经济订购批量法等。在这里，我们主要探讨盈亏平衡分析法。

盈亏平衡分析是通过盈亏平衡点（BEP）分析项目成本与收益的平衡关系的一种方法。各种不确定因素（如投资、成本、销售量、产品价格、项目寿命期等）的变化会影响投资方案的经济效果，当这些因素的变化达到某一临界值时，就会影响方案的取舍。盈亏平衡分析的目的就是找出这种临界值，即盈亏平衡点（BEP），判断投资方案对不确定因素变化的承受能力，为决策提供依据。盈亏平衡点越低，说明项目盈利的可能性越大，亏损的可能性越小，因而项目有较大的抗经营风险能力。因为盈亏平衡分析是分析产量（销量）、成本与利润的关系，所以称量本利分析。项目投产后，其生产成本可以分为固定成本与变动成本两部分。固定成本指在一定的生产规模限度内不随产量的变动而变动的费用。变动成本指随产品产量的变动而变动的费用。变动成本总额中的大部分与产品产量成正比例关系。盈亏平衡分析图，如图 4-4 所示。

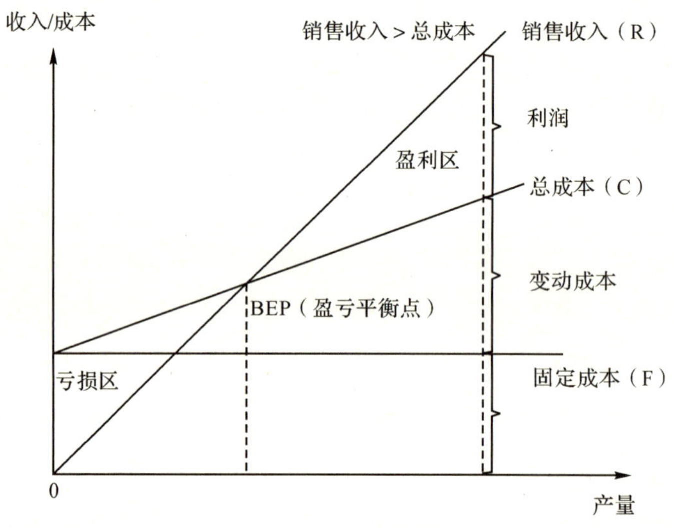

图 4-4　盈亏平衡分析图

图 4-4 中纵坐标表示销售收入与产品成本，横坐标表示产品产量。销售收入线 R 与总成本线 C 的交点称盈亏平衡点（BEP），也就是项目盈利与亏损的临界点。在 BEP 的左边，总成本大于销售收入，项目亏损，在 BEP 的右边，销售收入大于总成本，项目盈利，在 BEP 点上，项目不亏不盈。

1. 盈亏平衡分析的基本公式：

$$P=R-C=Q(p-v)-F \qquad 4\text{-}1$$

式中，P 为利润；R 为销售收入；C 为总成本；Q 为总销量；p 为销售单价；v 为单位变动成本；F 为总固定成本。

当 P=0 时，企业不亏不赢，则有：

$Q(p-v)=F$ ，$Q_0=F/(p-v)$ 4-2

式中，Q_0 为盈亏平衡点时的产量；p－v 称为边际贡献。

经过简单的公式变换，我们还可以利用它来求目标利润的产量、利润以及安全边际和安全边际率等。

2. 盈亏平衡分析法的优点和局限性

盈亏平衡分析法的优点：通过盈亏平衡分析，管理者在判断一种新出现的费用时，就可以集中精力考虑所需的活动量。这种方法可以解决很多运营问题。通过盈亏平衡分析，管理者就能够决定是否放弃生产线上现有的某种产品，是否更换设备，或者购买零件而不是自己制造。

盈亏平衡分析法的局限性：这种分析是静态的，它假定其他变量没有改变，而商业的动态本质使得这个假设令人怀疑；盈亏平衡分析是建立在完全成本法和全产全销的基础上的，实际过程中固定成本和变动成本的界定也不是件很容易的事。

例 4-1 某企业想建一条生产线生产一种新产品，年需固定成本 600 万元，单位变动成本 230 元/台，单位产品的价格 380 元/台，该产品需求量很大，如果生产线设计生产能力为 60 000 台，该方案是否可行？

解：设该企业盈亏平衡点产量为 Q_0 则，

$$Q_0=\frac{F}{p-v}=\frac{6\ 000\ 000}{380-230}=40000(台)$$

本方案盈亏平衡点产量 Q_0 为 40 000 台

由于该方案设计生产能力为 60 000 台大于盈亏平衡点产量 40 000 台，所以该方案可行。

(二)不确定型决策方法

不确定型决策，是指各种可行方案发生的后果是未知的，决策时无统计概率可依的决策问题。下面我们用实例说明不确定型决策常用的 3 种方法。

例 4-2 某企业经营某一种新产品，有 3 种方案可供选择：大批量经营；适量经营；小量适销。市场对该产品的需求情况有 4 种可能：需要量很大，畅销；需求或销路较好；需求或销路较差；需求或销路很小，滞销。各种方案在这 4 种可能需求情况下的结果(利润额)，如表 4-2 所示。

表 4-2 各方案损益值表

方案	需求或销路 (单位:万元)			
	畅销	稍好	较差	滞销
大批量经营	80	40	-30	-70
适量经营	55	37	-15	-40
小量适销	30	20	9	-1

1. 大中取大法(乐观值法)

采用这种方法的管理者对未来持乐观的看法,认为未来会出现最好的自然状态,因此无论采取哪种方案,都能获取该方案的最大收益。采用大中取大法进行决策时,首先计算各方案在不同自然状态下的收益,并找出各方案所带来的最大收益(又称乐观值),即在最好状态下的收益,然后进行比较,选择在最好自然状态下收益最大的方案作为所采取的方案。

这种方法决策的程序是:先从每个方案中选择一个最大的收益值,即大批量经营方案 80 万元,适量经营方案 55 万元,小量适销方案 30 万元,然后从这些最大收益值中选择一个最大值 80 万元,即大批量经营方案作为决策方案,如表 4-3 所示。

表 4-3 最大收益值比较表 单位:万元

方案	畅销	稍好	较差	滞销	最大收益值(乐观值)
大批量经营	80	40	-30	-70	80
适量经营	55	37	-15	-40	55
小量适销	30	20	9	-1	30

这种决策方法的主要特点是依据乐观的原则,不放弃任何一个获得最好结果的机会,争取好中取好。

2. 小中取大法(悲观值法)

采用这种方法的管理者对未来持悲观的看法,认为未来会出现最差的自然状态,因此无论采取哪种方案,都只能获取该方案的最小收益,并找出各方案所带来的最小收益(又称悲观值),即在最差自然状态下的收益,然后进行比较,选择在最差自然状态下收益最大或损失最小的方案作为所采用的方案。

这种方法决策的程序是:先从每个方案中选择一个最小的收益值:即大批量经营方案-70 万元,适量经营方案-40 万元,小量适销方案-1 万元,然后从这些最小收益值中选择一个最大值-1 万元,即小量适销方案作为决策方案,如表 4-4 所示。

表 4-4　最小收益值比较表　　单位：万元

方案	畅销	稍好	较差	滞销	最小收益值(悲观值)
大批量经营	80	40	－30	－70	－70
适量经营	55	37	－15	－40	－40
小量适销	30	20	9	－1	－1

这种决策方法的主要特点是依据悲观值的原则，总是从最坏的结果着想，从最坏的结果中选择最好的结果。

3.最小最大后悔值法

管理者选择某方案后，如果将来发生的自然状态表明其他方案的收益更大，那么管理者会为自己的选择而后悔。最小最大后悔值法就是使后悔值最小的方法。后悔值法的计算步骤：

(1)计算每种状态的后悔值。

某状态后悔值＝该状态最大收益－该方案该状态下收益　　4-3

(2)确定各方案的最大后悔值。

从各方案的后悔值中找出最大后悔值。

(3)选出最大后悔值中的最小方案。

在最大后悔值中选择最小后悔值对应的方案为决策方案。

例 4-2 中各方案最大后悔值分别为：大批量经营最大后悔值为 69 万元，适量经营最大后悔值为 39 万元，小量适销最大后悔值为 50 万元。因此，选择适量经营方案为决策方案，如表 4-5 所示。

表 4-5　后悔值表　　单位：万元

方案	畅销	稍好	较差	滞销	最大后悔值
大批量经营	0	0	39	69	69
适量经营	25	3	24	39	39
小量适销	50	20	0	0	50

这种方法是以后悔值作为评价方案的标准，依据的是遗憾原则。它既不过于保守，又不过于冒险，是一种比较稳当的决策方法。

(三)风险型决策方法

风险型决策是指备选方案的结果不能预先肯定，可能有几种，但决策者可以对每种方案的经济效益及其发生的概率做出客观估计，并依据估算结果进行选择的决策。常见的风险型决策方法是决策树法。

决策树法是风险决策中应用最广、效果最显著的方法。决策树是决策问题的图形表达，对分析多阶段的决策问题十分有效，它指明了未来的决策点和可能发生的偶然事件，并用记号表明各种不确定事件可能发生的概率，它把可行方案、所冒风险及可能的结果直观地表达出来。以决策点为出发点，引出若干方案枝，每个方案枝都代表一个可行方案。在各方案枝末端有一个自然状态结点，从状态结点引出若干概率枝，每个概率枝表示一种自然状态。在各概率枝末梢，注有损益值。决策树的图形通常如图 4-5 所示。

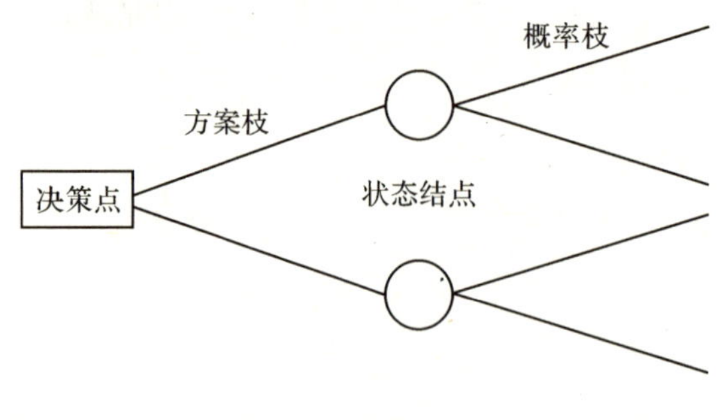

图 4-5　决策树

决策树法的一般步骤如下：

1. 绘制决策树形图。从左到右，由决策点引出若干条方案枝，并连接状态结点，再由状态结点引出若干条概率枝，每一条代表一种自然状态，整个结构像"树"形。

2. 计算各方案期望值。先从右向左计算各结点的期望值，期望值＝收益值×概率×有限期限，最后相加，标于状态结点上。

3. 剪枝决策。比较各方案期望值，如果方案实施有费用发生，则应用状态结点的期望值减去所需投资额再比较。剪掉期望值最小的方案枝，最后只剩一条贯穿始终的方案枝，其期望值最大，即为备选实施的方案。

例 4-3　某企业为扩大某产品的生产，拟建设新厂，据市场预测产品销路好的概率为 0.7，销路差的概率为 0.3，有 3 种方案可供企业选择：

方案 1，新建大厂，需投资 300 万元。据初步估计，销路好时，每年可获利 100 万元；销路差时，每年亏损 20 万元，服务期为 10 年。

方案 2，新建小厂，需投资 140 万元。销路好时，每年可获利 40 万元；销路差时，每年仍可获利 30 万元。服务期为 10 年。

方案 3，选建小厂，3 年后销路好时再扩建，需追加投资 200 万元，服务期为 7 年，估计每年获利 95 万元。

请运用决策树法选择方案。

解：(1)绘制决策树

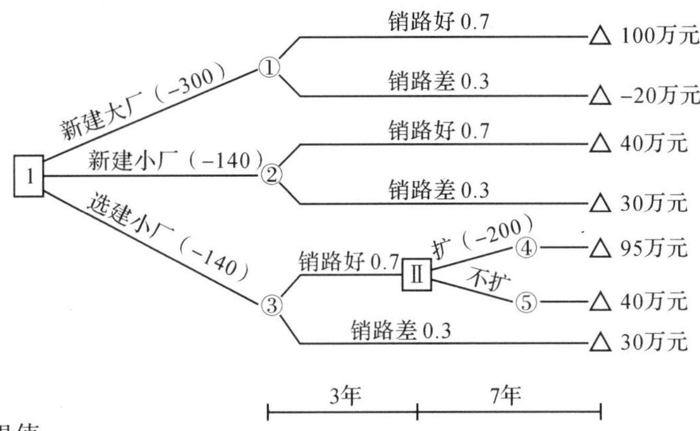

(2)计算期望值

$E_1=[0.7\times100+0.3\times(-20)]\times10-300=340$(万元)

$E_2=[0.7\times40+0.3\times30]\times10-140=230$(万元)

$E_4=95\times7-200=465$(万元)

$E_5=40\times7=280$(万元)

$E_4>E_5$,因此,方案 3 中选择 3 年后销路好时再扩建的方案。

$E_3=(0.7\times40\times3+0.7\times465+0.3\times30\times10)-140=359.5$(万元)

(3)剪枝决策

计算结果表明:$E_2<E_1<E_3$,方案 3 选建小厂,3 年后销路好时再扩建,这样总收益(359.5 万元)最大。因此,选择方案 3 为最好。

人物介绍

经济组织决策管理大师

——赫伯特·A·西蒙

赫伯特·A·西蒙(Herbert Alexander Simon,1916—2001),美国管理学家和社会科学家,经济组织决策管理大师,第十届诺贝尔经济学奖获奖者。1916 年生于美国威斯康星州密尔沃基。毕业于芝加哥大学,1943 年获得博士学位。曾先后在加利福尼亚大学、伊利诺工业大学和卡内基—梅隆大学任计算机科学及心理学教授,曾从事过计量学的研究。他还担任过企业界和官方的管理顾问。他倡导的决策理论,是以社会系统理论为基础,吸收古典管理理论、行为科学和计算机科学等的内容而发展起来的一门边缘学科。由于他在决策理论研究方面的突出贡献,他被授予 1978 年度诺贝尔经济学奖。

西蒙在管理学上的第一个贡献是提出了管理的决策职能。20 世纪 40 年代，西蒙提出了决策为管理的首要职能这一论点之后，决策才为管理学家们所重视。今天决策理论枝繁叶茂，与西蒙对这个领域的开创性贡献是分不开的。西蒙对管理学的第二个贡献是建立了系统的决策理论，并提出了人有限度理性行为的命题和“令人满意的决策”的准则。西蒙认为，完全理性的经济人模式有两个缺陷，其一，人不可能是完全理性的，人们很难对每个措施将要产生的结果具有完全的了解和正确的预测，相反，人们常常要在缺乏完全了解的情况下，一定程度地根据主观判断进行决策。其二，决策过程中不可能将每一个方案都列出来，一是人们的能力有限，二是决策过程的成本限制，人们所做的决策不是寻找一切方案中最好的，而是寻找已知方案中可满足要求的。

他的主要著作有：《管理行为》《经济学和行为科学中的决策理论》《管理决策的新科学》《人工的科学》《思维模型》等。

本章小结

决策是管理的本质。狭义地说，决策是指选择方案的活动或行为。广义地说，决策指的是为了实现某个目标，从若干行为方案中选择一个合理或满意方案并付诸行动的活动过程。各项管理职能都存在着如何合理决策的问题，决策是管理的核心。决策在管理活动中具有非常重要的地位和作用，它是贯穿管理活动过程始终的基本活动，是执行管理其他职能的前提。

可以根据不同的要求和角度对决策进行科学合理的分类，比如长期决策和短期决策；战略决策、战术决策及业务决策；程序化决策和非程序化决策；确定型决策、风险型决策和不确定型决策；群体决策和个人决策以及初始决策与追踪决策。

我们可以把决策的过程分为识别问题、确定决策目标、拟定备选方案、分析和选择方案、贯彻实施方案、监督与评估 6 个阶段。在组织的决策过程中，其主要影响因素有环境、过去决策、决策者对风险的态度、组织文化和时间等。

具体的决策方法我们主要从定性决策方法和定量决策方法两个方面进行展开。定性决策主要介绍集体决策方法，具体包括德尔菲法、头脑风暴法、名义小组法和电子会议技术；确定活动方向的分析方法，具体包括经营单位组合分析法和政策指导矩阵；定量决策根据确定型决策、不确定型决策和风险型决策主要介绍盈亏平衡分析法、大中取大法、小中取大法、最小最大后悔值法和决策树法。

本章重点：决策的原则和类型，决策的过程及影响因素，经营单位组合分析法。

本章难点：不确定型决策方法和风险型决策方法。

复 习 题

1. 什么是决策？科学决策应该遵循哪些原则？
2. 简述决策的满意原则。
3. 群体决策为什么会受到人们的重视？
4. 决策类型有哪些？
5. 举例说明什么是确定型的决策及其决策方法？
6. 举例说明什么是风险型的决策及其决策方法？
7. 不确定型决策的方法有哪些？

技能训练

1. 案例分析题

邦迪是创可贴市场的开山鼻祖。而云南白药创可贴抢占了适当的时机，抢先占据“含药”创可贴市场。在短短几年之间，邦迪发现，在中国每年5亿元的小创伤护理品市场上，有近一半市场份额将不得不拱手让给云南白药。云南白药创可贴已经成为与邦迪并驾齐驱的创可贴市场第二大品牌。

20世纪初，美国强生公司的一名员工埃尔·迪克森(AI Dickson)将粗硬纱布和绷带黏合在一起，发明了一种外科轻微创伤用快速止血产品，公司将它命名为Band－Aid(邦迪)。邦迪创可贴实际上是由具有弹性的纺织物与橡皮膏胶黏剂组成的长条形胶布。

中国人在肢体受到轻微创伤时有一个习惯，就是喜欢用嘴将伤口一吸或者干脆扯一根布条将伤口简单包扎一下。强生公司从中嗅到商机，随即将邦迪创可贴投放中国市场，这个方便实用的小发明，由于符合中国人对小伤口的护理习惯，一举占据了中国小创伤护理市场的半壁江山，到2001年，邦迪创可贴累计销售超过1000亿片。

事实上，在邦迪来到中国之前，中国的小创伤护理市场一直由云南白药散剂占据着，白药散剂虽然不能为云南白药带来巨额利润，但这个有着近百年历史的名牌产品足以让云南白药日子过得滋润而富足，但这种惬意的好日子在遭遇强生公司后便不复往日。经过邦迪连续多年的精心布局，此时的云南白药散剂，一度在各大城市的药店中鲜见其踪影。正是在这种大的市场背景下，云南白药于2001年强行进入创可贴市场。

云南白药很快发现在消费者的认知领域中邦迪创可贴实际上等于一条胶布，那就好办了，云南白药就可以由此进行认知的切割，进行概念再造。云南白药创可贴是“含药”的创可贴，这样就在整个行业里，建立了一个新的认知规范。当这种认知范式建立之后，云南白药创可贴的产品定位马上就可以提炼出来了。

邦迪创可贴的确有其致命“死穴”，严格说来，它不是药，仅仅是一块应急的小胶布。而白药是药，胶布和药的界限相当清晰，泾渭分明，这恰恰为云南白药抗衡邦迪提供了一个机会：为“胶布加点白药”，“从无药到有药”，将“含药”作为市场突破点，对产品进行差异化定位，云南白药创可贴与邦迪的核心差异立刻显现出来。

开辟新战线，迅速分割市场。云南白药创可贴以“含药”作为与邦迪相区别的产品差异点，这就使得白药创可贴以极短的时间在消费者心目中获得了一个据点，在毫无竞争优势的情况下，凭借“含药”概念迅速占据既能止血又能消炎、止痛这块凭空分割出来的战略高地。

借势成名，以强制强。在产品竞争中，一种产品的优劣是用另一种产品来进行对比衡量的。创可贴是一种实用性产品，虽然邦迪的诉求是快速止血，站在了第一需求的层面。但从严格意义上讲，邦迪创可贴并不是一种治疗外科创伤的药品。云南白药恰恰找到了邦迪的最薄弱环节，“给邦迪加点白药”，这无疑是告诉消费者，白药创可贴是“含药”的创可贴，不是普通胶布，仅凭这一点云南白药创可贴就站在了邦迪的肩膀上，邦迪在小创伤市场多年来殚精竭虑的打拼，瞬间变成了为“含药”创可贴“打工”。云南白药借用强生公司奠定的市场基础，结合白药更明显的疗效，轻而易举地实现了“借势成名，以强制强”的竞争目的。

替代效应。在云南白药没有提出“含药”概念之前，因为没有参照物做对比，消费者并未意识到邦迪只是一块临时救急的小胶布。云南白药推出“含药”概念的创可贴，让消费者恍然大悟：原来能止血不等于能治疗伤口。顷刻间邦迪的优势就变成了短处。事实上，云南白药的止血、消炎功能早已为中国消费者所熟悉。“含药”概念一经提出，白药创可贴的优势、特色、风格马上就凸现出来了，在不含药占了绝对优势的小创伤护理产品中，它卓尔不群，一说起治疗小伤口就离不开它，而且以天下第一的形象呈现在世人面前。云南白药创可贴毫不费力地取得了不含药创可贴的市场主导地位。

“含药”概念的定位，为云南白药100年的历史文化提供了延伸空间，其悠久的历史可以让消费者获得充分的心理安全度，消费者信赖白药创可贴缘于云南白药的品牌效应，它能赋予“含药”创可贴的利益远远高于开发不含药的创可贴。文化的融合形成了白药创可贴全新的价值链，而白药创可贴的竞争优势也正是在这个新的价值链上展开的。在这样的平台上发展、形成一种品牌信誉垄断，使得邦迪及其他创可贴品牌在文化消费层面上几乎丧失了与云南创可贴竞争的砝码。

案例思考：

1. 云南白药的管理当局制定了什么决策使它如此成功?

2. 云南白药创可贴的成功给我们在决策方面有哪些启示?

2. 实训操作题

以 8—10 人为一组,选出一名主持人,分两阶段进行集体决策。

运用“头脑风暴法”为某种产品(如运动鞋、文具等)想出尽可能多的广告词(20 分钟)。

完成之后,请回答下面的问题,以检测此次头脑风暴会开得是否成功:

(1)所有的人都发言了吗?

(2)大家提出的答案重复的很多吗?

(3)有人提出过让大家觉得可笑的答案吗?

(4)如果有人提出让大家觉得可笑的答案,这个答案引起了别人的评论了吗?评论的时间长吗?

(5)如果有人提出过让大家觉得可笑的答案后,他又继续提供答案了吗?

(6)在整个过程中,大家的发言有较长时间的间断吗?

(7)在整个过程中,作为主持人是始终坐在一处负责记录,还是到处走动鼓励大家发言?

(8)主持人对每个人提出的答案都给予同样方式的肯定了吗?

(9)当主持人宣布结束时,还有人在想主意吗?还有人在讨论吗?

(10)整个过程的气氛热烈吗?

对广告词方案进行比较,选出最合适的方案及备选方案。(15 分钟)

总结本次集体决策过程的成功及不足之处。(10 分钟)

第五章 计划工作与计划实施

计划是管理的一个基本部分，包括预测未来并在此基础上对未来的行动予以安排。

——亨利·法约尔

【学习目标】

1. 了解计划的定义、特征、作用、类型
2. 了解计划与决策的关系
3. 掌握计划工作的程序及计划工作的方法
4. 了解目标的含义及其特征
5. 熟悉目标管理的实施步骤

导入案例

“休斯敦，川奎特基地，‘鹰号’已经着陆了。”这句话永远铭刻在全世界所有在1969年7月20日观看第一次人类登月的人们的记忆里。这一成功盛举背后的场面是令人难以置信的。因为看起来十分理想的顺利飞行，实际上，按照计划几乎面临着一场巨大的灾难。

把3个宇航员送入太空，其中2个驾驶太空飞船，然后着陆在月球上，这需要非常详细而周密的计划。从能量巨大的火箭倒计时和起飞，到太空飞船的精密操作，每个细节都做了周密计划，技术专家和飞行控制人员都是这样考虑的。当尼尔·阿姆斯特朗(Neil Armstrong)和巴兹·阿尔顿(Baz Arden)开始驾驶小型极易损坏的“鹰号”太空飞船向月球表面降落的时候出了差错。突然警报响了——一个“1202”报警声音。离月球表面着陆只剩下8分钟的时候，除了史蒂夫·比尔斯(Steve Bracco)，指挥中心没有一个人知道“1202”意味着什么。整个太空项目组只能等待，看比尔斯是否放弃月球着陆。比尔斯最后决定，问题是由于飞船上的计算机信息太多不能处理而引起的，只要计算机不完全关闭，他们就能成功地在月球上着陆。尽管响了警报，指挥中心还是按计划向“鹰号”发出了继续着陆的信号。

当太空飞船离月球表面只有5000英尺，且以100英尺/秒的速度飞向月球时，另一个问题发生了。指挥中心的计算机引导飞船进入着陆区，但是当指挥者阿姆斯特朗从飞船窗口看月球表面的时候，他没有看到任何事先研究月球表面时所能认出的东西。计算机制导系统正引导他们进入一个岩石地带——与事先计划的完全不同。着陆在像大众汽车那么大的岩石上，精密的月球着陆器将会粉身碎骨。在离月球表面350英尺时，阿姆斯特朗没有与休斯敦指挥中心说一句话，就直接手动操纵飞船寻找着陆地点。指挥中心的工程师和技术人员只能坐着而不能给以任何帮助。当阿姆斯特朗离月球越来越近，他能看到的还是岩石。

同时，在休斯敦，计算机显示“鹰号”着陆油箱里的燃料已经很少了。指挥中心的决定是如果“鹰号”不能在60秒之内着陆，登月行动即告失败。25秒，20秒，阿姆斯特朗离月球表面只有100英尺了，这时他找到了一个着陆地点，如果他能及时降落到那里的话似乎是安全的。那时，指挥中心异常的寂静，什么声音都听不到。紧接着，通信系统中传来阿姆斯特朗平静、镇定、冷静的声音：“休斯敦，川奎特基地，‘鹰号’已经着陆了。”

案例证明，即使在太空行动中，最聪明的管理者和技术人员已经做了最出色的计划，也不能总是按照计划行事。

请思考 在计划登月任务时，具体计划和指导性计划都起了什么样的作用？

第一节 计划的概念与类型

在现代社会中，任何组织的生存都与计划息息相关，离开了计划，组织发展将寸步难行。美国管理学家哈罗德·孔茨和海因茨·韦里克在《管理学》中有一句经典名言：“计划工作是一座桥梁，它把我们所处的这岸和我们要去的对岸连接起来，以克服这一天堑。”计划给组织指明了通向未来的明确道路、目标和路径，同时为履行组织、领导和控制等职能提供了必要的前提条件和活动基础。计划是管理活动的起点。为了使组织活动卓有成效，组织首先确定所要追求的目标，明确将通过什么途径、采取什么方法来实现这些目标，这些活动就是管理的计划职能。不同级别的管理者负责制订什么样的计划？计划对于一个组织的作用体现在哪里？组织应该如何制订计划更加有效？本节将会系统地介绍有关内容。

一、计划的概念

(一)计划的含义

计划有动词与名词两种词性,一般所说的计划有动态计划和静态计划两种含义。动态计划是指计划工作,它是一种预测未来、设定目标、决定政策、选择方案的连续程序,目的在于经济地使用现有的资源,有效地把握未来的发展,获得最大的组织成效。静态计划是指用文字和指标等形式所表述的、组织以及组织内不同部门和不同成员在未来一定时期内行动方向、内容和方式安排的管理文件。总体来说,计划告诉管理者和执行者未来的目标是什么,要采取什么样的活动来达到目标,要在什么时间内、按什么进度达到这种目标以及由谁来进行这种活动。其内容可归纳为“5W1H”,即做什么(What)、为什么做(Why)、何时做(When)、在哪里做(Where)、谁来做(Who)和怎么做(How)。

(二)计划与决策的关系

管理理论研究中对计划与决策关系这个问题有着不同的认识,主要有以下3种不同的观点。

1. 计划包含决策

以法约尔为代表的管理过程学派认为计划包含决策。计划作为管理的首要工作,是一个包括环境分析、目标确定、方案选择的过程,决策只是这一过程中某一阶段的工作内容。例如,法约尔认为,计划是管理的一个基本部分,包括预测未来并在此基础上对未来的行动予以安排,决策是这一过程中的一项活动,是在两个或两个以上的可选方案中做一个选择。

2. 决策包含计划

以西蒙为代表的决策理论学派认为,管理就是决策。决策包括:调查情况、分析形势、收集信息、找出决策的理由;制订可能的行动方案,以应对面临的形势;在各种可能的行动方案中进行抉择,确定比较满意的方案,付诸实施;了解、检查过去所抉择方案的执行情况,做出评价,制定新的决策。决策是管理的核心,贯穿整个管理过程。因此,决策不仅包括了计划,而且包容了整个管理,甚至就是管理本身。

3. 决策是计划的前提,计划是决策的逻辑延续

周三多、陈传明编著的《管理学——理论与方法》一书中提出:决策与计划是两个既相互区别又相互联系的概念。

计划与决策是相互区别的。具体表现为:两项工作需要解决的问题不同。决策是关于组织活动的方向、内容及方式的选择,是从“管理的本质工作”这个意义上

来把握决策的内涵的。任何组织，在任何时期，为了表现其社会存在，必须从事某种为社会所需要的活动。在从事这项活动之前，组织当然必须对活动的方向和方式进行选择。计划则是对组织内部不同部门和成员在一定时期内行动任务的具体安排，它详细规定了不同部门和成员在该时期内从事活动的具体内容及要求。

计划与决策是相互联系的。具体表现为：决策是计划的前提，计划是决策的逻辑延续。决策为计划的任务安排提供了依据，计划则为决策所选择的目标活动的实施提供了组织保证。在实际工作中，计划与决策是相互渗透，有的甚至是不可分割地交织在一起的。在决策制定过程中，无论是对内部能力优势或劣势的分析，还是在方案选择时关于各方案执行效果或要求的评价，实际上都已经开始孕育着决策的实施计划。反之，计划的编制过程，既是决策的组织落实过程，也是决策的更为详细的检查和修订的过程。无法落实的决策，或者说决策选择的某些任务无法安排，必然导致决策一定程度的调整。

(三)计划的特征

计划工作是决策的逻辑延续，为决策所选择的目标活动的实施提供了组织保证；同时，计划又是组织、领导、控制和创新等管理活动的基础，构成了组织内各部门、不同成员行动的依据。因此，计划表现为6个特征：目的性、先行性、系统性、前瞻性、经济性和动态性。

1. 目的性

任何组织或个人制订计划都是为了达到某种目的，每一个计划方案及其派生计划都旨在实现组织的目标。计划能使组织成员的行动聚焦于组织的根本目的上，能够帮助成员很好地预测和判断哪些行动有助于目标的实现，哪些行动会背离组织的目标，哪些行动则与组织的目的毫无关联。在制订计划时，首先必须分析目标，弄清任务。

2. 先行性

计划工作在管理职能中处于首要地位，主要是由于管理过程当中的组织、领导和控制这些职能都是为了支持和保证目标的实现。主管人员只有在明确计划目标之后，才能确定合适的组织结构和适当的人员配备，确定按照什么方针来指导和领导下级，确定采取什么样的控制方法。因此，计划的影响贯穿管理工作的全过程，计划是实施其他各项管理职能的依据。

3. 系统性

计划本身是一个系统，是由一系列子计划组成的，各子计划不是孤立存在的，彼此间相对独立又紧密相关，从而使制订的计划具有系统性、相关性、层次性、适应性和整体性，使计划形成有机协调的整体。

4. 前瞻性

计划与未来有关，它不是过去的总结，也不是现状的描述，而是要面向未来，考虑未来的机遇和可能遇到的问题，指导组织未来的活动，为实现未来的目标创造条件。

5. 经济性

任何计划都要符合经济性，计划的经济性是以实现计划目标所带来的利益，扣除执行计划所支出的费用以及各种非预期的代价之后的总额来衡量的。如果一个计划能达到目标，但它需要的代价太大，这个计划的效益就很低，因此不是一份好的计划。所以在计划中必须提出多种方案进行优化分析，不但要考虑经济方面的利益和耗损，还要考虑非经济方面的利益和耗损，以最少的消耗实现预定的目标。

6. 动态性

动态性是由计划的时间和空间所决定的。一个计划的时间短则数月，长则数年，在这期间，环境常处于变化之中，使计划的实施会偏离原来的基准。因此，计划要随着环境和条件的变化而不断调整和修改，以保证完成目标，这就要求计划具有动态性。

专栏 5-1

有一位父亲带着 3 个孩子，到沙漠去猎杀骆驼。他们到了目的地。父亲问老大："你看到了什么？"老大回答："我看到了猎枪、骆驼，还有一望无际的沙漠。"父亲摇摇头说："不对。"父亲以同样的问题问老二。老二回答："我看见了爸爸、大哥、弟弟、猎枪，还有沙漠。"父亲又摇摇头说："不对。"父亲又以同样的问题问老三。老三回答："我只看到了骆驼。"父亲高兴地说："你答对了。"

管理启示 一个人若想走上成功之路，首先必须要有明确的目标。目标一经确立，就要心无旁骛，集中全部精力，勇往直前。

(四)计划的作用

随着生产技术的日新月异，生产力水平的提高，生产规模的不断扩大，分工与协作的程度空前提高，社会组织的活动不但受到内部环境的影响，还要受到外部环境等多方面的制约。组织要不断地适应这种复杂的、变化的环境，只有科学地制订计划，才能协调与平衡多方面的活动，求得本组织的生存与发展。计划是社会组织以及企业管理中不可缺少的一个环节。具体地说，计划的作用可以归纳为如下 4

个方面。

1.计划是管理者开展活动的有力依据

计划能够使组织在置身于复杂多变和充满不确定性因素的环境时始终把其主要注意力集中在一定的目标上，使组织所有的行动保持同一方向；管理者可以根据计划来组织人员、分派任务，进行授权和定责，使组织的各项工作得到落实，从而保证组织目标的实现。

2.计划是管理者降低风险、掌握主动的手段

当今世界正处在急剧的变化之中，社会在变革，技术在进步，观念在更新，一切都处在变化之中。而计划就是面向未来的，计划的前瞻性，使组织能够较早地预见未来的变化，早做准备，掌握主动，从而降低不确定性，把风险减少到最低程度。因此，在计划的编制过程中，人们就必须预期各种变化及各种变化会带来的影响。计划的编制者在编制计划时通常要根据历史和现状信息对未来的变化做出预测与推断，并根据这些预测与推断制订出符合未来发展变化的计划。

3.计划是管理者提高效益的重要方法

在计划编制过程中，有一项很重要的工作是进行综合平衡。这项工作的目的是要使未来组织活动中的各部门或个人的工作负荷与资源占有都能够实现均衡与基本均衡。这种计划平衡工作可以消除未来活动中的许多重复、等待、冲突等各种无效活动，从而消除这种无效活动所带来的浪费。同时这种综合平衡工作还会带来资源的有效配置，活动的合理安排，从而提高组织的工作效率。计划可以从增产与节约两方面给组织带来效益。计划能从多条实现目标的途径中，通过方案的比较，选择最恰当、最有效的方案，从而减少浪费，高效率实现目标。计划还能使组织未来的各项活动均衡发展，使组织中各成员的努力合成一种组织效应，从而大大提高工作效率并带来经济效益。

4.计划是管理者进行控制的标准

计划工作包括建立目标和一些指标，这些目标和指标是管理者进行控制的标准。计划职能和控制职能具有不可分离的联系。计划的实施需要控制活动给予保证。在控制活动中发现的偏差，又可能使管理者修订计划，建立新目标。因此，计划是控制的基础，它为有效控制提供了标准和尺度。没有计划，控制工作也就不存在。

总之，组织的成功在于是否合理运用计划。如果一个组织将计划工作放在首位，那么工作将得到有效的协调且能够按时完成，员工的努力就会避免低效重复，部门之间可以实现有效的合作与协调，员工的技能与潜力将会得到充分的运用，最终将提高工作质量和效率。

计划是连接现在与将来的桥梁。计划使将来可能不发生的事情变得可能发生。计划是一个运用智慧的过程，即拟定可供选择的方案并根据目标和事实做出决策。“三思而后行”，如果我们没有事先的科学计划，那么很难避免犯错误。总的说来，计划就是预测未来，是未来行动的具体化，是达到既定的目标，决定未来的行动方案。

专栏 5-2

李逵在投奔梁山之前，曾经到采石场工作。他自恃膀大腰圆，力大无比，使的锤也比别人大一号，把石头砸得火星乱冒，碎石飞出几十米。可是，他花了一上午的时间，又累得腰酸背疼，却打不开一块百斤多的石头。

一位老开山工过来告诉他，打石要看纹。老工人围着石头转了几个圈，不时擦掉石头上的粉末，仔细查看石头的纹路，计划着在哪里下锤，在哪个地方打几锤。计划完以后，这位老开山工抡起锤子，上下左右砸了几下，力气有轻有重。最后，猛地一锤下去，石头裂为两半。就这样，看几圈，砸几下，一会儿工夫，巨石就变成一堆碎石。

小思考　你认为这个故事体现了计划的哪些作用？

二、计划的类型

由于人类活动的复杂性与多元性，计划的类型也变得十分复杂和多样。人们根据不同的背景以及不同的需要，编制出各种各样的计划。如表 5-1 所示列出了按不同的方法分类的计划类型。

表 5-1　计划的类型

分类标准	类　型
时间跨度	长期计划、中期计划、短期计划
职能空间	业务计划、财务计划、人事计划
计划范围的广度	战略计划、战术计划、作业计划
计划内容明确性	指令性计划、指导性计划、具体性计划
计划涉及的工作内容	程序性计划、非程序性计划
表现形式	宗旨或使命、目标、战略、政策、程序、规则、规划、预算

(一)按时间跨度划分

长期计划一般定义为超过 5 年期的计划。长期计划主要考虑两个方面的问题：一是组织的长远目标和发展方向是什么；二是怎样去达到组织的长远目标。对于企业来说，长期计划是指企业长远的经营目标、经营方针、经营策略等，是企业发展的纲领性文件。

中期计划一般定义为1—5年期的计划。它来自组织的长期计划，并按照长期计划的执行情况和预测到的具体情况进行编制。

短期计划则定义为1年或短于1年的计划。短期计划比中期计划更为详细具体，能满足具体实施的需要。短期计划由于对各种活动有非常详细的说明和规定，因此在执行中自由度较小。

(二)按职能空间划分

按职能空间分类，可将计划分为业务计划、财务计划和人事计划。企业业务计划包括产品开发、生产作业以及销售等内容。财务计划研究如何从资本提供和利用上促进业务活动的有效进行。比如，如何建立新的融资渠道或选择不同的融资方式，如何保证资本的供应以及如何监督这些资本的利用效率。人事计划分析如何为业务规模的维持或扩大提供人力资源的保证。比如：研究为保证组织的发展如何提高成员素质、准备必要的干部力量，如何将具备不同素质特点的组织成员安排在不同岗位上，使他们的能力和积极性得到充分发挥。财务计划和人事计划是为业务计划服务的，也是围绕着业务计划而展开的。

(三)按计划范围的广度划分

按计划范围的广度划分可分为战略计划、战术计划和作业计划。战略计划是指应用于整体组织的，为组织设计总体目标和寻求组织在环境中的地位的计划。它涉及竞争策略、产品发展方向、生产发展规模、技术发展水平、新生产设备的建造等。战术计划是一种以时间为中心，局部性的、阶段性的计划，一般由中层管理者制订，它将战略计划中具有广泛性的目标和政策，转变为确定的目标和政策。作业计划是由基层管理者负责制订，是将战术计划所确定的内容具体化。

3个层次的计划有不同的特点，从战略层到作业层，计划期越来越短，计划的时间单位越来越细，覆盖的空间范围越来越小，计划内容越来越详细，计划的不确定性越来越小。

(四)按计划内容明确性划分

按计划内容明确性划分，可以将其分为指令性计划、指导性计划和具体性计划。指令性计划是由国家或企业主管部门下达的具有行政约束力的计划。指令性计划一经下达，各级计划执行单位必须遵照执行，而且要尽一切努力加以完成。指导性计划只规定一些重大方针,而不局限于明确的特定目标或特定活动方案上。这种计划可为组织指明方向、统一认识,但并不提供实际的操作指南。具体性计划则恰恰相反,要求必须具有明确的可衡量目标及一套可操作的行动方案。组织通常根据面临环境的不确定性和可预见性程度不同,选择制定这 3 种不同类型的计划。

(五)按计划涉及的工作内容划分

按计划涉及的工作内容划分,分为程序性计划和非程序性计划。西蒙把组织活动分为两类:一类是例行活动,指一些重复出现的工作,如订货、材料的出入库等。有关这类活动的决策是经常反复的,因此可以建立一定的决策程序。每当出现这类工作或问题时,就利用既定的程序来解决,而不需要重新研究。这类决策叫程序化决策,与此对应的计划是程序性计划。另一类活动是非例行活动,不重复出现,如新产品的开发、生产规模的扩大、品种结构的调整、工资制度的改变等。处理这类问题没有一成不变的方法和程序,因为这类问题或在过去尚未发生过,或因为其确切的性质或结构捉摸不定而极为复杂,或因为其十分重要而需用个别办法加以处理。解决这一问题的决策叫作非程序化决策,与此对应的计划是非程序性计划。

(六)按计划的表现形式划分

计划的不同表现形式,是计划多样性的重要方面,哈罗德·孔茨和海因茨·韦里克从抽象到具体,把计划分为一种层次体系:宗旨或使命、目标、战略、政策、程序、规则、规划和预算,如图 5-1 所示。

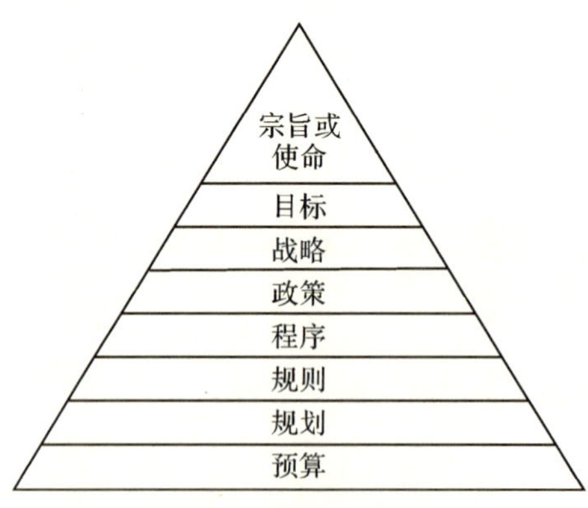

图 5-1　计划的层次体系

1. 宗旨或使命

宗旨或使命可以看作是一个组织的最基本的目标,也是一个组织何以存在的基本理由。一个组织的宗旨或使命无非有两类:要么是寻求贡献于组织以外的自然和社会;要么是寻求贡献于组织内部成员的生存和发展。这两类宗旨是彼此相连、相辅相成的。组织是为其宗旨或使命而存在,它反映的是企业的价值观念、经营理念和管理哲学等根本性的问题,用以回答组织是干什么的以及应该干什么这类问题。比如,企业的宗旨或使命是生产和分销商品或服务,大学的宗旨或使命是从事教学和研究,医院的宗旨或使命是治病救人,法院的宗旨或使命是解释法律和执行法律。

2. 目标

组织的使命说明了组织要从事的事业,而组织的目标则更加具体地说明了组织从事这项事业的预期结果。组织的目标包括了组织在一定时期内的目标,以及组织各个部门的具体目标等两个方面的内容。对一个企业来说,在一定时期的目标通常表现在两个方面,即企业对社会做出贡献的目标和自身价值实现的目标。在通常情况下,人们可以把组织目标进一步细化,从而得出多方面的目标,形成一个互相联系的目标体系。虽然企业的宗旨或使命是生产和分销商品或服务,但一个企业在完成使命时会进一步具体化不同时期的目标和各职能部门的目标,比如最近 3 年实现的销售收入多少、创造利润多少等。

3. 战略

清楚了组织的使命和目标之后,人们还是不能清楚地描绘出一个组织的形象。一个组织应该是非常实际和具体的,而上述内容都非常抽象,因此,还要为实现组织的目标去选择一个发展方向、行动方针及各类资源分配方案的总纲。只有在战略制定和实施之后,组织才能由一个抽象的概念变成具体的形态。当然战略还不是具体说明企业如何去实现目标的,它的重点是要指明方向和资源配置的优先次序。组织在制定战略时,要仔细研究其他组织,特别是竞争对手的情况,以取得优势地位。如可口可乐公司在制定战略时,必定要研究自己的老对手百事可乐公司的战略。

4. 政策

政策也是计划,是管理者决策时考虑问题的指南,是用以指导或沟通决策思想的全面的陈述或理解。政策是指导规划和行动的准则,是常用计划中最普遍的一种形式。并非所有的政策都是"陈述",政策常常会从主管人员的行动中含蓄地反映出来。例如,一家公司的总经理也许仅仅是为了方便,习惯性地遵循从公司内部提升管理人员的做法,这种做法可能会被下属看作政策而认真依照执行。

政策有助于事先确定问题的性质,不需要每次重复分析相同情况,这减少了某些例行事件处理的成本,使管理者能够在向下授权的同时,仍然对下属所做的工作保持控制。政策的种类繁多,例如,人员招聘、企业内部晋升、严格遵照企业伦理道德规范、制定竞争性价格等。

专栏 5-3

长期以来，福特汽车公司以生产低成本、便捷和价格适中轿车而著称。截至2007—2008年，福特生产的燃油经济型F-150皮卡汽车非常成功。然而，随之而来的石油危机使美国的燃油价上升到前所未有的水平。比尔·福特不得不断然做出一个重要的政策决定：小型化、节油和全球化思维。公司在欧洲成功生产出节油汽车，以及在南美洲的同样成功促使他相信，未来增长机会在诸如印度和中国等亚洲国家。

小思考 政策属于计划吗？它有哪些作用？

5.程序

程序也是计划，是用来处理未来活动所需要的一种方法。程序是按时间顺序对必要的活动进行的排序。程序是行动的指南，而不是思想的指南。因此，程序是详细列出必须完成某类活动的具体方法。在实践中，程序往往表现为组织的规章制度。比如，一家制造企业的处理订单程序、会计部门记载往来业务的程序、生产部门下达生产任务的程序等这些都表现为企业的规章制度。

6.规则

规则阐明了具体的必须或非必须的行动，没有例外的余地。规则通常是最简单形式的计划。例如，"上班不允许迟到""销售人员规定范围外的费用开支需由副总经理核准"等。规则和政策的最大区别在于前者是一种没有回旋余地的规定，不允许斟酌的自由，不再需要进行任何决策；而政策的目的是通过给管理者留有酌情处理的余地而指导他们的决策。人们常把规则和程序相混淆，因为两者都是直接指导行动本身，都要抑制思考，限制自由处理的权利；但规则只是对具体情况下的单个行动的规定，而不涉及程序所包含的时间序列，甚至可以说程序实际上就是多个规则按照一定的时间序列的组合。

专栏 5-4

某动力公司是最大的国防承包商之一，在其内部管理中为了减少不正当行为的发生，公司制定了一系列规则和程序清单。例如：个人必须准备和签写他们自己的工作时间卡，监工一定要检查这份时间卡。如果填错了，个人则必须改正，然后必须由该工人和监工同时签字。原始记录不得擦掉，以备日后查考之用。此外该公司就管理费的使用制定严格的规定，员工不准收受礼物，即使是一支笔或一本日历也不行。

小思考 上述案例中哪些表述是程序，哪些是规则？

7. 规划

规划是一个综合性的计划，包括目标、政策、程序、规则、任务分配、要采取的步骤、要使用的资源以及为完成既定行动步骤所需的其他因素。组织规划的作用是根据组织总目标和各部门目标，确定组织分阶段目标或组织各部门的分阶段目标，其重点在于划分总目标实现的进度。规划可能很大，如为实现我国经济发展的大目标，国家制定了一个个五年规划。规划也可能很小，如一个大学校园里的小零售店为实现向小型超市发展的目标，也可以制定一个改变货架的规划。组织的规划是综合性的，但也是一份粗线条的、纲要性的计划。

8. 预算

预算是一种“数字化”的计划，把预期的结果用数字化的方式表示出来就形成了预算。预算在很多公司里是最基本的计划手段，它迫使公司提前，不论是提前1周还是5年，编制以数字表述的预期现金流量、费用和收入、资本支出，工时或机时使用率等。预算还是一种主要的控制手段，是计划控制工作的连接点——计划的数字化产生预算，而预算又将作为控制的衡量基准。

专栏 5-5

公司政策规定可以给员工假期，为实施这项政策所建立的程序，将规定安排度假时间表以免造成工作混乱，制定带薪休假的工资额和支付办法，保持记录以保证每位员工享有假期，最后详细说明休假申请的办法。

小思考 程序和政策之间的关系？

第二节 计划工作的程序

任何计划工作的程序（计划编制过程），都是相似的，依次包括以下内容：寻找机会、确定目标、确定前提条件、确定备选方案、评价备选方案、选择方案、制订主要计划、编制预算，如图5-2所示。

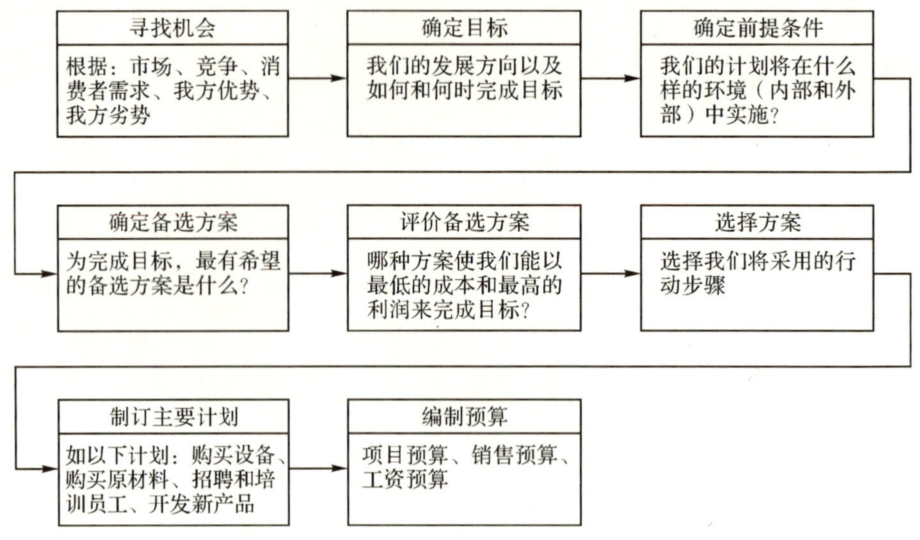

图 5-2　计划编制的流程

(一)寻找机会

寻找机会要在实际制订计划之前就着手进行，它虽然不是计划工作的一个组成部分，却是计划工作的真正起点。其内容包括：对未来可能出现的变化和预示的机会进行初步分析，形成判断；根据自己的长处和短处搞清自己所处的位置；了解自己利用机会的能力；列举主要的不确定因素，分析其发生的可能性和其对组织的影响程度。制订计划需要实事求是地对机会的各种情况进行判断。

(二)确定目标

在制订计划的过程中，第二步是要确定整个企业的目标，然后确定每个下属工作单位的目标。目标规定预期结果，并标明要完成工作的具体结果，哪里是需要强调的重点，以及通过战略、政策、程序、规则、规划和预算这个系列网络要完成的最终目标。确立目标是计划工作的主要任务，它为组织整体、各部门和各成员指明了方向，描绘了组织未来的状况，并且作为标准可用来衡量实际的绩效。

(三)确定前提条件

所谓计划工作的前提条件就是计划工作的假设条件，即计划实施的预期环境，它包括说明事实的预测资料、可行的基本政策和当前的企业计划。负责计划工作的人员对计划工作的前提了解得越细越透彻，则计划工作将做得越协调。

按照组织的内外部环境可以将计划工作的前提条件分为外部前提条件和内部前提条件；还可以按可控程度将计划工作前提条件分为不可控的、部分可控的和可控的 3 种前提条件。一般外部前提条件多为不可控的和部分可控的，而内部前提条件大多是可控的。不可控的前提条件越多,不确定性越大,就越要通过预测工作确定其发生的概率和影响程度的大小。

(四)确定备选方案

制订计划时没有可供选择的、适当的备选方案的情况是不多见的,计划制订者的初步工作就是要考察大量可供选择的方案,并从中挑选出最有成功希望的几个方案,以便进一步对之择优。这一步工作需要集思广益,开拓思路,发挥创造性。此外,方案也不是越多越好,即使我们可以采用数学方法和借助电子计算机的手段,还是要对可供选择的方案的数量加以限制,以便把主要精力集中在对少数最有希望的方案上进行分析。

(五)评价备选方案

在确定备选方案并考察了方案的优点之后,就要根据计划目标和前提来权衡各种因素,以此对各个方案进行评价。评价实质上是一种价值判断,它一方面取决于评价者所采用的标准;另一方面取决于评价者对各个标准所赋予的权数。显然,确定目标和确定计划前提条件的工作质量,直接影响到方案的评价。

(六)选择方案

选择方案是采用计划的时刻,也是真正意义上的决策。由于在大多数的情况下都存在着许多备选方案,加之方案评估中又要考虑许多变量和局限性,因此评估工作是很困难的。备选方案的分析和评估结果是两个或更多的方案是合适的,这时,管理者可能会决定遵循几个方案,而不是遵循一个最佳方案,这时必须确定首先采取哪个方案,而将另一方案也进行细化和完善,并作为后备方案。

(七)制订主要计划

完成了方案选择后,制订主要计划就是将所选择的计划用文字形式正式地表达出来,作为一项管理文件。拟写计划要清楚地确定和描述“5W1H”的内容。

(八)编制预算

计划工作的最后一步是把计划转化为预算,对计划进行量化。预算实质上是资源的分配计划。企业的总预算体现收入和支出的总额,包括所获得的利润或者盈余以及资产负债表上大款项的预算,如现金支出与资本支出的预算。企业内的每一个部门或项目均有自己的预算,通常是费用预算和资本支出预算,这些预算又汇总到企业总的预算内。

预算工作做好了,可以成为汇总和综合平衡各类计划的一种工具,也可以成为衡量计划完成情况的重要标准。

专栏 5-6

康师傅是一家非常成功的方便面企业，在全国各地建了许多工厂。几年前，康师傅开始筹划在西安建厂。对于快速消费品市场而言，沿海地区就像一张弓，而中西部地区则是箭射向的方向，这种一弓一箭的战略非常有效。西安背靠陕西、甘肃、宁夏，这些地区既是面食流行的区域，又是回民的聚集地。康师傅认为在这一地区做红烧牛肉面肯定有很好的市场效益。可以说，这个如意算盘打得是非常不错的。

然而，没想到西安的工厂建好以后，却成了业绩最差的一个。所有人都觉得非常奇怪，在回民聚集的地区，红烧牛肉面应当很好销售才对啊，到底出了什么问题？经过仔细调研，发现有两个问题：一是人们认为康师傅的红烧牛肉面调料包中含有猪油成分；二是康师傅工厂的牛不是阿訇宰杀的。这无疑会严重影响产品在回民客户人群中的销售情况。

于是，康师傅赶紧出台了改善措施。首先，西安厂建立起了全国唯一的配套屠宰场和肉联厂，请阿訇来宰杀牛。然后又向公众澄清，声明调料包绝对是清真食品。很快，康师傅牛肉面的销售量就开始了快速攀升。

小思考 你认为康师傅在最初的计划的编制过程中哪里出问题了？

第三节　计划工作的方法

计划工作的效率高低和质量的好坏在很大程度上取决于所采用的计划方法。现代计划方法为制订切实可行的计划提供了手段。在计划的质量方面，现代计划方法可以确定各种复杂的经济关系，提高综合平衡的准确性，能够在众多的方案中选择最优方案，还能够进行因果分析，科学地进行预测；在效率方面，由于采用了现代数学工具并以计算机技术作为基础，大大加快了计划工作的速度，这就使得管理者从繁杂的计划工作中解脱出来，能够集中精力考虑更重要的问题。实践中行之有效的方法主要有滚动计划法、目标管理法和进度计划等方法。

一、滚动计划法

(一)滚动计划法的基本思想

滚动计划法是一种动态编制计划的方法。它不像静态分析那样，等计划全部执行完了之后再重新编制下一个时期的计划，而是在每次编制或调整计划时，均将计划按时间顺序向前推进一个计划期，即向前滚动一次，使短期计划、中期计划和长期计划有机地结合起来。由于在计划工作中很难准确地预测将来影响经济发展的各种变化因素，而且随着计划期的延长，这种不确定会越来越大。所以，如果硬性地按几年前的计划实施，或机械地、静止地执行战略性计划就可能导致巨大的错误和损失。滚动计划法可以避免这种不确定性可能带来的不良后果。具体做法是用近细远粗的办法制订计划。如图 5-3 所示，这是 5 年的滚动计划方法。

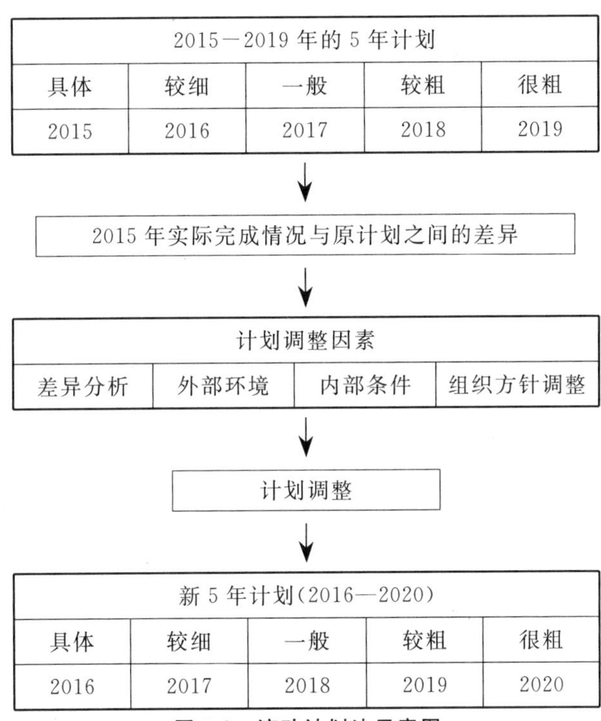

图 5-3　滚动计划法示意图

(二)滚动计划法的评价

滚动计划法虽然使得计划编制和实施工作的任务量加大，但其优点十分明显。

第一，计划更加切合实际，并且使战略性计划的实施也更加切合实际。由于人们无法对未来的环境变化做出准确的估计和判断，所以计划针对的时期越长，不准确性就越大，其实施难度也越大。滚动计划相对缩短了计划时期，加大了计划的准确和可操作性，从而是战略性计划实施的有效方法。

第二，滚动计划法使长期计划、中期计划与短期计划相互衔接，短期计划内部各阶段相互衔接。这就保证了即使由于环境变化出现某些不平衡时也能及时地进行调节，使各期计划基本保持一致。

第三，滚动计划法大大加强了计划的弹性，这在环境剧烈变化的时代尤为重要，它可以提高组织的应变能力。

(三)滚动计划法的特点

1. 预见性

编制滚动计划,可以连续预测出下期计划的情况及存在的问题,便于企业及早采取措施,发展有利因素,克服不利因素。

2. 灵活性

市场、环境因素的变化情况对企业生产经营影响很大,为了适应此情况,企业各种计划也必须有较大的灵活性,及时根据主客观条件,调整、修改计划,否则计划将脱离实际,起不到指导生产的作用。

3. 均衡性

编制滚动计划既考虑了本期任务,又要研究预测下期情况,因而易于做到各期计划均衡生产,避免发生大起大落的现象。

4. 连续性

按滚动计划法编制计划,本期计划是在分析上期实际情况的基础上制订的,它既是上期计划的连续,又是编制下期计划的基础,因而可使前、后期计划密切衔接。同时也便于长期计划与年度计划,年度计划与季度、月度计划紧密衔接,可以充分发挥长期计划对短期计划的指导作用。

二、目标管理法

目标管理是美国管理学家彼得·德鲁克 1954 年提出的。我国企业于 20 世纪 80 年代初开始引进目标管理法,并取得较好成效。

(一)目标的含义及特征

目标是根据组织宗旨而提出的组织在一定时期内要达到的预期成果。组织是社会的有机组成部分,这里所说的组织宗旨主要反映了社会对组织的要求,而组织目标则规定了组织为实现宗旨而制定出的具体方向。目标的特征表现在以下 6 个方面。

1. 层次性

组织的目标从上到下可分为多个等级层次。在这个多层次的目标体系中,最上层是组织的总体目标,最下层是组织中成员的个体目标。下层目标是由上层目标派生出来的,是实现上层目标的前提和保障。越是上层的目标就越模糊和不可控,越是底层的目标就越具体而可控。

2. 系统性

组织的各种目标之间很少表现为简单的线性关系,而是构成一种比较复杂的网络系统。不同目标之间都有直接或间接的联系，形成了一种相辅相成的关系，这就要求在制定目标时，必须使构成网络的各具体目标之间保持协调。

3.多样性

组织追求的目标一般是多方面的。这种多样性既表现在目标的数量上，又表现在这些目标常常分属于不同的领域（如经济、社会）和不同的利益主体上（包括国家、用户、组织、个人等）。

4.时间性

任何目标的确定都必须有时限的要求，否则这一目标就没有实际意义。按实现目标所需时间长短的不同，目标可分为短期目标和长期目标。短期目标是长期目标的基础，任何长期目标的实现必然是由近及远，同时短期目标必然体现长期目标，必须是为了实现长期目标。

5.可考核性

如果目标不具有可考核性，我们将无从得知目标是否完成。目标按性态可分为定量目标和定性目标。一般来说，定量目标可考核性强，但定性目标，如“提高员工的士气”“树立好的企业形象”等是较难考核的。对于定性目标，如有可能，目标表述应尽量量化，使之具有可考核性，为考核绩效提供衡量标准。

6.可接受性并具挑战性

根据美国管理心理学家维克多·弗鲁姆（Victor H. Vroom）的期望理论，一个目标对其接受者如果要产生激励作用的话，那么对于接受者来说，这个目标必须是可接受的、可完成的，应该是在能力所及范围内的；同时，如果完成一项工作所达到的目标对接受者是件轻而易举的事情，对接受者来讲目标太容易完成，这也达不到激励接受者努力工作的结果。因此，目标的制定既要考虑到接受者的能力范围，又要使目标对接受者具有一定挑战性，目标的可接受性和挑战性是对立统一的关系，在实际工作中，必须把它们统一起来。

（二）目标管理的概念及特点

1954年德鲁克在《管理的实践》一书中，以通用汽车公司联邦分权制为实例，对目标管理进行了具体的介绍，目标管理的基本思想是：必须明确组织本身的目标，主张组织必须为每个业务领域确定努力方向。组织的各项目标能否完成，完全取决于管理者如何进行管理。为了把组织推向前进，每项业务目标都必须同整个组织目标一致，尤其是管理者的目标，更要以整个组织的成果为中心来考虑。他还主张，组织各级管理者对下级进行考核，也必须根据为实现目标所做贡献的大小进行评价和奖励。在目标的实施过程中，要充分相信群众，实行权力下放和民主协商，员工参与管理，自我控制。要重视成果评价，强调员工培训、提倡能力主义等。

1. 目标管理的概念

所谓目标管理是指组织的最高领导层根据组织所面临的形势和社会需要，制定出一定时期内组织经营活动所要达到的总目标，然后层层落实，要求下属各部门管理者以至每个员工根据上级制定的目标制订出自己工作的目标和相应的保证措施，形成一个目标体系，并把目标的完成的情况作为各部门或个人工作绩效评定的依据。简单地说目标管理就是让组织的管理者和员工亲自参加目标的制定，在工作中实行“自我控制”并努力完成工作目标的一种管理制度或方法。

2. 目标管理的特点

(1)强调自我控制

提倡目标管理的德鲁克认为，员工是愿意负责的，是愿意在工作中发挥自己的聪明才智和创造性的。如果我们控制的对象是一个社会组织中的人，则我们应控制的必须是行为的动机，而不应当是行为的本身。也就是说，必须以动机的控制达到对行为的控制。目标管理的宗旨在于用“自我控制的管理”代替“压制性的管理”，它使管理者能够控制他们自己的成绩。这种自我控制可以成为更强烈的动力，推动他们尽自己最大的努力把工作做好，而不仅仅是“过得去”就行了。

(2)有利于建立目标锁链与目标体系

德鲁克认为“企业的目的和任务必须转化为目标”“一个领域没有特定的目标，则这个领域必然会被忽视”。目标必须有层次，要形成一个目标锁链和目标体系。主要目标和分目标之间、各分目标之间都要相互配合、方向一致。每个人的分目标，就是企业目标对他们的要求，同时也是他对总目标的贡献。分目标的完成是完成总目标的保证。

(3)促使权力下放

集权和分权的矛盾是组织的基本矛盾之一，唯恐失去控制是阻碍大胆授权的主要原因之一。推行目标管理有助于协调这一矛盾，促使权力下放，有助于在保持有效控制的前提下，把局面搞得更有生机。

(4)强调成果，注重目标实现

目标管理是一种成果管理，因此也被称为“根据成果进行企业管理的方法”。采用传统的管理方法，评价员工的表现，往往容易根据个人印象、思想和对某些问题的态度等定性指标来评价。实行目标管理后，由于有了一套完善的目标考核体系，从而能够按员工的实际贡献大小如实地评价一个人。即一方面把组织总体目标的实现与各级部门和员工的目标实现和成果评定紧密联系起来；另一方面也把评定的成果与每个人晋级、提升、加薪等结合起来，这就能促进员工奋进精神的发扬和创新能力的发挥，从而大大提高企业的劳动生产率。

(三)目标管理的实施步骤

目标管理的实施，大致可分为制定目标体系、实施目标、成果评价、实行奖惩和制定新目标并开始新的目标管理循环。

1. 制定目标体系

执行目标管理，首先要建立一套以组织总目标为中心的一贯到底的目标体系。这项工作大多是从组织的最高主管部门开始的。最高层目标的建立应首先充分分析和研究组织的外部环境和内部条件，根据组织可供利用的机会和面临的威胁以及组织自身的优势和弱点，通过上级管理者的意图与员工意图的上下沟通，对目标反复商讨、评价、修改，取得统一意见，最终形成组织目标。组织的总目标制定以后，就要把它分解落实到下属各部门、各单位直至员工个人，即目标展开。目标展开的方法是自上而下层层展开，自下而上层层保证。上下级目标之间是一种“目的—手段”关系；某一级的目标，需要一定的手段来实现，这些手段又成为下一级的次目标，按级顺推下去，直到作业层的作业目标，从而构成组织目标连锁体系，如图5-4 所示。

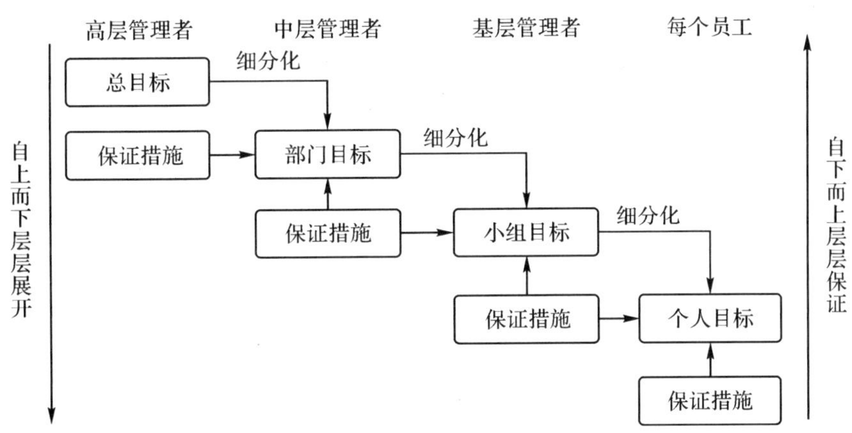

图 5-4 目标展开示意图

2. 实施目标

目标的实施过程主要依靠目标的执行者进行自主的管理，即由执行人主动地、创造性地工作，并以目标为依据，不断检查对比、分析问题、采取措施、纠正偏差，实行自我控制，但这并不是说领导可放手不管。由于组成了目标锁链和目标系统，目标的实施过程是一个自下而上的保证过程，一环失误则可能牵动全局。在此过程中，领导者的责任主要是深入基层，对工作情况进行定期检查，一方面检查应由上级保证的目标执行者的工作条件是否得到正常保障，发现问题及时给予解决；另一方面，当好目标执行者的参谋和顾问，以商议、劝告的方式帮助下级解决问题。在必要时，也可以通过一定的手续，修改原定的目标。但从本质上来看，目标管理在过程控制上是十分宽松的，夸张一点讲就是“只问结果，不问过程”。因此，领导者对执行者的监督和控制应采用“内紧外松”的方式。

3.成果评价

成果评价是一个目标管理周期的结束，也是下一个周期的开始。该阶段主要应做好两方面的工作，一是对目标执行者的工作成果进行考核，并决定奖惩；二是总结经验教训，把成功的经验、好的做法固定下来，并加以完善，使之科学化、系统化、标准化、制度化，对不足之处则要分析原因，采取措施加以改进，从而为下一目标管理循环打好基础。

4.实施奖惩

组织对不同成员的奖惩，是以上述各种评价的综合结果为依据的。奖惩可以是物质的，也可以是精神的。公平合理的奖惩有利于维持和调动组织成员饱满的工作热情和积极性，奖惩有失公正，则会影响这些成员行为的改善。

5.制定新目标并开始新的目标管理循环

成果评价与成员行为奖惩，既是对某一阶段组织活动效果以及组织成员贡献的总结，也为下一阶段的工作提供参考和借鉴。在此基础上，为组织成员及其各个层次、部门的活动制订新的目标并组织实施，便展开了目标管理的新一轮循环。

(四)对目标管理的评价

1.目标管理的优点

(1)促进了管理的改进，使组织的目标性增强，有助于绩效的改进。目标管理法迫使管理者去考虑计划的执行效果，而不仅仅是计划本身。并且有了一套明确的目标，就有了控制的标准，也是评价各部门和个人绩效的标准。

(2)有助于改进组织结构和职责分工。目标管理法要求尽可能把完成一项组织目标的成果和责任划归一个职位或部门。这条原则的实施，常常使我们发现组织的缺陷——授权不足或职责不清。此外，目标管理法的授权和权力下放，促进分权管理，可以使组织具有弹性。

(3)有助于调动员工的主动性、积极性、创造性，具有激励作用。目标管理强调自我控制、自我调节，将个人利益与组织利益紧密联系起来，因而提高了员工士气。由于目标是商定的，员工明确了自己的工作在整体工作中的地位和作用，并且参与了讨论和做出承诺，同时取得了授权和支持。通过目标和奖励，将个人利益和组织利益紧密联系在一起，这时他不再是只听从命令、等待指示的盲从的工作者，而是一个可以自我控制、在一个领域内施展才华的积极工作者。

2.目标管理的局限性

(1)目标难以确定。组织内的许多目标难以定量化、具体化;许多团队工作在技术上不可分解;组织环境的可变因素越来越多,变化越来越快。组织的内部活动日益复杂,使组织活动的不确定性越来越大。这些都使得许多活动制定数量化目标是很困难的。

(2)目标管理的人性理论假设不一定存在。目标管理就是以"社会人"的假设和Y理论为基础,对人类的动机做了过分乐观的假设。实际上,学者们对人性假设的意见并不统一。现实生活中的人是有"机会主义本性"的,尤其在监督不力的情况下。因此许多情况下,目标管理所要求的承诺、自觉、自治气氛难以形成。

(3)目标商定和宣讲可能增加管理成本。目标商定可以通过开会、私下沟通等形式来完成,但每个单位、个人都关注自身目标,很可能忽略了相互协作和组织目标的实现,容易滋生本位主义和急功近利倾向,因此商定目标、统一思想这个过程是很费时间的。目标管理看起来简单,但是把它有效地付诸实施,需要各级主管人员对它有详尽的了解和认识。这就需要对目标管理的整个体系做耐心的解释工作,说明目标管理是什么;它怎样发挥作用;为什么要这么做;它在评价管理工作成效时起什么作用;参与目标管理的人能得到什么好处等。对目标管理的原理和方法进行宣讲会增加管理成本。

(4)存在不灵活的危险。目标管理要取得成效就必须保持其明确性和肯定性。如果目标经常改变,就难以说明它是经过深思熟虑和周密计划的结果。这样的目标是没有意义的;但是,计划是面向未来的,而未来存在许多不确定因素,这又使得必须根据已经变化了的计划工作前提条件对目标进行修正。

(5)奖惩不一定都能和目标成果相配合,难以保证公正性,削弱了目标管理的效果。目标管理要经过检查和评估阶段。对各级目标的完成情况,要事先规定期限,定期进行检查,检查的方法可灵活地采用自检、互检和责成专门部门进行检查。检查的依据就是实现确定的目标。对于最终结果,应当根据目标进行评价,并根据评价结果进行奖惩。通过对目标管理的检查和评估,我们就可以积累经验,借鉴一些教训,为目标管理工作打下基础。然而,奖惩不一定都和目标成果配合,很难保证公正性,这就很容易削弱目标管理的效果。

了解目标管理的优点和局限性,对于有效地实施目标管理是很重要的。在实际推行目标管理时,除了掌握具体的方法以外,还要特别注意把握工作的性质,分析其分解和量化的可能;提高员工的职业道德水平,培养合作精神,建立健全各项规章制度,注意改进领导作风和工作方法,使目标管理的推行建立在一定的思想基础和科学管理基础上；要逐步推行，长期坚持，不断完善，从而使目标管理发挥预期的作用。

专栏 5-7

某集团企业一直试图压低成本，为此采取了很多措施。在长期的经营中，集团对分公司一直采取的是“以领代耗”的制度，分公司从集团领多少原料，就等同于消耗了多少原料。一开始，所有分公司都试图把本单位的成本压到最低，少从集团领取原料。但是，时间一长，有的分公司就留了一个心眼，开始多报多领，剩余的原料就存放在自己的仓库中。有的分公司则仍然尽力压低成本，用多少原料就从集团领多少，自己没有任何库存。

年底，在做下一年度预算的时候，集团想压低成本，并进行目标管理，提高绩效，于是就规定所有分公司第二年的成本必须比前一年减少 5%！一刀下去，那些兢兢业业、实实在在，已经把成本降到最低的分公司叫苦不迭，被砍了一个头破血流；而那些往年就在自己的仓库中存下不少原料的分公司则不慌不忙，反正企业的原料已经富余 10%，现在砍掉 5%，也还剩 5%，最多是削去了一点头发，连头皮都没碰到！

小思考 你认为该企业的目标管理是否合理？为什么？

三、进度计划

（一）甘特图法

甘特图是 1917 年亨利·甘特（Henry Layrebce Gantt）研究出来的。当时福特汽车公司利用甘特图进行计划控制，创建了世界第一条福特汽车流水生产线，实现了机械化的大工业，大幅度提高了劳动生产率。时至今日，甘特图仍然受到广泛的运用。

甘特图是一种线条图，一条轴表示时间，一条轴表示要安排的活动，线条表示在整个期间内计划的和实际的活动完成情况。甘特图直观地表明任务计划在什么时候进行，以及实际进展与计划要求的对比。下面举图书出版例子来说明甘特图，如图 5-5 所示。

时间以月为单位表示在图的下方，主要活动从上到下列在图的左边。计划需要确定书的出版包括哪些活动，这些活动的顺序，以及每项活动持续的时间。甘特图作为一种控制工具，帮助管理者发现实际进度偏离计划的情况。在本例中，除了打印长条校样以外，其他活动都是按计划完成的。

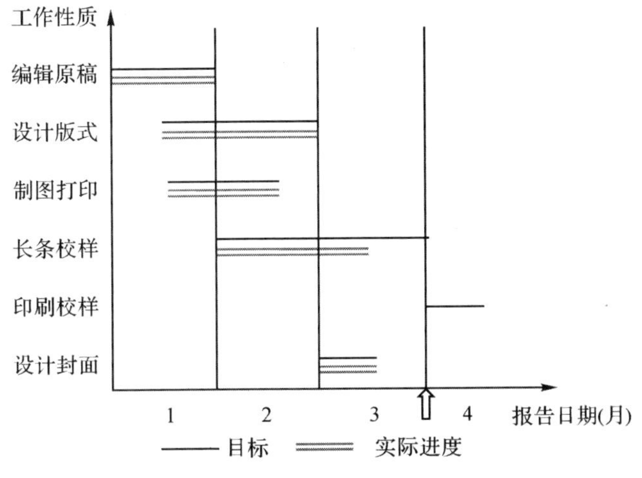

图 5-5　图书出版甘特图

资料来源：斯蒂芬·P.罗宾斯.管理学(第七版).北京：中国人民大学出版社，2004：239.

(二)负荷图

负荷图是甘特图的改进，它不是在纵轴上列出活动，而是列出整个部门或者某些特定的资源。负荷图可以使管理者计划和控制的生产资源和能力被充分有效地利用。换言之，它是对工作能力进行计划。

下面我们举一个出版公司的例子来说明负荷图的应用，如图 5-6 所示。

某出版公司 6 个责任编辑的负荷图，每个责任编辑负责一定数量书籍的编辑和设计。通过检查他们的负荷情况，管理 6 个责任编辑的管理者可以看出，谁有空闲时间可以在特定时间从事公司别的工作。

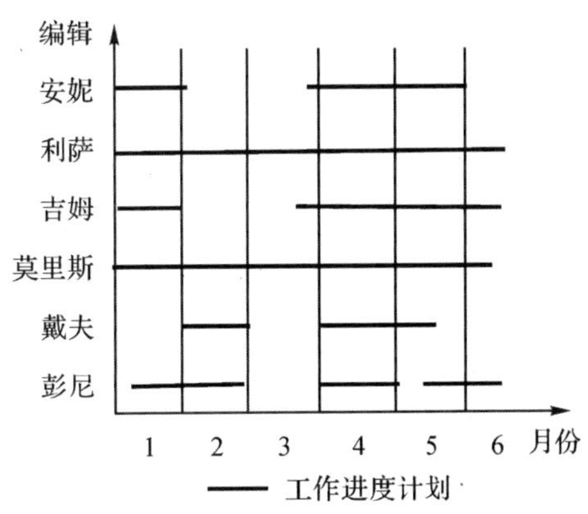

图 5-6　责任编辑负荷图

资料来源：斯蒂芬·P·罗宾斯.管理学(第七版).北京：中国人民大学出版社，2004：239.

当活动和项目的数量较少且相互独立，甘特图和负荷图是很有效的工具。但是，如果管理者要计划大型项目（如企业的重组和新产品开发等），要求协调成百上千的活动，其中一些活动必须同时进行，而另一些活动必须待前期的活动完成后才能开始，各个环节之间、各项工作之间的关系错综复杂，影响各项工作的因素越来越多，在这种情况下，不能使用甘特图和负荷图。

人物介绍

管理过程学派的主要代表人物

——哈罗德·孔茨

哈罗德·孔茨（Harold Koontz，1908—1984），是美国著名的管理学家，西方管理思想发展史上管理过程学派的主要代表人物之一。管理过程学派又称管理职能学派，是孔茨和西里尔·奥唐奈（Cyril Odonnell）首先提出的。这一理论是在法约尔的一般管理理论基础上发展而来。法约尔将管理活动分为计划、组织、指挥、协调和控制5大管理职能，孔茨和奥唐奈在仔细研究这些管理职能的基础上，将管理职能分为计划、组织、人事、领导和控制5项，而把协调作为管理的本质，作为5项职能有效综合运用的结果。孔茨利用这些管理职能对管理理论进行分析、研究和阐述，最终得以建立起管理过程学派。

从1950年起，孔茨任加利福尼亚大学洛杉矶分校的管理学教授；从1962年开始担任该校的米德·约翰逊管理学讲座教授；1978—1982年，担任国际管理科学院院长。他独自完成和合著了19本书以及90多篇论文，主要代表著作有《管理学原理》《管理理论丛林》《再论管理理论丛林》《董事会和有效管理》。他还在许多公司担任过管理顾问，包括休斯敦车床制造公司、休斯敦飞机制造公司、普里克斯公司、荷兰KLM皇家航空公司、大都会人寿保险公司、西方石油公司和通用电话公司。孔茨教授曾获得以下殊荣：当选为美国管理科学院和国际管理科学院院士；1962年获得米德·约翰逊奖；1974年获管理发展协会的“泰勒金钥匙”奖。此外，他被收入《美国名人录》《金融和产业界名人录》和《世界名人录》。

本章小结

为了使组织活动卓有成效，组织首先确定所要追求的目标，明确将通过什么途径、采取什么方法来实现这些目标，这些活动就是管理的计划职能。决策是计划的前提，计划是决策的逻辑延续。计划通过将组织在一定时期内的活动任务分解给组织的每个部门、环节和个人,从而不仅为这些部门、环节和个人在该时期的工作提供了具体的依据,而且为决策目标的实现提供了保障。

计划工作是管理的首要职责,是成功的关键工作之一;有效的管理要以目标为中心,要制定一个清楚的正确的目标,并坚定不移围绕着目标开展各项工作。计划工作的核心是:目标的明确和计划的制订。着眼点是:有限资源的合理使用。

实践中计划组织实施行之有效的方法主要有滚动计划法、目标管理法、进度计划等方法。目标管理是一种程序,使一个组织中的上下各级管理者会同起来制定共同目标,确定彼此的成果责任,并以此项责任来作为指导业务和衡量各自贡献的准则。

本章重点:计划的特征、类型和方法。

本章难点:计划编制方法的实际运用。

复习题

1. 什么是计划?它有哪些特征?
2. 计划的作用有哪些?
3. 计划是怎样分类的?
4. 一个完整计划方案的制订应包括哪些步骤?
5. 何谓滚动计划法?它具有哪些特点?
6. 目标的含义是什么?它有哪些特征?
7. 什么是目标管理?其实施步骤有哪些?

技能训练

1. 案例分析题

李明担任总经理将近一年了。他在审阅企业有关年终情况的统计资料时,发现结果是出乎意料的糟糕。记得他刚刚担任总经理时的第一件事,就是迅速制订了企业的一系列工作计划和目标。具体地说,他要解决企业的浪费、员工费用过高、废料运输费过多的问题。他提出了具体的要求:在一年内要把购买原材料的费用降低15%—20%;把用于支付员工加班的费用从原来的130万元减少到60万元;要把废料运输费用降低4%等。他把这些计划指标告诉了有关方面的负责人。然而,年终统计资料表明:原材料的浪费比去年还严重,购买原材料的费用竟占公司费用总额的22%;职工加班费用也只降到110万元;运输费用也没有降低等。

为此，他立即召开有关人员参加会议，打算对这些情况进行通报，研究一些问题和对策。会上，他严肃批评了分管生产的副总经理。而分管生产副总经理则争辩说："我曾对员工强调过要注意减少浪费的问题，原以为员工会执行我的要求。"财务部门的负责人也附和着说："我已为削减超时的费用做了最大的努力，只支付那些必须支付的款项。"负责运输方面的负责人则说："我对未能把运输费减下来并不感到意外，因为我们已经想尽了一切办法，我预计明年的运输费可能要上升4%—5%。"会议成了抱怨会，无法正常进行，只好在与会人员的抱怨声中散会了。

会后，李明分别与有关方面的负责人进行交谈与沟通，消除抱怨、听取建议，他详细查阅与本企业有关的资料，具体研究本行业同类指标的水平，并组织有关部门的负责人分析企业的内外情况，论证下年度的工作计划和目标。在此基础上，李明又把他们召集起来下达了新的计划指标，他说："生产部门一定要把原材料消耗的费用降低10%，人事部门一定要把职工加班的费用降到70万元，即使是运输费用在提高，但决不能超过今年的标准。这是我们明年的目标，到明年年底我再看你们的结果。"与此同时，分管生产副总经理也提出了一些具体措施、改进的方法、奖惩意见，明确了责任部门、责任人、时间进度、重点环节、协调要求等。

案例思考：

(1)李明总经理的计划工作有哪些变化？

(2)计划指标为什么下调？

(3)该企业的计划明年能够正常运行吗？

2. 实训操作题

编制活动计划书，实训目标、实训内容与形式如下：

实训目标

(1)培养创新能力与策划能力。

(2)掌握实际编制计划的方法。

实训内容与形式

(1)在调研基础上，运用创造性思维，策划一项活动，制订计划书。要求：

①所策划的活动的内容与主题，既可以由教师统一指定，又可以由学生自选。选题尽可能要与所学专业相关，也可以是学生所熟悉的其他内容。

②应通过调研，收集较为丰富的材料。

③要运用创造性思维，所策划的活动一定要有创意。

④要科学地规划有关要素，计划书的结构要合理、完整。

(2)在每个人进行策划的基础上，以模拟公司为单位，运用"头脑风暴法"等方法，组织深入研讨。

(3)在课堂上进行交流与论证。

第三篇 组 织

第六章 组织设计

组织结构的设计应该明确谁去做什么，谁要对什么结果负责，并且消除由于分工含糊不清造成的执行中的障碍，还要提供能反映和支持组织目标的决策和沟通网络。

——哈罗德·孔茨

【学习目标】

1. 掌握组织含义、特点及组织工作原则
2. 掌握组织结构类型
3. 理解组织结构设计、组织的管理幅度与管理层次的关系
4. 理解部门化、集权与分权

导入案例

在印度，人们有这样一种说法，早晨被塔塔生产的闹钟叫醒，坐着塔塔生产的汽车出门，经过塔塔建设的钢铁大桥，走进塔塔旗下的企业工作，拿着塔塔电信的手机打电话，下班后，在塔塔旗下的超市买食物，然后回家，喝塔塔生产的茶。印度人的生活与这家企业联系紧密。塔塔集团是印度最大的集团公司，总部位于印度孟买。其商业运营涉及7个领域：通信和信息技术、工程、材料、服务、能源、消费产品和化工产品；其办事机构遍布世界6大洲80多个国家，并为85个国家提供产品和服务出口，全球各地的职员数量超过45万人。

在《塔塔：一个百年企业的品牌进化》一书中，作者摩根·威策尔（Morgcn Witzel）称，在印度几乎不存在塔塔没有涉足的领域。发展至今，塔塔集团已经拥有了超过100个公司，是一个典型的多元化企业集团。2013—2014财年，塔塔集

团总收入为1032.7亿美元,市值总额约1425.9亿美元(截至2014年9月18日)。塔塔集团旗下主要的公司包括塔塔钢铁、塔塔汽车、塔塔咨询服务公司(TCS)、塔塔电力、塔塔化工、塔塔全球饮料公司、塔塔电信服务、塔塔通信公司、Titan及印度酒店集团。

尽管多元化会让塔塔集团旗下的各个公司之间产生协同效应,但每个塔塔公司或企业都是独立运作的,拥有自己的董事会和股东。塔塔项目公司董事总经理维纳亚克·德什潘德(Vinayak Deshpande)说:"从股权结构来说,我们有七八个股东,包括塔塔集团、塔塔化工、塔塔钢铁。对我们来说,塔塔集团只是一个股东,也就发挥着股东的权力。"马杜·卡纳安(Madhu Kannan)认为:"这些使塔塔集团更加与众不同。"在管理塔塔集团的业务方面,集团层面的董事会仅仅是把握大势,不会过多地去干涉下属公司的业务。旗下各大公司均有其独立的董事会,他们是下属公司的决策机构。

请思考 塔塔集团是如何组织其超过45万员工的?

第一节 组织工作

一、组织工作的含义及特点

(一)组织工作的含义

在汉语中,"组织"一词既可以是名词,也可以是动词。从名词意义上说,组织是对人员的一种精心安排,以实现某个特定目的。学校或大学是一个组织,慈善团体、政府部门、百货商场等都可以被认为是一个组织,它们都具有3种共同特征:明确的目标、精细的结构以及人员。从动词意义上说,组织则是安排和设计工作任务或职位结构以实现组织的目标,即组织工作。组织工作是管理的基本职能之一,所谓组织工作是指为了实现组织的目标而确定组织内部各种要素及其相互关系的活动过程,即设计一种组织结构,并使之运转的过程。它具体包括:明确所需要的活动并加以分类;对那些为实现目标所需要的活动进行分组;为每个小组安排有监督职权的管理人员来领导(授权);为组织中的横向协调(按组织的同级或类似级层)和纵向协调制定有关的规定。

(二)组织工作的特点

组织工作是一个动态的过程,组织工作实施过程中一般要遵循目标统一原则、分工协作原则、管理幅度原则、责权一致原则、集权与分权相结合原则以及柔性经济原则。组织工作一般具有以下 3 个特点。

1. 组织工作的过程性

组织工作实际上是根据组织自身的目标，综合考虑组织所面临的内外部环境，建立一套适应组织目标的组织结构的过程。组织结构一般用复杂性(专业化分工程度、组织层级、管理幅度等)、规范性(制度化、程序化、标准化)和集权性 3 种特性来描述。组织活动可以分解为横向和纵向两种结构，横向设计的结果是组织的部门化，即确定各部门的基本职能、各主管的控制幅度、部门划分的标准以及部门之间的工作关系；纵向设计的结果是决策的层级化，即确定由上到下的指挥链以及每一级的权责关系。

2. 组织工作的动态性

组织结构不是一成不变的，而是随着组织内外部要素的变化而变化的。由于任何组织都是社会系统中的一个子系统，它在不断地与外部环境进行能量、信息、材料等的输入和输出，而这种输入和输出一般都会影响到组织目标。当然，我们必须根据环境条件的变化，不断地修正目标。目标的变化自然又会影响到随同目标而产生的组织结构，为使组织结构能切实起到促进组织目标实现的作用，就必须对组织结构做出相应性的调整。此外，即使组织的内外部要素的变化对组织的目标影响不大，但随着社会的进步、科学技术的发展，原有的组织结构已不能高效地适应实现目标的要求时，也需要进行组织结构的调整和变革。因此，组织工作具有动态性的特点。

3. 组织工作要充分考虑非正式组织的影响

由霍桑试验以及巴纳德等人的研究成果可知，组织有正式组织和非正式组织之分。在组织工作职能的实施过程中，随着组织结构的建立，一个正式组织就形成了。任何正式组织中都必然伴随着非正式组织，管理人员在组织工作中应有意识、有计划地促进某些具有较多积极意义的非正式组织的形成和发展，例如，技术钻研、学习互助、业余娱乐等，使其成为正式组织的辅助。在时机成熟和条件许可的情况下，也可将其中一些转化为正式组织，使其成为组织工作所设计和保持的组织结构的有机组成部分。

二、组织工作的原则

组织根据其特定的目标和所处的环境，形成各自不同的结构形式和内部关系。但不管管理者如何行使组织职能，都必须遵循组织工作的原则。

(一)目标统一原则

目标统一原则,就是指组织中的每一个部门或每一个人的目标都要与组织的目标相一致。这样的组织结构才是合理有效的。组织结构的作用就是通过把组织目标层层分解,最后落实到具体的部门和个人来统一组织各部门和人员的业务活动。

(二)分工协作原则

分工协作是指组织中的各部门以及个人有明确的任务分工,并且要相互配合,以共同实现组织的目标。分工协作原则规定了组织结构中管理层次的分工、部门的分工、职权的分工。管理层次的分工,即分级管理。组织层次一般分上、中、下3层,每一管理层次都有对应的责权,每一管理层次均有相应才能的人与之适应。部门的分工,即部门划分,部门的划分应有利于目标的完成,有利于部门间的协调。职权的分工,传统意义上的组织结构中的职权有3大类:直线职权、职能职权、参谋职权。

(三)控制幅度原则

控制幅度原则是指一个上级直接领导与指挥的下属人数应该有一定的限度,并且应该是有效的。组织中主管人员管辖其直接下属的人数越适当,就越能保证组织的有效运行。管理幅度要根据工作的性质、信息处理技术以及主管人员自身的情况等来确定。

(四)责权统一原则

责权统一原则是指在组织结构设计中,职位的职权和职责必须对等一致。在实际工作中,若职权大于职责,则会使主管人员滥用自己的职权;其职责大于职权,则会挫伤主管人员的工作积极性。这些情况都不利于组织目标的实现。

(五)集权与分权相结合的原则

集权与分权相结合的原则,要求组织结构中的职权的集权与分权关系要处理得当,才能保证组织的有效运行。集权往往能保证组织内部的统一性和协调性,但集权又有致命的缺点:弹性差、适应性弱。过度的集权往往使一个组织缺乏活力甚至窒息,因此,必须实行局部管理权力的下放和分散。

(六)柔性经济原则

组织的柔性是指组织的各部门和各个人员都可以根据组织内外环境的变化而进行灵活调整和变动。主管人员必须在稳定与变化之间寻求一种平衡,既保证组织结构的稳定,又有利于组织目标的实现。组织的经济是指组织的管理层次和幅度、人员结构以及部门工作流程必须设计合理,以达到管理的高效率。两者相辅相成，共同保证组织的精简和高效。

三、组织结构的类型

组织职能的一个显著结果是组织结构的形成。组织结构是指对组织内各部门整合，实现组织成员责、权、利相互关系协调的有序安排。组织结构一般用组织结构图来表示。常见的组织结构类型有：直线制、职能型、直线职能制、事业部制、矩阵制和网络型。

（一）直线制组织结构

它是最早使用也是最为简单的一种集权式的组织结构形式，又称军队式结构。其特点是：组织的各级管理者按照垂直系统对下级进行管理，指挥和管理职能由各级管理者直接行使，不设置专门的职能管理部门，组织层次分明。以企业为例，其组织结构如图 6-1 所示。

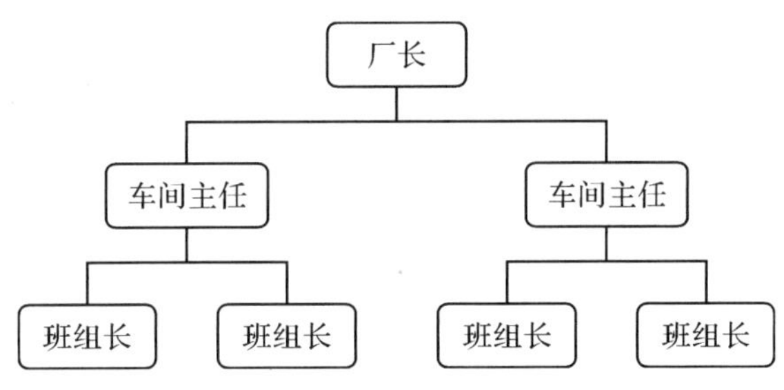

图 6-1　直线制组织结构

直线制组织结构的优点是：权力相对集中，权责分明，信息沟通便捷，便于统一指挥和集中管理。其缺点是：缺乏横向协调的渠道，缺乏专业化管理分工，权力过分集中，易造成职权滥用，下级对直接上级，尤其是最高管理者个人的依赖性太大。随着组织规模扩大，管理工作复杂后，往往由于个人的知识和能力限制而感到难于应付。因此，一般地，这种组织结构只有在组织规模不大、组织成员不多，生产或作业和管理工作比较简单的情况下才适用。

（二）职能型组织结构

职能型组织结构是按职能划分部门的方式建立起来的，在组织内部除直线主管外还相应地设立一些职能机构，分担某些管理业务。这些职能机构有权在自己的业务范围内，向下级单位下达命令和指示。因此，下级直线主管除了接受上级的直线主管的领导外，还必须接受上级各职能机构的领导和指示。职能型组织的基本结构形式如图 6-2 所示。

职能型组织结构的优点是：职责明确，实行职能专业化分工；可以集中利用有限的资源，具有较高的组织效率。其缺点是：由于强调专业化分工，不利于培养全面的管理人才；由于实行多头领导，易出现指挥和命令不统一的现象，造成管理混乱。

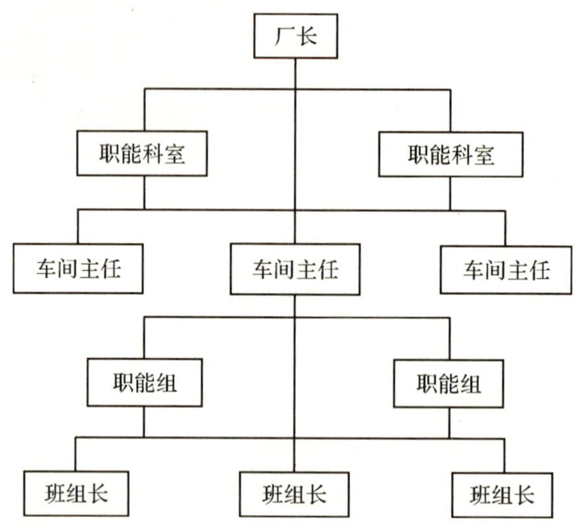

图 6-2　职能型组织结构

（三）直线职能制组织结构

直线职能制组织结构是把直线制和职能制相结合起来而形成的，这种组织结构的特点是，作为该级领导者的参谋，实行主管统一指挥与职能部门参谋、指导相结合的组织结构形式。职能部门拟定的计划、方案以及有关指令，统一由直线领导批准下达，职能部门无权下达命令或进行指挥，只起业务指导作用，各级行政领导人实行逐级负责，实行高度集权，如图 6-3 所示。

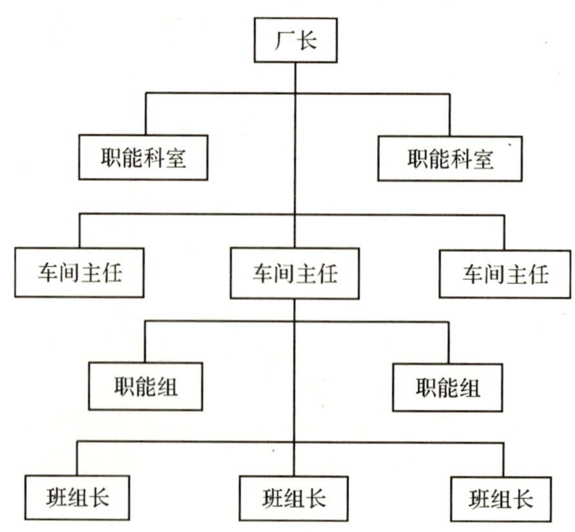

图 6-3　直线职能制组织结构

这种组织结构是在综合直线制和职能制的优点，摒弃了两者缺点的基础上形成的，因而是最为常见的组织结构形式。它既保持了直线制集中、统一指挥的优点，又汲取了职能制发挥专业管理专长，从而提高了管理工作的效率。直线职能制的产生使组织管理大大前进了一步。我国目前的许多组织，包括机关、学校、医院，尤其是许多中小型企业都采用这种组织结构。

直线职能制的不足之处：权力集中于最高管理层，下级缺乏必要的自主权；各职能部门之间的横向联系较差，容易产生脱节和矛盾；信息传递路线较长，反馈较慢，适应环境变化的能力较差。因此，它不适于多品种生产和规模很大的企业，也不适宜创新性的工作。

(四)事业部制结构

事业部制组织结构也称"M 型组织"，它是企业规模大型化、企业经营多样化、市场竞争激烈化的背景下出现的一种分权式的组织形式。它的主要思想是"集中政策，分散经营"，即在集权领导下实行分权管理。具体地说，就是在总公司领导下，按产品或地区分别设立若干事业部，每个事业部都是独立核算单位，在经营管理上有很大的自主权。总公司只保留预算、人事任免和重大问题的决策权，并运用利润等指标对事业部进行考核和控制。在管理实践中，企业可依据产品、地区、顾客类型、销售渠道等划分事业部。如娃哈哈集团按产品分类进行划分、肯德基公司按地理区域进行划分，而许多大型商业银行则通常以顾客类型进行划分。按这些方式进行设计的结果，就形成了事业部制组织结构，如图 6-4 所示。

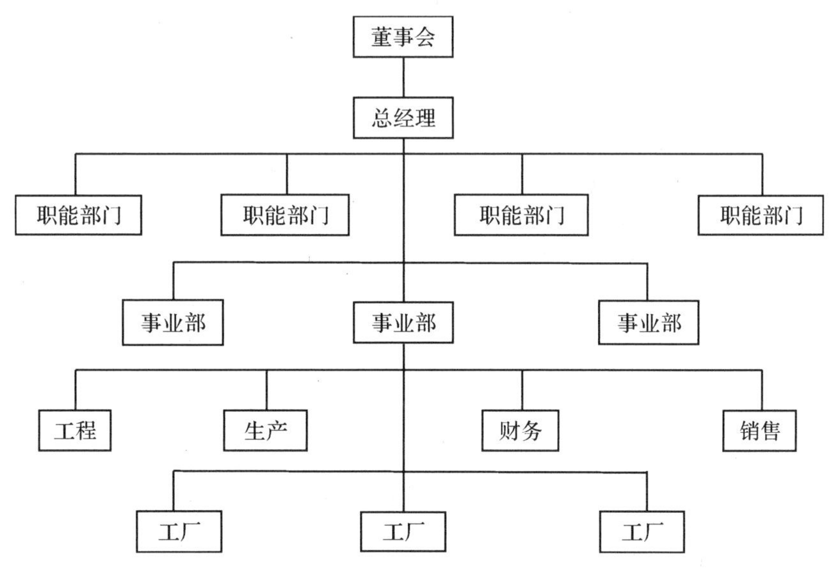

图 6-4 事业部制组织结构

事业部制组织结构设计中，重要的决策可以在较低的组织层次做出。因此，事业部制组织结构内部包含着职能型结构，相比较而言，它有利于以一种分权的方式开展管理工作。事业部制组织结构一般适用于在具有比较复杂的产品类型或较广泛的地区分布的大型企业中广泛应用。

事业部制组织结构主要优点表现在：有利于调动各事业部的积极性和主动性；有利于培养和训练高级管理人才；便于各事业部之间展开竞争从而有利于增强组织对环境变化的适应能力；有利于最高管理层集中精力做好有关战略方针的政策。主要缺点是：增加管理层次，造成机构重叠，使得管理费用增加；各个事业部之间相互支援较差；容易滋长各事业部不顾公司整体利益的本位主义而阻碍组织整体目标的完成。

（五）矩阵制组织结构

矩阵制组织结构是由纵横两套管理系统组成的组织结构。一套是纵向的职能领导系统，一套是为完成任务而组成的横向项目系统。具体地说，就是把按照职能部门划分和按照产品或项目划分的专题小组结合起来，形成一个矩阵。项目小组是为完成一定的管理目标或某种临时性的任务而设置的，由具有不同专长技能、选自不同部门的人员组成。为了加强对项目小组的管理，每个项目在总经理或厂长领导下由专人负责。小组成员既受项目小组领导，又与职能部门保持组织与业务联系，受原职能部门领导。因而形成纵横交错的矩阵结构，如图 6-5 所示。

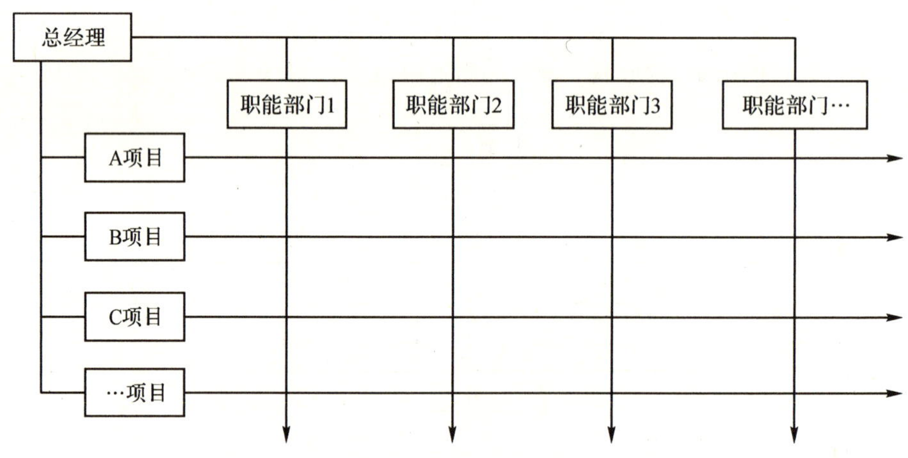

图 6-5　矩阵制组织结构

矩阵制组织结构主要在需要对环境变化做出迅速而一致反应的企业或项目管理等方面采用。该组织结构的主要优点是：将组织的纵向联系和横向联系很好地结合起来，有利于加强各职能部门之间的协作与配合，及时沟通情况，解决问题。它具有较强的机动性，能根据特定需要和环境活动的变化，保持高度的适应性。把不同部门具有不同专长的专业人员组织在一起，有利于互相启发、集思广益，攻克各种复杂的技术难题，更加圆满地完成工作任务。它在发挥人的才能方面具有很大的灵活性。

矩阵制组织结构的主要缺点是：在资源管理方面存在复杂性、稳定性差，权责不清。该组织结构“违反”了统一指挥原则。所以，矩阵设计需要大量的来自管理层的支持，尤其是矩阵中的职能部门经理和产品或项目经理可以定期沟通、共同协调对员工的工作要求并且共同解决分歧，而且组织应当对员工进行特殊的培训以加强他们在团队合作等方面的有效技能。

（六）网络型组织结构

网络型组织结构是利用现代信息技术手段而建立和发展起来的一种新型组织结构。该组织结构是目前正在流行的一种新形式的组织设计，它使管理当局对于新技术、时尚，或者来自海外的低成本竞争具有更大的适应性和应变能力。

网络型组织结构是一种只有很精干的中心机构，以契约关系建立和维持为基础，依靠外部机构进行制造、销售或其他重要业务经营活动的组织结构形式。被联结在这一结构中的各经营单位之间并没有正式的资本所有关系和行政隶属关系，只是通过相对松散的契约（正式的协议契约书）纽带，透过一种互惠互利、相互协作、相互信任和支持的机制来进行密切的合作。在网络型组织结构中，组织的大部分职能从组织外“购买”，这给管理当局提供了高度的灵活性，并使组织集中精力做它们最擅长的事。例如，美国食品企业 Smart Balance 通过自己生产的保护心脏健康的产品来帮助人们保持苗条、精干的身材。该公司的组织结构也同样苗条、精干。该公司只拥有 67 名员工，把包括产品制造、流通和销售在内的几乎所有其他组织职能都外包出去。

雷蒙德·迈尔斯（Raymonde Miles）和查尔斯·斯诺（Charles Snow）将网络型组织分为 3 类：稳定网络、动态网络和内部网络。

1. 稳定网络

稳定网络是指一个大型核心企业创立的、基于市场联系的、包括数量有限的上下游合作伙伴的网络，参与合作的伙伴也向网络外的组织提供服务，以有助于他们保持竞争力。这类网络组织主要出现在那些相对成熟的行业中。例如，耐克公司将其主要资源集中于研发和营销，而将几乎全部的生产制造外包给了亚洲厂商。耐克公司甚至鼓励这些制造商为其他公司，包括自己的竞争对手（如阿迪达斯）进行生产加工，以保证这些厂商的竞争力。

2. 动态网络

动态网络是指企业与同一价值链上的潜在合作伙伴形成的临时联盟。动态网络设计常见于产品生命周期短的行业里，比如高端时尚品行业。在纽约市的服装厂聚集区，为了推出不同季节的服装系列，往往会由一家企业带头召集专业公司建立项目组。下一个系列既有可能继续由这个项目组开发，也有可能建立新的项目组，每个新服装系列通常都是一个相对时间不太长的项目。

3.内部网络

内部网络是指组织的内部单位之间按照外部市场的价格购买和销售产品及服务。这种形式将市场交易引入组织边界之内。可以说，甚至有些职能部门(例如人力资源部门)也会受到来自外部供应商更低成本、更好服务的竞争。20世纪90年代组建的ABB公司就是一个全球范围内1300余家当地公司组成的联邦，这个巨大的网络希望同时取得“小”(通过当地公司与所在国当地市场保持密切联系)和“大”所带来的优势。在实践上，网络型组织结构设计在创造弹性的合作联盟方面特别有效。一个联盟中的伙伴可能是顾客、供应商，以及在不同环境下被定义为现有竞争者或者潜在竞争者的公司。比如，美国Corning公司与西门子(德国)、三星(韩国)、Asahi Chemical(日本)等外国公司建立了23家合资企业，以在越来越多的与高新技术有关的市场中赢得竞争。

网络型组织结构的优点：该组织结构极大地促进了企业经济效益实现质的飞跃。一是降低管理成本，提高管理效益。二是实现了企业全世界范围内的供应链与销售环节。三是简化了机构和管理层次，实现了企业充分授权式的管理。组织结构具有更大的灵活性和柔性，以项目为中心的合作可以更好地结合市场需求来整合各项资源，而且容易操作，网络中的各个价值链部分也随时可以根据市场需求的变动情况增加、调整或撤并；另外，这种组织结构简单、精练，由于组织中的大多数活动都实现了外包，而这些活动更多地靠电子商务来协调处理，组织结构可以进一步扁平化，效率也更高了。

网络型组织结构的缺点：可控性太差，这种组织的有效运作是通过与独立的供应商广泛而密切的合作来实现的，由于存在着道德风险和逆向选择性，一旦组织所依存的外部资源出现问题，如：质量问题、提价问题、及时交货问题等，组织将陷入非常被动的境地。另外，外部合作组织都是临时的，如果某个组织中的某一合作单位因故退出且不可替代，组织将面临解体的危险。网络型组织还要求建立较高的组织文化以保持组织的凝聚力，然而，由于项目是临时的，员工随时都有被解雇的可能，因而员工对组织的忠诚度也比较低。

专栏 6-1

展望未来2020年的工作世界，从事全职工作的劳动力所占的比例将会显著减少。组织将越来越依赖合同制员工和兼职员工来完成工作任务，从而给这些组织带来更大的灵活性。从员工的角度来看，这将意味着个体能够更好地掌控自己的未来，而不是依赖于一个雇主。未来的员工更像是外部的咨询顾问，而不是全职员工。工作任务将是临时性的，可能会持续几个星期或者几年，前提假设是，无论是从员工还是雇主的角度来看，这种雇佣关系并不会成为永久的关系。因此，你会发现自己始终不断地与一群不同的同事从事各种新的工作项目。

此外，可以预计的是，人们会看到更少的大型企业总部建筑以及位于城市核心区域的企业中心。工作需要不会要求组织把大量员工集中在某个地方办公。纽约、多伦多或者伦敦等“总部”城市会发现城内出现大量空空荡荡的办公场所。与此相反的是，工作机会将分散到各个地方，而且在很多情况下，并不取决于员工在哪里定居。越来越多的劳动力将会在家里办公。而且，许多组织会设立区域性的小型中心以便于员工再次碰头或者工作。与位于城市中心的办公场所相比，这些小型中心的运转成本更低，而且能够缩短员工的通勤距离。

小思考　未来的组织结构将会发生哪些变化？

第二节　管理幅度与管理层次

一、管理幅度

管理幅度，又称管理宽度或管理跨度，指的是组织的一名上级领导能够直接而有效地领导下属的可能人数。一个领导者，由于受知识、经验、时间、精力等各方面条件的限制，他的管理幅度都有一定的限度，这个幅度既不是越多越好，也不是越少越好，有效的管理幅度要考虑以下因素的影响。

（一）管理双方的工作能力

如果管理者的个人知识、经验丰富，理解能力、表达能力和组织能力强，可迅速地把握问题的关键，则可以加宽管理幅度。如果下属的工作能力强、技术水平高、经验丰富，不需要上级对其进行很多的业务指导，管理者处理上下级关系所需的时间和次数就会减少，则管理者的管理幅度可大一些。

(二)管理工作本身的性质

由于管理工作的性质不同,导致管理幅度也不同。对于高层管理者来说,他们往往面对的是事关组织全局的复杂问题,或者是前所未遇的新问题。因此,他们直接领导的人数宜少而精,以便集中最优秀的人才处理最复杂、最重要的问题。对于基层领导者来说,他们主要是处理一些重复性或相似性的例行性日常工作,所以管理幅度相对要大一些。

(三)标准化和授权程度

如果领导者善于同下级共同制定出若干工作标准,放手让下级按标准行事,并把一些次要的问题授权下级处理,自己只负责重大问题、例外事项的决策,其管理幅度自然可以加宽;相反,如果管理者对下属不放心,事必躬亲,又没有一套健全的工作标准,管理幅度太宽,必然精力不及,管理不周,以致贻误工作。

(四)信息传递的效率

如果信息传递的方式和渠道恰当,传递效率高,上下左右沟通快捷,关系能够很好地协调,则可扩大管理幅度;反之,管理幅度应减少。

(五)地理位置

领导者所管理的组织机构如果在空间地理位置上分布集中,管理幅度就相对可以大一点;反之,管理幅度就必须窄一点。

(六)组织发展阶段

组织在初创阶段,管理幅度通常较小;随着组织的不断发展和成熟,可以适当扩大管理幅度。

二、管理层次

管理层次是指组织内部从最高一层管理组织到最低一层管理组织的各个等级层次,即组织中等级链的环节。在可能的情况下,组织内的管理层次应尽量减少。原因在于,减少管理层次,可以减少管理人员,克服机构庞杂、人浮于事、官僚主义等机构过多综合征,节约管理费用;可以加快信息沟通,减少信息传递中的遗漏和失真,有助于提高管理工作效率;有利于扩大下属的管理权限,调动下属工作的积极性、主动性和创造性,提高其管理能力和管理水平。减少管理层次不是目的,只是手段。管理层次并不能随意减少,而是要受到有效管理幅度的影响,如果管理层次过少,也会影响到管理的有效性。

一般来说，管理层次分为上层、中层与下层，各个层次都有明显的分工。上层组织处于权力指挥链条的顶端，其主要职能是从组织整体出发，负责组织目标、方针的制定，对组织实行统一指挥和综合管理。中层组织是组织中承上启下、纵横衔接的枢纽，主要任务是为实现组织整体目标，制定本部门的具体实施方案，组织执行、检查与评价，并向上层直接负责并报告工作。下层组织是组织目标的具体执行机构，它的任务是按照规定的计划和程序实施方案，并负责监督管理，发现问题，及时在现场采取纠正措施。

一个组织无论怎样划分其管理层次，各层次之间的相互关系总是确定的，即管理层次自上而下地逐级实施指挥和监督的权力，是命令与服从、监督与请示的关系。不同层次的主管人员都必须执行上一级的决策，并向上级请示汇报。

专栏 6-2

国外对组织规模以及技术对管理层次的影响进行了研究。通过对 128 个组织的调研认为：100 个员工的公司大致有 4 个管理层，1000 个员工的公司大致有 6 个管理层，而 10 000 个员工的公司则有 7—8 个管理层。

通过对 100 个以上员工的公司研究指出，单件小批生产组织，平均有 3 个管理层次，而大量大批生产组织，平均有 4 个管理层次，一些复杂的联合组织，则平均有 6 个管理层次。

小思考 组织规模以及技术是如何影响管理层次的？

三、管理幅度与管理层次的关系

确定管理幅度很重要，因为它在很大程度上决定了一个组织的层次和所需要的管理者的数量。组织规模一定，管理幅度和管理层次成反比关系。管理层次过多、管理幅度过窄形成的金字塔锥形结构并非理想。首先，层次多，用于管理方面的精力和资金就越多，这主要是因为所需要的管理者和协助管理的人员就增多了，协调各部门活动的需要增加了，为这些人员提供设施的一般行政开支也增加了。其次，部门层次使得组织内部的沟通变得更为复杂。信息在垂直向下传达和向上汇报时会发生遗漏和曲解，也会影响信息的获得和分析以及应对问题和抓住机会的时效性，从而影响组织效率。最后，众多的部门和层次会使工作计划和控制过程更加复杂。本来明确而又完整的计划经过逐级的布置可能会失去协调性和明确性；与此同时，因为计划的复杂性和沟通的困难性而使得控制工作尤为重要。

在组织里，近年来的趋势是拓宽管理幅度，减少管理层次，建立扁平的组织结构。这不仅与现代管理中信息技术的发展相适应，也符合现代管理者对获得精确信息、加快决策速度、提高组织结构灵活性、向员工授权、降低公司运营成本等目标的追求。管理者已经认识到，如果员工充分了解自己的工作并且掌握组织中的各种流程，那么管理者就可以应付更大的管理幅度。在一些公司内部，5—6 名员工向一位管理者汇报的安排都行之有效。而为了避免因管理幅度过大而导致管理绩效降低，很多公司都大大加强了员工培训的力度和投入来提升被管理者的工作能力。但是，特定情况下，可能企业的规模扩大，由于需要管理的员工更多，管理幅度的限制迫使企业不得不增加层次，而建立锥形结构。因此，在今天，对管理者来说，更为重要的就是平衡所有相关因素。管理者必须对采用不同方法所涉及的成本和所要求的组织效率进行权衡比较。

第三节　组织结构设计

一、组织结构设计概述

（一）组织结构设计的含义

组织设计主要是指组织结构的设计以及《职务说明书》的编制。组织结构设计的基本功能是协调组织中的人员与任务之间的关系，明确谁去做什么，谁要对什么结果负责，并且消除由于分工不清造成的工作中的障碍，还要提供能反映和支持组织目标的决策和沟通网络。《职务说明书》则要求能够简单而明确地指出：该管理职务的工作内容、职责与权力、与组织中其他部门和职务的关系，要求担任该项职务者所必须拥有的基本素质、技术知识、工作经验、处理问题的能力等条件。

长期固定不变的组织设计是不现实也是不健全的。一个健全的组织必然要求动态的组织设计，所以，组织设计应该是滚动式的持续规划过程。组织设计的着眼点和基本问题是确定人员在组织中的位置，即机构设置和人员配置。

（二）组织结构设计的影响因素

1. 组织环境

从微观的角度来看，企业内部的各种影响组织结构设计的因素，我们统称为组织的内部环境。在这里，我们主要强调组织内各成员所共同分享并且认同的价值观、规范和信念，也就是一个组织的文化。组织结构需要与组织文化相匹配才可以发挥组织文化的凝聚、激励组织成员的作用。比如，重视“创新和灵活性”的企业需要一个宽松的组织结构，降低形式化、标准化集权程度。相反地，重视“执行力和稳定发展”的企业则需要一个制度严谨、高度集权的组织结构去加强内部控制。

从宏观的角度来看，企业是人们为达到某种目的而建立的一种人造系统组织，这个系统并不是独立存在的，而是存在于社会这个大系统环境中的。企业边界之外的一些因素都会在一定程度上影响组织结构的设计，这些影响或者是间接的或者是直接的，我们把这些因素统称为组织的外部环境。

处于相对稳定环境中的组织一般采用机械式组织结构。机械式组织结构的特征为：实行严格分工制度；高度的集权控制；规范化的规章和程序；以成本和效率为中心的严格的计划体制；生产专家和成本控制专家在管理中，尤其是在高层管理中占重要地位；信息沟通以纵向为主。

处于不稳定或不可预测环境下的组织一般采用有机式组织结构（又称柔性组织结构），具有相对灵活的动态性，以适应环境的变化。有机式组织结构的特征为：规范化程度较低；分权控制主导；计划较粗泛而灵活；高层管理主要由市场营销专家和产品开发专家支配；信息沟通以横向为主。

专栏 6-3

人们一提到3M（明尼苏达矿业和制造公司）就会联想到创新。3M公司的组织环境鼓励其员工发展创造性思维和产生新想法。为此，3M制定了一个“15%规则”，规定公司内的研究人员将15%的时间用于开发与他们工作不相关的项目，而且公司内部高度放权。3M典型的创新过程如下：员工一旦有了创新产品的想法，即可组成由有关职能部门人员组成的小组，如来自技术、制造、市场营销，有时也包括财务部门的人员。公司也鼓励客户提供他们的想法。小组进行产品的设计、生产和营销，同时，他们也要探讨产品用于其他方面的可能性。产品成功推出后，小组成员集体受到奖赏。

3M公司制定的规则和指南颇为简单：容许失败；奖励那些有好的产品的想法，且能组成有效的产品促销行动小组的员工；与客户建立密切关系；在公司内部与别人分享技术；妥善安排时间，提供财务支持以维持项目正常运行。

小思考 从组织环境角度分析，3M公司适宜采用哪种形式的组织结构？

2. 组织战略

在影响组织结构的多种因素中，组织的战略是一个重要的因素。艾尔弗雷德·D·钱德勒（Aifred D·Chandler）将组织战略定义为“企业长期的基本目的和目标，以及为了达到这些目标的行动路线和资源配置”。一个组织的战略通常解决两个问题：组织应该在什么领域从事哪些业务和组织如何在那个业务领域开展竞争。因此，组织的战略选择在两个层次上影响组织结构：不同的战略要求不同的业务活动从而影响管理职务的设计；在竞争中战略重点的改变会引起组织工作的重点的改变，从而引起各部门与职务在组织中重要程度的改变，因此要求各管理职务以及部门之间的关系做相应的调整。

3. 技术特征

每个组织都是使用某种技术把输入转化为产出。例如，工人们在一条标准化的流水线上生产微波炉，员工在一条连续的流水生产线上生产药品等，这些都是运用不同的技术在生产、服务与管理。我们可以把技术划分为作用于资源转换的物质过程的生产技术与主要对组织活动过程进行协调和控制的管理技术。组织活动中使用的生产技术和反映一定生产技术水平的手段不仅影响着组织的有效效益，而且也会作用于组织活动的内容划分、职务的设置和对工作人员的素质要求。组织活动中使用的沟通与协调的管理技术及其应用，即新型信息与通信技术，不仅影响了信息收集与传递的方式，也影响着决策过程信息的应用，进而作用于组织内部的层级与职务设计。

技术特征与生产方式关系密切。大批量的生产方式，应用的是专业化技术，标准化的要求高，组织一般采用机械式组织结构，规范化程度和集权化程度比较高，侧重垂直沟通；多品种少批量生产方式应用的是变化的技术，组织通常采用有机式组织结构，程序化和标准化要求较低，组织内分权程度较高，强调灵活性和适应性。同时，信息技术对组织结构的发展趋势、集权化和分权化等问题也可能带来影响。

4. 组织规模

大量数据表明，一个组织的规模会影响它的结构。一般来说，组织规模是以雇员人数的多寡来显示的。随着组织的发展，规模越大，员工越多，分工越细致复杂，对组织管理的正规化要求逐渐提高，也对不同岗位以及不同部门间协调的要求愈高。一般来说，组织规模小，管理工作少，组织结构就应该简单；组织规模大、管理工作多，管理层次和组织部门就会增加，分权的程度比较高，部门之间的协调也会更加复杂。可以说，组织结构的规模和复杂性是随组织规模的扩大而相应增长的。组织规模由小到大，往往伴随着组织结构的正规化的过程。

专栏 6-4

中国海洋石油有限公司（简称：中国海洋石油）北美总部在 2015 年 3 月 17 日

表示，由于全球原油价格暴跌，该公司将裁员约 13%。此事引发了外界对这家中国国有企业与加拿大政府达成的协议条款的质疑。

中国海洋石油表示，其全资加拿大子公司尼克森公司将裁员 400 人，其中北美裁员 340 人，英国子公司裁员 60 人，以便应对原油价格较 2014 年中下跌逾 50%而造成的收入下滑，尼克森公司现有员工 3200 人。

加拿大工业部发言人詹姆斯·穆尔(James Moore)表示，政府正在评估尼克森的裁员方案，以确保方案符合中国海洋石油在 2012 年底收购尼克森的交易获批时向加拿大政府做出的承诺。穆尔的职责之一是执行加拿大外商投资规定。

小思考 请分析一下导致尼克森公司进行组织结构调整的因素有哪些？

二、组织部门化

由于组织工作的复杂性，为了完成各项任务，必须建立相应的组织机构，而组织结构的基础是组织内部的各种部门。影响部门划分的因素主要有：所开展工作的职能，包括经营职能和管理职能；所提供的业务和服务；所设定的目标顾客或客户；投入转化为产出、使用的过程；所覆盖的地理区域。这种横向的根据不同的标准将工作岗位组合在一起的方式称为部门化。由于部门设置或部门划分过程依据的因素不一样，就形成了不同的部门化方式。一般来说，有 5 种常用的部门化方式可以在组织结构设计时使用，分别为职能部门化、区域部门化、产品部门化、过程部门化以及顾客部门化。

(一)职能部门化

职能部门化是传统的应用最广的一种部门化形式，它根据职能来组合工作岗位。企业为了生存与发展，必须要盈利，而盈利的前提在于可以向社会提供有效的商品和服务而获得效益。开发、生产、营销及财务被认为是企业的基本职能，除此之外，企业还需要一些保证生产经营能够顺利展开的其他职能，如人事、公共关系、法律事务等职能。职能部门化的结构与优缺点如图 6-6 所示。

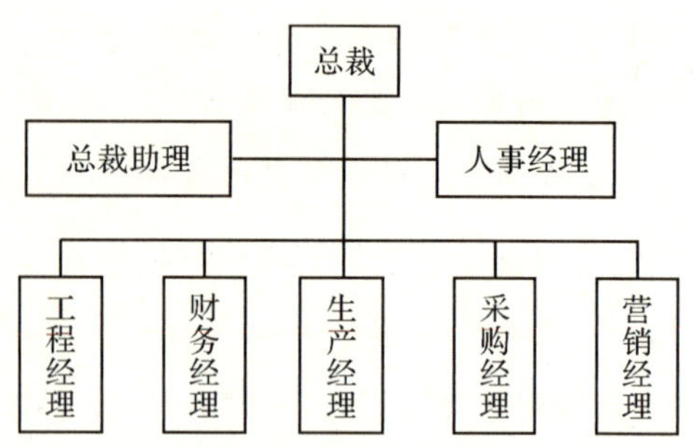

优点：带来专业分工的好处，提高效率；有利于维护最高行政指挥，有利于维护组织的统一性；有利于工作人员的专业技术的培训与交流，从而获得高水平的专业化。

缺点：会导致不同职能部门间的沟通不畅，不利于指导企业产品结构调整，不利于高级管理人才的培养；各部门对组织整体目标认识有限，影响组织整体目标的实现。

图 6-6　职能部门化

（二）区域部门化

在经营地区很广的企业中，按照区域划分部门，即区域部门化的方式相当普遍。在区域部门化中，一般也保留了职能部门化的应用。组织活动在地理上的分散带来的交通不便和信息沟通困难曾经是区域部门化的主要理由，但是，随着通信条件的改善，这个理由已不再那么重要。取而代之的是社会文化环境方面的理由。区域部门化使得不同区域的生产、经营单位成为相对自主的管理实体，可以更好地针对各地区的劳动者和消费者的行为特点来组织生产和管理，跨国公司尤其如此。区域部门化的结构与优缺点如图 6-7 所示。

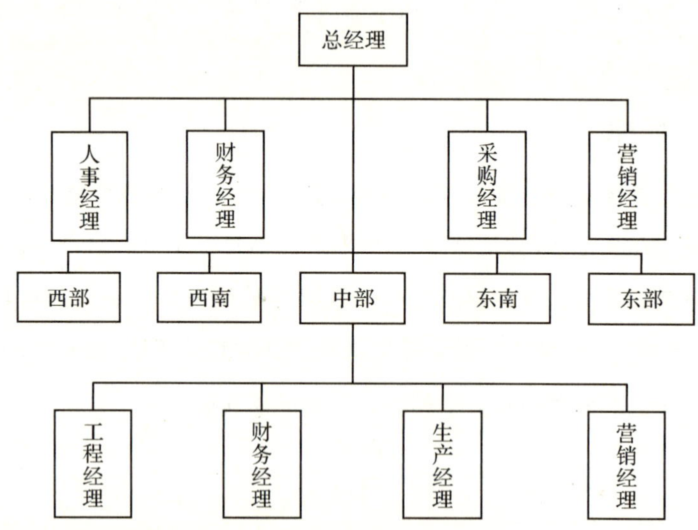

优点：更有效率地、有效果地处理特定区域内发生的事；更好地满足市场的独特需要，可以更好地与当地利益各方沟通，有利于培养高级管理人才。

缺点：需要更多的高级管理人才，高层管理的控制更困难，重复设置职能，各区域主管可能过分强调本单位利益，从而影响企业的统一指挥，不利于组织整体目标的完成。

图 6-7　区域部门化

(三)产品部门化

产品部门化是指按产品或产品系列来组织业务活动的一种方式。对于从事多元化经营的大型企业来说,由于不同的产品在生产、技术、销售等方面都很不相同,这几乎成为不可避免的组织形式。这一划分部门的方法允许高层管理者授予部门管理者在某一种产品或产品系列的制造、销售、服务和工程职能方面广泛的职权。但是,在组织规模不大且组织生产不同的产品还没有完全形成产品多元化时,产品部门化可能成本过大。此时,组织可能采取的变通方法是:在职能部门内部,不同的工作人员按照产品的类别来划分工作任务,然后随着产品需求量和生产量的发展再采取产品部门化的形式。产品部门化的结构与优缺点如图 6-8 所示。

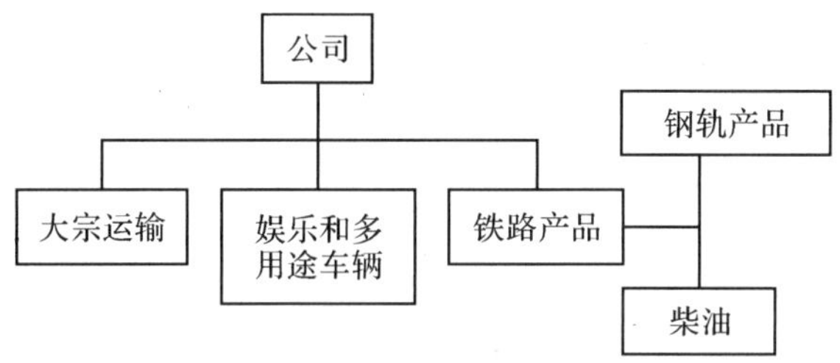

优点:结合专业化与多元化经营,降低风险,提高生产率,有利于调整产品结构,如加以正确引导,有利于促进内部竞争;有利于培养高层管理者,有助于致力于产品系列。

缺点:需要更多的高级管理人才,高层管理的控制更困难,重复设置职能,对组织整体目标认识有限。

图 6-8　产品部门化

(四)过程部门化

组织中还可以根据生产过程或者服务顾客的流程进行部门化,即过程部门化。在过程部门化中,每个部门负责一个特定的生产环节或者流程的工作。由于不同的环节需要不同的技术和技能,因此这种部门化方法对于在生产过程或服务顾客流程中进行同类活动的归并提供了基础。过程部门化的结构与优缺点如图 6-9 所示。

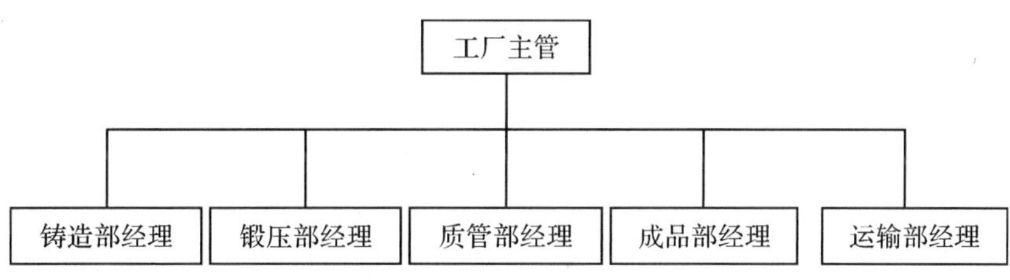

优点:促进工作活动的高效流动,发挥工作专业化的优势。

缺点:应用范围窄,只适用于某些特定类型的产品。

图 6-9　过程部门化

(五)顾客部门化

顾客部门化,就是根据目标顾客的不同利益需求来划分组织的业务活动。此时,每个顾客群由一个部门领导管理,所以,顾客成了组织划分部门的关键。这种顾客部门化的理论假设是每个部门的顾客存在共同的问题和要求。顾客部门化的结构与优缺点如图 6-10 所示。

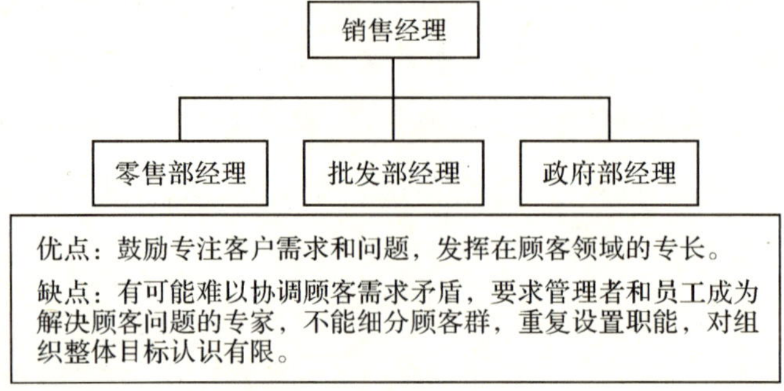

图 6-10 顾客部门化

今天的管理者对于部门化的决策主要有两个趋势。一个是绝大多数大型组织采用并融合这 5 种部门化类型的大多数或者全部。例如,日本的一家大型电器公司根据职能划分部门,围绕制造工序来划分制造单元,围绕 7 个地理区域来划分销售单元,而且把销售区域划分为 4 种客户群体。而另一个流行趋势则是顾客部门化获得日益广泛的使用,这是因为获得和留住顾客对于当代组织的成功至关重要。这种顾客部门化强调密切监测和响应顾客需求的变化。

专栏 6-5

2014 年 9 月 5 日,星巴克(Starbucks)表示,计划开设小型便利店式的门店来为忙碌的上班族服务。该公司称,为了加快服务速度,新店将减少饮料和食品菜单,并将整合公司的数字支付和移动点餐系统。这家总部位于西雅图的咖啡连锁店称,公司希望利用其免下车门店的优势,这些门店在星巴克美国公司运营的门店中占到了 40%左右,而且销售额增幅也高于不提供免下车服务的门店。星巴克还说,计划在未来 5 年开设至少 100 家新店,专门销售星巴克典藏阿拉比卡咖啡品种。

小思考 上述提到的小型便利店和未来计划中的新店对于星巴克来说,分别有哪些优点和缺点?星巴克应该如何应对存在的问题?

三、职权的划分

职权是构成组织结构的核心因素，对组织的合理构建与有效运行具有关键性作用。职权划分是组织结构设计的内容之一，解决的是组织结构的权力设计问题。

（一）职权的含义

职权是指由于占据组织中的职位而拥有的权力。职权只与一定的职位有关，而与任职者的个人特征无关。

同职权相对应的是职责，职责是指担当组织某项职位而必须履行的责任。职权与职责具有同等的重要性，职权是履行职责的必要条件和手段，职责则是行使职权所要达到的目的。

在组织中，最基本的信息沟通是通过职权来实现的，通过职权关系上传下达，使下级按指令行事，上级得到及时反馈的信息，做出合理的决策，进行有效控制。

（二）职权的类型

组织内的职权可以分为 3 种类型：直线职权、参谋职权和职能职权。

1. 直线职权

直线职权是上级对下级行使直接领导、监督、指挥、管理的关系，即一种直线的职权关系。拥有直线职权的管理者既有权指挥下属的工作并且在无须咨询任何人的情况下做出某些特定决策，同时也要服从其上司的职权或指挥。直线管理者在组织内的职能可以为实现组织目标做出直接贡献。比如，在一家制造厂，从事生产和销售职能的管理者拥有直线职权。

2. 参谋职权

参谋职权是一种有限度的、不完整的职权。从性质上来说，参谋职权是一种顾问性的或服务性的职权。参谋职权是伴随着直线职权而产生的。随着组织规模的扩大，直线管理者发现自己的时间不足、资源或技能有限而不能有效地完成工作，这时就需要参谋人员来为他们提供咨询、建议和协助。比如，总经理发现自己负担过重，因而需要一名助理，那么该总经理助理的职位则被划分为一个参谋职位。参谋职权拥有者，即参谋人员，可以大大减少直线管理者在信息和情报方面的负担，但是没有决策的权力，无法命令下级管理者。

在组织职权中，直线职权是主导的，而参谋职权是从属的；直线管理者可以指挥和命令，拥有决策和行动的权力，而参谋人员则服务和协助直线管理者，拥有思考、筹划和建议的权力。

3.职能职权

职能职权是指参谋人员或者某部门的主管人员所拥有的原属其直线主管的那部分权力。由于专业知识缺乏、监督特定过程能力有限等,上级直线管理者会把一部分本属于自己的直线职权授予参谋人员或者某个部门主管。例如,公司的财务总监一般在全公司范围内行使其推行会计制度的职能职权,但是这种专业性的职权是来自于首席执行官的直接授权。职能职权是组织职权的一个特例,可以认为它介于直线职权与参谋职权之间。

(三)正确处理3种职权的关系

在组织结构运转的实际工作中,组织必须明确3种职权之间的关系,使它们互相补充,有效地结合起来,这对建立组织结构,提高组织运行效率具有十分重要的影响。

直线与参谋本质上是一种职权关系,因而区别直线与参谋不能依据业务来划分,应依据职权关系来划分,即直线是"由上而下的指挥系统",而参谋则是一种"顾问的关系"。职能职权则界于直线职权与参谋职权之间。在管理工作中,要正确处理好3种职权的关系,应注意以下几个问题。

1.组织要明确职权关系

只有明确了各自工作的性质与职权关系的特点,直线管理者才会认真对待参谋人员的建议和看法,参谋人员才会了解自己的价值是协助和改善直线管理者的工作,而不是取代和越权。

2.授予参谋人员必要的职能职权

组织要授予参谋人员必要的职能职权,从而使参谋人员不仅具有研究、咨询和服务的责任,而且在某种职能范围内(比如人事、财务)具有一定的决策、监督和控制权。虽然职能职权在一定程度上可以更好地发挥参谋人员的能力,但是直线管理者也应该谨慎地授予,一方面,要考虑分析授予职能职权的必要性,否则会带来多头领导的危险;另一方面,要明确职能职权的性质和应用范围,规定职能权力主要用来指导组织中较低层次的直线管理者怎么做,何时完成,而不是决定做什么,由谁去做等问题。

3.给予参谋人员必要的条件

组织应该向参谋人员提供必要的工作条件特别是有关的信息情报。只有提供了这些工作条件,才可以保证参谋人员能够及时地了解直线部门的活动进展情况,从而提出有用并切合实际的建议。

四、集权与分权

(一)集权与分权的含义

集权与分权是组织层级化设计中的两种相对的职权分配方式,这个要素的决策过程主要回答了"组织的决策是在哪个组织层级制定的"这一问题。

集权是指决策权在组织系统中较高层次上的一定程度的集中。如果高层管理者做出关键性的决策时几乎不从组织底层获得输入或者询问意见,没有任何中间管理者和中层管理机构,该组织就是高度或者说是绝对集权的。这在现代社会经济组织中显然是不可能的。将决策权过多地集中在高层会出现诸多弊端。因为高层远离基层,不了解实际情况,会影响决策的正确性和及时性,进而降低决策的质量;过度集权的组织可能使各个部门失去自适应和自调整的能力,从而削弱组织整体的应变能力;基层管理者和操作人员只是被动机械地听从命令会磨灭他们的积极性、主动性、创造性,从而使劳动效率下降,使组织的发展失去基础。

分权是指决策权在组织系统中较低层次上的一定程度的分散。如果高层管理者手中没有任何实际的决策权,日常的与关键性的决策都是分散在各个部门的执行者制定的,那这个高层职位就是多余的,该组织就是高度或者说是绝对分权的。这在现代社会经济组织中显然也是不可能的。

所以,需要注意的是,集权与分权并不是一个非此即彼的概念,而是一个相对的概念。任何一个组织都不可能是完全集权或完全分权的。在现实中的组织,可能是集权的成分多一点,也可能是分权的成分多一点。因而,在进行组织设计时,我们需要研究的是哪些决策权适宜于集中,哪些适宜于分散,又或者在什么情况下组织应集权多一些,什么情况下组织应分权多一些。

(二)集权与分权的优缺点

1. 集权的优缺点

集权的主要优点:具有对组织的绝对控制权,有利于集中领导、统一指挥;有利于各部门间活动的协调,防止政出多门、互相矛盾;有利于实行专业化,提高工作效率等。

集权的主要缺点:过分集权不利于合理决策;控制可能会变为独裁式的,不利于调动下属的积极性和主动性;阻碍信息交流;助长组织中的官僚主义,缺乏灵活性,降低组织对外部环境的适应能力等。

2. 分权的优缺点

分权的主要优点:减轻高层决策者的负担,使其集中精力于组织的重大决策,有利于组织决策的合理化；由于权力的下放，允许员工参与决策，有利于调动员工的积极性和主动性；使中低层管理者得到良好的培训机会，有利于培养管理者等。

分权的主要缺点：由于权力的分散，各部门统一协调困难；容易出现部门主义和本位主义，导致上级部门管理失控等。

（三）影响集权与分权的因素

集权与分权的程度是随条件变化而变化的，具体影响因素主要有如下几方面。

1. 政策的统一性

组织作为一个统一的社会单位，要求内部的各方面政策是统一的，才可能朝着一个共同的组织目标努力。如果一个企业在将同一产品销售给不同用户的价格、在职工的福利报酬标准等方面采取不同的政策，则可能导致统一组织的解体。所以分权可能对组织的统一性起到某种破坏作用，而集权则一方面可以保证组织的总体政策的统一性，另一方面又可以保证政策执行的速率。虽然在集权体制下，决策的制定可能是个缓慢的过程，但是任何问题一经决策，便可以借助高度集中的行政指挥体系，使多个层次迅速组织实施。

2. 员工的数量和基本素质

如果组织内员工的数量和基本素质能够保证组织任务的完成，那么组织可以更多地进行分权。从另一个角度来看，如果决策权不下放，随着组织的发展和规模的扩大，组织就会发现在低层次的管理者由于缺少实践权力的机会而难以成为能够独当一面、统御全局的人才，从而不能使组织在内部培养高层管理的后备力量，导致在现有组织需要进一步分权时又因为缺乏足够的符合要求的低层次管理者而受到限制。

3. 领导的个性

职权随着管理职位而生，而管理者的权力与他所处的职位相匹配，只要管理者还在这个职位上，他就拥有相应的管理职位上的权力。但是对权力的运用却会因管理者本身的个性而不同。组织中个性较强和自信的领导者往往喜欢所辖部门完全按照自己的意志来运行，而集中控制权力则是保证个人意志绝对被服从的先决条件。当然，集中地使用权力，统一地使用和协调本部门的各种力量和资源，创造比较明显的工作成绩，也是提高自己在组织中的地位，增加升迁机会的重要途径。但是要注意的一点是，有时候恰恰由于管理者过度集权而失去了升迁机会，这主要是因为从组织的角度来考虑，该管理者晋升后，没有可以胜任的后继人员也是个不小的问题。

4.决策的重要性

一般来说,从经济标准、组织信誉、员工士气及相对竞争地位等方面来衡量,代价越高的决策,如巨额的采购项目、重大的战略调整等,决策的正确与否责任重大,不适合分权给下级决策者,一般以集权为好。

5.组织活动的分散性

并不是所有的组织活动都是在同一个区域进行的。对于那些组织活动远离总部的,则往往需要分权,这是因为对于总部来说,不在现场难以正确、有效地指挥现场的操作;同时,分散在各地区的主管也往往表现出强烈的自治欲望,这种需求如果不能得到一定程度的满足,则可能会打击地区主管的积极性,进而破坏组织的效率。

6.组织的历史

如果组织是在自身较小规模的基础上逐渐发展起来,发展过程中决策权比较集中而且亦无其他组织的加入的话,那么组织规模逐渐扩大后,集权倾向可能更为明显。因为组织规模较小时,大部分决策都是由最高主管直接制定和组织实施的。决策权的使用可能成为习惯或者约定俗成的事情,一旦失去这些权力,主管便可能产生失去了对“自己的组织”的控制的感觉。因此,即使事业不断发展,规模后期不断扩大,最高主管或最高管理层仍然愿意保留着不应集中的大部分权力。

7. 组织的规模

组织的规模越大,员工越多,管理的层次越多。多层次的管理者为了协调和指挥下属的活动,必然要求相应的权力。如果没有相应的权力,下属没有理由听从管理者的命令与指挥。因此,权力往往随着组织规模的扩大和管理层次的增加而与职责一起逐层分解。如果组织的规模达到一定程度以后,决策权仍高度集中的话,那么可能导致“规模负经济”,阻碍组织成本的降低和效益的获得。

8. 环境因素

早期的管理学者认为一个组织的集权程度取决于情境。早期,为了最合理、最有效率地使用员工,传统组织采用层级多的金字塔结构,将职权集中于组织的最高层及其附近位置,在这种结构里,集权式决策最为盛行。但是今天的环境变得更为复杂,更加不稳定,更加难以预测。在这种情境下,当今的许多管理者认为需要由最接近问题的那个个体来做出决策更为合适,无论他们处于哪个组织层级。

专栏 6-6

在非洲大草原上,3 只瘦弱的小狗正在与一匹高大的斑马进行一场生死搏斗。

乍一看起来,3只瘦弱的小狗很难是大斑马的对手。但实际情况是,一只小狗咬住斑马的尾巴,任凭斑马的尾巴如何甩动,也死死咬住不放;一只小狗咬住斑马的耳朵,任凭斑马如何摇头,也绝不松口;一只稍显强壮的小狗咬住斑马的一条腿,任凭斑马如何踢弹,一点也不敢懈怠。不一会,在3只小狗的齐心攻击下,“庞然大物”斑马终于体力不支瘫倒在地,成为3只小狗的盘中餐。

管理启示 在组织内部,管理者一个很重要的职能就是科学分工,根据实际动态对人员进行最佳配置。只有每个员工都明确自己的岗位职责,各司其职,才不会产生推诿、扯皮等不良现象。相反,如果队伍中有人滥竽充数,给企业带来的不仅仅是工资的损失,还可能导致公司工作效率整体下降,甚至在激烈的竞争中会像斑马一样颓然倒下。

(四)授权

1.权力下放的两种方式

在今天,管理者常常选择能够让他们更方便地实施并实现组织目标的集权或分权程度。随着组织变得越来越灵活,并且要更快速地适应外部环境中的发展趋势,如今已经出现一种向分权式决策的明显转变。将权力下放主要有两种方式:

第一种是制度分权。在组织设计时,考虑到组织规模和组织活动的特征,在工作分析、职务和部门设计的基础上,根据各管理岗位工作任务的要求,规定必要的职责和权限。

第二种是授权。授权是指为了充分利用专门人才的知识和技能,或出现新增业务的情况下,上级委授给下属一定的权力,使下属在一定的监督之下,有相当的自主权和行动权。授权者对于被授权者有指挥和监督之权,被授权者对授权者负有报告及完成任务的责任。

授权有它特定的含义,应注意区分以下问题。

(1)授权不同于代理职务。代理职务是指在某一时期,依法或受命代替某人执行其职务,代理期间相当于该职,是平级关系,而不是上级授权给他。

(2)授权不同于助理或秘书职务等参谋人员。助理秘书等只帮助主管工作,不承担责任,所属的主管才负有权责且具有决策的权力。在授权中,被授权者应当承担相应的责任。

(3)授权不同于分工。分工是指在组织内,各个成员、部门按其分工各负其责,彼此之间没有从属关系。而授权则是授权者和被授权者有上下级之间的监督和报告的关系。

(4)授权不同于制度分权。制度分权是在详细分析、认真论证的基础上进行的,具有一定的必然性;制度分权是将权力分配给某个职位;制度分权相对稳定,除非整个组织结构重新调整,否则制度分权不会收回;制度分权是组织设计中的纵向分工。而授权则往往与管理者个人及其下属的能力、精力、特长等情况相联系,具有很大的随机性;授权是将权力委任给下属;根据工作需要,授权可以是长期的,也可以是临时的,尽管长期授权可能制度化,但在调整成为制度分权之前授权并不意味着放弃权力;授权是领导者管理中的一种领导艺术,一种调动下属积极性、充分发挥下属作用的方法。

2.授权的原则

要实现有效的授权,必须遵守以下原则。

(1)重要性原则。该原则是指在相互信任的基础上,把一些重要的权力或者职权放下去使下级充分体会到上级的信任,进而把具体任务落实。

(2)适度原则。该原则是指既要防止授权不足又要防止授权过度,对涉及组织全局的问题,不可轻易授权,同时,作为上级也不可以将不属于自己权力范围内的事情授权属下。

(3)权责一致原则。该原则是指管理人员在授权的同时,必须向被授权者明确所授任务的目标、责任及权力范围,保证权责一致,否则会有滥用职权或者流于形式等隐患。

(4)级差授权原则。该原则是指只能对自己的直接下属授权,不可以越级授权。越级授权必将破坏指挥链,影响统一指挥的原则。另外,越级授权必然使下属处于被动的境地,还会使部门间产生矛盾。

(5)有效监控原则。该原则是指授权者必须加强对被授权者的监督控制以确保组织目标的实现,比如提前建立配套的控制制度、报告制度等。对被授权者出现的错误要及时纠正,遇到困难要给予帮助,对取得的成绩要给予认可和奖励。控制的目的还在于了解自己的授权是否恰当,出现问题,有可能是任务说明有严重的缺陷,也有可能是被授权者本身的问题。

专栏 6-7

一位顾客走进某家全国大型百货连锁店的一个分店,想要冲洗一卷胶卷,可这个时间点比该店规定的最晚时间晚了 37 分钟。虽然销售人员知道他应该遵守店里的规章制度,可是他也知道自己当天就能把这个胶卷冲好,并且他希望满足该顾客的需求。于是,他接受了这个胶卷,违反了店里的规定,并希望自己的经理不会发现。

小思考 这名员工是否做错了？

人物介绍

公司生产过程类型的技术型模式开创者

——琼·伍德沃德

琼·伍德沃德(Joan Woodward,1916—1971),权变理论学派代表人物,英国女管理学家,不列颠大学教授,组织设计权变理论主要代表人物之一。她开创了公司生产过程类型的技术型模式,著有《经营管理和工艺技术》《工业组织:理论和实践》《工业组织:行为和控制》等。

早期时候,伍德沃德在东南埃塞克斯技术大学做研究,之后,在1957年进入帝国理工学院兼职工业社会学讲师。1962年,伍德沃德被任命为生产工程部的高级讲师。1964年,她被邀请至美国劳工部兼职。直至1969年,伍德沃德正式晋升为工业社会学教授。她的工作获得了国际社会的普遍认可,在当时,对于一位女性来说,这样的国际赞誉甚是罕见。

20世纪60年代初期,为了确定指挥统一和管理跨度这些传统原则与公司成功的关系程度,伍德沃德对英国南部埃塞克斯郡的近100家小型制造企业进行了调查,去了解他们的组织能力。她与她的研究团队成员亲自拜访每一个厂商,与管理者面谈,查阅公司的记录并观察第一线作业员。伍德沃德试着寻找能解释这些差异的原因,起初从管理者、公司背景、公司规模、形态等方面着手,并不能找出其间的共通性。但当其从公司的生产技术来分类时则发现了生产技术与组织结构的关系。她根据制造程序的技术复杂度来发展一个厂商的分类尺度,技术复杂度表示制造过程机械化的程度:高技术复杂度表示大部分的工作由机器执行,低技术复杂度则表示生产过程中,工人仍然扮演重要的角色。伍德沃德发现:技术类型和相应的公司结构之间存在着明显的相关性,即"结构因技术而变化";组织的绩效与技术和结构之间的"适应度"密切相关。

1970年,伍德沃德教授出版的《工业组织:行为和控制》一书涵盖了她从1962开始完成的所有研究工作。1971年伍德沃德逝世,享年54岁。帝国理工学院商学院一年举行两次琼·伍德沃德纪念演讲。每年,琼·伍德沃德奖都会被授予在伍德沃德的研究领域完成优秀论文的一位本科生或研究生。纪念演讲和琼·伍德沃德奖均由以她的名字命名的捐赠基金支持。

本章小结

组织工作是一个动态的过程，组织工作实施过程中一般要遵循目标统一原则、分工协作原则、管理幅度原则、责权统一原则、集权与分权相结合原则以及柔性经济原则。常见的组织结构类型有：直线制、职能型、直线职能制、事业部制、矩阵制和网络制组织结构。

确定管理幅度很重要，因为它在很大程度上决定了一个组织的层次和所需要的管理者的数量。组织规模一定，管理幅度和管理层次成反比关系。

组织结构是指对组织内各部门整合，实现组织成员责、权、利相互关系协调的有序安排。组织结构一般用组织结构图来表示。而组织设计则主要是指组织结构的设计以及《职务说明书》的编制。组织结构设计的影响因素包括：组织环境、组织战略、技术特征和组织规模。5 种常用的部门化方式分别为职能部门化、区域部门化、产品部门化、过程部门化以及顾客部门化。组织内的职权可以分为 3 种类型：直线职权、参谋职权和职能职权。

集权与分权是组织层级化设计中的两种相对的职权分配方式，这个要素的决策过程主要回答了“组织的决策是在哪个组织层级制定的”这一问题。随着组织变得越来越灵活，并且要更快速地应对外部环境中的发展趋势，如今已经出现一种向分权式决策的明显转变。将权力下放主要有两种方式：制度分权和授权。

本章重点：组织工作和组织设计的概念、组织结构设计的影响要素、组织设计的影响因素、5 种常用的部门化方式、集权与分权的分配方式。

本章难点：组织结构设计的影响因素的实际分析。

复习题

1. 什么是组织工作和组织结构设计？
2. 管理者在进行组织设计时要考虑哪些影响因素？
3. 什么是授权？如何区分授权与代理职务、参谋职权、分工以及制度分权？
4. 职权的类型有哪些？
5. 影响集权与分权的因素有哪些？
6. 现在，利用先进的通信与信息技术，组织的工作可以在任何时间、任何地点被完成，那么组织还是一项重要的管理职能吗？

技能训练

1. 案例分析题

早上8:30，当一般的上班族拎着早点走进公司的时候，×媒体资讯科技公司的经营团队队员，早已坐在会议室和董事长翁女士一起开会了。

技术研究和营销是公司的两大支柱。总经理施先生负责带领技术研发团队，翁女士十分倚重他对于网络未来趋势的分析和软件技术的研发；负责营销的是副总经理柯女士，翁女士对她也十分倚重。

另外，翁女士相当依赖的幕僚包括技术研发执行长施先生、负责财务的副总经理陈先生和担任公关及发言人的副总经理李女士，这三个人被称为公司的铁三角。翁女士尊重他们的工作，也善用他们的专长。如何使科技人员了解营销，营销人员理解科技，使两者结合发挥乘数效应，“最大的秘密就是建立共同愿景”。

对于互联网未来的发展，翁女士充满信心地表示：“我告诉他们，相信我，一定会成功。”她最大的愿景就是结合互联网络、销售渠道与广告媒体，使×媒体成为亚太地区电子通信应用服务商的领导品牌，成就这项愿景最重要的就是人才和资金。

案例思考：

(1)×媒体的组织结构属于哪种形式？请画出组织结构图。

(2)对于日新月异、竞争激烈的网络行业，你认为×媒体的组织结构应如何调整，才能适应市场发展？

2. 实训操作题

(1)3—4名同学组成一个小组，调研当地较为成功和经营不善的两个企业，分别画出两个企业的组织结构图，并且分析它们为什么会采用这种组织设计并且给出评价与建议。与全班同学分享你们小组的成果。

(2)3—4名同学组成一个小组，查找一些关于学习型组织的最新信息。调研报告讨论对“一家公司的未来可能主要取决于它的学习能力”这句话的看法。

第七章 人员配备

在我们成功的背后主要的动力是“人”。机器无法产生创意、解决问题及掌握机会，只有全心投入并具创造性思考的人才能使世界变得不同……

——丰田汽车公司人力资源总监

【学习目标】

1. 掌握人员配备的含义及人员配备的原则
2. 了解人力资源规划的过程
3. 掌握不同招聘来源的优缺点，了解常见的招聘途径和甄选手段
4. 了解岗前指导的环节和培训方法
5. 了解绩效评价的含义、作用与要求
6. 熟悉绩效评价的内容，了解绩效评价的方法

导入案例

在福特汽车公司，一台电机发生故障，怎么也修不好，只好请一位名叫斯坦曼的人来修。这个人绕电机看了一会，指着电机的一个地方说：“这里的线圈多了16圈。”果然，去掉多余的16圈后，电机马上运转正常。

这事正好被董事长福特看到了，他便邀请斯坦曼到自己的公司来上班。谁知，斯坦曼说自己现在的公司对他很好，他不能来。福特马上说：“那么看来我只有把你那家公司买过来，这样你就可以来上班了。”福特为了得到一个人才，竟不惜买下一个公司！

请思考 人才对企业来说究竟有多重要？

第一节　人员配备概述

1979年诺贝尔经济学奖得主西奥多·W·舒尔茨(Thodore W. Schults)曾指出,在影响经济发展诸多的因素中,人的因素是最关键的,经济发展主要取决于人的质量的提高,而不是自然资源的丰瘠或资本的多寡。在现代管理中,人被看成是最重要、最有活力、最能为组织带来效益的资源。人是管理的主体和动力,又是管理的客体和核心。没有了他们,生产系统、物流系统、财务系统、营销系统都没有存在的意义。组织设计仅为系统的运行提供了可依托的框架。框架要能正常发挥作用,还需由人来操作。人员配备是组织根据目标和任务需要正确选择、合理使用、科学考评和培训人员,以合适的人员去完成组织的各项任务,从而保证整个组织目标实现的职能活动。它是组织设计的逻辑延续。

一、人员配备的原则

为了以合适的人员去完成组织的各项任务。人员配备过程必须遵循一定的原则。

(一)因事择人的原则

所谓因事择人,是指以职位和工作的实际要求为标准,来选拔符合标准的各类人员。选人的目的在于使其担当一定的职务,要求工作者具备相应的知识和能力,从事与该职务相适应的工作。

(二)因才使用的原则

所谓因才使用是指根据人的能力和素质不同,去安排不同要求的工作。从组织特点来说,只有根据人的特点来安排工作岗位,才能使人的潜能得到最充分的发挥,使人的工作热情得到最大限度的激发。

(三)用人所长原则

所谓用人所长,是指在用人时不能够求全责备,管理者应注重发挥人的长处。由于人的知识、能力、个性发展是不平衡的,组织中的工作要求又具有多样性,因此,完全意义上的“通才”是不存在的。有效的管理就是要能够发挥人的长处,并使其弱点减少到最小。

(四)人事动态平衡的原则

处在动态环境中的组织是不断发展的,工作中人的能力和知识也是不断提高和丰富的，而组织对成员的素质认识也是不断完善的。因此，人与事的配合需要进行不断的调整，力求每一个人都能得到最合理的使用，实现人与工作的动态平衡。

二、人员配备的工作内容

(一)识别和甄选合格员工

每一个组织都需要人员来从事本组织业务经营所必需的工作。组织如何获得这些员工？更重要的是，组织如何确保自己获得有才华的合格员工？人员配备的第一项工作内容包含 3 项任务：人力资源规划、招聘、甄选。

(二)提供必需的知识和技能

成功完成招聘及甄选工作后，组织就拥有一支有能力顺利开展工作的员工队伍。但是，拥有一定的技能还不能保证员工能够顺利开展工作。新员工一定要适应组织的文化，他们必须经过培训，并以一种与组织目标一致的方式来工作。为此，人员配备接下来要做的事情就是让新员工熟悉组织的情况并对其进行培训，让他们学会在组织中工作。另一方面，组织现有的员工，也需要通过培训计划来提高或更新自己的技能，以便更好地完成组织的任务。人员配备的第二项工作内容包含两项任务：岗前指导、培训。

(三)绩效评价

组织一旦在招聘、甄选、岗前指导和培训员工方面投入了大量的时间和资金成本，它就希望员工在岗位上能有出色的表现。那么员工是否胜任工作？前期的人员配备工作效果如何？这就需要进行检验。如果发现配备不当，就可以进行相应调整。绩效评价能在这个过程中发挥作用，这就是人员配备的第三项工作内容。

第二节　识别和甄选合格员工

一、人力资源规划

什么是人力资源，不同的人有不同的理解。有人认为，劳动者就是人力资源；有人认为，人口就是人力资源。从广义上讲，凡是具备劳动能力的人都是人力资源。从管理学上讲，人力资源指的是能够推动经济和社会发展、具备智力劳动和体力劳动能力的人们的总和。在管理者眼中，组织内的员工就是人力资源。人力资源规划是管理者为确保在适当的时候，为职位配备适当数量和类型的工作人员，并使他们能够有效地完成所分派任务的过程。人力资源规划过程可以归纳为两大步骤:评价现有的人力资源和预估将来需要的人力资源,并制定满足未来人力资源需要的行动方案。

(一) 评价当前的人力资源现状

在开展人力资源规划工作时,首先要对组织现有的人力资源状况做一番考察。通常,我们以人力资源调查的方式进行这项工作。让员工填写调查表,可以从中获得各种有关的信息。调查表中包含员工姓名、最高学历、所受培训、工作经历、能力、专长、就业倾向等项目。利用先进的数据库技术,保存每个员工的数据,并做出统计分析,掌握组织现有人力资源的数量、质量、结构等状况。

评价当前的人力资源状况的另一个内容是进行工作分析。工作分析的过程和结果定义了组织中的职位以及履行这个职位所需的行为。比如,组织中每一个具体职位的职责是什么?完成这个职位所要求的技能,最少需要具备什么样的知识、技术与能力?这个职位与其他职位相比,有什么差别?这些问题都可以通过工作分析来解决。工作分析就是要对组织中各职位的基本信息、工作职责、工作权限、考核标准以及任职资格等相关信息进行获取、处理和分析,最后形成书面报告——岗位说明书的过程。

工作分析中的相关信息可通过以下方法取得:对担任该职位的员工进行直接观察或拍成录像;与员工逐个面谈或进行小组面谈;让员工填写精心设计好的调查问卷;请该项工作的“专家”(通常是该工作的直线管理者)描述职位的具体特征;让员工们将自己每天的工作活动记录下来。

收集到职位的相关信息后,经过分析,就可以形成岗位说明书。岗位说明书是对职位本身的内涵和外延加以规范的描述性文件。它包含两个部分:工作描述和工作规范。工作描述是对工作按当前的实际情形所做的描述,以书面形式解释一项工作叫什么、要做什么、在哪里做和怎样做,通常反映职位的内容、环境和从业条件。工作规范描述工作承担者完成工作所需要的能力、教育和经验方面的资格。岗位说明书是组织实施招聘和人员甄选时应该持有的重要文件。

(二)满足未来人力资源需要

未来人力资源的需要是由组织的目标和战略决定的。以组织利润为先的商业战略包括判断组织应该进入的行业、产品导向、利润目标和其他相关的内容。在做好评价当前的人力资源现状后,满足未来的人力资源需要须做好以下两个方面:

一方面,掌握未来人力资源需求的数量和结构。要预测组织在不远的将来顺利运营所需要的员工数量及员工能力水平。比如,基于对总营业额的估计,组织为达到这一营业规模可能要配备相应数量和结构的人员。有的时候情况又会反过来。当一些特殊的技能是完成组织目标不可缺少的要素，并且具备这种技能的人力资源又供应紧张时，现有的符合要求的人力资源状况就会决定组织的营业规模。

另一方面，掌握未来人事变动的可能倾向。要预测现有员工中会有几个人将来还可能留在组织里，掌握留下来的员工和所需的员工人数之间的差距。还要预测现有员工的技能和能力的发展趋势，掌握留下来的员工质量和所需的员工质量之间的差距。

在对组织现有的人力资源能力和未来需要做好全面评估后，就可以测算出组织人力资源的短缺程度——体现在数量和质量两方面，从中发现组织中将会出现人员不足或超员配置的领域。有了这些数据，管理者就可以进入人力资源管理的下一步骤。

二、招聘

如果说人力资源规划是组织人力资源获取的准备，那么，招聘和甄选就是人力资源获取的实施。

（一）招聘的目的

招聘的一个主要目的是寻找能够很好地与该组织文化相适应的员工。很多员工工作的失败并不是因为他们的技术、技能不好或经验不足，而是因为他们的个性特质和组织的文化不相适应。这里的不相适应常指与组织的关系协调。只有当个性特质和组织文化相融合时才会实现“个人——组织适应”。个人——组织适应常常是以个人价值观和组织价值观的契合为基础的。

招聘的另外一个重要目的是向非常优秀且具有巨大潜力的求职者推销组织。招聘者应该选择那些现在可以在一项职务上表现得好，以后还可以继续培养或者提升的求职者。这种灵活性强的求职者正是组织所需要的，所以招聘者需要向这种求职者宣传组织的优势，吸引他们来组织工作。

（二）招聘的来源

组织可以从外部招聘或从内部招聘所需的人员。

1. 外部招聘

外部招聘是根据一定的标准和程序，从组织外部众多候选人中选拔符合空缺职位岗位要求的人员。

外部招聘具有以下优势：

（1）外聘人员具有“外来优势”。所谓“外来优势”主要是指被聘者没有“历史包袱”，组织内部成员只知其目前的工作能力和实绩，而对其历史，特别是职业生涯中失败的记录知之甚少。如果他确有工作能力，那么便可迅速打开工作局面。

(2)有利于平息和缓和内部竞争者之间的紧张关系。每个人都希望有晋升的机会。组织中空缺的职位可能有好几个内部竞争者希望得到。如果员工发现自己的同事，特别是原来与自己处于同一层次、具有同等能力的同事得到了提升而自己没有时，就可能产生不满情绪，懈怠工作，不听管理，甚至拆台。外部招聘可以避免这种情况的发生。

(3)能够为组织带来新鲜空气。来自外部的候选人没有太多的思维束缚，工作起来可以放开手脚，可以为组织带来新的管理方法与经验，从而给组织带来较多的创新机会。此外，由于他们新近加入组织，没有与同事有历史上的恩怨关系，在工作中可以少顾忌一些复杂的人情网络。

外部招聘也有许多局限性，主要表现在：

(1)外聘人员不熟悉组织的内部情况，同时也缺乏一定的人事基础，因此需要一段时期的适应才能进行有效的工作。

(2)组织对外聘人员的情况不能深入了解。虽然甄选时运用了一些测试方法，但被聘者的实际工作能力与甄选时的能力评价可能存在很大的差距，因此组织可能聘用一些不符合要求的人员。这种错误的聘用可能给组织造成很大的危害。

(3)外部招聘的最大局限性莫过于对内部员工的打击。大多数员工都希望在组织中有发展的机会，都希望能够担任越来越重要的职位。如果组织经常从外部招聘管理人员，并形成制度和习惯的话，会堵死内部员工的升迁之路，挫伤他们的工作积极性，影响他们的士气。

2.内部招聘

组织现有的员工也是招聘的一种重要来源。内部招聘主要包括晋升和转岗两种形式。晋升是指内部员工从一个比较低的岗位调整到一个比较高的岗位；而转岗是指内部员工在两个内部级别大致相当的岗位之间进行调整。

内部招聘具有以下优点：

(1)有利于鼓舞士气，提高工作热情，调动组织成员的积极性。内部招聘使每个成员都知道，只要在工作中不断提高能力、丰富知识，就有可能被选聘担任更重要的职位，或者从事自己更喜欢的工作。这种职业生涯中的发展机会对每个人来说都是非常重要的。因此，内部招聘能更好地维持成员对组织的忠诚，使有发展潜力的员工能自觉地积极工作。这既为他们自己创造更多的机会，同时也促进了组织的发展。

(2)有利于吸引外部人才。从表面上看，内部招聘似乎排斥外部人才、不利于吸收外部的优秀人才。其实不然。内部招聘制度可以让外部人才知道，加入到这样的组织中，担任的职位起点虽然比较低，有时甚至是从头做起，但是凭借自己的知识和能力，熟悉了基层业务后，就能在组织中脱颖而出。

（3）有利于保证招聘工作的正确性。组织对内部人员的了解必然多于外部应聘人员，更加容易进行全面的考察和评估，这样使得招聘工作的正确性提高，风险性降低。

（4）有利于被聘者迅速开展工作。员工对组织文化、组织结构及组织运行特点的了解程度会深刻影响他们工作能力的发挥。内部招聘来的人员，熟悉组织中错综复杂的机构和人事关系，了解组织运行的特点，所以他们能迅速地适应新的工作，从而能迅速地打开工作局面。

同样，内部招聘也存在一些弊端，主要表现为：

（1）引起同事之间的不满。在若干个内部候选人中提升其中一个人员，可能会使其他落选者产生不满情绪，变成"提拔一个，打击一片"的状况，进而不利于被提拔者工作的开展。

（2）可能造成"近亲繁殖"的现象。从内部招聘的人员往往喜欢模仿原来的做法。这虽然可以使优良的传统得到继承，但也有可能使不良作风也得以传播，进而不利于组织的管理创新，不利于管理水平的提高。

专栏 7-1

海尔集团总裁张瑞敏认为，企业领导者的主要任务不是去发现人才，而是去建立一个可以出人才的机制，并维持这个机制健康持久的运行。海尔集团在市场经济形势下，明确主张"人人是人才，赛马不相马"，即为海尔人提供公平竞争的机会和环境，尽量避免"伯乐"相马过程中的主观局限性和片面性。在这种思想的指导下，海尔建立了一系列的赛马规则，包括三工并存制度；动态转换指导制度；在位健康制度；届满轮流制度；海豚式升迁制度；竞争上岗制度和较完善的激励机制等。

小思考 你认为海尔的这些赛马规则能克服内部招聘的不足吗？

（三）招聘途径

管理者可以通过多种途径找到拟聘用的候选人。如表 7-1 所示的几种途径，其中内部搜寻属于内部招聘，其余都属于外部招聘。一般来说组织选择哪种途径，主要受以下因素的影响。

第一，当地劳动力市场。通常，在大规模劳动力市场上招聘比小规模市场来得容易。

第二，所配置工作职位的类型或层级。可以说，一个职位所要求的技能或在组织中的地位越高，搜寻潜在候选人的努力就越需要扩展到更大的范围。

第三，组织的规模。一般的，组织越大，就越容易招聘到人员。

表 7-1 常见的招聘途径

招聘途径	优点	缺点
内部搜寻	花费少；有利于提高员工士气；候选人了解组织情况	供应有限
员工推荐	通过现有员工提供组织的信息；基于推荐者的认真推荐可能产生高素质的候选人	可能不会增加员工的类别和结构
公司网站	辐射范围广；能够瞄准某些特定群体	产生许多不合格的应聘者
专业的招聘机构	熟悉行业面临的挑战和要求	对特定组织没什么承诺
校园招聘	大量、集中的候选人	仅限于初级职位
互联网	可以触及大量的人，并立即得到反馈	产生许多不合格的应聘者

三、甄选

选择一种或几种招聘途径发布招聘公告后，会吸引来一批申请者，接下来的工作就是要确定谁是这个职位最合适的人选。这个过程称为甄选。它是对申请者进行甄别、筛选，以确保最合适的候选人得到这个职位。甄选手段类别有以下 6 种。

(一)申请表和履历表分析

对于很多组织来说，申请表和履历表分析是甄选过程的第一步。设计良好的履历表能使管理者迅速从应聘者那里获得他们详细的历史资料，包括应聘者的基本信息、联系方式、求职目的、教育背景、工作经历、所具备的技能、职业生涯有关的活动以及个人爱好等。

(二)心理测量

心理测量是借助心理学家按照严格的流程开发的标准化的心理量表，对被测试者的心理素质，包括认知能力、技能、气质、性格、兴趣、动机等，进行评估的方法。最常用的测量包括智力测量、知识测量、个性测量和兴趣测量等。

它的特征是在标准化的工作环境中，严格按照标准化的程序来组织测量的实施，其结果也将采用标准化的方法进行统计分析，并得出客观的测量结果。传统的标准化心理测量以纸笔测量为主，也包括一些操作性测量。现在，许多标准化的心理测量也可以借助人机对话的形式来完成。标准化的心理测量可以在同一时间内对较多的求职者进行评估，成本、时间和人力的投入都非常节省；并且测量问卷的题量大,计分客观,信度和效度都较高。因此,心理测量被广泛采用。

(三)面试

面试是甄选过程中最重要的一个环节,也是最常用的人员甄选工具。许多管理者认为录用之前必须与应聘者进行至少一次面谈测试,否则难以制定最终的录用决策。

根据结构化程度进行划分,面试有3种类型:

(1)结构化面试。结构化面试是通过一系列准备好的问题向候选人提问。

(2)非结构化面试。非结构化面试没有预先准备的问题或话题。

(3)半结构化面试。半结构化面试有一些准备好的问题,但是面试官也会问一些计划外的问题。

半结构化面试是最常用的一种方式,有助于避免歧视(面试官事先准备了一些问题,这些问题会向所有的应聘者提问,这就是公平,没有歧视)。同时,也允许面试官根据情况问应聘者一些有个性差异的问题。在特定的状况下,面试官不采用结构化问题,但会采用相对标准化的问题,使甄选过程更为容易。面试结构化的程度取决于面试官的经验,经验越少,结构化的程度就越高。

(四)工作样本测试

工作样本测试是给候选人提供一项其申请职位的核心的或基本的工作任务,观察其在完成该任务时的表现,对其专业技能、素质做出评价。

(五)情景模拟测试

情景模拟测试是根据应聘者可能担任的职务,编制一套与该职务实际情况相似的测试项目,将应聘者安排在模拟的、逼真的工作环境中,要求应聘者处理可能出现的各种问题,用于测评其心理素质、潜在能力的一系列方法。

情景模拟的具体方法有:公文筐测试、无领导小组讨论、角色扮演、即兴演说等。情景模拟的测试效果比较好,不足之处在于试题设计复杂,准备和测试时间比较长,花费成本比较高,因此多用于比较高级、重要岗位的甄选。

(六)体检

体检通常是甄选的最后一个环节。进行录用前身体检查的主要原因在于确定应聘者的健康状况。此外,针对某些有特殊体质要求的岗位,体检可以将某些不适合者排除在外。

第三节 提供必需的知识和技能

一、岗前指导

岗前指导是将新员工介绍到一个组织，并引导他们工作的过程。让新员工尽可能顺利地融入组织中是管理者应负的责任。岗前指导的主要目的是减轻新员工在开展工作时的焦虑情绪；帮助新员工熟悉工作岗位、部门乃至整个组织，帮助他们从"外部人"向"内部人"转化；让他们在新环境中心情舒畅、容易适应，降低他们绩效低下与短期内突然辞职的可能性。岗前指导一般会包括以下几个环节。

（一）新员工培训

新员工报到后，组织一般会安排新员工培训，时间由1—2天到3—4周不等。新员工培训一般由组织的人力资源部统一组织安排。内容通常包括让新员工了解组织的目标、历史、经营理念、规章与制度（包括工作时间、薪酬制度、加班要求、福利待遇等人事政策），有的组织还会安排新员工与主要领导见面，参观办公楼、生产区等。

（二）部门内的培训

在新员工培训后，管理者会正式地把新员工介绍到他要工作的部门中来。通过培训，新员工将知道自己具体的责任和义务，了解岗位的绩效评价方式，同时纠正对岗位不切实际的期望；将使新员工熟知本部门的工作目标，了解其自身的工作对实现部门目标的作用，同时让新员工与其部门的人相互认识。

（三）导师制

为了帮助新员工适应新的工作环境，还可以将新员工委托给本部门一名资历较老、工作岗位与新员工一样或工作岗位相关联的同事。这就是导师制。有些组织新员工导师制是明确到人力资源管理规范中的，另有一些组织可能会采取非正式的导师制的做法。

（四）定期沟通

新员工的直接主管上级应该定期与之沟通。上岗之初，沟通的重要内容会涉及岗位职责、工作流程等，1—2周以后可能会将重点转移到澄清对工作关系的误解、探究新员工的不满等内容。

二、一般员工培训

培训是一种旨在持久改善员工工作能力的学习经历。培训的内容包括改善员工的技能、知识、态度或行为等。这也意味着培训将改变员工的知识，工作方式或他们对待工作、同事、领导以及组织的态度等。培训的对象不只是新聘用的员工，其他在岗人员也要接受经常性的培训。

培训应该满足员工追求知识、提高技能、寻求晋升或转岗的需求，会对员工行为起到积极的影响作用。培训应该成为创新性、不怕困难、持久的、合格的工作行为的一个动力源。另外，树立正确的对工作的态度也是培训要解决的一个关键问题。培训的作用机理遵循下面这个模型，如图 7-1 所示。

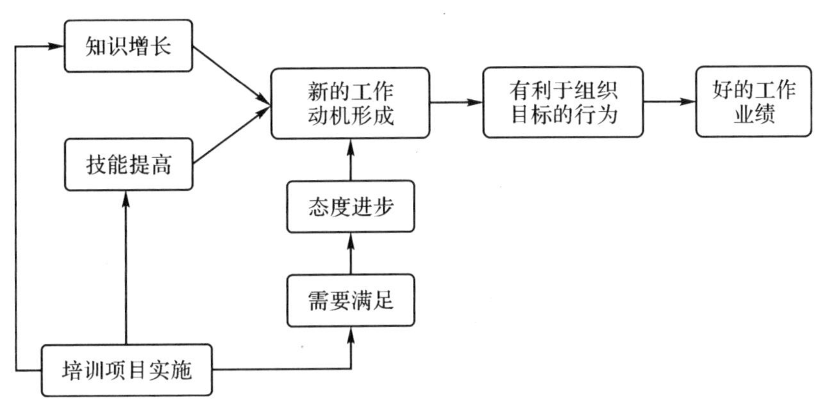

图 7-1 培训的作用机理

三、培训方法

如表 7-2 所示一些常用的培训方法。这些方法在培训中是可以综合运用的。

表 7-2 培训方法

技能发展类别	方　法	定　义
技术技能	程序化学习 书面材料 讲座 录像 问答 讨论	由计算机或教材列出相关材料，然后列出问题和难点；受训者给出他们的答案，然后培训者给予反馈；通过这些材料，程序化学习可以提高受训者的技能
	工作轮换	员工学习完成多种工作，工作轮换也可以成为人际技能和决策技能发展的一种方法
	项目	这是一种特殊的培训，如一种新产品的开发或完成一个特别的报告；项目通过团队和其他部门的配合来完成

续 表

技能发展类别	方 法	定 义
人际和沟通技能	角色表演	受训者被安排在某种工作情境中，例如让其处理顾客的抱怨。这可以培养其实际工作中处理同类问题的能力
	行为模式	受训者观察如何正确完成某些任务（可以通过现场演示或录像资料进行）；受训者进行角色扮演；受训者获得表现情况的反馈；受训者在工作中运用这种新的技能进行工作
决策技能	案例	受训者被置于某个情境中，被要求诊断和解决问题，并进行回答
	公文筐训练	公文筐训练通常提供给受训者一些从事某一职位所要处理的真实的或模拟的信件、便签、报告或电话留言等资料；受训者将自己判断这些任务的优先顺序并予以执行
	管理游戏	受训者负责管理一家模拟的公司，通常游戏以一个季度为一期，经过几期的游戏进行竞争
	计算机互动	受训者在计算机上进行培训以获得需要的决策技能

专栏 7-2

麦当劳对新聘用的员工进行非常严格的培训。在培训初期，会有一位熟练的员工作为新员工的“工作伙伴”，指导及协助新员工熟悉餐厅环境、顾客、工作程序及其他员工。

麦当劳在芝加哥开办了专门的培训中心——汉堡包大学，要求所有的特许经营者在开业之前都接受为期一个月的强化培训。回去之后，他们还被要求对所有的工作人员进行培训，确保公司的规章条例得到准确的理解和贯彻执行。麦当劳根据不同级别管理者的需要制定不同的培训课程，原则上第一副经理以上人员要到汉堡包大学学习深造。这所学校开设有 18 门课程，除学做汉堡包外，还包括业务座谈、市场评估、管理技巧和现场监控等课目的教学，使学员系统接受麦当劳“供食迅速、服务周到、价格低廉”的经营要诀。

麦当劳对在岗员工进行岗位轮换训练，以帮助其胜任不同岗位的工作任务。在繁忙时，员工在其最熟悉的岗位工作，为顾客提供最佳服务；而在营业稍清闲时，已熟悉原岗位工作的员工便会被安排到其他岗位工作。

小思考 你认为高标准的操作规范、服务规范与培训之间是怎样的关系？

第四节　绩效评价

一、绩效评价的含义与作用

绩效评价是指按照一定的标准，采用科学的方法，衡量与评定员工完成岗位职责任务的能力与效果的管理方法。

对员工进行绩效评价，从管理的角度看，主要有两大基本目的：一是发掘与有效利用员工的能力；二是通过考核，对员工给予公正的评价与待遇，包括奖惩与升迁等。

绩效评价对于组织来说是一项重要的工作，它的主要作用有：考核有利于评价、监督和促进员工的工作，有明显的激励作用；为确定员工的劳动报酬与其他待遇提供科学依据；为员工个人认识自我，促进员工的全面发展创造条件；有利于管理者了解下属，以便进行合理的岗位调整及职务晋升。

专栏 7-3

情景一：一条猎狗将一只兔子赶出了窝，一直追赶它，追了很久仍没有捉到。看到此种情景，猎人对猎狗说："你们两个之间，为什么兔子反而跑得快得多？"

猎狗回答说："你不知道我们两个的跑是完全不同的！我仅仅是为了一顿饭而跑，而它却是为了性命而跑呀！"

小思考　如果你是猎人，怎么做才能激励猎狗？

情景二：猎人想：猎狗说得对啊，那我要想得到更多的猎物，得想个好法子。于是，猎人又买来几条猎狗，宣布：凡是能够在打猎中捉到兔子的，就可以得到几根骨头；捉不到的就没有。这一招果然有用，猎狗们纷纷去努力捉兔子，因为谁都不愿意看着别人有骨头吃，而自己没吃的。

这种情形过了一段时间，问题出现了。大兔子非常难捉到，小兔子好捉，但捉到大兔子得到的骨头和捉到小兔子得到的骨头是一样的。善于观察的猎狗们发现了这个窍门，于是专门去捉小兔子。慢慢地，大家都发现了这个窍门。

猎人对猎狗们说："最近你们捉的兔子越来越小了，这是为什么？"猎狗们回答说："反正没有什么大的区别，为什么费那么大的劲去捉那些难捉的大兔子呢？"

小思考　猎人这时应该怎么办？

情景三:猎人经过思考后,决定不将骨头的数量与捉到兔子的数量挂钩,而是每过一段时间就统计一次猎狗捉到兔子的总重量,按照重量来评价猎狗,决定其一段时间内的待遇。于是猎狗们捉到兔子的数量和重量都增加了。猎人很开心。

过了一段时间。猎人发现,猎狗们捉兔子的数量又少了,而且越有经验的猎狗捉兔子的数量下降得就越厉害。于是猎人又去问猎狗们,猎狗们说:"我们把最好的时间都奉献给了主人,但是我们随着时间的推移会老,当我们捉不到兔子的时候,您还会给我们骨头吃吗?"

小思考　这时的猎人又会想出什么办法呢?

情景四:猎人经过仔细分析,汇总了所有猎狗捉到兔子的数量与重量,做了论功行赏的决定。规定:如果捉到的兔子超过了一定的数量后,即使以后捉不到兔子,每顿也可以得到一定数量的骨头。猎狗们都很高兴,努力去达到猎人规定的数量。一段时间过后,终于有一些猎狗达到了猎人规定的数量。

这时又出现问题了。有一只猎狗说:"我们这么努力,只得到几根骨头,而我们捉的猎物远远超过了这几根骨头。我们为什么不能给自己捉兔子呢?"

于是,有些猎狗离开了猎人,自己捉兔子去了……

小思考　通过这则故事,你能领悟到什么?

二、绩效评价的要求

(一)坚持客观公正的原则

绩效评价最基本的要求是必须坚持客观公正的原则。评价要对员工公正的对待。如果不能客观公正,评价就失去了意义,不但不能起到激励的作用,反而起了消极作用。所以,在整个评价过程中,最重要的就是要坚持客观公正的原则。

要建立由正确的评价标准、科学的评价方法和公正的评价主体所组成的评价体系。绩效评价是一项系统工程,必须建立科学的考核体系,这是实现有效评价的前提、基础与必要条件,具体要求如下。

(1)要建立正确的评价标准。评价标准是有效实施评价的尺度,标准的正确与否,直接关系到评价结论的正确性与价值大小。

(2)要选择与设计科学的评价方法。没有科学的评价方法,很难获取真实而有价值的信息,自然不可能形成正确的评价结论。

(3)指派公正的评价主体。评价的客观性与准确性,不可避免地会受到评价主体的公正性与素质水平的影响。

(二)实行多层次、多渠道、全方位、制度化的绩效评价

组织中的绩效评价是分层次进行的,不同层次有各自不同的评价重点;为了全面、准确地了解一个人,应该通过多条渠道,进行全面评价,以形成系统、完整的结论;绩效评价是组织一项极为重要的经常性职能,必须建立完善的制度体系,对考核目标、考核程序、考核方法、考核期限等加以制度化。

(三)注意绩效评价结果的正确运用

绩效评价不是目的,而是一种手段。绩效评价的作用在相当程度上取决于评价结果的运用。评价的结果必须与本人见面,恰当地给予表扬与批评,以激励或鞭策被评价者;同时,评价结果必须同工资奖金、工作安排与职务晋升等联系起来。

专栏 7-4

一个老板发现他家工厂的一个部门总是完不成定额。而该部门的负责人却抱怨说:"我以炒鱿鱼相威胁也无济于事!"于是,这个老板在下班前来到车间。

"你们这一班究竟完成几件?"他问一位工人。

"6 件。"工人回答道。

于是老板在车间的地板上用粉笔写了个大大的"6"字,随即离开。

上晚班的工人惊奇地看到这个"6"字,当然,他们很容易了解到这是老板写的。

第二天上午老板来到车间,发现地板上写的"6"字已经被改成"7"字。再上白班的工人自然领会夜班工人的用意,也不甘示弱,把反映生产数量的数字改写成"8"。

几天后,各班的生产数量都上升到 15 件。

管理启示 老板要了解下属的业绩!

三、绩效评价的内容及方法

(一)绩效评价的内容

对员工进行绩效评价,主要涉及德、能、勤、绩和个性 5 个方面。

1. 德

即考核员工的思想觉悟与职业道德。特别是职业道德,它直接关系到员工的工作质量、为组织所做的贡献、对组织文化的影响等,是具有重要意义的一项评价内容。

2.能

即考核员工从事业务技术工作所要求具备的专业理论水平与实际能力。这种能力是指员工本身具有的、潜在形态的各种知识、技能的总和。能力是做好工作的基本条件。在智力资本对组织贡献率越来越大的今天,对员工知识与能力的考核越来越重要。技能本身已成为员工价值与组织支付员工薪酬的重要依据。同时,技能考核也是员工职位调整的重要依据。

3.勤

即考核员工主观上的工作积极性和工作态度,包括在工作中表现出来的热情与干劲。员工的工作态度对工作的成果与贡献也具有十分重要的意义。因此,也构成绩效评价的重要内容之一。考核工作态度,主要包括积极性、责任感、纪律性、协调性等。

4.绩

即考核员工在工作过程中的实际成绩与效果。这是最重要的考核内容,是确定对员工的评价、奖酬、调整职位的最基本的依据。

5.个性

主要了解员工的性格、偏好、思维特点等。对员工个性的了解,有利于管理者更好地掌握下属的特点,有针对性地、更富有成效地做好管理工作。

(二)绩效评价的方法

以下是7种常用的绩效评价方法,各种方法的优缺点如表7-3所示。

表7-3 各种绩效评价方法的优缺点

方 法	优 点	缺 点
书面描述法	简单易行	与其说是评价员工的实际绩效水平,不如说是在衡量评价者的写作能力
关键事件法	事例丰富,以行为为依据	耗时,无法量化
评分表法	提供定量的数据,时间耗费较少	不能提供工作行为评价方面的详细信息
行为定位评分法	侧重于具体而可衡量的工作行为	耗时,使用难度大
多人比较法	将员工与其他人做比较	员工数量大时,操作不便
目标管理法	侧重于目标,结果导向	耗时
360°反馈法	全面	耗时

1.书面描述法

书面描述法是指评价者以书面形式描述一个员工的所长、所短、过去的绩效和潜能,并提出改进建议的一种绩效评价方法。

2.关键事件法

关键事件法是评价者将注意力集中在那些区分有效的和无效的工作绩效的关

键行为上。评价者记下一些细小的,但能说明员工所做的是特别有效果的或无效果的事件。这里的要点是,只述及具体的行为,不笼统地评价员工的个性特质。

3. 评分表法

评分表法是一种最古老也是最常用的绩效评价方法。它列出一系列与绩效相关的因素,如工作的数量与质量、职务知识、合作性、忠诚度、出勤、诚实和首创精神等,然后,评价者逐一针对表中的每一项,按增量尺度对员工进行评分。评分的尺度可以用5分制、10分制、100分制等。

4. 行为定位评分法

这是近年来逐渐得到重视的一种绩效评价方法。这种方法综合了关键事件法和评分表法的主要成分:由评价者按序数值尺度对各项指标做出评分,不过,评分项目是以某人从事某项职务的具体行为为事例,而不是一般的个人特质描述。

5. 多人比较法

多人比较法是将一个员工的工作绩效与一个或多个其他人做比较。这是一种相对的而不是绝对的衡量方法。该类方法最常用的形式是分组排序法和个体排序法。分组排序法,要求评价者按特定的分组将员工编入诸如“前1/5”“次1/5”之类的次序中。个体排序法,要求评价者将员工从高到低的顺序加以排列。

6. 目标管理法

目标管理法是对管理人员和专门职业人员进行绩效评价的首选方法。在目标管理法下,每个员工都确定有若干具体的指标,这些指标是其工作成功开展的关键目标,因此它们的完成情况可以作为评价员工的依据。

7. 360°反馈法

360°反馈法是综合利用从上司、同事、下属、客户和员工本人得来的反馈意见进行绩效评价的方法。这种方法使用了与员工有互动关系的所有人员的评价信息。它能帮助员工认清自己的长处和短处。

人物介绍

人力资本理论的构建者、人力资本概念之父

——西奥多·W·舒尔茨

1902年4月30日,西奥多·W·舒尔茨(Thodore W·Schults)出生在美国南达科他州一个德国移民聚居的农场。舒尔茨22岁在他家乡的布鲁克林农业学校毕业,后考入本州州立学院。3年后领到了一张科学学士的文凭。此后,他又

进入威斯康星大学攻读硕士和博士学位，于1928年和1930年分别获得科学硕士和哲学博士学位。或许是因为受到广阔草场和良田沃土环境的影响，或许是受到陪伴他度过孩提时代田园风光的熏陶，舒尔茨对农业经济学产生了浓厚的兴趣。此后，他成为美国农业经济学领域的一位重要人物。

20世纪30年代后期和40年代，舒尔茨集中精力研究美国的农业政策。舒尔茨研究农业政策的成果集中表现在他从1943—1953年间陆续发表的4本著作之中。这4本书是：《重新调整农业政策》(1943)、《不稳定经济条件下的农业》(1945)、《农业生产和福利》(1949)和《农业的经济组织》(1953)。

舒尔茨感兴趣的第二大问题是关于经济增长的理论。他通过自己的著述，向人们解释应当如何理解经济增长，怎样才能促使经济增长。舒尔茨还注意到第三世界国家的农业发展问题，提出了如何提高低收入国家食品生产和增加农业收入的一些措施。

舒尔茨长期专注于农业经济和以农业为基础的经济发展问题的研究，对于农业经济学的发展和发展经济学的进步做出了突出贡献。《纽约时报》在评论他获得1979年诺贝尔经济学奖时，称他是农业经济学界的老前辈。他对农业经济学所做的第一个贡献是，使农业经济学成为现代经济学中不可分割的一部分，同时摈弃了把农业问题局限在农业范围内的传统。从研究农业经济中，自20世纪50年代起，舒尔茨就提出并倡导了人力资本论，因而被西方资产阶级经济学界称为“人力资本概念之父”。他认为，由教育、保健、人口流动等投资所形成的人的能力提高和生命周期的延长，也是资本的一种形式。舒尔茨得出人力资源是经济和社会发展的重要原因的结论，这对整个经济学的发展产生了重大而深刻的影响，解开了战后德国、日本乃至西方国家经济迅速发展之谜。

本章小结

组织设计仅为系统的运行提供了可依托的框架。框架要能正常发挥作用，首先要做好人员配备。人员配备要遵循因事择人、因才使用、用人所长和人事动态平衡的原则，其工作内容包含识别和甄选合格员工、提供必需的知识和技能、绩效评价3部分。识别和甄选合格员工有赖于人力资源规划(包含工作分析)、招聘和甄选3项工作；提供必需的知识和技能依靠岗前指导、培训两项工作；绩效评价则主要由绩效评价工作来实现。

本章重点：人员配置的原则，招聘的来源、途径与甄选手段，绩效评价的内容。

本章难点：人员招聘、培训、绩效评价的实际应用。

复习题

1. 人员配备的原则有哪些？
2. 人员配备的工作内容包括哪些？
3. 不同招聘来源的优缺点是什么？
4. 常见的招聘途径和甄选手段有哪些？
5. 绩效评价的含义与作用是什么？
6. 绩效评价的内容与要求有哪些？
7. 常见的绩效评价方法有哪些？它们的优缺点？

技能训练

1. 案例分析题

联合包裹服务公司是世界上最大的包裹递送公司，拥有非常容易辨认的棕色运货卡车。联合包裹服务公司每天在美国以及全球200多个国家和地区运送大约1500万个包裹和文件。高效地递送这些包裹是向该公司支付费用的顾客对它的要求，而如果没有这99 000多名送货司机，这么艰巨的任务是无法完成的。联合包裹服务公司意识到自己面临着一项人力资源挑战：在未来5年内招募和培训大约25 000名送货司机，以代替即将退休的婴儿潮时代员工。不过，该公司拥有一个妥善的方案，它融合了该公司久经考验的商业模式(即统一和高效，例如司机在经过培训后可以用一个小拇指钩住车钥匙，而不需要浪费时间从自己的口袋里掏钥匙)和一种新的司机培训方法。

联合包裹服务公司对送货司机的传统课堂培训已经失效，因为约有30%的送货司机候选人无法适应它。该公司相信，20多岁的年轻人——如今是送货司机候选人的主力军——最适合高科技教学，而不是阅读书籍和听讲座。现在，受训者的培训内容包括电子游戏，一种“使用光滑地板和光滑鞋底的打滑和跌倒模拟器”，以及围绕一个模拟村庄来进行的障碍穿越课程。

在联合包裹服务公司位于华盛顿特区之外的一个培训中心，申请送货司机岗位的求职者花一周时间来培训和练习，以成为一名真正的司机，而这个岗位将获得年薪74 000美元。他们从一个位置移动到另一个位置，以练习该公司的“340种方法”。这些方法都是由工业工程师开发的技巧，用以“节省几秒钟时间，并且提高每一项工作任务(从搬运包裹或盒子到从卡车上的一排货物中抽出一个包裹，等等)的安全性”。求职者还要玩一种电子游戏，在该游戏中，他们处在司机的位置上，必须辨别出各种障碍物。从计算机模拟场景中出来，他们会转移到一个模拟村庄“克拉克斯维尔”，这个村庄里设有各种人造的房子和公司。在这里，求职者驾驶一辆真正的卡车，“必须成功地在19分钟内完成5次递送”。此外，为了保证安全和高效，受训者还有使用打滑和跌倒模拟器来学习如何小心地在危险路面上行走。

这些新培训方法的效果怎么样？到目前为止，效果非常棒。在已经完成这些培训的1629名受训者中，“只有10%的人没有通过该培训计划，而这项培训计划总共需要花费6周时间，其中有30天时间是在现实时间中驾驶一辆送货卡车”。

案例思考：

(1)安全和高效为什么对该公司如此重要？对于员工的工作方法，该公司的工业工程师发挥了什么作用？

(2)该公司对自己的送货司机培训项目做出了什么改变？你对这些改变有何看法？

(3)在你看来，这种新的培训方法给受训者和该公司分别带来了哪些优点和缺点？

2. 实训操作题

制定奖学金评价方案，实训目标、实训内容、标准与评估要求如下：

实训目标

(1)深入理解绩效评价的内容。

(2)培养制定绩效评价方案的初步能力。

实训内容

(1)制定服务于本班奖学金发放的学生德智体评价方案。

(2)每个人制定一份。

(3)在全班进行交流与评价。

标准与评估

(1)标准：要明确考核目的、内容、程序与方法，并科学可行。

(2)评估：个人制定的奖学金评价方案作为一次作业进行评估；对在班级交流与评价中的表现进行评估。

第八章 组织文化与组织变革

管理是以文化为转移的，并且受其社会的价值观、传统与习俗的支配。

——彼得·德鲁克

【学习目标】

1. 掌握组织文化的定义、结构、内容
2. 理解组织文化对组织的功能
3. 理解组织文化的形成与发展受哪些因素的影响
4. 掌握组织变革的阻力
5. 理解组织进行跨文化管理的重要性以及策略

导入案例

英特尔公司的创业者大多来自硅谷北端的斯坦福大学和伯克利加州大学，他们在科研上的求实精神和学术上的平等原则影响着后来者。英特尔公司雇员同各级主管之间保持着经常性的交流，涉及重大问题的决策，实行“民主集中制”，先在基层征询意见，表决通过后坚决执行。总裁、副总裁出差一般不坐头等舱，中午同雇员在同一个餐厅就餐，办公室的门从来不关，这样可以同雇员随时沟通，同他们打成一片，了解他们的愿望。充分调动员工的积极性和鼓励他们的创造性，这种组织文化已成为英特尔公司吸引公司外精英的主要因素之一。

请思考 组织文化有什么作用？

第一节 组织文化

一、组织文化的概念及特征

组织文化也称为企业文化。这个概念是20世纪70年代末至80年代初提出的。组织文化提出的背景是通过对“二战”后日本经济的飞速发展,以及与美国经济发展的比较而形成的。通过学者研究,日本成功是因为日本企业拥有自己独特的管理模式,即企业中特别关注人的管理,重视人的价值观念。组织文化反映了企业管理的本质。

1979年,第一篇论述企业文化的学术文章出现,从那时开始,以哈佛商学院和麻省理工学院的学者为代表推动了“组织文化”运动。这一时期关于组织文化的代表作有威廉·大内(William Ouchi)的《Z理论》,帕斯卡尔(Pascal)和阿索斯(Assos)的《日本管理的艺术》,迪尔(Deere)和肯尼迪(Kenned)的《企业文化——企业生存的习俗和礼仪》,彼得斯(Pieters)和沃特曼(Whatman)的《追求卓越》,戴维斯(Davis)的《管理企业文化》。

组织文化的真正兴起是在20世纪80年代,在古典管理理论、行为科学理论、管理理论丛林的基础上,通过对企业运营过程的进一步分析形成的。由此可见,企业管理从技术、经济到文化,是管理思想史上的一次飞跃。对于组织文化的关注,是企业管理新的视角。

专栏8-1

威廉·大内(William Ouchi,1943—)经过对美国、日本企业管理经验的研究,创立了Z理论。他把美国企业的文化称为A型文化,日本企业的文化称为J型文化,把美国少数企业自然发展起来的,与J型文化具有许多相似特点的组织文化称为Z理论。Z型文化特征有:保障员工的职业安全;晋升相对缓慢;注重培养员工的多方面技能,以使其适应环境的变化;寻求明确和含蓄之间的平衡;有清楚一致的价值观;注重集体决策;鼓励员工在工作中的自我控制和平等沟通。

管理启示 威廉·大内把一个国家的全部企业组织的文化看作一种统一的文化,主要是从跨文化的管理角度出发,这一理论深刻揭示了经济与社会、管理与文化的关系。

(一)组织文化的概念

关于组织文化的概念,国内外不同学者有着不同的定义。下面列举一些关于组织文化的定义,可以帮助我们更好地理解组织文化的概念。

霍夫斯泰特(Hofstede,1980)认为:组织文化是一种"企业心理"及组织的潜意识,它一方面在组织员工们的行为中产生,另一方面又作为"共同的心理程序"引导这些员工的行为。

迪尔和肯尼迪(Deere , Kenned,1982)认为,文化是一种集意义、信仰、价值观、核心价值观在内的存在,他们将组织文化视为一个企业所信奉的主要价值观。换言之,组织文化是各个层次上的员工的价值观和行为的总体及由此表现出的企业外在形象。

沙因(Schein,1984)提出了一个定义:"文化:(1)常常处于一个形成和变化的过程;(2)倾向于涵盖人类活动的所有方面;(3)它是在对外界的适应与内部的整合过程中通过学习而获取的,它最终体现为一整套相互交织和模式化的基本假设,包括诸如人性、人际关系、时间、空间、现实和真理。"

组织文化"是由一些被认为是理所当然的基本假设所构成的范式。这些假设是某个团体在探索解决对外部环境的适应和内部的结合问题的过程中而发现、创造和形成的"。

布莱谢(Bleicher,1991)认为:"文化赋予了一个企业与众不同的不容混淆的内外识别系统,组织文化对系统内每个员工的未来行为提出了期望,一定程度上就像自动驾驶仪一样,在社会生活中引导着人们的行为却不为人觉察。"

谢里顿和斯特恩(Sherridon,Stern,1996)认为,组织文化包含了由企业员工所共有的观念、价值取向以及行为等表现形式。这些外在表现形式以及传统可能与政治、经济或社会习俗有关,它们可能是围绕客户与员工的关系、社会地位、职业道德、坦率程度、个人与集体的关系以及工作方法而定的。

斯蒂芬·P·罗宾斯(Stephen P. Robbins,2012)认为,组织文化是组织员工共有的能够影响其行为方式的价值观、原则、传统和做事方式。在绝大多数组织中,这些共有的价值观和管理会随着时间的推移而演变,并在很大程度上决定了事情是如何被完成的。从这个定义当中可以看到:组织文化是一种感知,即它不是一件能够看得到摸得着的东西,但是员工可以根据他们自己的经历感知到它的存在。组织文化具有描述性,它主要是关于组织员工如何体会和描述文化,而不是他们是否喜欢它。组织文化具有共享性,即使不同的个体可能拥有不同的背景或在不同的组织级别中工作,他们也会用相似的词语来描述该组织的文化。

刘光明(2002)认为,组织文化所包含的价值观念、行为准则等意识形态均为该组织员工所共同认可。组织文化有广义与狭义之分,广义的组织文化是指企业物质文化、行为文化、制度文化、精神文化的总和,狭义的组织文化是指以企业价值观为核心的企业意识形态。

周三多(2011)认为,组织文化是组织在长期的实践活动中所形成的,并且为组织员工普遍认可和遵循的具有本组织特色的价值观念、团体意识、工作作风、行为规范和思维方式的总和。

根据这些对组织文化的定义,本书对组织文化定义如下:组织文化是组织员工共同认可并遵循的价值观念体系。

(二)组织文化的特征

组织文化本质上属于“软文化”管理的范畴,是组织的自我意识所构成的精神文化体系。组织文化是整个社会文化的主要组成部分,既具有社会文化和民族文化的共同属性,也具有自己的不同特点。

1.独特性

不同的组织由不同的特点、不同的历史、不同的类型、不同的性质、不同的人员构成。这些因素不同,会影响组织文化的形成与发展。组织呈现出的组织文化反映了组织的特点,独特性越明显,内聚力越强。

2.人本性

人是企业最宝贵的资源和财富,也是企业活动的中心和主旋律,因此企业只有充分重视人的价值,最大限度地尊重人、关心人、依靠人、凝聚人、培养人和造就人,充分调动人的积极性,发挥人的主观能动性,努力提高企业全体成员的社会责任感和使命感,使企业和成员成为真正的命运共同体,这样才能不断增强企业的内在活力和实现组织的既定目标。

3.综合性

作为一种理论,组织文化涉及管理学、行为科学、社会学、心理学等多学科,综合性强。组织文化的内容包括企业的经营哲学、企业精神、价值观、最高目标、员工交往准则等许多因素,体现了较强的包容性、交叉性、综合性。生活在一定组织文化氛围中的员工,从思想到行为无一不受到组织文化的影响和制约。正是这种内容的综合性和影响的综合性,使组织文化具有巨大的力量。

4.实践性

组织文化来源于对组织生产经营管理服务实践的总结与概括。组织文化形成之后又会指导组织的各项经营管理活动,同时在组织的实践过程中会不断充实组织文化新的内容。特别是根据实践的不断发展，能不断丰富文化的内容，从而创造良好的组织文化。

二、组织文化的结构及内容

（一）组织文化的结构

一般来说，组织文化的结构分为 3 个层次：物质层、制度层、精神层。

1. 物质层

物质层是组织文化的表层部分，是组织创造的物质文化，它包括了组织整个物质的和精神的活动过程、组织行为、组织产出等外在表现形式，还包括实体性的文化设施。从物质层往往能折射出组织的管理哲学、工作作风、审美意识等内容，这一层次是组织文化最直观的部分，也是人们最容易感知的部分。这部分内容包括组织名称、标识、标准字体、标准色，组织的办公场地和布置方式，以及组织的典礼仪式，组织的文化传播网络，也包括组织产品的特色、式样、外观、包装等内容。

2. 制度层

制度层是组织文化的中间层次，是对组织和组织员工的行为产生规范性、约束性影响的部分。这一部分规定了组织员工在共同的组织活动中应当遵守的行为准则。它包括能够体现某个具体组织的文化特色的各种规章制度、道德规范和员工行为准则等内容。它通过形成科学合理的组织制度体系，为组织的理念、精神、价值观得以落实提供保障。它是组织为实现自身目标对员工的行为给予一定限制的文化。

3. 精神层

精神层是组织文化的核心和主体，也称为精神文化。这一层次是形成物质层、制度层的基础和原因。精神层主要指组织员工共同遵守的基本信念、价值标准、意识形态、道德观念。一个组织有无精神层是衡量一个组织是否形成了自己的组织文化的标识和标准。这一层包括了组织的最高目标、组织的核心价值观、组织哲学、组织精神、组织道德、组织宗旨等内容。

组织文化的 3 个层次是紧密相连的，相互作用的。三者之间的关系表现为：

第一，物质层是组织文化的外在表现和载体，是制度层和精神层的物质基础。物质层以其外在的形式体现了组织文化的水平、规模和特色，体现了组织特有的哲学、价值观念等方面的内容。物质层除了体现精神层以外，还能直接影响员工的工作情绪，促进组织哲学、价值观念的进一步成熟和定型。因此，许多成功的组织非常重视物质层的建设，从而激发组织员工的积极性，实现组织目标。

第二，制度层是精神层和物质层的中介。精神层直接影响制度层，并通过制度层影响物质层。基于组织的价值观念、道德规范，会形成一系列的规章制度、行为准则来实现他们的目的，来体现组织特有的精神层内容。因此，精神层对制度层的影响是最直接的。在推行规章制度和行为准则的过程中，组织的领导和员工又会创造出一定的工作环境、文化设施等，从而形成具有组织特色的物质层，因此，精神层是通过制度层的中介作用，影响了物质层。

第三，精神层是形成物质层和制度层的思想基础，也是组织文化的核心与灵魂。精神层决定了物质层和制度层，精神层是组织文化中相对稳定的层次，它的形成要受到社会、政治、经济、文化以及本组织实际情况的影响。精神层形成后，就会处于比较稳定的状态，它是组织文化的决定因素。

从以上内容可以看出，组织文化的物质层、制度层和精神层密不可分，它们共同构成了组织文化的完整体系。

（二）组织文化的内容

根据最能体现组织文化特征的内容来看，组织文化包括组织精神、组织哲学、组织价值观、组织伦理道德。

1.组织精神

组织精神是指组织经过长期培养和实践逐步形成的，认识和看待事物的共同心理驱使、价值取向和主导意识。它反映了组织员工对组织的特征、形象、地位等的理解和认同。组织精神往往具有两极性——或是积极，或是消极；或是乐观，或是悲观；或是勇于开拓，或是保守落后。组织精神反映了一个组织的基本素养和精神风貌，是将组织员工凝聚而成的共同奋斗的精神源泉。

2.组织哲学

组织哲学是组织生存发展哲学，或组织所形成的成功的世界观和方法论。组织哲学主要解决组织中人与物、人与经济、社会规律的关系问题。它一旦形成，就对组织的生存和发展起着重要的作用，即指导组织去能动地认识组织的生存、发展环境和组织的资源及合理配置，采取相应的措施，达到适应环境、推动组织发展的目的。

3.组织价值观

组织价值观就是组织内部管理层和全体组织员工对该组织的各项活动以及指导各项活动的一般看法或基本观点。组织价值观着重解决组织为什么存在，它存在的价值意义是什么，组织认为什么是有价值、什么是无价值的。组织价值观是一种群体意识，它包括组织存在的意义和目的、组织中各项规章制度的必要性与作用、组织中员工的行为与组织利益之间的关系等。

4.组织伦理道德

组织伦理道德是调整组织与其他组织之间、组织与员工之间、组织与其他个体之间行为规范的总和。组织伦理道德体现了组织自下而上环境中社会文化的一般性要求，又体现着本组织各项管理的特殊需求。组织伦理道德对员工行为的软约束与规章制度对行为的硬约束相配合，可以弥补硬约束难以面面俱到的局限，而且能够使组织员工的行为自觉地指向组织目标的实现。

专栏 8-2

麦当劳是世界上最大的餐饮集团，开设有麦当劳的国家和地区超过了联合国的席位。麦当劳的大黄金拱门已经深入人心，成为人们最熟知的世界品牌之一。麦当劳的组织文化由 3 个部分组成：

(1)“Q、S、C+V”精神：即“质量、周到的服务、清洁的环境、为顾客提供更有价值的食品”。

(2)麦当劳的作风：顾客第一；高效、快速；“苛刻”的管理。

(3)麦当劳的营销策略：麦当劳叔叔；以情感人；连锁经营；知人善任。

麦当劳的组织文化是一种家庭式的快乐文化。麦当劳的同事之间不论管理级别彼此称呼对方名字，大家在一起感觉很轻松，像一家人。员工在工作上犯错误没关系，只要你不是严重违反公司的有关政策和规定，麦当劳不会开除你。人在于用，每个人都有长处，麦当劳一直提倡对人应表扬为主，提倡分享经验而不是高压。麦当劳不是靠人员流动而主要靠培训来解决员工的发展和提高问题，公司每年仅培训费用就达 1000 多万美元。员工进入麦当劳，家人都说他们变了，做事更有条理、更随和了。

当你光顾麦当劳快餐店的时候，就会遇到穿着整洁、彬彬有礼的脸孔笑面相迎。当“麦当劳叔叔”向你招手微笑，逗你发笑，使顾客享受到一种温暖的家庭的欢乐气氛。儿童甚至把麦当劳当作乐园，当作属于自己的世界。

管理启示 组织文化的精神层是一种更深层次的文化现象，在整个组织文化系统中处于核心地位，它促使优秀的企业追求崇高的目标、高尚的社会责任和卓越创新的信念。

三、组织文化的功能

组织文化贯穿于组织各种管理之中，又独立于组织各种管理。它不仅强化了传统管理的一些功能，而且还有很多传统管理不能完全替代的功能。

（一）导向功能

组织文化能对组织整体和组织员工的价值及行为取向起导向作用。组织文化对组织整体的价值取向和经营管理起引导作用，同时也对组织员工个体的思想和行为起导向作用。组织文化通过组织的共同价值观不断地向个人价值观渗透和内化，使组织自动生成一套自我调控机制。如果组织员工在价值和行为的取向与组织文化的系统标准产生悖逆现象，组织文化会纠正并将其引导到组织的价值观和规范标准上来。

（二）凝聚功能

组织文化的凝聚作用是指当一种价值观被组织员工共同认可后，它就会成为一种凝聚力，从各个方面把其员工聚合起来，从而产生凝聚力。组织文化能使全体员工在组织的使命、战略目标、战略举措等基本方面达成共识，这就从根本上保证了组织员工关系的和谐性、稳定性和健康性，从而增强组织的凝聚力。总的说来，凝聚功能一方面通过目标凝聚，向员工和社会公众表明组织行为的意义，成为员工努力奋斗的方向；另一方面通过价值凝聚，即通过共同的价值观，使之成为员工们的精神支柱。

（三）约束功能

组织文化对组织员工的思想、心理和行为具有约束作用，这种作用是一种软约束，这种约束产生于组织的文化氛围、群体行为准则和道德规范中。软约束机制以共同的价值观和相关理念为核心，在组织员工心理深层形成一种定势，使组织员工产生心理共鸣，达到行为的自我控制。

（四）激励功能

组织文化的激励作用是组织文化通过满足组织员工的需要，引导组织员工产生强大的内在动力，激发、调动员工的积极性。组织文化能够促使组织员工从内心产生一种奋发进取的效应。组织员工接受了组织的核心理念，他们就会被这种理念所驱使，自觉地发挥潜能，为组织更加努力、高效地工作。

（五）辐射功能

组织文化一旦形成，不仅会在组织内部发挥作用，对本组织员工产生影响，而且也会通过各种渠道，对社会产生影响。组织文化向社会辐射组织的价值观、伦理道德等；以组织提供的产品或服务向社会辐射；通过组织员工的行为体现组织价值观向社会辐射;通过多种方式来塑造组织形象,进而传播组织文化。

尽管组织文化对组织具有很多积极作用,但组织文化也存在一些消极作用。组织文化一旦形成便具有相对的稳定性,当组织所处的环境发生剧烈变化时,组织战略会发生调整,这时候已经相对稳定的组织文化就会成为一种束缚。组织文化的力量越强,在组织创新和变革的时候阻力就越大。同时,随着组织多元化的趋势日益明显,组织员工的构成日益复杂。员工可能来自不同的国家,有不同的文化背景,不同的信仰和价值观。同时,组织提供的产品和服务的多元化,也决定了组织文化需要消除障碍,进行跨文化管理。

第二节　跨文化管理

经济全球化对管理者的管理方法和管理技巧提出了更高的要求。跨文化管理可以用来解释世界各地的人们在企业中的行为,并指导人们如何与具有不同文化背景的员工共同工作。

一、跨文化管理概述

(一)跨文化管理的含义

随着企业全球化浪潮的推进,跨文化管理逐步得到企业的日益重视。跨文化管理又称为“交叉文化管理”,它是指通过克服不同异质文化之间的差异,在此基础之上重新塑造企业的独特文化,最终打造卓有绩效的管理行为,即在全球化经营中,对子公司所在国的文化采取包容的管理方法,在跨文化条件下克服任何异质文化的冲突,并据以创造出企业独特的文化,从而形成卓有成效的管理过程。

跨文化管理的目的是在不同形态的文化氛围中设计出切实可行的组织结构和管理机制,在管理过程中寻找超越文化冲突的企业目标,以维系具有不同文化背景的员工共同的行为准则,从而最大限度地控制和利用企业的潜力与价值。全球化经营企业只有进行了成功的跨文化管理,才能使企业的经营得以顺利运转,竞争力得以增强,市场占有率得以扩大。

跨文化管理包括跨越国界和跨越民族界限的文化管理。消除文化的差异是跨文化管理着力解决的核心问题。文化差异可能来自于沟通与语言的理解不同、宗教信仰与风俗习惯迥异、刚性的企业文化隔阂等诸多因素。

(二)文化差异产生的原因

不同的民族有着不同的语言、观念文化、行为文化、物质文化等,这就是文化差异。一个民族的文化直接影响着该民族的人们对事物的认识。文化差异产生的原因主要有如下几方面。

1. 文化的进化和发展

文化的进化和发展过程,同时也是文化的民族差异的产生和强化的过程。影响或制约文化进步和发展的因素,往往也是造成文化差异的重要因素。在这些因素中,自然地理环境是造成文化差异的最根本和最直接的因素。山川、海洋、沙漠等天然屏障阻碍了不同民族间的文化传播和交流,客观上为不同民族文化的个性的独立发展提供了机会。

2. 文化自身的因素

除自然环境外,文化自身的因素也是造成文化差异的重要因素。其中比较重要的一点便是各民族文化的价值观。文化价值观念和文化传统,是各个不同的民族文化经过长期的分化和发展而形成的,它们作为一种结果和区分不同民族文化的一种主要标志,形成了一种无形的隔离机制,进一步再生产或再创造了民族文化的差异。

3. 各民族普遍存在的“民族优越感”或“民族中心主义思想”

造成文化差异的第三个重要因素是各民族普遍存在的“民族优越感”或“民族中心主义思想”。每个民族总是习惯于按自己的文化眼光去观察理解和对待其他民族的文化。人们常常把自己的文化说成是优秀的、文明的、中心的,而把其他文化说成是低劣的、野蛮的、边远的。民族中心主义思想妨碍了民族间正常的文化传播与交流,一定程度上扩大了文化差异。

4. 语言上的障碍

共同的语言如同一条无形的文化纽带,把人们的思想、感情联系到一起,增强了民族自身的凝聚力。然而,对于不同民族的人们来说,语言上的障碍严重影响了不同民族间文化的传播、交流和融合,从而也就成为民族间文化差异的另一个重要因素。

(三)跨文化管理的 3 种全球观点

斯蒂芬·P·罗宾斯在《管理学》中详细论述了管理者在看待全球业务时,可能出现的 3 种全球观点:民族中心论(母国取向),多国中心论(东道国取向),全球中心论(全球取向),如表 8-1 所示总结了每一种全球观点的主要内容。

表 8-1 3种全球观点的主要内容

	民族中心论	多国中心论	全球中心论
取向	母国取向	东道国取向	全球取向
优点	结构比较严谨 控制比较严密	广泛地了解外国市场和工作环境 东道国政府更多的支持 鼓舞当地管理者的士气	熟悉全球事务的动力 当地目标和全球目标的平衡 选用最优秀的人才和最佳工作方式,而不受国籍之限
缺点	管理比较无效 缺乏灵活性 社会和政治力量的强烈反对	重复性工作 低效率 因过于关注当地传统而难以维护全球目标	很难实现 管理者必须同时具备当地知识和全球知识

资料来源:斯蒂芬·P.罗宾斯.《管理学》(第7版).北京:中国人民大学出版社,2007.

1. 民族中心论

民族中心论是一种狭隘的观念,认为母公司(公司总部所在国)的工作方式和惯例是最好的。持民族中心论的管理者认为,外国国民不像本国国民那样具备制定最优经营决策所必需的技能、专业技术、知识或经验。他们不放心让国外雇员掌握关键的决策权和技术。

2. 多国中心论

多国中心论认为,东道国(组织在母国之外经营业务的国家)的管理人员知道经营业务的最佳工作方式和惯例。持多国中心论的管理者认为,国外的每一个运营单位都是不同的,也是难以了解的。因而,这些管理者很可能给予这些国外机构独立经营的权利,并由国外雇员掌握决策权。

3. 全球中心论

这种全球取向观点的核心是在世界范围内选用最佳方式和最优秀的人才。持这种观点的管理者认为,在母国的组织总部和各国工作机构都具有全球观念是很重要的。应不受国别的限制来寻找最佳方式和人选,从而实现用全球观念考虑重大问题和决策。

专栏 8-3

(1)如果问一个美国人:“你中午想吃什么?”得到的回答很肯定:“一份炸牛排,一份番茄汤!”如果问一个中国人:“你中午想吃什么?”得到的回答是:“随便!”如果再问一个美国人:“今晚能参加我的生日宴会吗?”“不去!”“为什么?”“不愿意!”如果以同样的话题问中国人:“去吗?”“不一定。”

(2)一位调到沙特阿拉伯的美国经理成功地从一个沙特制造商那里获得了一份100万美元的合同。这位制造商的代表开会时晚了几个小时,但美方主管认为这无关紧要。当这个美国人后来知道沙特并无遵守此合同的意图时，既惊讶又沮丧。原来那位代表仅仅是因为来晚了，出于礼貌而签订了这份合同。

(3)一位美国主管应邀到德国一位大客户家里做客。他希望成为一个得体的客人，于是给女主人送了一束红玫瑰，一共12支。后来，他才知道在德国，如果花是偶数则代表坏运气，而且红玫瑰象征着一种极其浪漫的情意。

管理启示 成功的全球管理需要对民族习俗具有高度的敏感性。

二、跨文化管理的策略

1. 本土化策略

即根据"思维全球化和行动当地化"的原则来进行跨文化的管理。全球化经营企业在国外需要雇用相当一部分当地员工，因为当地员工熟悉当地的风俗习惯、市场动态以及其政府的各项法规，并且与当地的消费者容易达成共识。雇用当地员工不仅可节省部分开支更可有利于其在当地拓展市场、站稳脚跟。

2. 文化相容策略

根据不同文化相容的程度可分为以下两种策略：

文化的平行相容策略。这是文化相容的最高形式，习惯上称之为"文化互补"。即在国外的子公司中不以母国的文化作为主体文化。这样母国文化和东道国文化之间虽然存在着巨大的文化差异，但却并不互相排斥，反而互为补充，同时运行于公司的操作中，可以充分发挥跨文化的优势。

隐去两者主体文化的和平相容策略。即管理者在经营活动中刻意模糊文化差异，隐去两者文化中最容易导致冲突的主体文化，保存两者文化中比较平淡和微不足道的部分。使得不同文化背景的人均可在同一企业中和睦共处，即使发生意见分歧，也容易通过双方的努力得到妥协和协调。

3. 文化创新策略

即将母公司的企业文化与国外分公司当地的文化进行有效的整合，通过各种渠道促进不同的文化相互了解、适应、融合，从而在母公司文化和当地文化的基础之上构建一种新型的企业文化，以这种新型文化作为国外分公司的管理基础。这种新型文化既保留着母公司企业文化的特点，又与当地的文化环境相适应，既不同于母公司的企业文化，又不同于当地的文化，而是两种文化的有机结合。这样不仅使全球化经营企业能适应不同国家的文化环境，而且还能大大增强竞争优势。

4. 文化规避策略

当母国的文化与东道国的文化之间存在着巨大的不同，母国的文化虽然在整个公司的运作中占主体地位，可无法忽视或冷落东道国文化的存在的时候，由母公司派到子公司的管理者，就应特别注意在双方文化的重大不同之处进行规避，不要在这些“敏感地带”造成彼此文化的冲突。在宗教势力强大的国家更要特别注意尊重当地的信仰。

5. 文化渗透策略

文化渗透是个需要长时间观察和培育的过程。跨国公司派往东道国工作的管理者，基于其母国文化和东道国文化的巨大不同，并不试图在短时间内迫使当地员工服从母国的人力资源管理模式。而是凭借母国强大的经济实力所形成的文化优势，对于公司的当地员工进行逐步的文化渗透，使母国文化在不知不觉中深入人心，使东道国员工逐渐适应了这种母国文化并慢慢地成为该文化的执行者和维护者。

6. 借助第三方文化策略

跨国公司在其他的国家和地区进行全球化经营时，由于母国文化和东道国文化之间存在着巨大的不同，而跨国公司又无法在短时间内完全适应由这种巨大的“文化差异”而形成的完全不同于母国的东道国的经营环境。这时跨国公司所采用的管理策略通常是借助比较中性的，与母国的文化已达成一定程度共识的第三方文化对设在东道国的子公司进行控制管理。用这种策略可以避免母国文化与东道国文化发生直接的冲突。如欧洲的跨国公司想要在加拿大等美洲地区设立子公司，就可以先把子公司的海外总部设在思想和管理比较国际化的美国，然后通过在美国的总部对在美洲的所有子公司实行统一的管理。而美国的跨国公司想在南美洲设立子公司，就可以先把子公司的海外总部设在与国际思想和经济模式较为接近的巴西，然后通过巴西的子公司总部对南美洲其他的子公司实行统一的管理。这种借助第三国文化对母国管理者所不了解的东道国子公司进行管理可以避免资金和时间的无谓浪费，使子公司在东道国的经营活动可以迅速有效地取得成果。

7. 占领式策略

是一种比较偏激的跨文化管理策略，是全球营销企业在进行国外直接投资时，直接将母公司的企业文化强行注入国外的分公司，对国外分公司的当地文化进行消灭，国外分公司只保留母公司的企业文化。这种方式一般适用于强弱文化对比悬殊，并且当地消费者能对母公司的文化完全接受的情况下采用，但从实际情况来看，这种模式采用得非常少。

总之，全球化经营企业在进行跨文化管理时，应在充分了解本企业文化和国外文化的基础上，选择自己的跨文化管理模式，使不同的文化得以最佳结合，从而形成自己的核心竞争力。

专栏 8-4

早在1992年，三星公司就开始进军中国。那时主要以战略合作为主，依靠中国丰富低价的劳动力资源，建立生产制造基地，三星在消费者眼中也沦为低质廉价的产品。20世纪90年代末，中国的经济以及综合国力取得了飞速发展，中国已成为各跨国企业竞相争取的投资基地。对此三星也给予了高度重视，2000年开始做战略调整，舍弃低端市场，提高产品的科技含量，努力推广高端产品，树立三星的时尚数码品牌形象，提升品牌价值，并将研发、生产、营销的全过程都在中国进行，即实现所谓的"当地完结型"模式。为了更好地利用和发挥中国的人才优势，三星在中国设立了研发基地——三星电子中国通信研究所及博士后工作站。三星还与清华大学和北京邮电大学签署共同培养博士后的协议，并在中国多所大学设立三星奖学金。培养并吸纳富于智慧、勇于挑战、开拓进取的创新型人才，为三星人才体系提供了强有力的保障。为了让中国员工和韩国员工一样为三星效忠，三星进行了卓有成效的跨文化培训。除了比较学习中韩文化的差异和三星的企业文化外，公司经常选派中国员工到韩国三星总部学习、进修，总部也经常选派高层领导来视察指导，给中国员工上一堂跨文化培训课。三星的人才本土化战略为三星注入了更多的新鲜元素，更好地了解中国人的消费习惯及中国市场的需求，进而更方便地开拓中国市场。

管理启示 随着世界经济一体化以及我国的改革开放，中国在世界经济舞台上的作用越来越重要。无论是在中国发展的跨国公司还是选择向海外发展的中国企业都应该高度重视企业的跨文化管理。

第三节 组织变革

一、组织变革的影响因素

组织的机构与结构设计以及在此基础上的人员配备是在特定情境下，根据对特定情境的认识而完成的。任何设计得再完美的组织，在运行了一段时间以后，为了更好地适应组织内外条件变化也都必须进行变革。实际上，组织变革要经常进行，这已经成为组织发展过程中的一项经常性活动，任何组织都不可能回避，而能否抓住时机顺利推进组织变革则成为衡量管理工作有效性的重要标志。诱发组织变革并决定组织变革目标方向和内容的主要因素有战略、环境、技术及组织规模和成长阶段。

（一）战略

企业在发展过程中需要不断地对其战略的形式和内容做出调整。新的战略一旦形成，组织结构就应该进行调整、变革，以适应新战略实施的需要。结构追随战略，战略的变化必然带来组织结构的更新。

企业战略可以在两个层面影响组织结构：一是不同的战略要求开展不同的业务和管理活动，由此影响到管理职务和部门的设计；二是战略重点的改变会引起组织业务活动重心的转移和核心职能的改变，从而使各部门、各职务在组织中的相对位置发生变化，相应地要求各管理职务以及部门之间的关系做出调整。

（二）环境

环境变化是导致组织结构变化的一个主要影响力量。当今的企业普遍面临全球化的竞争和由所有竞争者推动的日益加速的产品创新，以及顾客对产品质量和交货期的越来越高的要求，这些都是环境动态性的表现。而传统的以高度复杂性、高度正规化和高度集权化为特征的机械式组织，并不适用于企业对迅速变化的环境做出灵敏的反应，适应新的环境条件的要求。目前许多企业的管理者开始朝着弹性化或有机化的方向改组其组织，以使他们变得更加精干、快速、灵活和富有创新性。

环境之所以会对组织的结构产生重大影响，是因为任何组织都或多或少是个开放的系统。组织作为整个社会经济大系统的一个组成部分，它与外部的其他社会经济子系统之间存在着各种各样的联系，所以外部环境的发展和变化必然会对组织结构的设计产生重要的影响。

（三）技术

组织的任何活动都需要利用一定的技术和反映一定技术水平的特殊手段来进行。技术以及技术设备的水平，不仅影响组织活动的效果和效率，而且会对组织的职务设置与部门划分、部门间的关系以及组织结构的形式和总体的特征等产生相当程度的影响。比如，信息技术的推陈出新，在促进传统非程序化决策的转化以及组织内外部高强度的信息共享和交流时，使许多重大问题的决策趋于集权化，而次要问题的解决可以分权化。

再从生产作业技术来看，组织将投入转化为产出所使用的过程和方法，在常规化程度上是各不相同的。越是常规化的技术，越需要高度结构化的组织。反之，非常规的技术要求更大的结构灵活性。计算机手段在生产作业活动中的更广泛、更深入的应用,促使生产技术向非常规化演进,相应地也促使管理组织结构变得更具有柔性特征。

(四)组织规模和成长阶段

组织的规模往往与组织的成长或发展阶段相关联。伴随着组织的发展,组织活动的内容会日趋复杂,人数会逐渐增多,活动的规模和范围会越来越大,这样组织结构也必须随之调整,才能适应成长后的组织的新情况。组织变革伴随着企业成长的各个时期,不同的成长阶段要求不同的组织模式与之相适应。例如,企业在成长早期,组织结构常常是简单、灵活的。随着员工的增多和组织规模的扩大,企业必须由创业初期的松散结构转变为正规的、集权的,其通常的形态就是职能型结构。而当企业的经营进入多元产品和跨地区市场后,分权的事业部结构可能更为适宜。企业进一步发展而进入集约经营阶段以后,不同领域之间的交流与合作以及资源共享、能力整合、创新力激发问题愈发突出,这样,以强化协调作为主旨的各种创新组织形态便应运而生。总之,组织在不同的发展阶段所适合采取的组织模式是各不一样的。组织变革伴随着企业发展的各个时期,组织的跳跃式变革与渐进式演进相互交替,共同推动企业的发展。

专栏 8-5

1981 年杰克·韦尔奇(Jack Welch)继任通用电气公司总裁,当时公司内外几乎没有人认为公司需要重新整顿,因为公司一直是备受全球敬重的知名企业,通用电气的股票还是上市公司绩优股中的绩优股,但韦尔奇则认为通用电气的主管萧规曹随,善于守成,但拙于创新。当外部环境发生剧烈变动时,通用电气的诸多程序及制度就显得不合时宜、窘态毕露,公司经理们惯有的自信也逐渐丧失。若是再放任发展下去,不做一点调整改革,不出 10 年,这个表面上看起来健全蓬勃的企业可能也会遭到和克莱斯勒汽车公司一样的命运。

韦尔奇认为,一个强大的企业必须有持续增长的收益和利润,收益的增加来自源源不断的新主意和产品创新;利润的增长则是通过生产率的不断提高。而通用电气已存在收益及利润无法提高的障碍。威胁收益增长的因素是公司高度发展的官僚体制以及背后支撑的企业文化。对于主管们来说,掌握那些繁文缛节已成为封官晋爵、晋升荣华的必备艺术和必要条件。结果许多通用电气的优秀管理者,把大部分精力用来应付内部的琐事,而非关注顾客的真正需求,关注环境变化可能对公司发展带来什么样的机会和威胁。韦尔奇决心对通用电气目前的状况进行改革，甚至不顾大多数员工的反对。

小思考 韦尔奇对通用电气公司进行改革的根本原因是什么？

二、组织变革的类型及内容

（一）组织变革的类型

依据不同的划分标准，组织变革可以有不同的类型，如表 8-2 所示。本节重点介绍按照组织变革的不同侧重点划分的 4 种变革类型。

表 8-2 组织变革的类型

划分标准	组织变革类型
按照变革的程度与速度不同	渐进式变革和激进式变革
按照工作的对象不同	以组织为重点的变革、以人为重点的变革和以技术为重点的变革
按照组织所处的经营环境状况不同	主动性变革和被动性变革
按照组织变革的不同侧重	战略性变革、结构性变革、流程主导性变革、以人为中心的变革

1. 战略性变革

战略性变革是指组织对其长期发展战略或使命所做的变革。如果组织决定进行业务收缩，就必须考虑如何剥离非关联业务；如果组织决定进行战略扩张，就必须考虑购并的对象和方式，以及组织文化重构等问题。

2. 结构性变革

结构性变革是指组织需要根据环境的变化适时对组织的结构进行变革，并重新在组织中进行权力和责任的分配，使组织变得更为柔性灵活、易于合作。

3. 流程主导性变革

流程主导性变革是指组织紧密围绕其关键目标和核心能力，充分利用现代信息技术对业务流程进行重新构造。这种变革会对组织结构、组织文化、用户服务、质量、成本等各个方面产生重大的改变。

4. 以人为中心的变革

组织中人的因素最为重要，组织如若不能改变人的观念和态度，组织变革就无从谈起。以人为中心的变革是指组织必须通过对员工的培训、教育等引导，使他们能够在观念、态度、行为方面与组织保持一致。

（二）组织变革的内容

组织变革具有互动性和系统性，组织中任何一个因素的改变，都会带来其他因素的变化。但就某一阶段而言，由于环境情况各不相同，变革的内容和侧重点也有所不同。综合而言，组织变革过程的主要变量因素包括人员、任务、技术以及结构。

1. 对人的变革

人员的变革是指员工在态度、技能、期望、认知和行为上的改变。组织发展虽然包括各种变革，但是人是最主要的因素，人既可能是推动变革的力量也可能是反对变革的力量。变革的主要任务是组织成员之间在权力和利益等资源方面的重新分配。要想顺利实现这种分配，组织必须注重员工的参与，注重改善人际关系并提高实际沟通的质量。

2. 对技术与任务的变革

技术与任务的改变包括对作业流程与方法的重新设计、修正和组合，包括更换机器设备，采用新工艺、新技术和新方法等。由于产业竞争的加剧和科技的不断创新，管理者应能与当今的信息革命相联系，注重在流程再造中利用最先进的计算机技术进行一系列的技术改造，同时，组织还需要对组织中各个部门或各个层级的工作任务进行重新组合，如工作任务的多样化，工作范围的扩大化。

3. 对结构的变革

组织的任务调整了，技术改变了，利用一定技术从事不同活动的人进行了重新安排，这些人之间的关系、组织结构也必然要求进行相应的变革。结构的变革包括权力关系、协调机制、集权程度、职务与工作再设计等其他结构参数的变化。管理者的任务就是要对如何选择组织设计模式、如何制订工作计划、如何授予权力以及授权程度等一系列行动做出决策。现实中，固化组织结构通常是不可能的，组织需要随着环境条件的变化而改变，管理者应该根据实际情况灵活改变其中的某些要素及其相互关系。

三、组织变革的阻力及管理策略

（一）组织变革阻力的主要来源

1. 个体和群体方面的阻力

个体对待组织变革的阻力，主要是因为：个体的个人习惯、对风险的疑虑、对变化缺乏适应能力等原因。

个体习惯会非常适应传统的组织文化，并且根深蒂固，所以任何改变都会艰难至极。当员工面临变革时，以原有的习惯方式进行应对的模式就会成为组织文化变革的阻力。同时，如果组织员工担心面临新的环境、新的技术、新的方法，担心自己无法适应新的工作和规范，在心理上必然会产生抗拒，特别是当组织大多数员工都抗拒变革时，阻力更大。变革则代表了组织员工将面临更大的不确定性，当组织员工对组织变革的前景不能做出准确的判断时，组织员工出于规避风险的考虑，会产生对变革的消极心态。

群体对变革的阻力，可能来自于群体规范的约束，群体中原有的人际关系可能因变革而受到改变和破坏，群体领导人物与组织变革发动者之间的恩怨、摩擦和利害冲突以及组织利益相关群体对变革可能不符合组织或该团体自身的最佳利益的顾虑等。

2.组织的阻力

来自组织层次的变革的阻力，包括现行组织结构的束缚、组织运行的惯性、变革对现有权力关系和资源分配格局所造成的破坏和威胁以及追求稳定、安逸和确定性等，这些都可能是影响和制约组织变革的因素。此外，对任何组织系统来说，其内部部门之间以及系统与外部之间都存在着强弱程度不等的相互依赖和相互牵制的关系，这种联系是组织作为系统所固有的特征。然而，在一定时期内进行的组织变革，一方面出于克服和化解变革阻力的需要，另一方面也由于组织问题本身是错综复杂的，因而很难全部解决，这样，具有一定广度和深度的组织变革就通常只宜采取分阶段有计划地逐步推进的渐进式变革策略。在这种策略下，每一计划期内的变革都只能针对有限的一些组织问题，这就难以避免会导致系统内外尚未变革的要素对现有计划范围内的变革构成一种内在牵制和影响力。这种制约力量需要变革管理者在设计组织变革方案时就事先予以周密考虑，以便安排合适的变革广度、深度和进度。

3.外部环境的阻力

组织的外部环境条件也往往是阻碍组织变革的一个不可忽视的来源。比如：与充分竞争的产品市场会推动组织变革相比，缺乏竞争性的市场往往造成组织成员的安逸心态，束缚组织变革的进程；对经理人员经营企业业绩的考评重视不足或者考评方式不正确，会导致组织变革压力和驱动力的弱化；全社会对变革发动者、推进者的期待和支持态度及相关的舆论和行动，以及企业特定组织文化在形成和发展过程中所根植的整个社会或民族的文化特征，这些都是重要的影响企业组织变革成败的力量。

(二)组织变革阻力的管理策略

为了确保组织变革的顺利进行，必须要事先针对变革中的种种阻力进行充分的研究，并要采取一些具体的管理策略。

1.客观分析变革的推力和阻力的强弱

把组织中支持变革和反对变革的所有因素分为推力和阻力两种力量，前者发动并维持变革，后者反对和阻碍变革。当两力均衡时，组织维持原状，当推力大于阻力时，变革向前发展，反之变革受到阻碍。管理层应当分析推力和阻力的强弱，采取有效措施，增强支持因素，削弱反对因素，进而推动变革的深入进行。

2. 创新组织文化

组织的价值观体系、组织成员的态度体系、组织行为体系等组成组织文化。只有创新组织文化并渗透到每个成员的行为之中，才能使改革行为更为坚定，也才能够使改革具有稳固的发展基础。

3. 创新策略方法和手段

为了避免组织变革中可能会造成重大失误，使人们坚定变革成功的信心，必须采取比较周密可行的变革方案，并从小范围逐渐延伸扩大。特别是要注意调动管理层变革的积极性，尽可能削减团体对变革的抵触情绪，力争使变革的目标与团体的目标相一致，提高员工的参与程度。

总之，无论是个人还是组织都有可能对变革形成阻力，变革成功的关键在于尽可能消除阻碍变革的各种因素，缩小反对变革的力量，使变革的阻力尽可能降低，必要时还应该运用行政的力量保证组织变革的顺利进行。

专栏 8-6

21 世纪的第一年，金蝶作为中国领先的财务软件品牌，在香港创业板成功上市，真正迈出了国际化和社会化的第一步，但这只不过是成功的开始。

如果说金蝶创业者面临着由企业主到企业家的转变的话，那么公司的管理人员、公司的员工也需要对自己的职业生涯进行重新规划，适当地转换职业角色；但人的思维方式、思想意识、职业精神、工作能力、行为方式是无论如何也不可能在一夜之间完成这种进化的。许多问题、许多事物可能是以前从来没有遇到过的。现在，企业内外部环境都发生了变化，是企业主动变革的时候了。

金蝶通过充分的内外部环境分析，在凝聚核心价值观、培育核心竞争力、创造学习型企业文化等方面对组织文化进行了变革。

管理启示 要根据企业内外部环境发生的变化，进行组织文化创新。特别是在企业处于生命周期转折点的时候，进行组织文化的变革。当然，变革并不意味着全部推翻原来的组织文化，而是抱着批判、继承、发展、创新的态度来对待。

人物介绍

Z理论创始人，最早提出企业文化概念的人

——威廉·大内

威廉·大内(William Ouchi，1943—)是日裔美籍管理学家，是美国斯坦福大学的企业管理硕士，在芝加哥大学获企业管理博士学位。他从1973年开始转向研究日本企业管理，经过调查比较日美两国管理的经验，于1981年在美国爱迪生维斯利出版公司出版了《Z理论——美国企业界怎样迎接日本的挑战》一书，在这本书中，他提出Z理论，并最早提出企业文化概念，其研究的内容为人与企业、人与工作的关系。如今，他是加利福尼亚州立大学洛杉矶分校的管理学教授。

在对Z理论的研究过程中，大内选择了日、美两国的一些典型企业进行研究。在组织模式的每个重要方面，日本与美国都是对立的。但是，在美国的一些成功企业中，如IBM、普罗克特、甘布尔等，在经营管理上与日本企业有着惊人的相似之处。这些企业都在本国及对方国家中设有子公司或工厂，采取不同类型的管理方式。大内的研究表明，日本企业的经营管理方式一般较美国企业的效率更高。作者因此提出，美国的企业应该结合本国的特点，向日本企业学习管理方式，形成自己的管理方式。他把这种管理方式归结为Z型管理方式，并对这种方式进行了理论上的概括，称为“Z理论”。该书一经出版立即获得广泛重视，成为20世纪80年代初研究管理问题的名著之一。《Z理论——美国企业界怎样迎接日本的挑战》一书与《成功之路》《日本管理的艺术》《公司文化》一起被称为美国管理“四重奏”，其中《日本管理的艺术》作者之一帕斯卡尔曾与大内一起研究日本的管理。另外，大内的组织文化的思想对管理的发展也产生了很重要的影响。

企业文化与组织心理学领域的开创者和奠基人

——艾德佳·沙因

艾德佳·沙因(Edgar H. Schein，1928—)是美国麻省理工学院斯隆商学院教授，1947年毕业于芝加哥大学教育系，1949年在斯坦福大学取得社会心理学硕士学位，1952年在哈佛大学取得博士学位，此后一直任职于斯隆商学院。在组织文化领域中，他率先提出了关于文化本质的概念，对于文化的构成因素进行了分析，提出了独创的见解。在组织发展领域中针对组织系统所面临的变革课题开发出了组织咨询的概念和方法。他的主要研

究著作包括组织文化、职业动力学、咨询过程、重新思考咨询过程等，另外还有几十篇研究论文。

本章小结

组织文化也称为企业文化，是组织员工共同认可并遵循的价值观念体系。组织文化的特征包括独特性、人本性、综合性和实践性。

组织文化的结构一般分为3个层次：物质层、制度层、精神层。3个层次是紧密相连的、相互作用的。组织文化的内容包括组织精神、组织哲学、组织价值观、组织伦理道德。组织文化的功能包括：导向功能、凝聚功能、约束作用、激励功能和辐射功能。

跨文化管理是当今的组织文化建设中的重要内容。其管理策略主要包括：本土化策略、文化相容策略、文化创新策略、文化规避策略、文化渗透策略、借助第三方文化策略和占领式策略。

组织变革并决定组织变革目标方向和内容的主要因素有战略、环境、技术及组织规模和成长阶段。组织变革过程中的主要变量因素包括人员、任务、技术以及结构。组织变革的阻力主要来自：个体和群体方面的阻力、组织的阻力和外部环境的阻力。为了确保组织变革的顺利进行，需采取的一些具体管理策略是：客观分析变革的推力和阻力的强弱，创新组织文化以及创新策略方法和手段。

本章重点：组织文化的定义、结构、内容；组织文化的功能；跨文化管理的策略。

本章难点：组织文化结构中3个层次之间的关系；组织变革的影响因素。

复习题

1. 什么是组织文化？
2. 组织文化的结构是什么，3个层次的关系是什么？
3. 组织文化的内容包括哪些？
4. 组织文化的功能包括哪些？
5. 跨文化管理的策略有哪些？
6. 组织变革的阻力有哪些？

技能训练

1.案例分析题

IBM 是有明确原则和坚定信念的公司。这些原则和信念似乎很简单、很平常,但正是这些简单、平常的原则和信念构成 IBM 特有的组织文化。

老托马斯·沃森(Thomas Watson)建立了一种组织文化——尊重文化。尊重文化,从本质上是将 IBM 看作一个大家庭。在这个大家庭中,他是父亲,其他人都是儿女。其中,销售人员是他最爱的孩子,研发人员是他最偏袒的孩子,而高级行政官员很可怜,他们似乎是作为长子出现在父亲的眼前,他们受到最为严格的管束。

1914 年 12 月 7 日,老沃森将霍尔瑞斯制表公司的 30 名三四十岁的销售中坚,以及另外两家公司的高级行政人员聚集在一起。他们个个都穿着当年盛行的商务套装:一套配有马甲的深色羊毛西服,一个高高的可拆卸衣领以及一条深色领带。他们的等级观念很强,一味等待着老板发话。然而,老沃森却打破了这一惯例,从而激发起销售员的斗志。

老沃森首先告诉制表公司的销售人员,他是一个门外汉,对推销制表机没有任何经验,他请求在座的销售精英们告诉他应该怎么办。同时,他说出了一种振聋发聩的全新理念:“每一位管理者都应该把自己看作是下属的助手,而不是以老板自居。”老沃森的这些话令在场的人大吃一惊。人们开始窃窃私语,终于有胆大的人告诉老沃森制表机的优点以及客户的需求是什么。在这些谈论中,老沃森找到了市场亮点——满足消费者!

后来,老沃森发明了一套他自己的“人员定理”。他说:“一个企业分等级有职衔,例如总经理、销售经理、销售人员、服务人员、工厂经理、工厂人员、办公室经理、办公室人员。然而,当我们把所有职衔都抹去的时候,还剩下什么人呢?其实,我们每个人都是平等的。”

为了加深家的感觉,老沃森为员工提供最好的待遇。1934 年,他给员工提供了团体人寿保险。1935 年,他制订了遗属抚恤金制度,IBM 是实行带薪休假的首批公司之一。

在 IBM 尊重员工的文化中,老沃森时代最受瞩目的就是对女性平等的关注。1935 年,有一次他到妇女职业协会讲话,当他听说女性就业受到歧视时,当即决定雇用 20 名女性。IBM 强大的教育培训体系得到这一指令后,立刻针对女性进行了课程设置。

最终,25 名美国一流大学毕业的女性进入 IBM 工作。工作之前,她们首先接受了公司的培训。培训结束后,她们便被分配到系统服务部的各个分公司。在众多女性中,1943 年 11 月毕业的鲁斯·丽奇(Ruth Lizzie)成为 IBM 第一位女性副总裁,掌管系统服务部。

案例思考：

(1)案例中 IBM 组织文化是什么？是如何体现的？

(2)IBM 的组织文化经验给中国企业带来什么启示？

2. 实训操作题

(1)请使用组织文化的有关内容来描述你的课堂文化，它是否约束你的授课教师？如何约束？他是否约束学生？如何约束？

(2)举例说明组织文化会成为一个组织的负担吗？

第四篇 领 导

第九章 领 导

领导是影响一个群体实现愿景或目标的能力。

——斯蒂芬·P·罗宾斯

【学习目标】

1. 掌握领导的含义
2. 掌握领导的作用
3. 掌握领导行为理论和权变理论
4. 了解领导特质理论

导入案例

王勇原是公司人事部的干事，最近被提升到公司营销部经理。这个部门，管理混乱、人心涣散，营销绩效不断下滑，公司领导很不满意，这次派王勇来彻底解决这一难题。

王勇到任后，不动声色，但暗中做了许多调查，已弄清情况。他针对本部门实际制定出一整套整顿措施与方案。于是，他大刀阔斧地进行改革，整顿劳动纪律，批评处罚违纪者，改革奖金发放办法，对营销业绩明显不好的还扣了部分工资。他想，这些是各公司改革的成熟举措，而且力度又大，一定会迅速奏效。

但是，令他十分震惊的是，改革不但没能奏效，而且，遭到部下的强烈抵制。奖金发放办法明明是富有激励性的好办法，可是却遭到几乎所有人的反对；被他批评的人，竟能当众与他“顶牛”；被他扣了工资的人，居然找到他家里闹……营销业绩更差了，王勇被弄得狼狈不堪。

请思考 如何成为一个有效领导者？

第一节 领导概述

领导者是组织中的核心资源。领导者的自身素质、行为方式、领导风格对组织目标的实现和效率的提高起着重要的作用。领导的有效与否直接影响到管理工作的成效，甚至直接决定了一个组织的兴衰成败。所以，任何一个组织都离不开领导和领导者。同时，领导是管理活动成功与否的关键职能。

一、领导的内涵与作用

（一）领导的内涵

孔茨认为，“领导是一门促使其部属充满信心、满怀热情来完成他们的任务的艺术”；特里（Terry）认为“领导是影响人们自动为达成群体目标而努力的一种行为”；布兰查德（Blanchard）则认为，“领导是一种过程，使人得以在选择目标及达成目标上接受指挥、引导、影响”；戈特利布·岗特思（Gottlieb Corrientes）博士认为，“领导是人际关系的一种特别过程，其参与者扮演着基本上是等价的，但又是互补的角色，他们为了非凡的表现而获得灵感和动机”；斯蒂芬·P·罗宾斯认为“领导者是那些能够影响他人并拥有管理职权的人。领导是指带领一个群体和影响这个群体实现目标的过程，这就是领导者的工作”；国内学者周三多认为“领导就是带领、引导和鼓励部下为实现目标而努力的过程”。

综合以上学者定义，我们认为：领导是通过影响个人和组织实现组织目标的过程。而领导者是实施领导过程的个人或群体。

领导的定义中有3层含义：领导拥有管理的权力；领导活动是一个动态的过程；领导活动与实现组织目标紧密相连。

（二）领导者的作用

当领导者有效地进行领导活动时，其所施加于他人的影响有利于一个组织或群体取得好的业绩；而领导者无效时，其影响对目的的实现则没有积极作用，甚至会妨碍目标的实现。除了业绩目标外，有效的领导者能提高组织面对挑战的能力，包括取得竞争优势、培养道德行为、公正和公平地对待不同的员工等。那些通过对组织成员施加影响来帮助实现这些目标的领导者提高了其所在组织成功的机会。

国内学者周三多（2008）认为，在带领、引导和鼓舞部下为实现组织目标而努力的过程中，领导者要具体发挥指挥、协调和激励 3 个方面的作用。

1. 指挥作用

在人们的集体活动中，需要有头脑清晰、胸怀全局，能高瞻远瞩、运筹帷幄的领导者帮助人们认清所处的环境和形势，指明活动目标的途径。领导者只有站在员工的前面，用自己行动带领人们为实现企业目标而努力，才能真正发挥作用。

2. 协调作用

在许多人协同工作的集体活动中，即使有了明确的目标，也因个人的才能、理解能力、工作态度、进取精神、性格、作风、地位等不同，加上外部各种因素的干扰，人们之间在思想上发生各种分歧、行动上出现偏离目标的情况是不可能避免的。因此，需要领导者来协调人们之间的关系和活动，朝着共同的目标前进。

3. 激励作用

在复杂的社会生活中，企业的每一个员工都有各自不同的经历和遭遇，怎样才能使每一个员工都保持旺盛的工作热情、最大限度地调动他们工作的积极性呢？这就需要通情达理、关心员工的领导者来为他们排忧解难、激发和鼓舞他们的斗志，发掘、充实和加强他们积极进取的动力。引导不同的员工朝着同一个目标努力，协调这些员工在不同时空的贡献，激发员工的工作热情，使他们在企业经营活动中保持高昂的积极性，这便是领导者在组织和率领员工为实现企业目标而努力的过程中必须发挥的激励作用。

二、领导与管理

(一)管理主体的内涵

根据组织成员在组织中发挥的作用，可以将组织成员分为两类：管理者和操作者。管理主体即活动的管理者和群体，是具有管理技能、拥有相应权威和权力的指挥、监督别人工作活动的人。他们处于操作者之上的组织层次中，由高级领导人员和管理职能人员构成。

高级领导人员，通常是组织的核心人物。他们根据组织的既定目标，将目标分解为各类管理活动、工作任务，负有最终监督完成既定目标的责任。

管理职能人员，他们是各方面具体执行计划、组织、协调、控制、经营等管理活动的人，通常是组织中的骨干人物。没有他们，组织既定的目标就难以实现。

(二)领导与管理的关系

在日常生活中，人们常将管理与领导、管理者与领导者等同起来。从广义来看，两者可以等同，如中层和基层组织中的领导活动，可称为管理活动，管理者也可称为领导者。从狭义上看，两者是不同的，领导行为和活动是管理行为与活动的组成部分，领导者可以是上级任命的，也可以是从员工中自发产生出来的，领导者可以运用正式权力之外的活动来影响他人。管理是由领导者或非领导者通过计划、组织、领导和控制职能活动，以实现组织目标的行为过程，强调的是人为因素、一种影响力，而这里的期望目标可能是组织目标、群体目标，也可能是领导者个人目标。管理者是受到上级任命在岗位上从事工作的，他们的影响力来自这一职位所赋予的正式权力。

管理和领导，虽定义不同，但显然有诸多相似之处。两者涉及对事情做出决定，建立一个能完成某项计划的人际关系网络，并尽力保证任务得以完成。但两者之间却有着不同的作用。科特(Kente)从 4 个方面分析管理和领导的差别，完成了对于领导与管理概念的再认识，如表 9-1 所示。

表 9-1　管理与领导的差别

阶　段	管　理	领　导
制定议程	制订计划、编制预算，具体说就是编制为实现目标而采取的具体步骤和行动安排，并且对实行计划过程中所需要的物资进行安排	确定组织未来发展的方向，考虑组织发展的长远目标，对未来进行规划，制定宏观的战略，并为将来可能出现的风险设计变革战略
发展计划所需的人力网络	为企业组织和人员配备，即根据具体计划的要求建立组织机构，配备人员时要注意专业分工，给予他们完成任务所需的相应权力，并承担与此相符的责任，通过一定的规则制定和政策引导来保证计划的实施，建立一定的监督系统来监督计划的执行	联合员工，具体来说就是将已经确定的组织发展方向传达给广大员工，争取有关人员的支持与合作，并以此来形成影响力，使达成共同愿景、接受组织目标和战略的人们形成联盟
执行计划	侧重于控制、解决问题，一旦发现偏差，立刻组织人员予以纠正，实行严格的监督，保证计划的完成	领导在这一过程中侧重于激励和鼓舞，具体而言就是对人们没有得到满足的基本需求予以满足，鼓舞和激励人们，尤其是在面临变革过程中的各种障碍时，能够保持士气，坚持不懈
实施结果	管理在一定程度上实现了预期计划，实现计划的过程中组织秩序得以维持，并且能够持续发展	通常引起变革，常常还是剧烈的变革，在变革中形成巨大的发展潜力，能够很快地适应新变化、新要求，随时形成新的竞争力

资料来源：郝云宏主编. 管理学. 浙江工商大学出版社，2010.

三、领导与权力

权力是领导者影响下属行为的潜在能力，领导的核心在权力。领导权力通常就是指影响他人的能力，在组织中就是指排除各种障碍完成任务、达到目标的能力。根据约翰·弗伦奇(John French)和伯特伦·雷文(Bertram Raven)等人的研究，领导权力有 5 种形式、来源。

1. 合法权力

合法权力是指领导者拥有领导职位所具有的正式权力，是被组织、法律、传统习惯所认可的。这种权力不一定要领导者本人实施，而可以通过制定、实施政策和规章制度来实施。

2. 奖励权力

奖励权力是指领导者给予或取消奖励或报酬的权力，例如提高工资、奖金、表彰等。领导者掌握的奖励手段越多，奖励权力就越大。

3. 强制权力

强制权力是指领导者通过运用精神和物质上的制裁，从而强制下属服从的权力。例如批评、处罚、扣除工资奖金等实施惩罚性措施的权力。领导者对下属采取强制性措施越严厉，强制性权力越大，则下属反抗意识也越强。

4. 个人影响权力

个人影响权力是指领导者的个性魅力对下属的行为所产生的影响力。它是抽象的，往往因为领导者的言谈、行为举止给下属一种认同感。

5. 专家权力

专家权力是指领导者拥有某方面的专业知识，或是某一领域的专家，从而对下属拥有相当大的影响力。人们往往愿意听从某一领域有丰富知识人士的忠告，如有名的医生、科学家、律师等，就是因为他们拥有相当大的影响力。知识越重要，掌握的人越少，则相应的专家权力也就越大。

前 3 种权力来源于职位、职务，一般政府官员、组织内的各级主管人员都具有这 3 种权力。而后 2 种权力来源于个人的领导水平、领导艺术、素质修养和行为举止等。一位有效的领导者，应该同时拥有上述 5 种权力，而仅仅拥有前 3 种权力是远远不够的。因为作为一个有效的领导者就应通过各种途径，学习和掌握各种专业知识和管理知识，不断地完善本人各方面的素质，不断地提高领导艺术和领导水平。

专栏 9-1

死在印度的修女德蕾莎，她是南斯拉夫人，早年在英国受教育，1948 年远赴印度加尔各答，竭力服务贫困中的最穷苦者。她在印度时就一直不穿鞋，人家就问她，德蕾莎修女，你怎能不穿鞋啊？德蕾莎说："我服务的印度大众都太苦了，他们很多人都没有鞋穿，我如果穿上鞋，就与他们的距离差得太远了。"原来德蕾莎所服务的印度大众大部分都打赤脚，所以她自己也就不穿鞋。有一次戴安娜王妃访问印度，亲自接见德蕾莎，她突然间发现德蕾莎的脚上没有穿鞋，事后她对别人讲："我与她握手时发现她没有穿鞋，我脚上穿了一双白色的高跟鞋，真惭愧呀。"后来南斯拉夫爆发科索沃内战，德蕾莎去问负责战事的指挥官，说战区里面那些可怜的女人和小孩儿都逃不出来，指挥官对她这样讲："修女啊，我想停火，对方不停啊，没办法。"德蕾莎说："那么只好我去了。"德蕾莎走进战区，对方一听说德蕾莎修女在战区里面，立刻停火，后来她把一些可怜的女人和小孩儿带走以后，两边又打起来了。消息传到联合国，安南听后叹了口气说："这件事连我也做不到。"后来德蕾莎在印度逝世。

德蕾莎出殡的那一天，她的遗体被12个印度人抬起来，身上盖的是印度的国旗，印度为她举行国葬，就在德蕾莎遗体被抬起时，在场的印度人统统下跪，包括印度总理。这就叫个人魅力，这种魅力能够影响广大群众。

管理启示 在企业中，个人影响权力表现为管理者的某些特征能吸引下属，下属认同管理者，给予管理者一定的权力。

第二节 领导理论

国外的许多专家学者曾对领导问题进行深入的研究，各种理论也从不同的角度阐述领导问题，本书主要介绍行为理论和权变理论。

一、行为理论

(一)勒温的领导行为理论

美国心理学家库尔特·勒温(Kurt Lewin，1890—1947)等人早在20世纪30年代对群体进行实验研究，他以权力定位为基本变量，通过试验研究不同的工作作风对下属群体行为的影响，认为存在3种极端的领导行为：专制行为、民主行为、放任行为。

1. 专制式领导

领导者靠权力和强制命令来让下属服从他，是一种独断专行的"家长式"领导。专制式领导的特点是：权力定位于领导者，以领导者为中心，以任务为导向；以严格监督为手段，根据领导者好恶来奖惩，上下属保持一定的心理距离。具体来说：独断专行，从不考虑别人意见，所有决策都由领导者自己决定；从不把任何消息告诉下属，下属没有任何参与决策的机会，只能察言观色、奉命行事；主要依靠命令、纪律约束、训斥、惩罚手段，只有偶尔的奖励；领导者预先安排一切，下属只能服从；领导者很少参加群体的社会活动，与下属保持相当的心理距离。

专制式领导的影响结果是：领导者只关心工作任务和工作效率；对成员关心不够，上下属之间心理距离较大，下属对领导者存在戒备心理或敌意；成员缺乏工作的积极性与主动性；容易使下属产生挫折感和机械化的行为倾向；遇到挫折时，成员相互推卸责任或进行人身攻击；成员多以"自我"为中心，群体士气低，凝聚力不强。

2. 民主式领导

领导者通过以理服人、以身作则，充分调动下属的积极性，发挥其主动性和创造性，使他们各尽所能、各施所长，在分工的基础上通力协作。民主式领导的特点是：权力定位于群体；以群体为中心，以目标为向导；以一般监督为手段，根据事实来奖惩，上下属心理距离小。具体来说：所有政策都是在领导者的鼓励和协作下由群体讨论而决定的，而不是由领导单独决定，政策是领导及其下属共同智慧的结晶；分配工作时尽量考虑到个人的能力兴趣和爱好；对下属的工作，不安排得很具体；个人有相当大的工作自由，较多的选择性和灵活性。

民主式领导的影响结果是：领导者注意协助、鼓励成员的工作，能关心并满足成员的需要；上下属之间是民主与平等的关系，彼此之间的心理距离很小；成员有较强的工作动机，工作积极性高，主动性强，成员自己决定工作方式、程序与方法、进度等，责任心强，有较高的成就感与满足感；遇到挫折时，成员间相互帮助，团结一致，力图解决问题；成员士气高，凝聚力强。

3. 放任式领导

领导者对下属的做法不干涉，完全放任。权力定位于群体中的每一个人。放任式领导的特点是：权力定位于成员个人；以成员个体为中心，以自由发挥为导向；领导者不干预活动，没有奖惩，上下属关系疏远。具体来说：权力完全归于成员个人，领导者对工作既不布置也不检查，采取"无为而治"的态度，是一种"俱乐部式"或放任自流式的领导。

放任式领导的影响结果是；领导者既不关心工作任务和工作效率，也不关心成员的需要；上下属之间关系疏远，组织松懈，"名存实亡"；没有规章制度，没有任何要求，也不对工作做任何评估；成员"各自为政"，缺乏集体精神，出现无政府主义状态；工作效率低下，群体或组织目标难以实现，人际关系淡漠；群体士气低，凝聚力弱。

勒温根据试验认为放任行为效率最低，只能达到社交目标，而完不成工作目标；专制作风的领导虽然通过严格管理达到了工作目标，但群体成员没有责任感、情绪消极、士气低落、争吵较多；民主行为工作效率最高，不但完成工作目标，而且群体成员关系融洽，工作主动积极，有创造性。

在实际工作中，这 3 种领导方式并不常见。勒温认为，大多数领导者采用的领导作风往往是这 3 种类型的混合型。领导作风理论没有考虑到被领导者和环境因素，有其局限性，应当根据实际情况，采用适宜的领导作风。

(二)领导行为四分图理论

1945 年，美国俄亥俄州立大学工商企业研究所由斯托格狄尔(Stodgill)和沙特尔(Chartres)带领的研究小组，对领导行为问题展开了一项范围广泛的调查研究，确定了领导者行为当中 2 个重要维度。研究者从 1000 多个行为维度着手，最终归纳出 2 大类，并证明这 2 个维度是群体成员对领导行为描述最多的方面。这 2 个维度分别是“关心人”“关心组织”，如图 9-1 所示。

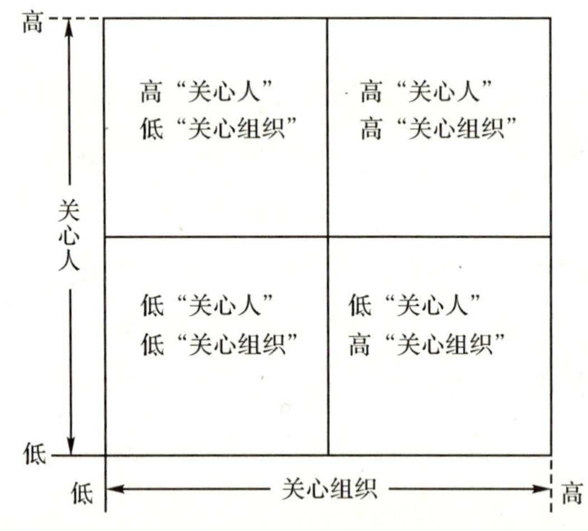

图 9-1 领导行为四分图模型

资料来源：北京工商大学商学院工商管理教研室编. 管理学. 经济管理出版社，2009.

从图 9-1 可以看出，领导行为可以分为 4 种情况：

(1)“低‘关心人’、低‘关心组织’”的领导行为。这类领导者对人、对组织的关心程度都很低，领导效果最差，属虚弱型领导。会导致低绩效、高不满、高流动。

(2)“低‘关心人’、高‘关心组织’”的领导行为。这类领导者最关心的是工作任务而较少关心人，属任务型领导。易导致高绩效、高不满、高流动。

(3)“高‘关心人’、高‘关心组织’”的领导行为。这类领导者对工作和人都很关心，一般来讲领导效果最好，属战斗集体型领导，会导致高绩效、低不满、低流动。

(4)“高‘关心人’、低‘关心组织’”的领导行为。这类领导者对人的关心程度较高而对组织的关心程度较低，属人际关系型领导。会导致低绩效、低不满、低流动。

这 4 种领导行为中，哪一种效果好、哪一种效果差，不能一概而论，应根据被领导者和环境因素而定。

俄亥俄州立大学工商企业研究所研究的早期实践表明，在“关心人”和“关心组织”两方面得分均高于平均水平的领导者多为成功的领导者，其工作效率和领导效能必定都较高。但后来有些研究并不支持此结论。有研究报告称，在生产部门中，效率与“关心组织”呈正比关系，与“关心人”成反比关系；而在非生产部门，情况则恰恰相反。同时，重视关心人的领导者多能使下属感到满意，下属的抱怨、旷工和离职现象较少。

(三)管理方格理论

在“领导行为四分图理论”的基础上，布莱克(Blake)和穆顿(Mouton)于1964年在《管理方格》一书中提出了管理方格理论，并在1978年出版的《新管理方格》一书中做了进一步的补充和完善。

该理论可用一张方格图来表示，在这张图上，横轴表示领导者对生产的关心，纵轴表示领导者对人的关心。每条轴划分为9个格，第1个格代表关心程度最低，第9格表示关心程度最高，整个方格总共有81个小方格，每1小方格代表1种领导方式，如图9-2所示。

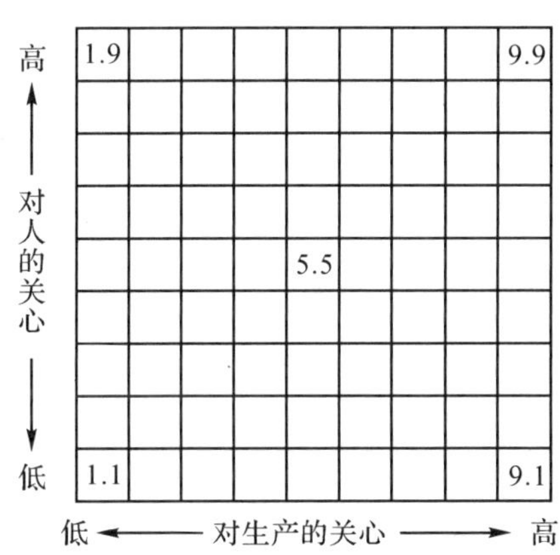

图9-2 管理方格理论

资料来源：周三多，陈传明，鲁明泓主编. 管理学——原理与方法(第五版). 复旦大学出版社，2012.

布莱克和穆顿在提出管理方格时，列举了5种典型的领导方式。

1.1型方式(贫乏型)。对员工的关心和对生产任务的关心都很差。这种方式无疑会使企业失败，在实践中很少见到。

9.1型方式(任务型)。只重视任务的完成，不重视人的因素。这种领导是一种专权式的领导，下属只能奉命行事，员工失去进取精神，不愿用创造性的方法去解决各种问题，不能施展所有的本领。

1.9型方式(乡村俱乐部型)。与9.1型相反，即特别关心员工。持此方式的领导者认为，只要员工精神愉快，生产自然会好。这种管理的结果可能很脆弱，一旦和谐的人际关系受到了影响，生产绩效会下降。

9.9 型方式(团队型)。对生产和人的关心都达到了最高点。在 9.9 型方式下，员工在工作上希望相互协作，共同努力去实现企业目标；领导者诚心诚意地关心员工，努力使员工在完成组织目标的同时，满足个人需要。应用这种方式的结果是，员工都能运用智慧和创造力进行工作，关系和谐，出色地完成任务。

5.5 型方式(中庸之道型)。既不过于重视人的因素，也不过于重视任务因素，努力保持和谐和妥协，以免顾此失彼。遇到问题总想用息事宁人的办法了事。此种方式比 1.9 型和 9.1 型强些。但是，由于牢守传统习惯，从长远看，会使企业落伍。

从上述各种方式的分析中，显然可以得出如下结论：作为一个领导者，既要发扬民主，又要善于集中；既要关心企业任务的完成，又要关心员工的正当利益。只有这样，才能使领导工作卓有成效。

(四)领导行为的连续统一体理论

在勒温进行的领导作风实验基础上，美国加州大学的坦南鲍姆(Tannenbaum)和施米特(Schmidt)于 1958 年在《哈佛商业评论》上发表了《怎样选择领导模式》一文，提出了领导行为的连续统一体理论，于 1973 年稍作修改后再次发表。他们认为，领导方式不应固定不变，而应根据具体情况来确定；民主式与专制式领导方式仅是两种极端的情况，两者中间存在着多种过渡类型。它们构成一个连续的统一体；领导方式随着领导者运用职权的程度和下属在制定决策时的自由度不同而异，根据这种认识，他们提出了“领导行为的连续统一体理论”。如图 9-3 所示概括描述了他们这种理论的基本内容和观点。

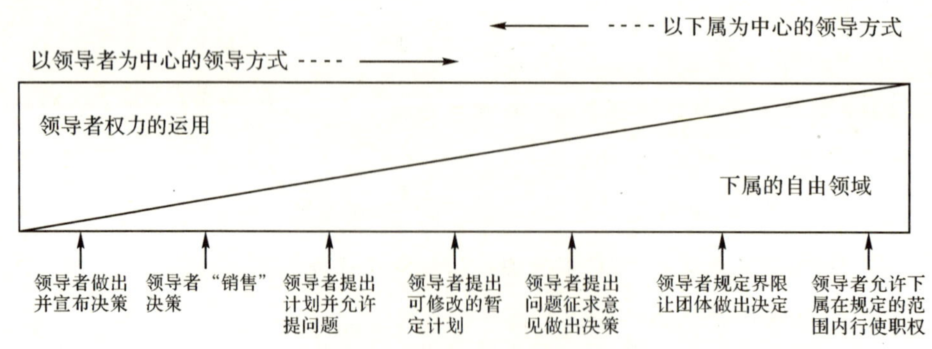

图 9-3 领导行为的连续统一体理论

资料来源：周三多，陈传明，鲁明泓主编. 管理学——原理与方法(第五版). 复旦大学出版社，2012.

1. 领导者做出并宣布决策

在这种方式中，上级确认一个问题，考虑各种可供选择的解决方法，从中选择一个，然后向下属宣布，以便执行。他可能考虑，也可能不考虑下属对他的决策的想法，但不管怎样，他不给下属参与决策的机会，下属只能服从他的决定。

2. 领导者“销售”决策

这种方式和前一种方式一样，领导者承担确认问题和做出决定的责任，他不是简单地宣布这个决策，而是说服下属接受这个决策。同时，他不是简单地意识到下属中可能有某些反对意见，通过阐明这种决策给下属带来利益以争取他们的支持。

3. 领导者提出计划并允许提问题

在这种方式中，领导者做出了决策，并期望下属接受这个决策，但他向下属提供一个有关他的想法和意图的详细说明，并允许提出问题，这样，他的下属可以更好地了解他的意图和计划。这个过程使领导者和他的下属能深入探讨这个决策的意义和影响。

4. 领导者提出可修改的暂定计划

在这种方式中，允许下属对决策发挥某些影响作用。确认问题和决策的主动权仍操纵在领导者手中。他先对问题进行考虑，并提出一个计划，但只是暂定的计划，然后把这个计划交给有关人员征求意见。

5. 领导者提出问题，征求意见，做出决策

在这种方式中，虽然确认问题和决策仍由领导者进行，但下属有建议权。下属可以在领导者提出问题后，提出各种解决方案，领导者从他自己和下属提出的方案中选择较为满意的。这样做的目的是充分利用下属的知识和经验。

6. 领导者规定界限，让团体做出决定

在这种方式中，领导者把决策权交给团体。这样做以前，他解释需要解决的问题，并给要做的决策规定界限。

7. 领导者允许下属在规定的范围内行使职权

在这种方式中，团体有极度的自由，唯一的界限是上级做的规定。如果上级加快了决策过程，也往往以普通成员身份出现，并执行团体所做的任何决定。

领导行为的连续统一体理论所描述的从以领导者为中心到以下属为中心的一系列领导方式，主要因领导者授予下属权力大小不同而有所区别。它的意义在于指出成功的领导者不是在专制式、民主式或放任式的几种领导方式中择一而用，而是能够根据有关条件和因素来确定自己将来采用的领导方式。

二、权变理论

(一)费德勒模型

美国组织心理学家费德勒(Fiedler)经过长达 15 年的研究,于 1963 年提出了有效领导的权变理论,通常被称为费德勒模型,这是第一个全面的权变领导模型。

费德勒认为,领导效果的好坏,不仅受到领导者个人领导风格的影响,而且与其环境因素有关。

费德勒设计了一种问卷(LPC)来测定领导者的领导方式。该问卷的主要内容是询问领导者对最难合作的同事的评价。如果领导者对这种同事的评价大多用敌意的词语,则该种领导趋向于工作任务型的领导方式(低 LPC 型)。如果评价大多用善意的词语,则该种领导趋向于人际关系型的领导方式(高 LPC 型)。

对于低 LPC 领导来说,比较重视工作任务的完成。如果环境较差,他将首先保证完成任务;当环境较好时,任务能够确保完成,他的目标将是处理好人际关系。对于高 LPC 领导来说,比较重视人际关系。如果环境较差,他将把人际关系放在首位;如果环境较好时,人际关系也比较融洽,他将追求完成工作任务。

利用 LPC 问卷确定了个人的基本领导风格之后,接下来是评估情境并将领导者与情境配合。费德勒引出了 3 种情境因素或权变维度,其定义如下:

1. 领导者一成员关系:下属相信、信任和尊重领导者的程度;以好和差两个维度来衡量。

2. 工作结构:下属工作分配的规范化或结构化程度;以简单和复杂两个维度来衡量。

3. 职位权力:领导者在诸如雇佣、解雇、惩罚、晋升、加薪等权力变量上的影响程度;以强和弱两个维度来衡量。

每一种领导情境都可以用这 3 个权变变量来评估,并可以组成 8 种对领导者有利或不利的情境。如表 9-2 所示。

其中情境Ⅰ、Ⅱ、Ⅲ是对领导者非常有利的;情境Ⅳ、Ⅴ、Ⅵ对领导者适度有利;情境Ⅶ、Ⅷ对领导者非常不利。

在描述了领导者的变量和情境的变量以后,费德勒下一步的工作就是要定义哪一种具体情境对领导者来说更有效。在他对 1200 多个群体的研究中,他分别比较了 8 种情境下的关系导向型风格和任务导向型风格,并得出结论,在表 9-2 中,纵轴是绩效,横轴是情境,在环境较好的Ⅰ、Ⅱ、Ⅲ和环境较差的Ⅶ、Ⅷ情况下,采用低 LPC 领导方式,即工作任务型的领导方式比较有效。在环境中等的Ⅳ、Ⅴ、Ⅵ情况下，采用高 LPC 领导方式，即人际关系型的方式比较有效。

表 9-2 费德勒模型

人际关系	好	好	好	好	差	差	差	差
工作结构	简单	简单	复杂	复杂	简单	简单	复杂	复杂
职位权力	弱	弱	强	弱	强	弱	强	弱
	Ⅰ	Ⅱ	Ⅲ	Ⅳ	Ⅴ	Ⅵ	Ⅶ	Ⅷ
情境	好			中等			差	
领导目标	高			不明确			低	
低 LPC 领导	人际关系			不明确			工作	
高 LPC 领导	工作			不明确			人际关系	
最有效的方式	低 LPC			高 LPC			低 LPC	

资料来源：周三多，陈传明，鲁明泓主编. 管理学——原理与方法（第五版）. 复旦大学出版社，2012.

费德勒模型的整体效度已经得到大量研究的验证。然而，费德勒的理论也受到一些批评，其中一个主要的方面是，他认为领导者不能根据情境来改变领导风格的观点是不现实的，有效的领导者的确能够根据具体的情境来调整他们的领导风格。另一方面是 LPC 的实操性不强。最后，情境变量难以评估。尽管如此，费德勒模型指出了有效的领导风格需要与情境因素相匹配，仍然具有重大意义。

（二）路径—目标理论

路径—目标理论是由加拿大多伦多大学教授伊凡斯（Evans）于 1986 年提出的，并由其同事罗伯特·豪斯（Robert House）做了进一步的补充和发展。这一理论以期望理论和领导四分图理论为基础，指出有效的领导能够帮助下属在达成企业目标的同时，也达成个人目标，包括报酬目标和成就目标，即在完成工作任务的同时，得到满足和激励。

该理论认为，领导者的工作就是帮助下属达到他们的目标，并提供必要的指导与支持以确保下属各自的目标与群体或组织的总体目标一致。路径—目标理论基于这样一种假设：明确指明下属的工作目标，指明实现工作目标的途径，为下属清理各种障碍和危险，并通过奖酬提高下属完成任务的内在激励，可以有效地实现组织目标，从而提高领导的效能。如图 9-4 所示总结了这一理论的关键特征。

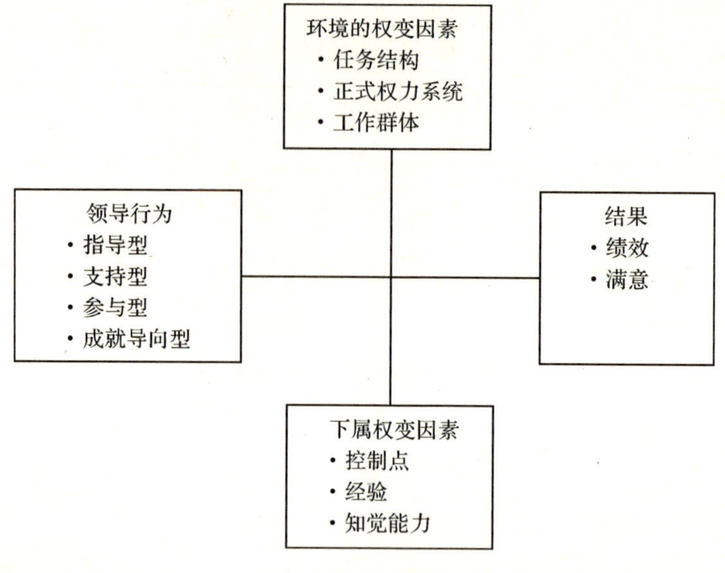

图 9-4 路径—目标理论

资料来源:罗伯特·N·卢西尔著.管理学基础:概念、应用与技能提高(第 4 版).北京大学出版社,2011.

路径—目标理论中,领导行为有以下 4 种。

1.指导型

领导者表现出较高的结构导向。当下属需要权威领导、受外源控制,而且能力较低时,指导型领导是适宜的。当任务是复杂的或不明确的、正式的权威性较强,而且工作群体提供工作满意感时,指导型领导也是适宜的。

2.支持型

领导者提供较多的关心(即领导者致力于培养下属的信任和尊重)。当下属不希望权威领导、受内源控制而且能力较强时,支持型的领导风格是适宜的。另外,当环境任务简单、正式的权威性较弱、工作群体不能提供工作满意感时,支持型领导也是适宜的。

3.参与型

领导让员工参与决策。当下属愿意参加决策、受内源控制、能力较强时,参与型的领导风格是适宜的。另外,当环境任务是复杂的、权威性或强或弱、来自同伴的工作满意感或高或低时,参与型领导风格也是适宜的。

4.成就导向型

领导者指定了有一定难度但又可实现的目标,希望下属表现出最高绩效水平,并对此予以奖励。实质上是领导者提供了高的结构和高的关心导向。当下属对专制领导风格是宽容的、受外源控制,而且能力较强时,成就导向型的领导风格比较适宜。当环境任务是简单的、权威性较强、来自同伴的工作满意感或高或低时,成就导向型领导风格也是适宜的。

该理论认为,同一领导者可以根据不同的情况表现出任何一种领导风格。如图 9-4 表明,路径—目标理论提出了两大情境(或权变)变量作为影响领导行为—结果关系之间的中间变量:其一是下属可控范围之外的环境(包括任务结构、正式权力系统、工作群体等因素);其二是下属个人特点中的一部分内容(包括控制点、经验、知觉能力等)。要使下属的产出最大化,环境因素决定了需要什么样的领导行为类型,下属的个人特点决定了个体对于环境和领导者行为如何解释。因此,在现实中究竟采用哪种领导方式,要根据下属特性、环境变量、领导活动结果的不同因素,以权变观念求得领导方式的恰当配合。领导可以根据不同的情境表现出任何一种领导风格。如果强行用某一种领导方式在所有环境条件下实施领导行为,必然会导致领导活动的失败。

第三节　领导者素质和领导艺术

一、领导者素质

一个有效的领导者应具有哪些条件或素质?古今中外的许多学者对此进行了研究,他们认为,只要找到成功领导者应具备的特征,再考察某一组织中的领导者是否具备这些特征,就能断定他是不是一个优秀的领导者。管理学把有关这方面的研究成果称为“领导特质理论”。

领导特质理论认为,个人品质或特征是决定领导效果的关键因素。根据对这些品质或特征的来源所做的不同解释,可分为传统特质理论和现代特质理论。

传统特质理论认为领导者所具有的特质是天生的,由遗传因素所决定,代表性的主要观点有斯托格迪尔(Stodgill)的观点和吉伯(Gilbert)的 7 项天生品质论。斯托格迪尔将领导者应具备的素质归为 6 大类:身体特征、智力特征、社会背景特征、个性特征、与工作有关的特征、社会特征。

美国心理学家吉伯的研究报告中指出,天才的领导者应具备以下 7 项天生品质特征:善言辞、外表英俊潇洒、智力过人、具有自信心、心理健康、有支配他人的倾向、外向而敏锐。

随着研究的深入和实践的反馈,传统特质理论受到了各方面的异议,归纳起来,主要反映在 3 个方面:一是据有关统计,自 1940—1947 年的 124 项研究中,所得出的天才领导者的个人特性众说纷纭,但个人特性之间的相关性不大,有的甚至产生矛盾；二是进一步的研究发现，领导者与被领导者，卓有成效的领导者与平庸的领导者有量的差别，但并不存在质的差异；三是许多被认为具有天才领导者特性的人并没有成为领导者。

区别于传统的领导特质理论，现代特质理论认为：作为领导者应具备相应的特性，但这些特性可以通过后天的训练加以形成。在这方面，具有代表性的观点有以下几种：

日本企业要求领导者应该具有如下10项品德和10项能力。其中，10项品德为：使命感、责任感、信赖感、诚实、忍耐、积极性、进取心、公平、热情和勇气。10项能力为：思维决策能力、规划能力、判断能力、创造能力、洞察能力、劝说能力、理解人的能力、解决问题的能力、培养下属的能力、调动积极性的能力。

美国企业界则认为，一个合格的企业领导者应具备合作精神、决策能力、组织能力、精于授权、善于应变、勇于负责、敢于创新、敢担风险、尊重他人和品德高尚10项条件。

20世纪70年代，美国哈佛大学约翰·科特（John P. Kotter）教授对多家企业的领导者进行调查之后认为，一个领导者应具备6个方面的素质：行业知识和企业知识、在公司和行业中拥有人际关系、信誉和工作记录、基本的技能、个人价值观、拥有进取精神。

美国学者安德鲁·J·杜伯林（Andrew J. Dubrin）认为（2011），领导的人格特质可以分为一般素质和与任务相关的素质。一般素质包括：自信、谦逊、诚实、果断、情绪稳定、热情。与任务相关的素质包括：激情、情绪智力、弹性和适应性、内控、勇气。

专栏 9-2

个人的内控力经常根深蒂固于经过多年发展出来的思维方式上。然而，你可以分析过去的成功和失败，决定自己对这些时间的结果产生了哪些影响，并以此作为起点，通过反复分析事情发展的外在与内在要素，你可以学会如何掌控自己生活中的事件。下列事件是一个好的开始：

（1）一个你赢得胜利或有良好表现的竞赛或运动会中，哪些在你控制之中的因素使你赢得胜利？哪些不在你控制之中的因素使你赢得胜利？

（2）一门你成绩不好的课程，哪些在你控制之中的因素导致你成绩不佳？哪些不在你控制之中的因素导致你成绩不佳？

（3）你所在的团队项目工作成效不佳，哪些在你控制之中的因素导致你们成效不佳？哪些不在你控制之中的因素导致你们成效不佳？

管理启示 当完成个人分析，你可能发现在小团队中讨论这些问题更加有效。请关注大家如何从以上环境中通过更强的内控力获得更好的效果。

二、领导艺术

领导艺术是指在领导的方式方法上表现出的创造性和有效性。领导者的工作效率和效果在很大程度上取决于他们的领导艺术，领导实践活动是检验领导艺术的唯一标准。

（一）权力运用艺术

领导者面临复杂多变的局面，总会碰到各种棘手的问题和不同难缠的人物。对此，任何简单、机械的解决手段都可能使事情发展到一个领导者不愿意看到的结果，并伤害到领导者本人。高明的领导者做事情则会深谋远虑、运筹帷幄，让局面尽在掌握之中，从而使自己的领导之路通畅无阻。领导智慧的精华可以归纳为“三权”，即善于用权、善于分权、精于授权。对于领导者来说，主要的不仅是要学，更要会用，使之为领导者开展工作，提升领导境界发挥现实的作用。

1. 善于用权

领导以权力为基础，如果一个组织内部不正当追求权力的人增多，在位的领导者滥用权力，组织就不可能发展。因此领导者必须正确对待权力。

追求和使用积极的权力。权力按其属性可以分为消极权力和积极权力。消极权力是以个人的需要和目标为导向，来源于个人的权力欲，一般产生消极的后果。权力欲膨胀的人，会不择手段争权夺利。这种人多的话，组织会陷入无穷无尽的争夺权力的旋涡，影响组织正常流畅的运转。以消极的权力为目标的人一旦掌权，还会为一己之私利，肆无忌惮地损害组织和集体的利益。积极的权力是以组织或成员进步为导向的，一般产生积极的结果，它能在组织中把个人的长处组合起来，创造一种民主的氛围，促使组织飞速发展。

不可滥用权力。领导者一旦滥用权力，不但会阻碍组织目标的实现，还会导致人际关系恶化、组织凝聚力下降，最终会导致领导者权力的丧失。

2. 善于分权

分权是一种管理艺术。分权时一要根据时间、环境和对象等具体情况进行程度不同的分权，为被授权的下属提供成长空间；二要考虑下属的能力，通过授权、个别谈话以及建立公平的奖惩制度等方式激发和鼓励下属大胆指挥、勇于决策；三要建立严格的考核制度，赏罚分明，明确规定完成任务的时间，将时间效率列入考核内容，放手让下属操作，对分给下属的权力不再干涉。这样分权就相对有效，较易树立领导者的威信和公平形象。

3. 精于授权

授权是指上级主管委授给下属一定的权力和责任，使下属在一定的范围内，有相当的自主权、决定权。授权者对被授权者有监督权，被授权者对授权者有报告情况和完成相应工作的责任。在实际工作中，必须注意授权与代理职务的区别；授权与助理、秘书职务的区别；授权与分工的区别。

(二)处理人际关系的艺术

领导者在工作中要注意协调好各方面的人际关系，充分调动各方的积极性，正确处理来自上级、同级、下级的人际关系，从而准确高效地完成组织目标。因此，领导者提升人际交往质量的艺术包括：

1. 提升对待上级的艺术

领导者对待自己的上级，要做到明确自己的定位。领导者在同自己的上级相处的时候，此时自己的定位是下级的角色，所以重点在于努力将自己所承担的工作做好，在上级面前遵守规矩但不用过于拘谨，把握好与上级交往的尺度。

2. 提升对待同级的艺术

作为同级领导，要尊重其他领导者的职权，不插手、不干预其他领导者职权以内的工作。对于工作中出现的矛盾，应以组织的目标为重，坚持原则，讲求方法，积极沟通，支持帮助。

3. 提升对待下级的艺术

领导者对待下级，要懂得知人善任，善于运用激励的艺术激发下级的积极性、主动性。当下级犯了错误，要及时给予批评教育，但要注意方式方法，对事不对人，态度要诚恳。同时，要尊重、爱护下级，提升上下级之间沟通的有效性，增强下级对领导者的信任。

(三)运用时间的艺术

1. 会议管理

组织管理中，利用会议的方式进行信息的安排、协调、决策是常见的管理形式。领导者在组织中的重要程度也往往决定了领导参加会议的多少。如果会议占用了过多时间，会影响领导的工作效率，所以在会议管理上，领导者要做到精简会议次数，提升会议质量。明确会议的议题，尽量准确地把握参加会议的时间，降低会议成本，会议发言需紧扣主题，观点应直接、明确，避免不必要的重复。

2.时间管理

领导者能够合理地安排时间,是提高工作效率一项重要的内容,领导者应该注意以下几个内容:

(1)目标明确。目标制定的科学、准确与否,直接影响了领导者如何安排时间与精力的投入。没有科学目标引领的时间安排,是低效甚至是无效的。

(2)有序开展。领导者的角色内涵复杂,工作承担内容丰富,如何使工作内容秩序井然、条例清楚地开展,同时能够使工作和生活相平衡,这也是领导的艺术。

专栏 9-3

1989 年美国《财富》杂志介绍杰克·韦尔奇的人格特征和经营理念时归纳了以下 6 点:掌握自己的命运,否则将受别人掌握;面对现实,不要生活在过去或幻想之中;坦诚待人;不要只是管理,要学会领导;在被迫改革之前就进行改革;若无竞争优势,切勿与之竞争。

小思考 请分析杰克·韦尔奇在管理实践中的领导艺术。

人物介绍

场论的创始人,社会心理学的先驱

——库尔特·勒温

库尔特·勒温(Kurt Lewin,1890—1947),心理学家,场论的创始人,社会心理学的先驱,传播学研究中守门理论的创立者,以研究人类动机和团体动力学而著名。勒温生于德国波森省的莫基诺(今属波兰),15 岁时搬到柏林。先后学过药学和生物学,对哲学很感兴趣。曾师从格式塔心理学主要代表 W. 克勒(Khler. Wolfgang,1887—1967),先后受教于弗赖堡大学、慕尼黑大学及柏林大学,曾与苛勒(Krler)、考夫卡(Koffka)同学,在斯图姆夫(Stumpf)的指导下,1914 年在柏林大学获得哲学博士学位。服 4 年军役后,回柏林大学任苛勒领导的心理学研究所助理,1922 年任讲师,1926 年任教授。1932 年赴美任斯坦福大学客座教授。翌年,因反对纳粹迫害而移居美国,先在康乃尔大学任教 2 年,后任爱荷华大学儿童福利研究所儿童心理学教授。1945 年到麻省理工学院任团体动力学研究中心主任,兼加利福尼亚大学伯克莱分校和哈佛大学客座教授。他和他的同事们进行了关于团体气氛和领导风格的研究,试图用团体动力学的理论来解决社会实际问题，这一理论对以后的社会心理学发展有很大的影响。

此外，勒温根据群体动力学的理念，进一步从事群体领袖、领导风格类型与群体作业绩效关系的研究，提出了领导行为理论。

权变管理创始人，美国当代著名心理学和管理学专家

——弗雷德·费德勒

弗雷德·费德勒(Fred E. Fiedler，1922—)，美国西雅图华盛顿大学心理学与管理学教授，兼任荷兰阿姆斯特丹大学和比利时卢万大学客座教授。费德勒早年就读于芝加哥大学，获博士学位；毕业后留校任教。1951 年移居伊利诺伊州，担任伊利诺伊大学心理学教授和群体效能研究实验室主任，直至 1969 年前往华盛顿。

费德勒是美国当代著名心理学家和管理家专家，他从 1951 年起由管理心理学和实证环境分析两方面研究领导学，提出了“权变领导理论”，他的研究开创了西方领导学理论的一个新阶段，使以往盛行的领导形态学理论研究转向了领导动态学研究的新轨道。费德勒的理论对之后领导学和管理学的发展产生了重要影响。

本章小结

领导者是一个组织中的核心资源，本章介绍了领导与领导者的含义，领导的作用，阐述了领导与管理的关系。在领导理论中，重点介绍了领导行为理论与领导权变理论。领导行为理论包括：勒温的领导行为理论、领导行为四分图理论、管理方格理论和领导行为的连续统一体理论。领导权变理论包括：费德勒模型和路径—目标理论。

领导者素质主要介绍传统特质理论和现代特质理论。领导者的工作效率和效果在很大程度上取决于他们的领导艺术。领导艺术主要包括：权力运用艺术、处理人际关系的艺术和运用时间的艺术。

本章重点：领导的含义、领导与管理的关系、领导理论。

本章难点：运用领导理论对管理现象进行分析。

复习题

1. 什么是领导？领导与管理的关系？

2. 领导行为理论及其内容有哪些？

3. 领导权变理论及其内容是什么？

4. 领导的艺术包括哪些内容？

技能训练

1. 案例分析题

春风机械厂发生了这样一件事。第五车间是该厂唯一施行倒班的车间。一个星期六晚上，车间主任去查岗，发现上二班的年轻人几乎都不在岗位。据了解，他们都去看电视现场转播的足球比赛了。车间主任气坏了，在星期一的车间大会上，他一口气点了十几个人的名。没想到他的话音刚落，人群中不约而同地站起几个被点名的青年，他们不服气，异口同声地说："主任，你调查了没有，我们并没有影响生产任务，而且……"主任没等几个青年把话说完，严厉地警告说："我不管你们有什么理由，如果下次再发现谁脱岗去看电视，扣发当月的奖金。"谁知，就在宣布"禁令"的那个星期的周末晚上，车间主任去查岗时又发现，上二班的 10 名青年中竟有 6 名不在岗。主任气得直跺脚，质问当班的班长怎么回事。班长无可奈何地从工作服口袋中掏出三张病假条和三张调休条，说："昨天都好好的，今天一上班都送来了。"说着，班长瞅了瞅大口吸烟的车间主任，然后朝围上来的工人挤了挤眼儿，凑到主任身边讨了根烟。边吸边劝道："主任，说真格的，其实我也是身在曹营心在汉，那球赛太精彩了，您只要灵活一下，看完了电视大家再补上时间，不是两全其美吗？上个星期的二班，据我了解，他们为了看电视，星期五就把活提前干完了，您也不……"车间主任没等班长把话说完了，扔掉还燃着的半截香烟，一声不吭地向车间对面还亮着灯的厂长办公室走去。剩下在场的 10 个人，你看看我，我看看你，都在议论着这回该有好戏看了。

案例思考：

(1)试分析这位车间主任的领导方式。

(2)如果你是这位车间主任，应如何处理这件事才能既解决好这个问题又有利于提高管理的权威？

2. 实训操作题

(1)选择一个你曾经或者当前所属的某个群体或团队，该群体的领导者展现出哪种类型的领导风格？这种风格是否适合该群体？

(2)如果你是该群体的领导者，你是否会采取其他方式？为什么？

第十章 激 励

激励与奖励员工是管理者所需做的最重要和富有挑战性的工作之一，为了让员工全身心地投入工作并付出自己最大的努力，管理者需要了解其受激励的原因和方法。

——斯蒂芬·P·罗宾斯

【学习目标】

1. 掌握激励的定义及其过程模式
2. 了解4种人性假设的基本观点
3. 掌握内容型激励理论与过程型激励理论
4. 掌握有效激励的基本原则和常见的几种激励方法

导入案例

索尼董事长盛田昭夫多年一直保持与员工在一起的习惯，因此索尼的员工有很强的合作意识，并且上下级之间关系融洽。一天晚上，盛田昭夫按照惯例走进职工餐厅与员工一起就餐、聊天。

盛田昭夫忽然发现一名年轻员工郁郁寡欢，似有满腹心事，闷头吃饭，谁也不理。于是，盛田昭夫主动坐到这名员工对面，与他攀谈。几杯酒下肚之后，这名员工终于开口了："我毕业于东京大学，本来有一份待遇十分优厚的工作。进入索尼之前，我对索尼公司崇拜得近乎疯狂。当时，我认为进入索尼是我一生的最佳选择，但是，现在才发现：我不是在为索尼工作，而是为课长干活。坦率地说，这个课长是个无能之辈，更可悲的是，我所有的行动与建议都要有课长批准。我自己的一些小发明与改进，课长不仅不支持、不理解，还挖苦我癞蛤蟆想吃天鹅肉，有野心。对我来说，索尼的全部意义就是这个课长。我十分泄气，心灰意冷。这就是索尼？

这就是我的索尼？我居然放弃了原来那份优厚的工作来这种地方！”

这番话使盛田昭夫十分震惊。他想，类似的问题在公司内部员工中恐怕不少，管理者应该关心他们的苦恼，了解他们的处境，不能堵塞他们的上进之路，于是产生了改革人事管理制度的想法。之后，索尼公司开始每周出版一次内部小报，刊登公司各部门的“求人广告”，员工可以自由而秘密地前去应聘，他们的上司无权阻止。另外，索尼原则上每隔2年就为员工调换一次工作，特别是对那些精力旺盛、干劲十足的人才，不是让他们被动地等待工作，而是主动地给他们施展才能的机会。

一个单位，如果真的要用人所长，就不要担心员工们对岗位挑三拣四。只要他们能干好，尽管让他们去争。争的人越多，干得越好。对那些没有本事抢到自认为合适的岗位，又干不好的剩余员工，不妨让他待岗或下岗，或干脆考虑外聘。

索尼公司实行内部跳槽制度以后，有能力的员工大都能找到自己比较满意的岗位，那些没有能力参与各种招聘的员工才会成为人事部门关注的对象，而且人事部门还可以从中发现一些部下频频“外流”的上司们所存在的问题，以便及时采取对策进行补救。这样，公司内部各层次人员的积极性都被调动起来。当每个员工都朝着“把自己最想干的工作干好，把本部门最想用的人才用好”的目标努力时，企业人事管理的效益也就发挥到了极致。

内部候选人已经认同了本公司的一切，包括组织目标、文化、缺陷，比外部候选人更不易辞职。

请思考 你如何评价索尼公司的人事管理制度改革？

激励在管理活动中是非常重要的，激励组织中的成员为了实现组织目标而努力工作，这是领导职能的主要内容。作为管理者都会面临这样一个问题，他们对完成某项任务负有责任，但又无法通过个人把一切工作都承担下来并将其做好，他需要领导组织中的成员一起来完成任务。因此，就需要充分了解能够有效激发组织成员的工作积极性与创新性的有效方法，引导他们拿出自己的全部力量来为实现某一目标而努力奋斗。在指导与领导工作中，激励被视为是重要的方法。

第一节 激励概述

一、激励与人性假设

所谓激励，就是管理者通过采取能使人们的需要、愿望、欲望等得到满足的措施，来调动组织成员的工作积极性，引导其朝着组织所期望的目标表现出积极主动的、符合要求的工作行为。激励贯穿于管理过程的始终，是管理过程不可或缺的要素。管理者对组织成员进行激励，意味着通过满足组织成员的各种需要来引导他们的行为。激励的最终目的是要在实现组织预期目标的同时，也能让组织成员实现其个人目标，即达到组织目标和员工目标在客观上的统一。

激励作为一种调动人的积极性的行为，自古以来就存在，只要存在着一定的人群，也就有激励在或强或弱地活动着。人是企业中最宝贵的资源，对人的激励是企业管理的核心，也是提升企业效率与竞争力的主要动力源。作为企业激励的主体对象，人是一切社会关系的总和，因此，管理者要进行有效的激励，就必须对人有所认识，了解人的行为规律。管理学上对人的认识，主要是指对“人性”的认识，即人性假设。管理学中的人性观主要集中在对员工需要和劳动态度问题的探讨。无论是内容型激励理论还是过程型激励理论都是要以人性的假设为前提。所谓人性假设，是指任何组织的管理者在管理其下属时，对下属所持的基本看法，有人称之为“管理的假定”。管理的假定不同，管理者采取的管理方法及激励形式也不同。当前关于人性的假设概括起来主要有 4 类:“经济人”假设、“社会人”假设、“自我实现人”假设和“复杂人”假设。

(一)“经济人”假设

“经济人”假设又称“理性一经济人”假设。这种假设认为，人的一切行为都是为了最大限度地满足自己的利益，工作的动机就是为了获得经济报酬。美国管理学家道格拉斯·麦格雷戈(Douglas M · Mc Gregor，1906—1964)提出了两种对立的人性假设，即 X 理论与 Y 理论。其中的 X 理论就是对“经济人”假设的概括。

X 理论的基本观点是:人天生好逸恶劳，他们总是想方设法逃避工作。只要有可能就会逃避责任，安于现状，缺乏创造性。他们不喜欢工作，需要对他们采取强制措施或惩罚办法，迫使他们实现组织目标。多数人是由经济诱因来引发工作动机的，他们谋求最大的经济效益。

基于这种假设，适宜的管理模式是:组织管理者应以经济报酬来使人们服从和取得绩效，以权力和控制体系来保护组织自身及引导员工;管理的重点在于提高工作效率，完成任务;管理的特征是订立各种严格的工作规范，加强各种规章和管制，并主张用金钱来刺激员工的工作积极性，对消极怠工者则严厉惩罚，即采取“胡萝卜加大棒”的政策。

泰勒就是“经济人”观点的典型代表，他提倡的“时间一动作”分析只考虑如何提高生产率，而对工人的思想感情则很少关注。泰勒认为，员工工作完全是出自金钱的动机，或者是为了避免惩罚。因而，在他的管理思想和具体管理措施中，只懂得以金钱或处罚来调动和维持员工的生产积极性。所有这些，都是“经济人”假设在管理活动中的典型反映。

“经济人”假设是从经济的角度寻求调动员工工作积极性的途径、方法和措施，它注重反映人的经济需求，认为人的经济需求是客观的、基本的，是人工作劳动的根本性动机，这些认识具有很高的科学性。但“经济人”假设同样存在一定的不足，它把人简单地看成是“自然人”，完全忽视了人的社会属性。在这种人性假设指导下产生的管理措施，不可能真正地、持久地调动员工的工作积极性，激发他们的工作热情。

（二）“社会人”假设

人不单纯是追求经济利益的功利的人，而且也是具有社会交往需要的社会人。人们在长期的社会实践中发现，只有在群体利益得到保障时，个人利益才能得到保障。“社会人”假设认为，人不是机械的、被动的动物，对人的工作积极性产生影响的也绝不只是“工资”“奖金”等经济报酬，人还有一系列社会的、心理的需求，如对尊重、对良好的人际关系的需求等。因而，满足人的社会性需求，往往更能激励其工作积极性。

“社会人”假设的提出与梅奥的霍桑实验有着密切关系，梅奥教授认为，管理中的人不是“经济人”，而是“社会人”，人们在工作中得到的物质利益只是次要的，更重要的是人际关系。良好的人际关系是调动人积极性的决定性因素。与根据“经济人”假设的管理方式完全不同，基于“社会人”假设的管理方式具有的特点是：管理者不能只注意完成工作任务，而应把注意的重点放在关心人、满足人的需要上。管理者不能只注意指挥、监督等，而更应该重视员工之间的关系，培养和形成员工的归属感和整体感。在实行奖励时，不应只注意对个人的奖励，而更应该提倡集体奖励制度。管理者应在员工与上级之间起联络人的作用，一方面要倾听员工的需求并了解他们的思想感情；另一方面，也要及时向上级反映员工的“呼声”。

“社会人”假设及其派生出来的管理改革相对于“经济人”假设是一大进步，它不再把人简单地看作是一种经济动物、一种被动的管理接受者，而是进一步地认识到人还有被尊重的需要、社交的需要等多方面的社会性需要。总体上来看，“社会人”假设对人的激励从物质方面转到社会、心理方面，注意满足人的情感及各种社会性的需求的满足，这种认识更接近于对人的本质的科学认识，所以在管理界很快被人们所接受，也产生了较大的影响。

（三）“自我实现人”假设

“自我实现人”是美国管理学家、心理学家亚伯拉罕·马斯洛（Abraham

Maslow)提出来的。“自我实现”指的是人们有一种想充分发挥自己的潜能、实现自我价值的欲望，只有人的聪明才智充分表现和发挥出来，人才会感到最大的满足。也就是说，人们除了上述的社会需求之外，还有一种想充分应用自己的能力，发挥自己潜力的愿望。

麦格雷戈总结并归纳了马斯洛的思想，提出的Y理论就是对“自我实现人”假设的高度概括。其基本观点是：人并不是天生厌恶工作、逃避责任的，如果环境条件有利，他们看待工作就像休息、娱乐一般自然。如果员工对某项工作做出承诺，他们会进行自我指导和自我控制，以完成任务。在适当条件下，一般人不仅会接受某种职责，而且还会主动寻求职责。大多数人在解决组织的困难问题时，都会尽力发挥出自己的聪明才智和创造力。有自我实现需要的人往往以达到组织目标作为自己致力于实现目标的最大报酬。

麦格雷戈认为，对人的激励可分为两大类：一类是外在激励，如增加工资、提升职位及良好的人际关系等；另一类是内在激励，指的是人们在工作中获得知识、增长才干，充分发挥自己潜能后心理上的满足和愉悦。只有内在激励才能满足人的自尊和自我实现需要。所以，在“自我实现人”假设下，管理重点就在于要为员工创造一种适宜的工作环境、工作条件，使他们在这种条件下能充分挖掘自己的潜力，发挥自己的才能，实现在工作中获得最大的“内在激励”。

(四)“复杂人”假设

以上介绍的“经济人”“社会人”和“自我实现人”的假设理论，都是从某一个侧面来认识被管理者的属性，具有一定的适用情境。“复杂人”假设认为，人类的需要和动机是复杂多变的，在不同的情境、不同的年龄，其表现是有差别的，不仅人与人之间有很大差别，即使同一个人在不同的时间和场合也会有所变化，所以用一种人性假设和管理方法应对一切人和一切环境是不行的。“复杂人”假设的提出，是对前3种假设理论进行的有效整合，指出要根据具体管理对象及其工作情景，实行转变的管理方式和激励方式。

二、激励的过程模式

激励过程的关键要素由需要、动机和行为构成。所谓需要，指的是人们对某种事物或目标的渴求和欲望，是产生行为的原动力。动机是推动人从事某种行为的心理动力，它是构成激励的核心要素。需要是激励的出发点，也是动机产生的基础，人的需要只有转化为追求一定目标的动机，才能产生具体的实践行为。激励就是要把需要、动机与行为3个相互影响、相互依存的要素连接起来，构成激发动机的过程,从而最终影响人的行为。所以,管理者要想通过激励影响人们的行为,就必须对激励的过程模式有所了解。激励的过程模式如图 10-1 所示。

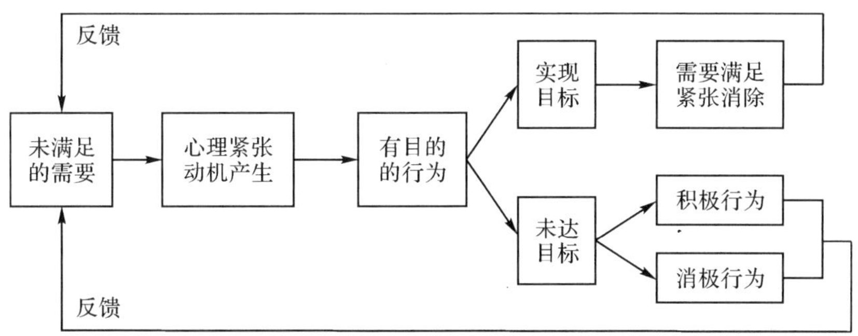

图 10-1　激励的过程模式

从激励的过程模式来看,未满足的需要是产生激励的起点。当人们感到有某种东西缺失时,就会产生相应的需要,并引起心理的紧张与不安,这种紧张与不安就成为一种内在的驱动力,促使人们采取某种有目的的行为。例如,人会因为饥饿而去寻找食物,会因为空虚而去寻找心灵的寄托等。人的任何动机和行为都是建立在需要的基础上的,没有需要,就没有动机与行为。但有了需要,也不一定就会产生行为,只有当这种需要具有某种特定的目标时,才会产生动机,动机是引起人们行为的最直接原因。当然,也不是每个动机都必然会引起行为,在诸多动机下,只有优先动机才会引发行为。人们满足自身需要的欲望越是迫切,动机就越强烈,从事某种行为的热忱就会越高。

行为的结果一般存在两种情况:一是,实现目标,需要得到满足,紧张消除,这会产生一个反馈,告诉此人原有的需要已经得到满足,于是在新的刺激下,又会产生新的需要,形成新一轮的激励过程;二是,未达目标,产生了挫折感,这时又可能发生两种行为:一是采取积极行为,继续去实现目标;二是采取消极行为,放弃原有目标,之后同样也会在受到新需要的刺激下产生新一轮的激励过程。

激励的过程就是这样一个循环往复的过程。该过程模式告诉我们,在管理实践中要实现有效的激励,必须做好以下两方面的工作:一是要正确识别组织中员工的需要与期望;二是要正确识别员工行为的动机。如果我们能够满足员工的需要,并使他们看到满足需要的可能性,那么就可以激励并引导他们的行为。当然,在现实中,激励是一个非常复杂的问题,它会受到诸多因素的影响。个体的需要会随着时间、情境的变化而不断变化,满足其需要的行为方法也会不断变化,所以,激励是非常个性化和情境化的管理问题,但万变不离其宗,激励的实质就是要通过采取系列措施对组织成员的需要和动机施加影响,以强化、引导或改变他们的行为,从而实现组织目标。

三、激励的作用

企业激励无论是对企业组织来说，还是对不同岗位的管理者和员工来说，都是极其重要的。科学有效的激励可以吸引并留住人才、激发员工的工作热情和动机强度，并造就组织内部良性的竞争环境，以促使员工的个人目标与组织目标的共同实现。

（一）有助于吸引并留住优秀的人才

21世纪什么最宝贵？人才。现如今的企业竞争就是人才的竞争，人才可以说是企业最大的财富，以至于有一些大型跨国公司的总裁如此评价企业人才的重要性：即使把他们公司现有的一切都全部毁掉，只要保留其现有人才队伍，就可以很快再造一个世界一流的企业。那么要如何吸引并留住优秀人才呢？这是企业所要关注的重点问题之一。激励是企业吸引并留住人才的最有效方法。在发达国家的许多企业中，特别是那些竞争力强、实力雄厚的企业，通过各种优惠政策、丰厚的福利待遇、快捷的职位晋升等多种激励方法来吸引并留住企业需要的人才。

（二）有助于激发和调动员工的工作积极性与创造性

美国经济学家弗朗西斯(Francis)曾说过："你可以买到一个人的时间，雇佣一个人到指定的岗位工作，但你买不到热情，你买不到创造性，你买不到全身心地投入，而你又不得不设法争取这些。"企业的目标，是靠人的行为实现的，而人的行为是由积极性推动的。积极性是员工在完成工作任务时一种能动的自觉的心理和行为状态。这种状态可以促进员工智力与体力能量的充分释放，并导致一系列积极的行为后果，如提高工作效率、超额完成工作任务、较高的工作满意度、良好的服务态度等。让企业员工全身心、积极主动地投入到企业的各项工作中，奉献出自己的聪明才智，并在工作中得到较高的满意度，是企业激励的任务。美国哈佛大学教授在对员工激励的研究中发现，按时计酬的分配制度仅能让员工发挥20%—30%的能力，如果受到充分的激励，员工的能力可以发挥到80%—90%，这两者之间60%的差距就是有效激励的结果。因此，企业要想充分激发员工的工作潜力与创造性，就需要设置合理的企业激励制度，以创造适宜员工自身发展的环境条件。

（三）有助于员工个人目标与组织目标的共同实现

个人需要与目标是员工行动的基本动力。在具体的管理实践过程中，它们与组织目标之间可能会存在诸多差异。当两者发生背离时，个人目标往往会干扰组织目标的实现。事实上，人们做出的选择最后并不是完全偏向一种需要，而是多种需要的调和与相互妥协。激励的功能就在于以个人利益和需要的满足为基本作用力，强化最有利于组织目标的需要，以诱导员工把个人目标统一于组织的整体目标，推动员工为完成工作任务做出贡献，从而促使员工个人目标与组织目标的共同实现。

第二节　内容型激励理论

人类的行为一般都具有一定的目的性，寻求实现某种特定的目标，满足某种特定的需要。激励始于员工自我的动因和需要。内容型激励理论着重研究人的需要，具体来说，它试图回答一个问题：工作场所中的哪些因素可以激励员工？它强调通过了解员工的不同需要，依据员工的差异提供不同的诱因来实现激励过程，即激励员工的需要。

一、马斯洛的需要层次理论

美国著名心理学家马斯洛于 1943 年提出了需要层次理论，他认为人都有 5 个层次的需要，由低到高依次是生理需要、安全需要、社会需要、尊重需要和自我实现需要，如图 10-2 所示。

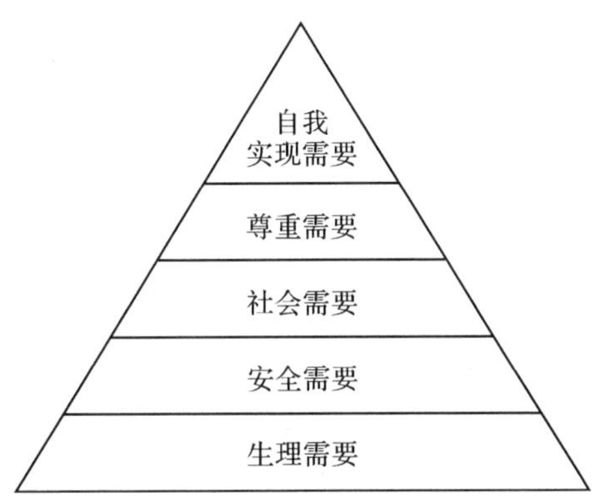

图 10-2　马斯洛的需要层次理论

生理需要，指的是维持人类生存最基本的物质需要，如衣、食、住、行等。马斯洛曾说过："一个人如果同时缺少食物、安全、爱情及价值观等时，则其最强烈的渴求，当推对食物的需要。"

安全需要，指的是人们对保护自己身体和情感免受伤害的需要，包括对现在的安全需要，如人身安全、工作安全、经济安全等，也包括对未来的安全需要，如生病或养老有所保障等。

社会需要，指的是人们在情感、归属、接纳及友谊等方面的需要。马斯洛认为，人是一种社会动物，人们的生活和工作都不是孤立地进行的。在组织环境中，人们希望与同事和睦相处，得到组织的关爱等。

尊重需要，指的是人们需要树立良好的自我形象，并赢得他人的关注、认同和欣赏，包括内部尊重需要和外部尊重需要。内部尊重需要包括对自尊、自主的需要；外部尊重需要包括对地位、认可和他人尊重的需要。

自我实现需要，指的是人们希望能最大限度地发挥潜能，实现自我价值和理想抱负。这是最高层次的需要，这种需要往往通过工作的胜任感和成就感来得到满足。

马斯洛需要层次理论的主要观点有以下 2 点：

一是，5 种需要是按次序逐级上升的。前 3 个层次的需要属于低层次的需要，通过外部条件就可得到满足，如可通过工资满足人们的生理需要，通过法律制度满足安全需要等；后 2 个层次的需要是高层次需要，要通过内部因素才能使人满足，而且通常来说，一个人对尊重与自我实现的需要是无止境的。当较低层次上的需要得到基本满足以后，追求上一级的需要就成为驱动行为的动力。相应的，获得基本满足的需要就不再具有激励的作用。

二是，人的行为是由主导需要决定的。一个人在某一时期可能有几种需要同时存在，但总有那么一种需要占支配地位，对行动起决定作用。这一般是一个人的较高层次的需要，但原来较低层次的需要不会因为较高层次需要的发展而消失。各层次的需要之间往往相互重叠，某一项需要的强度逐渐降低，则另一项需要的强度将随之上升。

值得注意的是，高层次的需要满足滞后于低层次的需要满足，这只是一种相对的过程。人类的需要实际上具有多样性、潜在性、层次性和可变性等特点，一个人在不同时期可有几种不同的需要，即使在同一时期，也会有不同强度的多种需要，所以，管理者实施有效激励的前提就是要正确识别不同员工在不同时期的主导需要，进而采取相应的激励措施。如表 10-1 所示是行为学家根据马斯洛需要层次理论所提出的相应的激励措施。

表 10-1　需要层次与激励措施

需要层次	追求的目标	管理策略
生理需要	待遇 健康的工作环境 各种福利	工资、奖金 医疗保健制度 工作时间 住房等福利
安全需要	职业保障 意外事故的预防	雇佣保障 退休金制度 劳保制度

续 表

需要层次	追求的目标	管理策略
社会需要	良好的人际关系 团体接纳 组织认同	群体活动计划 互助金制度 教育培训制度
尊重需要	地位荣誉 权力、责任 与他人收入的比较	人事考核制度 晋升制度 表彰奖励制度
自我实现需要	有挑战性的工作 能发挥个体特长的环境	决策参与制度 提案制度

专栏 10-1

天和药业公司领导尊重知识、人才，鼓励员工创新创业。在人才战略上，除开展“产学研”结合，利用外脑外智外，很重视企业内部人才培养和智力的开发。公司为此增设了人力资源部，负责研究、实施人力资源战略，制定了中长期人才培养和科技队伍建设规划，颁布了企业科学技术进步奖励办法、新产品开发奖励办法、职工提合理化建议实施方案等企业法规，成立了由总经理任主任的科技进步评审委员会，逐步建立起有利于人才引进、人才成长的良好环境和激励机制。公司规定，技术骨干从事科学研究和技术开发，公司为其提供经费支持和工作条件；对有突出贡献的中青年科技工作者，公司可以破格晋升技术职称；专业技术人员接受继续教育，公司提供时间和经费；公司逐步提高科技人员的待遇，改善工作和生活条件，其收入与贡献挂钩；对于有突出贡献的科技开发人员和市场开发人员，公司予以配股、送股等奖励。奖励办法实施以来，公司奖励了 50 个项目，奖金总额达 70 多万元。

资料来源：卢润德等著. 工商企业管理范例探究. 中央文献出版社，2006.

管理启示 技术创新最需要的是人才，培养高素质的人才是企业技术创新成功的关键。加强激励机制建设，造就高素质的人才队伍。

二、赫兹伯格的双因素理论

20 世纪 50 年代，美国心理学家弗雷德里克 · 赫兹伯格(Frederick Herzberg)提出了“双因素理论”，认为影响人们行为的因素主要有两类：保健因素和激励因素。

保健因素指的是与工作环境或条件相关的因素，如公司政策、人际关系、物质工作条件、地位等。当这类因素得不到满足时，人们会产生不满，从而影响工作；反之，当人们得到这些方面的满足时，就可消除他们的不满情绪，但却不会调动他们的工作积极性。

激励因素指的是与工作内容本身紧密相关的因素，如工作上的成就感、责任感，工作挑战性，工作中得到的认可与赞美等。当这类因素得到满足时，人们就会受到激励，产生较高的工作积极性；反之，如果没有得到满足，人们也不会有不满意的情绪，只是没有满意的情绪。

赫兹伯格双因素理论认为，传统的满意——不满意观念（即认为满意的对立面是不满意的观念）是不确切的。“不满意”的对立面是“没有不满意”；“满意”的对立面是“没有满意”。保健因素是这样一些因素：有它，没有不满意；没有它，感到不满意。而激励因素则是：有它，感到满意；没有它，没有满意。所以，保健因素是与不满意相关的因素，激励因素是与满意相关的因素。如图 10-3 所示描述了与员工满意、不满意相关的两类因素。

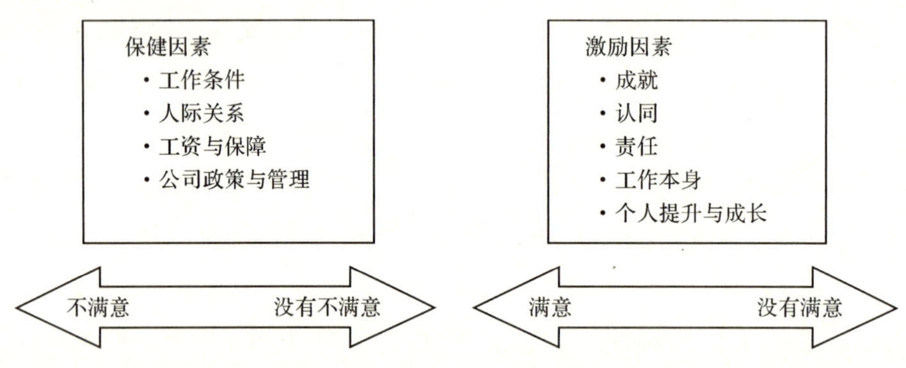

图 10-3　赫兹伯格的双因素理论

双因素理论与马斯洛的需要层次理论之间有着相似之处。可以认为，保健因素相当于马斯洛提出的生理需要、安全需要、社会需要等较低层次的需要，而激励因素则相当于是尊重需要、自我实现需要等较高层次的需要。双因素理论对管理的启示在于，管理者在激励的过程中应该区别对待能导致不满意的因素（保健因素）和能导致满意的因素（激励因素），即激励员工的过程可分为两个阶段。首先，管理者必须保证员工在保健因素方面得到满足，如提供适当的工资报酬、安全的工作环境等，以消除他们的不满意情绪，即实现“没有不满意”；其次，要让员工有机会体验到激励因素，如为员工提供具有挑战性的工作，让他们在工作中体验到成就感与被认同感等，这样将可以有效提高员工的满意度。

三、麦克莱兰的需要理论

20 世纪 50 年代初期开始，美国心理学家戴维·麦克莱兰（David Mc Clelland）

等人集中研究了人在生理需要和安全需要得到满足后的需要状况，从而提出了3种需要理论。该理论认为，在人的生存需要基本得到满足的前提下，主要有3种后天的需要推动人们从事工作，即成就需要、权力需要和归属需要。

成就需要指的是对成就的强烈愿望和对成功及目标的执着。高成就需要的人渴望将事情做得更为完美，他们追求的是在争取成功的过程中克服困难、努力奋斗、提升自我的乐趣，以及成功之后的个人成就感，他们并不看重成功之后的荣耀或者奖励。他们喜欢那种能够发挥其独立处理问题能力、得到及时反馈，并具有适度挑战性的工作，而不喜欢接受过于简单或者过于困难的工作任务。只有通过自己努力才能达到目标的工作，才是一种能从自己的奋斗中体验成功喜悦与满足的最佳机会。这类人对工作高度投入，因为工作对于他们来说不仅是对组织做贡献，而且更是希望从工作中实现自己的个人价值。由于高成就需要的人过于专注他们自己的成就，而优秀的管理者更多的是要帮助他人完成目标，所以，拥有高成就需要的人不一定是好的管理者。麦克莱兰认为可以通过培训来激发员工的成就需要，这就需要给他们创造一个能独立负责、可以获得信息反馈和适度挑战性的工作环境。

权力需要指的是影响或控制他人且不受他人控制的需要。不同人对权力的渴望程度是不一样的。有研究发现，具有较高权力需要的人喜欢支配、影响别人，他们大多能言善辩、头脑冷静、善于提出问题和要求，总是希望他人能服从自己的意志并证明自己是正确的，注重对地位和影响力的争取。

归属需要指的是寻求被他人喜爱和接纳，与别人建立亲近、友善的人际关系的需要。具有高归属需要的人喜欢保持一种融洽的社会关系，追求友谊，并注重被别人接受与理解，他们更喜欢合作而不是竞争的工作环境，通常从友爱、情谊、人际的社会交往中得到欢乐和满足。

这个理论对我们的管理实践具有十分重要的指导意义。它告诉我们，驱动人们去努力工作的因素除了通常人们所认为的金钱和权力之外，还有成就、归属等方面的因素也很重要。成就需要可以通过教育和培训来提高，高成就需要的人并不一定是优秀的管理者，但具有高成就需要的人对组织的发展影响甚大。

第三节　过程型激励理论

过程型激励理论主要从行为科学的角度研究如何引导与改变人的行为方式等问题，注重动机与行为之间的心理过程。有效的管理者不仅应该知道给员工什么激励，更应该知道如何激励才能更有效果，即他要回答的一个问题是：以怎样的方式激励、引导员工的行为更有效。

一、期望理论

组织中常常会出现这样一种情况，在面对同一种需要时，组织成员的反应是不同的：有的人会情绪高涨，而有的人则无动于衷，这是为什么呢？美国心理学家维克托·弗鲁姆（Victor H. Vroom）提出的期望理论对这一问题给出了一定的解释。期望理论认为，人们采取某些特定的行动，是因为他觉得这些行动可以达到某种预期的结果，并且这种结果可以带来他认为的报酬。换言之，人们采取某项行动的动力或激励取决于他对行动结果的价值评价和预期实现目标可能性的估计。用公式可以表述为：

$$M = V \times E$$ 10-

式中：M（Motivation）表示激励力，是直接推动或使人们采取某一行动的内驱力；V（Value）表示效价，是指一个人对某项工作及其结果（可实现的目标）能够给自己带来满足程度的评价，即对工作目标有用性（价值）的评价，它反映了个人对某一成果的偏好及渴望程度；E（Expectation）表示期望值，是指采取某种行动实现目标可能性的大小，即对工作目标能够实现的概率的估计，也称期望概率。如果行动主体估计目标实现的可能性极大，这时的期望概率接近于 1；反之，如果行动主体考虑到主观能力的限制和客观竞争程度的激烈，估计实现目标的可能性极小，则期望概率接近于 0。

从上述表达式中可以看到，效价（V）和期望值（E）的不同组合，可以产生出不同程度的激励力（M）。一般存在如下几种情况：

$V_{高} \times E_{高} = M_{高}$

$V_{中} \times E_{中} = M_{中}$

$V_{低} \times E_{低} = M_{低}$

$V_{高} \times E_{低} = M_{低}$

$V_{低} \times E_{高} = M_{低}$

由此可以看到，要想实现有效的激励，提高员工实现行为目标的动机水平，不仅要使激励手段的效价（能给行动主体带来的满足）足够高，而且还要让激励对象有足够的信心相信实现目标的可能性。只有当一个人把某种目标的价值看得很大，并且估计能实现的概率也很高的时候，这个目标激发动机的力量才比较强烈，激励对象在工作中才会表现出足够的积极性。

期望理论以一种权变的观点来解释激励机制，人们未满足的需要并不能保证人们工作的积极性，人们在采取行动的过程中会综合考虑采取行动带来的成果的价值及其实现的可能性，这一过程更突出了个体的主观能动性。期望理论对于管理者有效调动员工的工作积极性，做好管理工作具有一定的启示和借鉴意义，具体分析如下：

第一，要正确认识目标效价。若想使奖励成为激励因素，必须使之适合于激励的对象，即奖励应能很好地满足员工的个人需要。

第二，组织目标的设定应难度适宜。如果员工觉得要达到这个目标太困难了或者不可能，他们受到的激励就很低。所以，不仅设置目标能起到激励的作用，设置好目标的难度同样也能起到激励作用，而且这还不需要更多资金的投入。

第三，应尽量采取措施帮助员工提高获得预期成果的能力。如对员工给予培训、鼓励与支持，提高他们对获得预期成果的可能性估计，从而提高目标的激励力。

专栏 10-2

报考硕士研究生时，有的人积极性高，有的人没有积极性，积极性高的人一定同时具有两个因素：一是认为读硕士对他很重要，效价高；二是认为他很有可能考取，期望概率高。而不想报考的人，可能认为读硕士还不如早点工作好，效价低；或者认为考试成功的可能性很小，期望概率低；或者两者兼而有之。

效价一般用 0—10 级来表示，期望概率在 0 和 1 之间变化。如果某人报考硕士研究生，效价最高一级 10，期望概率为 0.9，那么 $V \times E = 10 \times 0.9 = 9$，则认为他的激励水平高，即 $M_{高} = f(V_{高}, E_{高})$。

管理启示　期望值是期望理论的核心，要想激励个体的积极性，就要想办法提高其期望值。

二、公平理论

公平理论又称为社会比较理论，它是美国心理学家亚当斯(J. S. Adams)在 20 世纪 60 年代提出来的一种激励理论。该理论侧重于研究报酬分配的合理性、公平性及其对人们工作积极性的影响。其主要观点是：人是社会人，一个人的工作动机与行为不仅受其所得报酬的绝对值的影响，而且还受到相对报酬的影响。因此，他会进行种种比较来确定自己所获报酬是否合理，比较的结果将直接影响今后工作的积极性。经常性地，人们将通过两个方面的比较来判断其所获得报酬的公平性，即横向比较和纵向比较。

所谓横向比较，就是将“自己”与“别人”相比较来判断自己所获报酬的公平性，并据此做出反应，我们可以用下列公式来说明：

$$\frac{Q_p}{I_p}=\frac{Q_x}{I_x} \quad 10-$$

式中，Q_p：自己对所获报酬的感觉；Q_x：自己对别人所获报酬的感觉；I_p：自己对所投入量的感觉；I_x：自己对别人所投入量的感觉。

这里需要说明的问题是：

（1）投入量包括个人所受到的教育、能力、努力程度、时间等因素，报酬包括精神和物质奖励以及工作安排等因素。

（2）“别人”包括本组织中的其他人以及别的组织中与自己能力相当的同类人。

如果某人觉得报酬是公平的，他可能会因此而保持工作的积极性和努力程度。

如果$\frac{Q_p}{I_p}<\frac{Q_x}{I_x}$，则此人对组织的激励措施感到不公平。此时他可能会要求增加报酬，或者自动地减少投入以便达到心理上的平衡。当然，他甚至有可能离职。管理者对此应特别注意。

如果$\frac{Q_p}{I_p}>\frac{Q_x}{I_x}$，则说明此人得到了过高的报酬或付出的努力较少。在这种情况下，他一般不会要求减少报酬，而有可能会自觉地增加投入量。但过了一段时间后他就会通过高估自己的投入而对高报酬心安理得，于是其产出又会恢复到原先的水平。

除了横向比较外，还存在着自己目前与过去的比较，即纵向比较。如以 Q_{pp} 代表自己目前所获得的报酬，Q_{pi}代表自己过去所获得的报酬，I_{PP}代表自己目前的投入量，I_{pi}代表自己过去的投入量，则比较的结果也有 3 种：

（1）当$\frac{Q_{pp}}{I_{pp}}=\frac{Q_{pi}}{I_{pi}}$时，此人认为激励措施基本公平，积极性和努力程度可能会保持不变；

（2）当$\frac{Q_{pp}}{I_{pp}}<\frac{Q_{pi}}{I_{pi}}$时，此人觉得很不公平，工作积极性会下降，除非管理者给他增加报酬；

（3）当$\frac{Q_{pp}}{I_{pp}}>\frac{Q_{pi}}{I_{pi}}$时，一般来讲，此人不会觉得所获报酬过高，因为他可能会认为自己的能力和经验有了进一步的提高，其工作积极性因而不会提高多少。

尽管公平理论的基本观点是普遍存在的，但是在实际运用中很难把握。因为上面公式中无论是自己的或他人的投入和报酬都是个人感觉，而一般人总是倾向于高估自己的投入量，而过低估计自己的所得报酬，对别人的投入量及所得报酬的估计则与此相反。因此，管理者在运用该理论时应当更多地注意实际工作绩效与报酬之间的合理性。当然,对于有些具有特殊才能的人,或对完成某些复杂工作的人,应更多地考虑到其心理的平衡。

三、目标设定理论

美国心理学家洛克(E. A. Locke)在 1967 年提出了目标设定理论,简称目标理论。该理论认为,目标本身具有激励作用,具体的目标能把人的需要转变为动机,使人们的行为朝着一定的方向努力,并将自己的行为结果与既定的目标相对照,及时进行调整和修正,从而实现目标。

目标设定理论的基本原理在于它着眼于希望达到的结果,而不是着眼于内心的需求和激励过程。该理论假定行为是有意识的目标和意图的结果。因此,管理者的任务就是要充分理解人们设定目标和实现目标的过程,通过为组织里的人们设定合理的目标,以影响他们的行为。合理目标的设置一般要考虑 4 方面的因素:目标难度、目标具体化、目标可接受性以及目标承诺。

目标难度指的是实现目标的难易程度,即目标的挑战性和达到目标所需要的努力。太难或者太简单的目标都不具有激励作用,具有较高激励作用的目标一般是那些具有一定的挑战性,又能够达到的目标。如对新上任的销售经理要求第二年的销售增长 400%,这是一个不太可能完成的任务目标,也许 40%的增长是比较合适的。

目标具体化指的是目标要清晰和准确。这主要体现在工作任务的内容和方向、最后完成的期限要求和应该达到的绩效标准等方面。例如,"提高营业额"作为目标就不够具体,而"争取本月的营业额突破 20 万元"就是一个非常具体的目标。目标本身的具体化是一种内在的推动力,它比模糊的目标更具激励作用。

目标可接受性指的是个体将目标接受为个人目标的程度。管理者在设置目标的时候,应尽量使员工参与其中,给员工以"个人拥有权",让员工了解并认同组织目标。

目标承诺指的是个体本身对目标的兴趣程度。这相当于是期望理论里的效价,即目标对行为主体的吸引力。只有具备足够吸引力的目标才有可能激发员工为之努力的行为动机。

此外,目标激励过程中还应实施及时的反馈。反馈有助于让员工了解事情的进展是否处于正轨,或者是否需要使用纠正措施来帮助实现目标,即可帮助他们认清已做之事和想做之事之间的差别。

四、强化理论

美国行为科学家斯金纳(B. F. Skinner)在研究个体的行为与结果之间的关系

时，提出了强化理论，认为行为是结果的函数，当行为的结果有利于个人时，行为会重复出现，反之行为则会削弱或消失。这种情形在心理学中被称为“强化”，即指的是对一种行为的肯定或否定的结果，它在一定程度上会决定这种行为在今后是否会重复发生。为了实现有效的管理，管理者要善于使用各种强化方式来引导、修正员工的行为，以使其符合组织目标实现的需要。常见的强化类型有4种：正强化、负强化、自然消退和惩罚。

1. 正强化

正强化是指对那些符合组织目标或对达到组织目标有利的行为进行奖励性认可，以使这类行为得到进一步的强化而能够重复出现。能带来积极强化效果的刺激物不仅包括奖金、加薪等物质奖励，还包括对表现突出的员工进行及时的表扬、赞赏、给予升职机会等精神奖励。此外，工作本身也可以成为正强化因素，为员工提供富有挑战性、充满乐趣或内容丰富的工作远比机械单调的工作更具正强化效应。

2. 负强化

负强化也称规避，指人们为了避免不合意或不希望的结果出现而努力克服某种行为的情况。负强化是事前的规避，在组织中预先告知某种不符合要求的行为或不良绩效可能引起的后果，允许组织成员通过按所要求的方式行事来回避不愉快结果的出现，这通常表现为组织的规定对员工所形成的约束力。例如，员工守则预先告诉员工迟到早退会受到批评，甚至被扣工资，于是员工为了避免此种不期望的结果，而努力做到上班不迟到、不早退。

3. 自然消退

自然消退是指对某种行为不采取任何措施，既不奖励也不惩罚，实施冷处理，以使其自行减少，直至不再出现。忽视就是对员工行为的“冷处理”，实践证明，某种行为长期得不到肯定或否定的反应，行动者就会轻视该行为的意义，继而会失去对该行为的兴趣。

4. 惩罚

惩罚是指对不希望出现的行为采取惩罚措施，使之不再出现。比如，批评、处分、降职、解雇等。惩罚与负强化之间有一定的区别，惩罚是落实对组织不利行为的惩罚措施，而负强化只是包含了惩罚的威胁，在员工表现满意时并不付诸行动。如“杀鸡儆猴”中的“杀鸡”就是惩罚，而“儆猴”则是负强化。

依据强化理论，一旦人们做出了预期的行为就应当给予强化。正强化是为了加强某种期望行为的出现；负强化、自然消退和惩罚则是为了减少或消除不期望出现的行为。在实际应用中，要重点把握强化机制的协调运转，以形成相互联系、相互补充的强化体系，提升激励的整体效应。具体来说，在管理实践中应用强化理论应注意以下几点：

(1)应以正强化为主，负强化(尤其是惩罚)的使用应慎重。在强化手段的应用上，正强化比负强化带来的效果更积极。负强化尤其是惩罚应用不当时会带来一些消极影响，如员工的不满和敌意等，这些情绪有可能使员工产生对抗性消极行为。所以对于不期望的行为，在运用负强化时，要讲究方式方法，应尽量消除其副作用，有时采取自然消退的做法比惩罚更有效。

(2)注意强化的时效性。在塑造组织行为的过程中，采取强化的时间对于强化的效果有较大的影响。要取得最好的激励效果，就应该在行为发生以后尽快采取适当的强化方法，一般来说，及时的强化可提高员工的强化反应程度，有效调整员工的行为。

(3)因人制宜，采取不同的强化方式。受到人的个性特征、需求层次和外部环境等因素的影响，不同人对强化方式的反应不尽相同。有的人重视物质奖励，有的人重视精神奖励，所以强化方式的使用就要随着对象和环境的变化而进行相应的调整。

专栏 10-3

宋朝，一位将军被派驻边地镇守。他到了边地之后，发现守城的尽是老弱残兵，虽然人人都会武艺，但全都是些花拳绣腿，根本无法打仗。用这样的军卒来防守，假设如狼似虎的金兵攻过来了怎么抵挡？

冥思苦想了几天后，这位将军计上心头。他颁布了一条命令，就是用一块银子做靶，凡是射中者，银子便归他所有。自此后，边地军民以习箭为任，箭术均有提高，个个精于箭术。不久，金兵入侵，边地军民同仇敌忾，把金兵打得抱头鼠窜，成功地守住了边城。

小思考 这位将军是怎样运用激励理论来激励下属的？

第四节 激励的方法与艺术

一、有效激励的基本原则

激励是一门学问，科学地运用激励理论来激发组织成员的积极性，提高组织的经营效率，是组织管理者的重要职责，也是实现组织目标的必要前提。为使激励取得效果，在激励过程中应遵循以下基本原则。

因人而异的按需激励原则。激励的起点是人们未满足的需要，不同的个体受到其个体差异性和动态性的影响，在不同时期会有不同的需要，只有满足员工最迫切需要（主导需要）的措施，其效价才高，激励强度才大。因此，要使激励发挥应有的作用，管理者必须要用动态的眼光看问题，深入研究员工变化了的需要，用特定的诱因调动特定人的积极性，即有针对性地采取激励措施。

目标一致原则。这里的目标一致指的是个人目标与组织目标的结合统一。激励是组织管理者为了实现组织目标而调动组织成员积极性的过程。之所以需要“调动”积极性，就是因为个人的目标与组织目标在很多时候是不一致的，需要通过激励，使组织成员明白只有实现组织目标，个人目标才能得以实现。所以说，在激励机制中，设置目标是一个关键环节。目标设置必须在以体现组织目标需要为根本的基础上同时体现员工个人的需要，否则将无法提高员工的目标效价，达不到满意的激励效果。

物质激励与精神激励相结合的原则。任何人都同时存在对物质和精神两方面的需要，两者相辅相成、缺一不可，相应地激励方式也应该是物质激励与精神激励相结合，物质激励是基础，精神激励是根本。脱离物质激励的纯精神激励，是不可能收到好的激励效果的；脱离精神激励的纯物质激励，只会使人陷入“拜金主义”的旋涡，这种激励也不会长久。所以，较好的激励方式是，在兼顾好物质激励的基础上，逐步过渡到以精神激励为主。

正激励与负激励相结合的原则。正激励主要指的是对员工符合组织目标的行为采取正强化措施，以资鼓励。负激励则指的是对员工违背组织目标的非期望行为采取一定措施，使之消退，主要有负强化、自然消退和惩罚等。在管理实践中，正激励与负激励从不同的侧面对人的行为进行强化，是两种相辅相成的激励类型。但鉴于负激励的使用会带来一定的消极作用，容易使员工产生挫败感或敌意行为，所以，管理者在激励过程中应巧妙地结合使用正激励与负激励，以正激励为主，负激励为辅，力求收到事半功倍的激励效果。

客观公正原则。激励过程中，若出现奖励与惩罚不公正，奖不当奖、罚不当罚的现象，会严重挫伤员工的积极性，给组织带来巨大损害。因此，为实现有效的激励，管理者在决定采取奖励或惩罚措施时一定要做到客观公正，对所有员工不论亲疏，一视同仁，奖与罚要对事不对人。

时效性原则。激励要掌握好时机，“雪中送炭”和“雨后送伞”的效果是完全不一样的。激励其实是对人的一种刺激，在行为刚发生时人往往处于比较兴奋的时候，管理者在这时对其进行激励，有利于将员工的激情推向高潮，激发他们的工作热情与创造力，效果最佳。就比如，当下属的业绩突出时，管理者给予及时的表扬，同时鼓励其再接再厉，员工觉得自己的努力受到了肯定，会因此而受到较大鼓舞，在工作中表现出更大的积极性。激励越及时，越有利于调动员工的主动性，而滞后的激励不仅会削弱激励的作用，而且还会使人对激励产生淡漠心理。

二、常见的激励方法

在激励理论的指导下，管理者需要选择有效的激励方法以提高员工接受和执行目标的自觉程度，激发其实现组织目标的热情，最终达到提高员工工作行为效率的目的。然而，方法是否有效，取决于是否找到了能够诱导一个人进行工作，并较好完成工作的因素，同时还取决于个人的觉悟。人们的需要是不断变化着的，所以没有一劳永逸的激励，激励的方法因此也是多种多样的，这里主要介绍 4 种常见的激励方法。

(一)物质激励法

物质激励法指的是从满足人的物质需要出发，通过调节员工的物质利益(如加薪、降职、罚款、持股等方式)来激发他们的工作动机并控制其行为趋势。物质激励主要包括奖励激励和惩罚激励两种方法。奖励激励指的是组织以奖励为诱因，引导组织成员按照组织目标需要的方向采取合理的行为。惩罚激励则是组织利用惩罚手段，诱导员工采取符合组织目标要求的行为的一种激励。这可以从员工行为准则中得以体现，若员工违反了组织制定的行为规范，员工就会受到一定的惩罚，如扣发工资、奖金、通报批评等，为了避免遭受惩罚，员工会积极约束自己的行为，以使其符合特定的规范。

(二)情感激励法

情感激励法指的是从满足人的情感需要出发，以管理者与被管理者之间的情感联系为手段的激励方式，如关心照顾、沟通思想、交往娱乐，民主协商等。积极的情感交流可以激发员工对管理者的信任，提高其在尊重与归属上的满足，从而产生巨大的激励作用。在如今这“以人为本”的管理时代，管理者需要十分重视对员工的“情感投资”，晓之以理、动之以情，时刻关心了解员工的困难需要，并给予必要的帮助，这将会大大提高员工的情感满意程度，促使其自觉自愿地表现出更多有利于组织目标的行为。

专栏 10-4

某足球队教练将该队队员分成三个集训小组，并在训练时做了一个心理实验。

教练对第一小组队员的表现大加赞赏，说："你们表现卓越，配合度非常高，太棒了！你们是一流的球员。"

对第二小组则说："你们也不错，如果你们运球速度快一点，步伐再稳一点，就更好了。"

对第三小组则说："你们怎么搞的，总是抓不到要领，靠你们，我什么时候才有出头之日呀！"

其实这3个小组成员的素质、能力都一样。但是经过这样一个实验之后，结果第一小组获得最好的成绩，第二小组次之，第三小组最差。

管理启示 由此我们可以看出，很多时候赞美比批评更能激发一个人的潜能和积极配合的愿望，而且这种激励会使他人加倍努力。

（三）目标激励法

目标激励法指的是以一个可被员工接受的目标为诱因，引导员工按照组织所希望的方式付出行动，以实现目标。实践表明，更具体的、有挑战性的、可实现的目标，能够有效地激励个体行动。所以，要获得好的目标激励效果，必须注重目标的有效管理。目标管理可通过上下各级管理人员共同参与制定组织目标，并将其系统地分解为每个人的具体目标，然后用这些具体的目标来引导和评价每个人的工作。给员工以足够的参与权，并对其行动做出准确的反馈，可有效提升士气，鼓舞他们为实现目标做坚持不懈的努力。目标激励法的关键就在于让员工参与决策，使其接受并认同组织目标，在目标的引导下实行自我控制，以完成目标。

（四）工作激励法

工作激励法指的是通过设计合理的工作内容、分配恰当的工作任务来激发员工内在的工作热情。随着人们对自我价值实现的追求，现代企业管理实践中不仅注重传统的物质激励手段，而且越来越重视来自工作本身的激励作用的发挥。因此，管理者必须调动各种工作因素，使下属满意自己的工作，从工作中获得更多的成就感、体现自身价值，这样对员工的激励才有可能长久，激励效果才最佳。合理的工作设计应是与员工的能力相匹配、具有一定的挑战性与吸引力。单调乏味的工作只会消磨员工的热情与斗志。

专栏 10-5

20世纪50年代，美国一家玩具工厂要求女工们不得擅自离岗，必须跟上流水线的速度，结果女工们怨声载道，流水线的生产效率并不高。她们提出自主决定流水线的速度，管理部门觉得这种想法太离谱，但还是决定冒险一试，授权给员工让她们自我控制。这些女工们的建议一经批准，她们的工作干劲和生产率达到了顶峰。在一天中她们让传送带有时慢，有时快，以一种最适合她们的速度工作。不久，她们的效率高得让管理部门十分不安，因为其他部门都受不了了！

管理启示 让员工找到最适合他们的工作方式，创造最令他们满意的工作环境，要比设立许多条条框框更有激励作用。作为领导者，应该懂得授权并非削弱自己的权力，而是信任员工，让他们发挥出潜在的主观能动性。

人物介绍

人本主义心理学的倡导者

——亚伯拉罕·马斯洛

亚伯拉罕·马斯洛(Abraham Harold Maslow，1908—1970)，美国著名社会心理学家，提出了融合精神分析心理学和行为主义心理学的人本主义心理学。马斯洛出生于美国纽约市布鲁克林区的一个犹太家庭。1930年获威斯康星大学心理学学士学位，次年获得心理学硕士学位，1934年获心理学哲学博士学位。1937年，马斯洛到纽约市布鲁克林学院任教，此时正是德国纳粹迫害学术思想的时期，很多欧洲著名心理学家避难到美国，他也因此结识了心理学家魏特海默(Wertheimer)、苛勒和考夫卡及精神分析心理学家霍妮(Horney)、阿德勒(Adelle)及弗洛姆(Fromm)等人。这些人的思想都对他的人本主义心理学理念产生了影响。渐渐地，他开始在思想上放弃行为主义，改而走向人本主义。

马斯洛在1943年发表的《人类动机的理论》一书中提出了需要层次理论。他认为人作为一个有机整体，具有多种动机和需要，包括了生理需要、安全需要、归属与爱的需要、自尊需要和自我实现需要。马斯洛认为，当人的低层次需要被满足之后，会转而寻求实现更高层次的需要。其中，自我实现的需要是超越性的，追求真、善、美，将最终导向完美人格的塑造，高峰体验代表了人的这种最佳状态。

马斯洛的工作和生命历程本身就是人本心理学如何向超个人心理学自然发展

的见证。马斯洛以研究成为一个充分发展的人意味着什么开始，以探索超个人问题结束。关注人的充分发展是人本心理学的灵魂，而超个人正是人性充分发展的结果。

他的主要著作有：《人类的动机理论》《动机和人格》《存在心理学探索》《科学心理学》《人性能达到的境界》等。

双因素理论创始人

——弗雷德里克·赫兹伯格

弗雷德里克·赫兹伯格（Frederick Herzberg，1923—2000），美国心理学家、管理理论家、行为科学家。赫兹伯格曾获得纽约市立学院的学士学位和匹兹堡大学的博士学位，此后在美国和其他30多个国家从事管理教育和管理咨询工作，是犹他大学的特级管理教授，曾任美国凯斯大学心理系主任。

20世纪50年代末期，赫兹伯格和他的助手们在美国匹兹堡地区对200名工程师、会计师进行了调查访问。访问主要围绕两个问题：在工作中，哪些事项是让他们感到满意的，并估计这种积极情绪持续多长时间；又有哪些事项是让他们感到不满意的，并估计这种消极情绪持续多长时间。赫兹伯格以对这些问题的回答为材料，着手去研究哪些事情使人们在工作中快乐和满足，哪些事情造成不愉快和不满足。结果他发现，使职工感到满意的都是属于工作本身或工作内容方面的；使职工感到不满的，都是属于工作环境或工作关系方面的。他把前者叫作激励因素，后者叫作保健因素。这就是双因素理论，是赫兹伯格最主要的成就。

在双因素理论取得成功以后，1968年，赫兹伯格在《哈佛商业评论》杂志上发表了论文《再论如何激励员工》，再次回顾了双因素理论提出的背景和该理论的内容，分析比较了在这个问题上各种理论学派的观点及他本人理论所处的地位，由此引出了职务丰富化的论题，介绍了职务丰富化的原则和实际应用。《再论如何激励员工》是赫兹伯格最为著名、影响力最大的著作。双因素理论促使企业管理人员注意工作内容因素的重要性，特别是它们同工作丰富化和工作满足的关系，因此有着积极的意义。赫兹伯格告诉人们，满足各种需要所引起的激励深度和效果是不一样的，他的理论指导了诸多管理者的管理实践，随着时代的进步与生产技术的发展，赫兹伯格的理论愈发显示出应用性价值。

他的主要著作有：《再论如何激励员工》《工作的激励因素》《工作与人性》《管理的选择：是更有效还是更有人性》等。

期望理论的奠基人

——维克托·弗鲁姆

维克托·弗鲁姆(Victor H. Vroom),著名心理学家和行为科学家,是期望理论的奠基人。他曾在宾州大学和卡内基·梅隆大学执教,并长期担任耶鲁大学管理学院"约翰塞尔"讲座教授兼心理学教授。弗鲁姆教授对管理思想发展的贡献主要在两个方面:一是深入研究组织中个人的激励和动机,率先提出了形态比较完备的期望理论模式;二是从分析领导者与下属分享决策权的角度出发,创立了著名的参与决策领导理论,阐述了领导规范模型。

弗鲁姆教授在1998年获得了美国工业与组织心理学会卓越科学贡献奖,2004年获得美国管理学会卓越科学贡献奖,是国际管理学界最具影响力的科学家之一。他曾为大多数全球500强公司做过管理咨询,其中包括GE集团、联邦快递、贝尔实验室、微软等跨国巨头。

弗鲁姆教授编写出版了上百部专著论文,但最主要的还是《工作与动机》和《领导与决策》,前者提出了激励的期望理论,被认为是管理领域的里程碑,后者详细论述了著名的领导规范模型。

本章小结

本章在介绍了人性假设与激励过程模式的基础上,重点介绍了两大类型的激励理论——内容型激励理论和过程型激励理论,最后介绍了有效激励的6大基本原则以及常见的4种激励方法。

激励指的是管理者通过采取能使人们的需要、愿望、欲望等得到满足的措施,来调动组织成员的工作积极性,引导其朝着组织所期望的目标表现出积极主动的、符合要求的工作行为。管理者要进行有效的激励,就必须对人有所认识,了解人的行为规律。管理学上对人的认识,主要是指对"人性"的认识,即人性假设。所有激励理论的提出都是建立在对人性假设的认识基础上的。当前关于人性的假设概括起来主要有4类:"经济人"假设、"社会人"假设、"自我实现人"假设和"复杂人"假设。

激励过程的关键要素由需要、动机和行为构成。需要是激励的出发点,也是动机产生的基础,动机是推动人从事某种行为的心理动力。激励的实质就是要通过采取系列措施对组织成员的需要和动机施加影响,以强化、引导或改变他们的行为，从而实现组织目标。

内容型激励理论着重研究人的需要，强调通过了解员工的不同需要，依据员工的差异提供不同的诱因来实现激励过程，即激励员工的需要。马斯洛的需要层次理论、赫兹伯格的双因素理论和麦克莱兰的3种需要理论都属于这一类型的激励理论。过程型激励理论则主要从行为科学的角度研究如何引导与改变人的行为方向等问题，注重动机与行为之间的心理过程。期望理论、公平理论、目标设定理论和强化理论均属于这一类型的激励理论。

有效的激励应遵循以下原则：因人而异的按需激励原则、目标一致原则、物质激励与精神激励相结合的原则、正激励与负激励相结合的原则、客观公正原则、时效性原则。人们的需要是不断变化着的，所以没有一劳永逸的激励，激励的方法因此也是多种多样的，常见的激励方法主要有：物质激励法、情感激励法、目标激励法和工作激励法。

本章重点：人性假设，激励的过程模式以及激励理论。

本章难点：激励理论的实际应用。

复习题

1. 什么是激励？简述激励的过程模式。
2. 基于“社会人”假设的管理方式有何特点？
3. 简述马斯洛需要层次理论的主要内容。
4. 简述双因素理论的主要内容及其管理启示。
5. 强化的类型有哪些？
6. 常见的激励方法主要有哪几种？

技能训练

1. 案例分析题

阳贡公司是一家中外合资的集开发、生产、销售于一体的高科技企业，其技术在国内同行业中居于领先水平，公司拥有员工100人左右，其中的技术、业务人员绝大部分为近几年毕业的大学生，其余为高中学历的操作人员，目前，公司员工当中普遍存在着对公司的不满情绪，辞职率也相当高。

员工对公司的不满始于公司筹建初期，当时公司曾派遣一批技术人员出国培训，这批技术人员在培训期间合法获得了出国人员的学习补助金，但在回国后公司领导要求他们将补助金交给公司所有。技术人员据理不交,双方僵持不下,公司领导便找这些人逐个反复谈话,言辞激烈,并采取一些行政制裁措施给他们施加压力,但这批人员当中没有一个人按领导的意图行事,这导致双方矛盾日趋激化。最后,公司领导不得不承认这些人已形成一个非正式组织团体,他们由于共同的利益而在内部达成一致的意见:任何人都不得擅自单独将钱交回。他们中的每个人都严格遵守这一规定,再加上没有法律依据,公司只好作罢。因为这件事造成的公司内耗相当大,公司领导因为这批技术人员“不服从”上级而非常气恼,对他们有了一些成见,而这些技术人员也知道领导对他们的看法,估计将来还会受到上级的刁难,因此也就不再一心一意准备在公司长期干下去。于是,陆续有人开始寻找机会“跳槽”。一次,公司领导得知一家同行业的公司来“挖人”,公司内部也有不少技术人员前去应聘,为了准确地知道公司内部有哪些人去应聘,公司领导特意安排两个心腹装作应聘人员前去打探,并得到了应聘人员的名单。谁知这个秘密不胫而走,应聘人员都知道自己已经上了“黑名单”,估计如果继续留在公司,也不会有好结果,于是在后来都相继辞职而去。

由于人员频繁离职,公司不得不从外面招聘以补足空缺。为了能吸引求职人员,公司向求职人员许诺住房、高薪等一系列优惠条件,但被招人员进公司后,却发现当初的许诺难以条条兑现,非常不满,不少人干了不久就“另谋高就”了。为了留住人才,公司购买了两栋商品房分给部分骨干员工,同时规定,公司用房不出售,员工离开公司时,需将住房退给公司。这一规定的本意是想借助住房留住人才,但却使大家觉得没有安全感,有可能即使在公司干了很多年,将来有一天被公司解雇时,还是“一无所有”,因此,这一制度并没有达到预期的效果,依然不断有人提出辞职。另外,公司强调住房分给骨干人员,剩下将近一半的房子宁肯空着也不给那些急需住房的员工住,这极大地打击了其他员工的积极性,使他们感到在公司没有希望,既然没有更好的出路,因此工作起来情绪低落,甚至有消极怠工的现象。在工资奖金制度方面,公司也一再进行调整,工资和奖金的结构变得越来越复杂,但大多数员工的收入水平并没有多大变化,公司本想通过调整,使员工的工作绩效与收入挂起钩来,从而调动员工的积极性,但频繁的工资调整使大家越来越注重工资奖金收入,而每次的调整又没有明显的改善,于是大家产生了失望情绪。此外,大家发现在几次调整过程中,真正受益的只有领导和个别职能部门的人员,如人事部门。这样一来,原本希望公平的措施却产生了更不公平的效果,员工们怨气颇多,认为公司调整工资奖金,不过是为了使一些人得到好处,完全没有起到调动员工积极性的作用。

公司的技术、业务人员虽然素质较

高，但关键职能部门，如人事部门的人员却普遍素质偏低，其主管缺少人力资源管理知识的系统学习，却靠逢迎上级稳居这一职位。他制定的考勤制度只是针对一般员工，却给了与他同级或在他上级的人员以很大的自由度，如规定一般员工每天上下班必须打卡，迟到1分钟就要扣除全月奖金的30%，这样，就在公司内部造成一种极不公平的状况，普通员工对此十分不满，于是他们也想出一些办法来对付这种严格的考勤制度，如不请假，找人代替打卡或有意制造加班机会等方法弥补损失。公司人员岗位的安排也存在一定的问题。这位人事主管虽然自己没有很高的学历，但却盲目推崇高学历，本可以由本、专科毕业生做的工作由硕士、博士来干，而有些本、专科生只能做有高中学历的人就能胜任的工作，这样，大家普遍觉得自己是大材小用，工作缺乏挑战性和成就感。

此外，企业的员工们普遍非常关心企业的经营与发展情况，特别是近年来，由于金融危机的影响，整个行业不景气，受经济形势的影响，企业连年亏损，大家更是关心企业的下一步发展对策，也希望能通过自身的努力来推动公司在金融危机中寻求到新的突破。但公司领导在这方面很少与员工沟通，埋头做决策，丝毫没有将员工的意见纳入公司决策制定的过程中来。面对紧张的企业发展形势和越来越差的工作态度，公司领导并没有做鼓动人心的动员工作，使得大家看不到公司发展的希望，结果导致士气低下、人心涣散。

案例来源：孙岩据国家精品课程资料网资料改编

案例思考：

（1）请根据相关理论分析，阳贡公司员工频繁离职的原因是什么？

（2）面临公司这样的情况，如果你是公司总经理，你将如何完善公司的激励方法？试用相应的理论来分析。

2. 实训操作题

每一个员工都属于某一种特定的类型，都拥有自己的独特的价值观念与奋斗目标。因此，优秀的管理者必须熟悉员工的类型、了解员工的需求、切实掌握不同的激励技巧。根据个体的不同，明确如何进行有效的激励。

（1）独立思考型：给予相对的自主权利

独立思考型员工属于那种“希望自由选择并决定工作”的人。不管是受雇于他人还是自己创业，这类人都希望独立组织自己的工作。他们不看重规章制度，不愿在办公室里待得太久。他们喜欢以自己的方式去行动，厌恶在别人的管束下工作。

（2）生活设计型：提供弹性的工作时空

生活设计型员工信奉的格言是：“工作是为了更好地生活。”生活设计型员工希望拥有弹性的工作时空，希望能理想地平衡工作与家庭的关系。他们往往通过努力工作来获取报酬，以便获得足够的时间与财力去享受或安排自己的生活。

(3)个体发展型:创造理想的锻炼机会

个体发展型员工的格言是:“我因学习而快乐。”个体发展型员工在选择自己的工作时,往往以能否锻炼提高自己为重要指标。毫无疑问,这些人并不是天生的冒险家。但是,如果工作能提供锻炼提高的机会,他们就有可能采取冒险行动。

(4)雄心勃勃型:增加相应的工作责任

雄心勃勃型员工的格言是:“我要不断超越并愿付出相应代价。”雄心勃勃型员工最关心的是自己的地位、特权、发展机会。当他们不得不沿着阶梯缓慢前进时,有可能同时转到另一领域来增加自己所承担的责任,以此来获得满足感。

(5)返璞归真型:调整个人的奋斗目标

返璞归真型员工的格言是:“我就是我,我要成为我自己。”返璞归真型员工不愿放弃自己的个性,也不愿为了遵从规则而失去放飞个性的机会。他们富有创造力,但当管理者要求他们必须服从众多的规章时,就会发现他们很难管理。

(6)团队合作型:营造融洽的合作气氛

团队合作型员工的格言是:“我需要与人合作,我是团队中的一员。”团队合作型员工对团队有一种特别的忠诚。对他们来说,与团队的其他成员晚上出去喝杯啤酒将是令人惬意的事。他们认为,与人合作是工作中最重要的一部分。

训练步骤:

第一步,认真阅读材料,总结每种员工的特点;

第二步,分析对不同的员工应该运用怎样的激励方法;

第三步,得出结论。

第十一章 沟 通

一个人必须知道该说什么，一个人必须知道什么时候说，一个人必须知道对谁说，一个人必须知道怎么说。

——彼得·德鲁克

【学习目标】

1. 掌握沟通过程及其基本要素
2. 掌握沟通的主要类型及其优缺点
3. 了解人际沟通含义及其障碍因素，并懂得如何去促进人际沟通
4. 掌握组织沟通含义及其分类
5. 掌握组织沟通障碍因素及如何选择有效的组织沟通方式
6. 了解组织冲突及其成因

导入案例

2006 年 4 月，中国职场爆发了“邮件门”事件，出现了一位后来称之为“史上最牛女秘书”，一石激起千层浪，大家对职场沟通及文化冲突议论纷纷。

4 月 7 日晚上，美国易安信(EMC)公司中国区总裁回办公室取东西。到门口才发现自己没带钥匙，而此时他的秘书已经下班。他就给秘书(瑞贝卡)发了一封信(后称“谴责信”)，信的全文如下(原文用英文)，“瑞贝卡，这个星期二我刚告诉你，想东西、做事情不要想当然！结果今天晚上你就把我锁在门外，我要取的东西都还在办公室里。问题在于你自以为是地认为我随身带了钥匙。从现在起，无论是午餐时段还是晚上下班，你要跟你服务的每一名经理都确认无事后才能离开办公室，明白了吗?”这封信还同时抄送给了公司的 4 位高管同事。

两天后，秘书用中文给总裁回信(后称“发飙信”)，“第一，我做这件事是完全正

确的，我锁门是从安全角度上考虑的，如果一旦丢了东西，我无法承担这个责任。第二，你有钥匙，你自己忘了带，还要说别人不对。造成这件事的主要原因就是你自己，不要把自己的错误转移到别人的身上。第三，你无权干涉和控制我的私人时间，我一天就8小时工作时间，请你记住中午和晚上下班的时间都是我的私人时间。第四，从到EMC的第一天到现在为止，我工作尽职尽责，也加过很多次的班，我也没有任何怨言，但是如果你们要求我加班是为了工作以外的事情，我无法做到。第五，虽然咱们是上下级的关系，也请你注重一下你说话的语气，这是做人最基本的礼貌问题。第六，我要在这强调一下，我并没有猜想或者假定什么，因为我没有这个时间也没有这个必要。”秘书把这封信连同总裁的原信抄送给了EMC中国区的所有员工，包括北京市、成都市、上海市、广州市等地。

据报道，这封“发飙信”的一条传播路径大致为：EMC——微软——MIC——惠普——霍尼韦尔——汤普生——联想——诺基亚——三星——普华永道……一开始还只在一些电子相关行业内传播，但后来便越传越广了。其中一些被转发的版本竟然有高达1000多人次的署名和点评，而瑞贝卡本人，也在网上为自己赢得了“史上最牛女秘书”称号。

请思考 为什么会出现“邮件门”事件？如果你是当事人双方，你会如何处理此事？

松下幸之助曾经说过：“企业管理的过去是沟通，现在是沟通，未来还是沟通。”哈佛大学肯尼迪政府学院沟通计划课程主任梅莉·丹兹格尔(Marie Danziger)说过：“当今领导人必须具备的不仅是高屋建瓴的能力，而且是清晰表达和极具说服力的沟通能力。”各种研究和实践表明，管理者的领导行为过程中，80%以上时间用在沟通上。为了组织有一个良好的生存环境，他需要与组织外部的人、机构等沟通，同时，在组织内部，管理者还要为了组织目标及计划的制订，为了组织结构的建立和人员选择、发展、激励等工作落实，为了组织计划工作的实施、监督和检查，为了组织各项创新工作的开展，不断地与不同层级的人员进行沟通、交流和协调。可以毫不夸张地说，沟通成就了组织团队，沟通成就了组织成员的执行力，沟通成就了组织绩效。

第一节　沟通概述

一、沟通及沟通基本过程

(一)沟通的含义

沟通是指发送者将信息通过一定的渠道传递到接收者,并被接收者理解的过程,是意义的传递和理解的过程。首先,需要强调的是:沟通的主体是人,是发送者和接收者。任何沟通,不管是人际沟通也好,组织沟通也好,都是由个体来完成的。即便如国家、地区之间的沟通,也是由代表国家或地区的最高个体之间的沟通来完成的。因此,这也是国家领导人有时需要展现一下自己个人魅力的原因之一,他也是为了促进相互之间的良好互动而做的努力。其次,沟通是传递信息和理解信息的过程。沟通不是发送者传递了信息、接收者接收到信息就行,而是应该确保发送者发对信息,接收者百分之百理解了信息,这才是一个好的沟通。否则,任何沟通都是无用功,就像现在的电子邮箱或手机短信中,总是有一些垃圾信息一样。再次,沟通所传递的不仅可以是信息、意义、思想,而且还传递伴随其中的不同情感,也就是沟通不纯粹是信息交流,还是思想、情感、态度的综合交流,它是一个较为复杂的过程。

(二)沟通基本过程及要素

一般来说,沟通是一个双向过程,这个过程一般包括 8 个要素:发送者(Sender)、信息(Message)、编码(Encoding)、渠道(Channel)、解码(Decoding)、接收者(Receiver)、反馈(Feedback)和噪音(Noise)。具体沟通基本过程如图 11-1 所示。

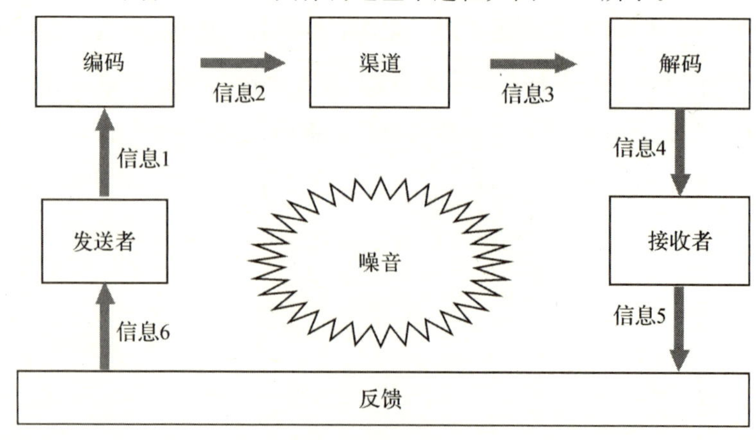

图 11-1　沟通基本过程

1.发送者

发送者就是沟通过程中有沟通需求的一方，也是将信息主动传递出去的发出方，是沟通的开始方。发送者的知识结构、地位、沟通意愿、个人魅力和信用等都会影响沟通的效果。

2.信息

信息就是沟通需要传达的意义、意图、意思等内容，这可能是一个想法，或是一个观点，或是一项工作任务指令，或是一个私人关爱等。

3.编码

编码就是发送者将信息转换为适合渠道传递符码的过程，符码可以是语言的（如口头、文字、图像等）、语音的（如与口头语言相关的语调、语速等）、视觉的（如手势、面部表情、肢体语言，及特殊专业的如军舰旗语等）。编码存在着选择合适的符码，并将信息准确表达的问题，是一个技术性较强的专业过程。

4.渠道

渠道就是信息传递的媒介，如电话、短信、电子邮件、面谈、微信等。各种渠道都有自己的特点，因此，发送者在沟通时就应该根据信息、自身及接收者的特点等条件，选择合适的渠道去有效、正确地传递信息。有时，你选择的渠道就表明了你对沟通内容的态度，如选择电子邮件，表明有点公事公办的意思。

5.解码

解码是编码的逆过程，就是接收者试图将接收到的信息恢复成发送者编码信息本意的过程。这个过程中，接收者原有的知识结构、个人经历等因素都会影响到解码的有效性。所以，一般情况下，我们不要指望接收者百分之百理解发送者的本意。因此，不断地反馈、确认是提高解码正确率，实现有效沟通的条件之一。

6.接收者

接收者就是沟通过程中接收信息的一方，并通过解码对信息进行理解。解码能力决定了接收者准确理解发送者本意的关键。通常，接收者往往被理解成是被动的接收者，是一个沟通的终点，但实际上，这种情况很少出现，对于一个好的接收者和沟通者，他往往会将自己理解的内容向发送者进行反馈、进行互动。这时，接收者又成了新沟通的发送者。

专栏 11-1

平常我们会说，从“你心里想的”到“你嘴上说的”可能会打八折，而从“你嘴上说的”到“别人听到的”可能只留下60%，而从“别人听到的”到“别人听懂的”可能只剩 40%，而从“别人听懂的”到“别人行动的”可能只剩下 20%。

小思考 上述现象被称为“沟通漏斗”，请你分析一下是什么原因造成的？

7..反馈

接收者根据自己对发送者信息的理解，将理解的内容和自己再编码的信息返回给发送者，以便让发送者核实，这就是一个反馈过程。反馈是检验沟通效果，纠正误解的过程，同时又是一个新沟通的开始。一对一的沟通容易反馈，而一对多，或多对一的沟通则较少机会反馈，容易影响沟通效果。

8. 噪音

噪音就是在沟通环境中对信息在传递、接收、反馈等整个沟通过程中产生干扰的负面因素，导致信息失真。这些噪音可能是语言不通，可能是难以辨认的字迹，可能是使用歧义的符码（导致编码错误），可能是用词不当（导致解码错误），可能是电话线路、网络不畅（导致沟通中断或延迟），可能是接收者心不在焉（导致没听完整而影响接收质量），可能是工厂内刺耳的机器噪音，可能是偏见，可能是文化差异（如语言、手势、肢体语言不同，而导致误解），可能是由于害怕变化的结果而不去传递信息，可能是团队中不太友好的人际关系而影响合力等。

专栏 11-2

学者们研究表明，东西方在人际沟通上的差异在于东方文化注重维护群体和谐的人际沟通环境，西方文化注重创造一个强调坚持个性的人际沟通环境。东西方的沟通差异主要表现在 4 个方面：第一，东方重礼仪，多委婉，西方重独立，多坦率；第二，东方多自我交流，重心领神会，西方少自我交流，重言谈沟通；第三，东方和谐胜于说服，西方说服重于和谐；第四，开场白和结束形式不同。

管理启示 在沟通过程中会存在各种噪声干扰，文化背景的差异不可避免地会影响沟通效果。

二、沟通在组织中的作用

沟通是保证组织高效运行的基础。作为管理者或领导者，沟通在其工作中的作用显而易见，如高层管理者主要与股东、政府、供应商、代销商、消费者等外部利益相关者在沟通，中层管理者则与内部高层和基层管理者以及部分外部利益相关者在沟通，基层管理者则主要与上级主管与一线员工，以及小部分外部利益相关者在沟通。总之,沟通在他的所有计划、组织、领导、控制等管理过程中都无处不在、无时不现。综合起来,沟通在组织中有如下作用。

(一)沟通是组织目标产生和实现的保证

目标的制定本身有从上到下和从下到上的途径,不管是哪种方式,组织内部充分沟通是必需的。同时一旦目标确定,就要进行宣传并贯彻执行,让每位组织成员了然于胸,这需要组织采用一定的沟通方式,如会议、公告、公司文件下发等形式。

(二)沟通是组织建立工作团队并产生凝聚力的手段

团队是组织实现目标的承载体,个体组成团队需要凝聚剂,其中沟通就是最重要的凝聚剂。团队成员从无到有、从不认识到认识再到相互信任去完成共同目标,这中间都需要沟通,其中管理者的沟通能力和沟通方式对团队建设尤为关键。

(三)沟通是组织实现激励、控制、创新等行为的催化剂

催化剂就是说有效的沟通具有促进事物发展的作用。如在绩效评估过程当中,员工绩效不是很好,但是如果管理者能了解员工的真正原因,并对症下药,提出意见,并与之促膝深谈,好好沟通,就可能将不利因素转变为有利因素,达成组织和个人目标。

(四)沟通是组织与外部环境保持联系,建立良好公共关系的基础

组织存在于现实的社会环境当中,除了有自己的内部环境外,还有它赖以生存的外部环境,如社会体制、经济条件、科技条件、文化习惯等,还有企业面对的消费者、政府机构、行业协会、社区等不同的利益相关者。只有方方面面关系和谐了,沟通顺畅了,大家才能满意,这个组织才是健康的。2011 年郭美美事件引发中国红十字会信任危机就是一个反面的例子,它表明了组织机构运行不透明,没有良好的与公众的沟通模式,对其健康发展是有百害而无一利的。

专栏 11-3

沃尔玛公司总部设在美国阿肯色州本顿维尔市,公司的行政管理人员每周花费大部分时间飞往各地的商店,通报公司所有业务情况,让所有员工共同掌握沃尔玛公司的业务指标。在任何一个沃尔玛商店里,都定时公布该店的利润、进货、销售和减价的情况,并且不只是向经理及其助理们公布,也向每个员工、计时工和兼职雇员公布各种信息,鼓励他们争取更好的成绩。

沃尔玛公司的股东大会是全美最大的股东大会,每次大会公司都尽可能让更多的商店经理和员工参加，让他们看到公司的全貌，做到心中有数。为保持整个组织信息渠道的畅通，他们还与各工作团队成员全面注重收集员工的想法和意见。萨姆·沃尔顿(Sam Walton)认为让员工们了解公司业务进展情况，与员工共享信息，是让员工最大限度地干好其本职工作的重要途径，是与员工沟通和联络感情的核心。

管理启示 沃尔玛公司正是借用共享信息和分担责任，适应了员工的沟通与交流需求，达到了自己的目的，使员工产生责任感和参与感，意识到自己的工作在公司的重要性，感觉自己得到了公司的尊重和信任，积极主动地努力争取更好的成绩。可以说，没有沟通企业管理者的领导就难以发挥积极作用，没有顺畅的沟通，企业就谈不上机敏的应变。

三、沟通类型

(一)根据信息编码方法不同分类

根据信息编码方法不同可以分为书面文字沟通、口头语言沟通以及非语言沟通，3 种沟通的比较如表 11-1 所示。

表 11-1 不同信息编码方法的沟通方式比较

	含义	优点	缺点	举例
书面文字沟通	运用书面文字、图像等进行的沟通	具有严肃性、长久保存、便于核实、表达准确、传递范围广	效率低、缺乏反馈、无用文件容易泛滥、电子媒介的成本较高	会议纪要、文件、调研报告、信件、内部参考、特别报告、电子邮件等
口头语言沟通	以口头语言进行的沟通	双向沟通、用途广泛、交流迅速、反馈及时、不受时空限制	信息传递层次越多越易失真、核实困难、通信费较高	面谈、开会、电话、视频等
非语言沟通	通过非语言如语音、视觉等进行的沟通	信息意义明确、内涵丰富、通过非语言符号表达超语言意思	传递距离有限、界限模糊、只能意会不能言传、只限特定范围	手势、面部表情、肢体语言、语调、军舰旗语等

(二)根据沟通是否反馈不同分类

根据沟通是否反馈不同可以分为单向沟通和双向沟通。单向沟通就是接收者收到信息后没有反馈给发送者。例如，部队士兵在接受军事任务时，往往是单向沟通，士兵一般是无条件接受上级已经决定的作战指令，上级一般不需要下级的反馈，执行就可以了。双向沟通就是接收者收到信息后反馈给发送者而形成的信息互动的过程。一般的沟通都是双向沟通。我们学习沟通也是为了更好地促进双向沟通，消除障碍，提高沟通效率，达到沟通的目的。关于两者的比较如表 11-2

所示。

表 11-2 单向沟通和双向沟通的比较

比较项	单向沟通	双向沟通
沟通速度	较快	较慢
信息理解的准确性	一般	较好
噪音影响	较少	较多
沟通主体满意度	发送者满意度较高	接收者满意度较高
适用场合	问题简单,但时间较紧 下属易于接受解决问题的方案 下属没有了解问题的足够信息 上级缺乏处理负反馈的能力	时间较充裕,但问题棘手 下属对解决方案的接受程度至关重要 下属能对解决问题提供有价值的信息和建议 上级习惯双向沟通,并能建设性处理负反馈

(三)根据沟通问题或场合不同分类

根据沟通问题或场合不同可以分为正式沟通和非正式沟通。正式沟通是指沟通主体针对正式的问题在相对正式的场合进行的沟通,如恋人之间的谈婚论嫁,企业部门之间的工作衔接落实,等等。而非正式沟通是指沟通主体沟通的内容及场合相对比较随意,没有确定性。如你在路上碰到张三,互通孩子学习情况;又如在年末团拜会上,碰到老上级,互通有无。

专栏 11-4

军队是国家或政治集团为政治目的而服务的正规武装组织,是国家政权的主要成分,是执行政治任务的武装集团,是对外抵抗或实施侵略、对内巩固政权的主要暴力工具。

小思考 军队与企业相比较,其采取单向沟通比较多还是双向沟通比较多?为什么?

(四)根据沟通行为主体不同分类

根据沟通行为主体不同可以分为人际沟通和组织沟通。人际沟通是本能的、经验型的、以个性为基础的。人际沟通强调掌握人与人沟通的技巧,其中包括口头沟通技巧、书面沟通技巧、倾听技巧、非语言沟通技巧、压力沟通技巧、冲突处理技巧等。组织沟通是具有科学性、有效性和理性的沟通。组织沟通是一种动态的、多渠道的过程,它包括特定组织内部和外部的沟通,是自我沟通能力和人际沟通技能在组织特定沟通形式中的综合体现，包括纵向沟通、群体和团队沟通、会议沟通等。

第二节　人际沟通

一、人际沟通及人际沟通网络

（一）人际沟通

人际沟通是指存在于两人或两人以上之间的信息沟通。人在诞生时的第一声哭，就是在呼唤着有人的照应，渴望着与人的沟通。其实从那时开始，个体就通过各种渠道在与社会进行沟通，与母亲、与家人、与亲戚、与同学、与邻居、与朋友、与同事、与陌生人等等，无时无刻不在沟通。同时，社会中的组织能否取得绩效，其中组织成员间的人际沟通也起了决定作用。如美国职业篮球联盟（NBA）公牛队前黄金搭档乔丹和皮蓬，对公牛队取得辉煌成绩功不可没，他们之间就有一段关于相互沟通的文字介绍："我们在场上相互从对方的眼神、手势、表情中获取意图，决定我们之间的配合；但是，如果我们失去了彼此的沟通，那么公牛的末日就来临了。"

可见，人际沟通是组织沟通的基础，它不仅是个体在社会中能否健康生存的重要技能，它也影响着组织绩效并成为组织在社会中健康生存的重要技能。

（二）人际沟通网络

个体生活在社会中，不是枯燥的独居生活，而是生活在群体中，每天都与不同的人群在联系沟通，如家族、同学、同事等，这些人群可以根据不同的沟通渠道构成人际沟通网络。人际沟通网络是指人际沟通渠道的结构和形式，它反映的是人际交往过程中信息的传递线路。一般可以将人际沟通网络分为 5 种较典型的沟通方式：链式、环式、Y 式、轮式和全通道式，具体如图 11-2 所示。

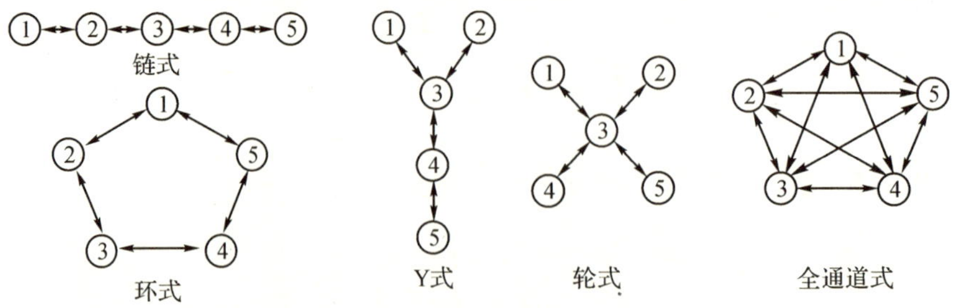

图 11-2　人际沟通网络类型

链式沟通。信息是一对一的单线交流，相当于一个纵向的沟通网络。每个人都与两侧的个体联络，除了第一个发送者和最后一个接收者。

环式沟通。信息是一对一的相互交流，但最后形成闭环。可以看成是链式的一个封闭结构。个体之间可以依次单线联络和沟通，其中，每个人都可同时与两侧的人沟通信息。

Y 式沟通。这是一个纵向沟通网络，其中一个人处于中心位置，成为这个群体中人际沟通的中介人。

轮式沟通。属于控制型沟通网络，其中只有一个人是这个群体中各种信息的汇集点与传递中心。

全通道式沟通。这是一个开放式的沟通网络系统，其中每个人都有一定的相互联系，彼此了解，是一个非常活跃的群体。

二、人际沟通障碍及有效沟通的策略

(一) 人际沟通障碍因素

人际沟通过程中，总会因为诸如噪音等原因而使原来要传递的信息、意思、情感等被误解、曲解，影响沟通的效果。俗话说“狗咬吕洞宾，不识好人心”，有人明明是想好意提醒或有意帮助，有时由于语言的差异等因素的干扰，接收者却认为是幸灾乐祸、落井下石。人际沟通不畅导致悲剧发生的事情也屡见不鲜。

那么人际沟通过程中，存在哪些障碍呢？一般来说，主要有两大类：沟通环节的技术因素和沟通个体认知行为模式因素。

1. 沟通环节的技术因素

一般人际交流过程中，沟通双方可以是面对面，或者可以通过电话、视频，或者可以通过书面等方式交流。上面讲过，这些交流方式中涉及不同编码过程，有语言的和非语言的，有书面的和口头的，也有辅助语言的，这些编码过程中的技术因素的应用是否得当直接决定着人际沟通效果。概括起来，这些技术障碍主要有语言不通、信息含糊、含义混乱、渠道场合选择错误等因素。

(1)语言不通

如果你到外地，不懂当地语言，或者特殊方言，简直寸步难行；如果通过翻译，沟通效果就会打折。

(2)信息含糊

发送者不能将想要传递的意思编码成合适的信息符码，或者表达得不清楚，主题思想不明确，导致接收者难以理解，从而导致沟通障碍。

(3)含义混乱

大多数沟通的信息传递依靠语言，构成语言的字、词的准确性直接影响了沟通的效果。语言和文字的表达存在含义混乱、发生歧义的现象。这一方面是由于字、词本身存在多义的性质，另外也是由于沟通主体对其理解的不同而有不同的歧义，导致含义混乱，影响沟通。

(4)渠道场合选择错误

由于需要沟通的信息本身存在保密、敏感、私密性等因素，这些信息应该选择在什么场合(私底下还是多人场合)、采取什么渠道(口头还是文字等)沟通，是沟通主体需要考虑的问题，有时选择错误，就会导致沟通失败。例如有些闺密最后连朋友也没得做，就是由于这类口无遮拦、不分场合的沟通障碍造成的。

2.沟通个体认知行为模式因素

人际沟通是否有效不仅受沟通环节的技术因素影响，而且还受沟通个体认知行为模式因素的影响。也就是说，人际沟通过程中，沟通主体会根据自己的经验，对周围世界进行感知、记忆、思维、想象等心理过程。这个心理过程影响着个体对信息的编码及解码过程，从而影响着个体对信息的理解和传递，最终影响沟通的效果。从一定程度来讲，个体认知行为模式更是影响沟通有效性的最终因素。它主要包括个体社会认知能力、需求动机、情绪、文化价值观差异等等。概括起来，这些个体认知行为模式障碍主要有选择性知觉、首因效应、偏见、光环效应、文化价值观差异等因素。

(1)选择性知觉

选择性知觉是指沟通主体会根据自己的需要、动机、经历、社会关系等个体因素对信息进行有选择性的编码和解码的过程。这是因为人体大脑处理信息的能力有限，人们总是有选择地接收信息。而选择什么样的信息进行沟通，则因人而异，个体往往是选择自己熟悉的信息进行认知处理，表现在听力选择上就有一个心理学称之为“鸡尾酒会效应”。所以，人际交流过程中，有时沟通不是非常理性的，大家沟通的往往是希望沟通的信息，而忽略其他重要的信息。例如，人们往往喜欢听一些他们自己能够接纳的东西，或期望听到的东西，甚至只愿意接受中听的，而拒绝不中听的，这也是“报喜不报忧”的心理基础。

(2)首因效应

首因效应是指交往双方形成的第一次印象对今后交往关系的影响，也即是“先入为主”带来的效果。虽然这些第一印象并非总是正确的，但却是最鲜明、最牢固的，对双方的随后交流、交往产生重大的影响。这也是为什么在人际交往过程中要注意礼仪从而促进交流效果的重要原因。

(3)偏见

根据《中国大百科全书——心理学篇》的定义，偏见“是指根据一定表象或虚假的信息相互做出判断，从而出现判断失误或判断本身与判断对象的真实情况不相符合的现象”。偏见的特点是以偏概全，常有过分简单化的倾向，形成之后常带有固执的、刻板的和泛化的性质，表现程度有一般倾向性、偏爱、成见、刻板、歧视等，在一定程度上影响着人际沟通，增加沟通的困难性。

(4)光环效应

光环效应是由美国著名心理学家爱德华·桑戴克(Edward Lee Thorndike)于20世纪20年代提出的，是指人们对他人的认知判断首先根据整体印象，然后再从这个判断推论出认知对象的其他品质的现象。一个人如果被标明是好的，他就会被一种积极肯定的光环笼罩，并被赋予一切都好的品质；如果一个人被标明是坏的，他就被一种消极否定的光环所笼罩，并被认为具有各种坏品质。所以沟通主体间不良的整体印象会对相互之间的沟通造成负面影响。

(5)文化价值观差异

随着全球一体化的趋势，跨国、跨地区人际交流越来越频繁，个体不同的文化价值观在沟通中带来障碍的例子层出不穷，本章引例“邮件门”事件中的两位主角就是一个案例。他们来源于不同的地区，接受了不同的教育，经历也完全不同，这就决定了他们的行为准则也是有差异的，因此在一起的时候难免有沟通上的冲突。

(二)有效沟通的策略

1.选择适量的信息，明确沟通目的

适量的信息，明确沟通目的，这是有效沟通的一个前提条件。如果连自己要表达什么、传递信息需要达到什么目的都不清楚，那就根本谈不上沟通的存在，更不用说实现有效沟通了。

2.采取合适的方式，多换位思考

首先，有效沟通者应该多换位思考，站在对方的角度来考虑问题，努力克服因个体差异而形成的沟通障碍。其次，应该选择恰当的时机和沟通地点。把握沟通的最佳有利条件，以便于更好地实现沟通效果。最后，应该避免一味的说教。一味的说教不符合沟通的原则，在主观上忽略了对方的情绪和反应，必然引发沟通的失败。

3.努力开放心胸，做到善于倾听

由于每个人或多或少都存在着一些个人的主观性、偏见或是心理障碍，在沟通时往往很难回避这些因素的影响。因此，良好的沟通者要学会开放自己的心胸，撇开自己的成见。克服自身的心理障碍，努力从客观角度来思考问题。沟通大多来自误解，而许多的误解则是因为不善于倾听。倾听不只是要用“耳朵”，而是要用

"心"去听别人说话。主动聆听的主要目的在于,避免过早地判断或诠释而扭曲了沟通者的原意,以免产生不必要的误解,从而保证正确理解对方的意思。

4. 控制负面的主观情绪,充分利用反馈机制

沟通时,沟通双方的情绪状态等主观因素直接影响到沟通的效果。沟通应该是理性的,尽管完全摒弃主观情绪并不容易,但沟通者应尽量避免在沟通中掺入太多的主观情绪,以尽量克服主观情绪的不利影响,在此基础上,还要充分利用反馈机制,防止出现"只有信息传递而没有反馈"的单向沟通。

5. 以行动强化语言,建立相互信任关系

行动胜于语言,要保持"言行一致",尤其是作为一名管理者,如果言行不一,则肯定会令下属无法信服,同时有损自身威望,起不到榜样的作用,达不到有效沟通的效果。在言行一致的基础上,沟通双方应该努力和对方建立相互信任关系,并保持互相尊重,以形成良好的人际关系,从而促进双方良好的沟通。

专栏 11-5

1986 年的一个清晨,李健熙刚成为三星电子集团的副董事长。父亲李秉喆亲自用毛笔写了"倾听"二字送给他,希望他将此作为一个企业领导者的金科玉律。

2006 年已经成为三星集团主席的李健熙,由于个人对汽车的酷爱,决定进军汽车业。虽然很多高级经理都知道汽车行业的产能明显过剩,但都对这笔 130 亿美元的投资保持沉默。

结果,三星汽车刚投产一年就彻底失败。韩国舆论认为:"不仅是个盲目的决策,也是官僚主义管理体制的一次失败。"李健熙也非常吃惊地表示:为什么当初没有人敢说出自己的反对意见?

管理启示 伏尔泰说:"耳朵是通向心灵的道路。"但我们心中往往有太多自己的成见,这成为我们倾听别人的最大障碍。作为管理者要加强沟通意识,它是维系组织存在,保持和加强组织纽带,创造和维护组织文化,提高组织效率、效益,支持、促进组织不断进步发展的主要途径。

第三节 组织沟通

组织沟通是指与组织有关的一切沟通行为,包括组织内部个体间的沟通、部门之间的沟通以及组织之间的沟通,具体是指组织就使命、目标、任务、意见等信息传

递和交流的活动。组织沟通的目的就是协调好组织内部和外部的各种关系，为组织的发展创造良好的生存环境。

一、组织沟通分类

组织是由不同的个体组成的，这中间既有正式的通过组织结构构成的权力等级系统为基础的人际或组织沟通，又有非正式的游离于组织之外的，由于兴趣、爱好、地缘等因素形成的人际或组织沟通。由此，组织沟通可以分为正式沟通和非正式沟通。

（一）正式沟通及其类型

正式沟通是指在组织结构所规定的信息传递渠道的范围内，按权力等级进行的沟通。例如部门主管布置工作任务给下属，下属将完成任务的情况向上级汇报，这些都是正式沟通。

组织中的正式沟通根据信息传递方向分为 4 种形式，分别是下行沟通（自上而下）、上行沟通（自下而上）、横向沟通和斜向沟通，如图 11-3 所示。

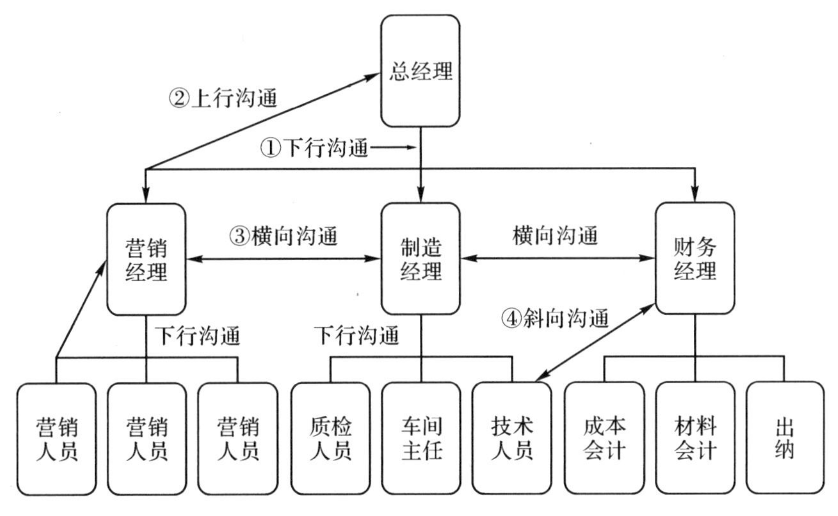

图 11-3 组织正式沟通的 4 种形式

1. 下行沟通

下行沟通是自上而下的沟通，是指信息按照组织结构层次由较高级传递至较低级的沟通形式。如企业总经理向部门经理下达董事会经营目标，营销总经理向区域销售经理布置年度销售目标等。除了下达工作任务外，通常下行沟通的目的还有发布指示，通报有关组织规章制度，主动听取下属意见，了解下属工作进度，激励组织成员，指出组织存在的问题和改进的机会，等等。下行沟通是组织最常见的沟通方式之一，往往带有严肃性、权威性，是下属开展工作的依据。如果组织层次较多，那下行沟通的速度会变慢，工作指令往往会因为层层转达而打折，信息丢失，最终导致组织执行力出现问题。

2. 上行沟通

上行沟通是自下而上的沟通，是指信息按照组织结构层次由较低级传递至较高级的沟通形式。如制造部经理向总经理汇报本月的生产情况，研发部经理向总经理汇报下年度的开发计划等。除了汇报上级交付的工作任务状况，上行沟通还可以是下级向上级谈谈想法、员工思想动态、建议、意见等等。上行沟通也是组织常见的沟通方式，往往带有民主性、开放性。上行沟通是否顺畅是关系到上级管理者能否真实了解组织运行情况、能否及时给予下属组织资源支持、能否及时给予下属行动纠偏而回归组织目标的重要途径。因此，为了更好地管理，管理者应该鼓励下属进行上行沟通。

3. 横向沟通

横向沟通是指信息按照组织结构层次在平级之间传递的沟通形式。如制造部和营销部讨论下个月需要交货的订单落实问题，品质部和制造部回顾上季度的产品质量情况，等等。横向沟通是组织内部协同完成组织目标的重要沟通方式，它要求部门之间的协调性、配合性。管理者要学会横向沟通，学会跨部门合作，共同完成上级交给的工作任务。横向沟通能力是形成团队精神的必要保证，但横向沟通也会因为同级部门主管因资历不一样而造成沟通困难，也可能因为跨部门沟通而造成成员发牢骚、传播小道消息，从而涣散团队士气。所以，管理者要重视横向沟通效果，提高组织效率。

4. 斜向沟通

斜向沟通是一种特殊的组织正式沟通形式，是指信息按照组织结构层次在不同层级之间传递的沟通形式。如公司总部财务部会计主管直接向分公司开票人员确认发票事宜等。它是组织正式沟通的重要补充形式，可以加快信息传递速度。这类沟通要注意正常的组织沟通原则，也要注意跨部门沟通的协调难度，所以实施斜向沟通者要确保知会相关上司，得到允许后进行，并注意耐心，说话语气要好。

从上述 4 类沟通方式可以看出，组织正式沟通的优点是：权威性较好、比较严肃、约束力强等。而缺点是：依靠组织结构层次进行传递，等级观念强，比较刻板，沟通速度慢等。

（二）非正式沟通及小道消息管理

1. 非正式沟通

非正式沟通是指信息不按照组织结构层次进行传递的沟通。它与正式沟通不一样，信息传递过程及内容不受正式组织的监督与约束，其真实性及后果没有人负责。例如，在公司午餐时间，两位员工碰在一起随便聊了聊公司组织的福利；旅游过程中，两位同住一房间的同事间的交流，这些都是非正式沟通。

非正式沟通的优点是：传播速度快，效率较高，满足员工安全、社交、尊重等需要等。其缺点是：沟通主体可以不负有责任和不必遵守一定组织程序，随意性较强，难以控制，会出现信息失真现象等。

2.小道消息管理

按照斯蒂芬·P·罗宾斯的观点，小道消息就是一种组织中的非正式沟通网络。有研究表明，“63%员工说自己首先通过小道消息中的传闻或流言得知重要事项”。小道消息传播在组织中是非常活跃的，涉及的内容往往是组织中重大经营决策、组织变革、人事安排、人际关系特别是高层动态等敏感话题，所以，它在组织中的作用不可忽视。

下面我们从小道消息的传播原因、传播网络以及如何管理做一阐述。

(1)小道消息传播原因

从小道消息传播的产生来看，主要原因有：

①组织个体急于知道某一事件的发展态势，却又难以从正式渠道得到信息；

②小道消息传播的问题与个体的切身利益有关；

③组织个体在某种环境中感到不稳定，会对小道消息特别在意；

④信息涉及自己熟悉的或有关系的人，或是敏感人物；

⑤为达到自身目的，有人故意使用小道消息传播。

(2)小道消息传播网络

小道消息的传播网络一般有单线式、偶然式、流言式和集束式4种，具体如图11-4所示。

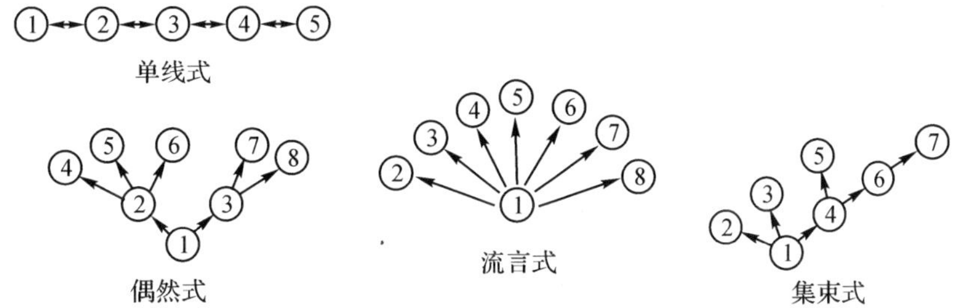

图 11-4 小道消息传播网络

单线式是一个人传递一个人，按最亲密人际关系进行单线传递，相对保密，信息也相对准确。偶然式是指每一个人都随机将信息传递给另一个人，没有一个中心人物，信息随机散布。这是一种常见的方式，信息相对不是特别重要，就像道听途说。流言式是指一个人传递给多个人，是发送者主动选择信息给接收者。集束式是指信息发送者主动选择几个传递对象，再由他们按照关系亲疏顺序进行传递的方式。这种方式比较常见，也是最基本的非正式沟通方式。

(3)小道消息管理

组织中小道消息是否流行与组织正式沟通是否完善，管理风格是否民主等有关，正式沟通越通畅，管理风格越民主，小道消息就越少；反之，小道消息就越多。

作为管理者要意识到，小道消息等非正式沟通是客观存在的，也是组织沟通的一种重要方式，虽然它有负面影响，如容易导致小集团、小圈子，影响组织的凝聚力和人心稳定，但是管理者不应轻易采取堵击、攻击、消灭等措施，而是应该充分了解并加以有效管理。例如从小道消息中了解下属的行为和下属对组织行为的评价；利用小道消息传播一些不宜马上公开的信息或决策，试探员工的反映，并根据员工的反馈结果，决定是否正式公开信息或执行决策；要去了解小道消息传播的网络，谁在传播信息，谁最喜欢这些信息；还可以利用它传递不便在正式渠道传递的信息；对于错误有害的谣言，应及时公布事实真相辟谣，同时还要采取相应的措施加以制止；对于中性的传闻可以不理会；对于一些难以辟谣的传闻，可以用行为来击破谣言。

二、不同领导行为下的组织沟通方式

不同领导行为或风格下的组织沟通方式是不一样的。由于领导行为的目标导向不同，沟通主体间的关系不同，成员工作熟练度不同，以及组织规模不同等原因，具体的组织沟通方式也应因人而异、因地制宜。下面以保罗・赫塞(Paul Hersey)和肯尼斯・布兰查德 (Kenneth Blanchard)的“情境领导模式”为例，对不同领导行为下的组织沟通方式做一个简单的说明。如图 11-5 所示。

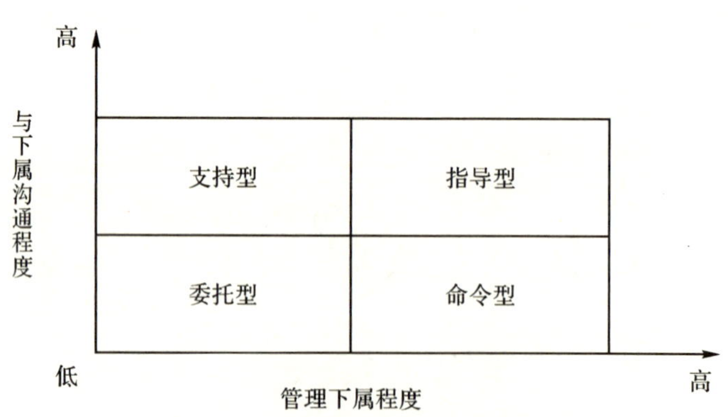

图 11-5 “情境领导模式”下的组织沟通方式

根据“与下属沟通程度”和“管理下属程度”两个维度，可以将领导模式分为 4 种：命令型、委托型、指导型和支持型。从与下属沟通程度来看，命令型和委托型领导风格下的上司与下属的沟通相对较少，而指导型和支持型的相对较多。

命令型领导适合工作能力不足的新下属，沟通的主导方是上司。上司一般采用命令、指令、告知等方式，告诉下属“做什么”，通过示范或讲解诸如下属如何设立目标，如何分解工作计划，如何分清工作的轻重缓急关系等问题，从而提升下属工作技能和效率。上司则需要在必要的时间节点上检查、监督和评估下属行为。

委托型领导比较适合下属已经有相当的工作能力，上司一般采用授权的方式，让下属在总的目标和工作原则框架下，自主开展工作。这种委托关系仅局限于工作关系。委托型风格更多强调的是下属在完成工作任务的沟通中的能动性和主动性。

指导型领导适合工作能力相对要提高的下属，上司一般用指示、建议、忠告等方式，解决下属“怎么做”的问题，上司更多地使用倾听、提问等方式，让下属自己去发现要解决的问题，并引导其设立目标、分析现实、提出方案、并找到合理方法加以落实，从而解决问题。这种启发式的互动沟通方式，是培养下属，提升其能力的有效方法。

支持型领导适合有工作能力和发展潜力的下属。上司不仅在工作层面基本放手让下属自主开展工作，为下属提供必要的完成任务的组织资源，而且对有潜力下属的个人发展上，支持其参与到部门决策等一系列工作上。上司一般会主动倾听下属遇到的困难，并给予支持解决，同时，上司乐于同下属互相交流有关组织的信息，征求建议或想法。支持型领导沟通方式有助于激发下属对工作投入热情，培养其参与组织决策过程，是组织发展下属的有效措施。

专栏 11-6

李绍唐年轻时去敲老板的门，遇到老板心不在焉、看着电脑有一搭没一搭地回上一句，让他很反感。若干年后，李绍唐成为多普达公司总裁，于是他开始利用一切机会倾听员工的心声。轻松的环境才能打破上下级间紧张的气氛。李绍唐的方法简单又高效。第一年，他每个月都会找 10—12 名员工喝咖啡、吃蛋糕，让不同部门的同事互相认识，并且必须提一个对公司的建议。第二年，主题变为“快乐午餐”，大家聚到一起吃快餐、聊愿望。第三年，下午五点半到七点半的“快乐时光”，员工们一起喝啤酒，尽情发泄自己对公司的不满。李绍唐觉得这样才能听到同一事情的不同观点。

小思考 从与下属沟通程度来看，你认为李绍唐的领导风格属于哪种类型？

三、组织沟通障碍及有效沟通策略

(一)组织沟通的主要障碍

组织沟通的主要目的是为了去实现组织目标,这是与人际沟通有根本区别的。那么,有哪些因素会成为组织沟通的障碍呢?从管理学意义上讲,沟通包括逐渐递进的3个层次:自我沟通、人际沟通和组织沟通。因此有效沟通的障碍主要来自个人和组织,还有部分来源于各种噪音和背景。下面我们主要从组织方面来分析影响有效沟通的主要因素。

1.职位差别

组织结构是组织完成组织目标的权力保障系统,有不同的权力、管理层级。一般来说,组织当中职位高低,以及是否拥有直线职权决定了组织沟通的效果。职位高的,又有直线职权的,他的沟通效果最好,否则,效果就要打折扣。也就是说在组织沟通中,组员更多关心的是这个信息来源于谁、是谁发布的,然后才是信息内容。同样的信息,由不同职位的人来发布,效果会大不一样。同时,职位高的更早得到信息并拥有信息的产生权、发布权,有一定的主动权,信息一般趋向于从上司流向下属,所以下属(包括职能参谋人员)在组织沟通中的作用往往被忽视,容易造成组织营运信息的反馈困难,这种沟通不畅,有的时候(如对市场和顾客反应的迟钝)会对组织造成致命的打击。

2.信息传递链

组织结构中管理层次越多,信息传递的等级越多,它到达最基层成员的时间也越长,信息失真程度也越大。这就是所谓的信息传递"漏斗"原理,如图11-6所示。组织结构的管理幅度和管理层次决定了信息传递的长度、速度以及质量。组织成员在组织结构中的位置决定了他们进行信息沟通的内容与范围。组织结构的变化会影响沟通的方向及沟通的效率,而沟通形式的改进也能提高组织的运作效率。企业一直在强调的"执行力"问题就是为了克服这个障碍。

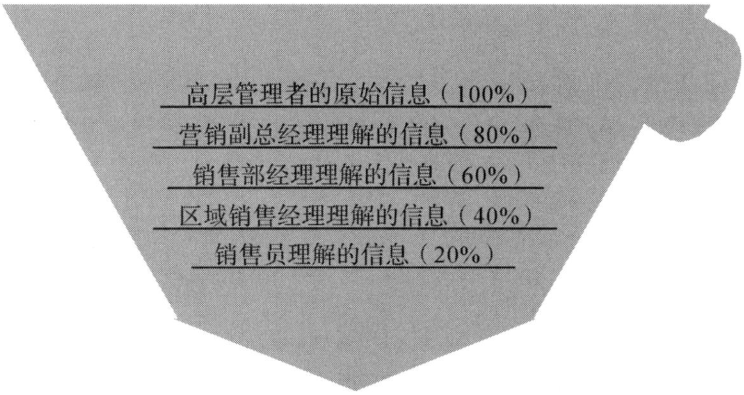

图 11-6 信息传递“漏斗”原理

3. 团队规模

组织部门、团队的规模越大，成员之间沟通渠道也相应增加，沟通复杂性加大。团队中的人际沟通渠道数为 n(n－1)/2（其中 n 为组织团队人数），这种渠道增长的速度较人数增长更快。例如，5 个人的团队，其可能的沟通渠道为 10 条，6 个人为 15 条，7 个人为 21 条，10 个人就达到 45 条……因此，团队规模大了，渠道多了，人际沟通的复杂性就对组织沟通的有效性增加了难度。

4. 利益影响

由于组织是组织成员养家糊口的经济来源，信息特别是人事安排、薪酬福利、绩效考核等直接影响组织成员的实际收入，因此，组织成员在传递组织信息时常常会考虑到信息是否对自己或自己团队的利益产生影响而对信息进行“额外”的处理，从而导致组织沟通不畅或信息失真。这种处理包括故意操纵信息使其对接收者有利的过滤行为，还包括信息隐瞒、信息耽搁、信息修改、信息伪造等不当行为，从而影响组织沟通效率。

5. 信息量超载

由于产品、职能、地域扩大的影响，组织规模比较大，如跨国公司，而导致需要沟通的内容比较广，频率比较高，有时会出现信息量超载的现象，从而影响组织效率。有公司员工反映，每天上班，打开公司邮箱，就可以看到很多已被阅读和没有被阅读的邮件，有被主送的，也有被抄送的，有与自己有关的，而有些根本与自己无关，甚至连阅读都要花大半天时间。这种情况下，他根本不可能处理完这些邮件，最终导致只处理自己感兴趣的或者是职责范围内的事情，其他的则被忽略或延迟。这种现象，被职场人士形象地称为“电子邮件陷阱”。

6. 空间约束

组织成员往往被要求在特定的空间环境下进行工作。这种空间的约束限制了成员之间的沟通,不利于他们之间的交流。空间距离越近,交流的频率越高。

7.组织结构差异带来的冲突

由于在组织结构设置中,根据专业职能差异,自然会将组织分成不同的职能部门和业务单位,由于贡献性不同、信息不对称等问题就会产生不同的意见,造成组织沟通的天然差异。这是组织结构本身带来的差异。更多的时候,由于层级、利益因素,及其成员个性、资历等原因,大家就会以部门为阵地,为本部门争取荣誉和利益,这时就发展成为组织冲突。冲突是客观存在的,任何群体都无法避免,它会给组织沟通带来障碍,但它也未必是消极有害的,也可能是积极动力。管理者一定要正确认识、从容应对。

(二)有效的组织沟通策略

1.优化组织结构

随着知识经济时代的到来,传统的组织结构已经无法适应社会的发展。组织中层级过多,导致信息传递过程中出现失真或扭曲的现象,影响有效沟通的效果。为了在激烈的市场竞争中立于不败之地,企业必须优化组织结构。

2.完善组织沟通网络

企业要想取得良好的沟通效果,就必须完善组织沟通网络。外部环境变幻莫测,很大程度上影响着组织的决策。如果没有完备的沟通网络作为保障,组织很难做出正确有效的决策,而决策直接影响着组织沟通的最终效果。

3.树立良好的组织文化

随着技术的日新月异,组织中员工的技术、地位、专业化训练都会随之发生巨大的变化,组织中固有的企业文化已经不能适应其发展。因此,组织应该努力树立一种良好的、新型的、开放的企业文化,营造一种全新的沟通氛围,以满足员工更高层次的需要。

四、组织沟通中的冲突管理

(一)冲突含义

组织中由于没有沟通或者沟通不足就会导致冲突。冲突是指由于某种不一致或对立状况而使人们感知到彼此不相融合的差异。这是一种主观感受,只要组织成员感觉到有差异存在,就处于一种冲突状态。另外,冲突是一个连续体,从微妙、间接、高度克制的抵触行为(如不说话)到公开明显的冲突行为,如罢工、劳资谈判,这些行为都处于冲突状态。

(二)冲突成因

冲突产生就是由于沟通过程中有障碍,这些障碍在前面人际沟通和组织沟通中都有提到,归纳起来主要原因有:沟通差异、结构差异和个体差异。

1.沟通差异

由于沟通环节的技术因素和沟通过程中的文化和历史背景不同,会造成人们之间的意见不一致,沟通不良,这是冲突产生的重要原因。

2.结构差异

组织中绝大多数的冲突都是由组织结构的差异造成的。在组织中的不同分工,造成了组织结构中垂直和水平方向的各部门、各单位、各岗位、各成员都有自己各自的利益和行为导向,增加了相互之间沟通的复杂性和艰巨性。沟通不好就成为冲突的导火线,最终影响组织绩效。

3.个体差异

每个人的社会背景、教育程度和工作经历等,影响着个体的价值观、思维方式和行为模式。但是组织又是一个团队工作的地方,相互沟通如同家常便饭,因此沟通中包容个体差异是必需的,但往往这也是比较困难的,有时是最难的。

正因为有上述3种差异的客观存在,组织冲突也就在所难免,管理冲突也就成为管理者的头等大事。

(三)冲突管理策略

冲突既有积极影响又有消极影响,那么作为管理者就要问问自己,是否过于看重决策的“意见一致”?是否过分强调“团结、友谊和支持比什么都重要”?是否处理问题时过于“中庸”?又或者是否过于专断、打击压制不同的声音?当然,冲突过多也会使组织陷于分崩离析、无政府状态的危险境地。因此审慎处理冲突、有效进行冲突管理是一种艺术。解决冲突一般可以从以下几方面进行考虑。

1.谨慎选择你想处理的冲突

管理者应当选择处理那些群众关心、影响面大,对推进工作、打开局面、增强凝聚力、建设组织文化有意义的、有价值的事情,其他冲突均可尽量回避,事事时时都冲到第一线的人并不是真正的优秀管理者。

2.仔细研究冲突双方的代表人物

有哪些人卷入了冲突?冲突双方的观点是什么?差异在哪里?双方真正感兴趣的是什么?代表人物的人格特点、价值观、经历和资源因素如何?

3.深入了解冲突的根源

不仅了解公开的表层的冲突原因,还要深入了解深层的,没有说出来的原因。

冲突可能是多种原因共同作用的结果,如果是这样,还要进一步分析各种原因作用的强度。

4.妥善地选择处理办法

通常的处理办法有5种:回避、迁就、竞争、折中和合作等处理办法。当冲突无关紧要,或当冲突双方情绪极为激动,需要时间恢复平静时,可采用回避策略;当维持和谐关系十分重要时,可采用迁就策略;当必须对重大事件或紧急事件进行迅速处理时,可采用竞争策略;当冲突双方势均力敌、争执不下需要采取权宜之计时,可采取折中策略;当事件重大,双方不可能折中时,经过开诚布公的谈判,走向对双方均有利的合作。

人物介绍

学习型组织理论之父

——彼得·圣吉

彼得·圣吉(Peter M. Senge,1947—),现任美国麻省理工学院斯隆管理学院的高级讲师,是组织学习协会创立主席,该组织成员来自全球性企业、研究者和咨询顾问等,共同致力于研究"个体及其组织共同发展"。主要著作是1990年出版《第五项修炼——学习型组织的艺术与实践》(*The Fifth Discipline: The Art and Practice of the Learning Organization*),深受好评,以至于1997年被《哈佛商业评论》评为过去75年中影响最深远的管理书籍之一。由于他首次提出"学习型组织",所以也被称为"学习型组织"理论之父,也由此在2001年10月被《商业周刊》(Business Week)评为世界十大管理大师之一。

圣吉提出的"学习型组织"包括5项要素:建立共同愿景、团队学习、改进心智模式、自我超越和系统思考。在学习型组织中,每个人都要参与识别和解决问题,沟通更频繁,所以他提倡领导沟通过程中要去中心化,以便组织雇员更有效率地完成共同组织目标。

本章小结

本章从管理学意义论述了沟通的定义,沟通的基本过程、类型和沟通在组织中的作用。根据信息编码方法不同沟通可以分为书面文字沟通、口头语言沟通以及非语言沟通;根据沟通是否反馈不同可以分为单向沟通和双向沟通;根据沟通问题或场合不同可以分为正式沟通和非正式沟通；根据沟通行为主体不同可以分为人际沟通和组织沟通。再从人际沟通和组织沟通两方面的视角分析了沟通网络、沟通中存在的障碍及有效解决沟通障碍的策略。

人际沟通的障碍主要有两类：沟通环节的技术因素和沟通个体认知行为模式。解决人际沟通障碍的策略主要有：选择适量的信息，明确共同目的；采取合适的方式，多换位思考；努力开放心胸，做到善于倾听控制负面的主观情绪，充分利用回馈机制；以行动强化语言，建立相互信任关系。

组织沟通的障碍主要有：职位差别、信息传递链、团队规模、利益影响、信息量超载、空间约束以及组织结构差异带来的冲突。解决组织沟通障碍的策略主要有：优化组织结构、完善组织沟通网络和树立良好的组织文化。

冲突管理的主要策略有：谨慎选择你想处理的冲突、仔细研究冲突双方的代表人物、深入了解冲突的根源以及妥善地选择处理办法。

本章重点：沟通的基本过程、作用及类型；人际沟通的障碍及有效解决策略；组织沟通的障碍及有效解决策略。

本章难点：不同沟通类型的灵活应用；如何有效克服沟通障碍。

复习题

1. 什么是沟通，沟通的基本过程以及基本要素有哪些？
2. 沟通在组织中的作用有哪些？
3. 请举例说明口头语言沟通、书面文字沟通以及非语言沟通 3 种沟通方式的优缺点？
4. 人际沟通的障碍有哪些？如何促进人际沟通？
5. 组织正式沟通 4 种类型以及正式沟通的优缺点是什么？
6. 小道消息的成因及如何管理？
7. 选择有效组织沟通方式需要考虑的因素有哪些？
8. 冲突的成因及冲突管理策略是什么？

技能训练

1. 案例分析题

2013 年 3 月 15 日，中央电视台“3·15”晚会曝光了美国苹果公司在华售后服务“以换代修”“整机交换”不换后盖的做法，但在美国、英国、澳大利亚、韩国等其他国家，换手机时连带更换手机后盖的。另外，后盖不换，在手机串号已改的情况下，不重新计算保修期，逃避中国“三包”规定。其他苹果产品也存在“三包”有效期被缩水现象。总结成一句话，苹果公司在中国的售后维修服务政策实行“中外双重标准”“三包”服务标准大幅缩水。

晚会播出当晚，央视记者赶到一家北京市的授权服务点采访，没有人正面接待。值班经理告诉记者公关接待人员等会儿到。等了 30 分钟，值班经理说公关人员已到店里，但无法接受采访。30 分钟后，这家店打烊。记者未见到苹果公司相关公关人员。

3 月 16 日，苹果公司发表了 200 字不到的声明回应：“苹果公司致力于生产世界一流的产品，并为所在市场的消费者提供无与伦比的用户体验，也与全国 270 多个城市的超过 500 个授权服务点密切合作。我们的团队一直努力超越消费者的期望，并高度重视每一位消费者的意见和建议。”这份声明对央视“3·15”曝光的售后服务问题没有实质性的回应，被中国消费者称为“无与伦比”的“傲慢”，苹果被咬掉的一口是“良心”。

3 月 23 日，苹果公司再次发表公开信，虽然超过了二百个字，但仍然强调“我们希望所有的中国消费者知道，你享有苹果最高标准的服务”。但对具体维修服务条款仍然没有实质性提及，毫无诚意。

3 月 27 日，国家质检总局相关负责人表示，关于消费者反映“苹果服务商告知 MacBook Air 笔记本电脑主板只保修 1 年”的问题，苹果服务商的做法，违反了我国《微型计算机商品修理更换退货责任规定》，必须予以改正。按照我国《微型计算机商品修理更换退货责任规定》和《实施三包的微型计算机商品目录》的规定，主机的主板属于主要部件，其“三包”有效期至少为 2 年。苹果若不及时改正，将由行政执法部门按照有关法律法规予以严肃处理。

3 月 28 日，国家工商行政管理总局市场规范管理司下发《关于加强对苹果等电子产品企业利用合同格式条款侵害消费者权益行为执法监督的通知》。

就在国家两部委发出通知之后，央视记者又去苹果上海总部采访（视频可见央视二套 2013 年 3 月 29 日《央视财经评论》），记者刚出电梯口，被工作人员挡住镜头，并被告知，采访要通过网上发邮件预约。记者问：“发邮件不回呢？”工作人员答：“发邮件不回那不是他的事。”记者离开时给他们留了详细的地址，但到记者发稿为止，依然没有收到苹果公司的任何答复。

4 月 1 日，央视二套《消费主张》报道了北京市、杭州市某苹果授权服务点的维修服务政策悄然发生改变。

4 月 1 日晚，苹果公司通过中国官网发布了全球首席执行官库克的致歉信。信中写道：“我们意识到，由于在此过程中对外沟通不足而导致外界认为苹果态度傲慢，不在意或不重视消费者的反馈。对于由此给消费者带来的任何顾虑或误会,我们表示诚挚的歉意。”同时信中也对原先的维修服务政策进行了细化和改善。

至此,央视“3·15”晚会曝光的苹果“后盖门”事件基本告一段落。

苹果公司是一家生产电子科技产品的美国公司,核心产品是 iPhone 手机和 iPad 平板电脑等,iPhone 手机是 2007 年进入中国,深受中国消费者喜欢。由于苹果创新产品的吸引力,公司业绩急剧提升,2012 年 8 月 21 日,苹果成为世界市值第一的上市公司。

实际上,苹果公司在中国市场出现的维修服务问题早在央视“3·15”晚会之前就已存在。只不过,这些出现的问题,苹果公司不是很重视,曾经就有中国消费者在 2012 年起诉苹果公司的霸王做法的,他就是山东省济南市的毕皎。所以,这次事件不是偶然的。

案例思考:

(1)苹果公司在本次事件对外沟通方式上是否有问题?你觉得是什么原因导致了该事件的发生?

(2)苹果 CEO 库克先生在处理中国央视“3·15”“后盖门”事件中的表现如何?为什么?

2. 实训操作题

根据以下内容结合所学的相关知识,进行角色扮演。

小王是公司销售部的一名员工,为人比较随和,不喜争执,和同事的关系处得都比较好。但是前一段时间,不知道为什么,同一部门的小李老是处处和他过不去,有时候还故意在别人面前指桑骂槐,对跟他合作的工作任务也都有意让小王做得多,甚至还抢了小王的好几个老客户。起初小王觉得都是同事,没什么大不了的,忍一忍就算了。但是,看到小李如此嚣张,小王一赌气,告到经理那儿。经理把小李批评了一通,从此,小王与小李成了绝对的冤家了。如果你是小王,你应该如何和小李进行有效沟通?

(1)2 人一组,组成角色扮演搭档。

(2)进行现场模拟。每组成员分别扮演小王和小李,并进行角色互换,就以上内容展开有效的沟通。

(3)组织班级学生进行讨论,总结在以上的沟通中应该注意的地方,并要求学生结合实际谈谈对沟通的认识。

第五篇 控 制

第十二章 控制理论

纠正错误的最好办法就是尽量避免错误。

——美国管理学家韦里克

【学习目标】

1. 掌握控制的定义及控制的基本内容
2. 了解控制与计划的关系
3. 掌握控制的类型及特征
4. 理解并掌握控制的过程
5. 熟悉有效控制的基本原则

导入案例

戴尔公司创建于1984年，是美国一家以直销方式经销个人电脑的制造商。戴尔公司是以网络型组织形式来运作企业的，它联结有许多为其供应计算机硬件和软件的厂商。其中有一家供应厂商，电脑显示屏做得非常好。戴尔公司先是花很大的力气和投资使这家供应商做到每百万件产品中只能有100件瑕疵，并通过绩效评估确信这家供应商达到要求的水准后，戴尔公司就完全放心地让它们的产品直接打上"DELL"商标，并取消了对这种供应品的验收、库存。类似的做法也发生在戴尔其他外购零部件的供应中。

通常情况下，供应商将供应的零部件运送到买方那里，经过开箱、触摸、检验、重新包装，经验收合格后，产品组装商便将其存放在仓库中备用。为确保供货不出现脱节，公司往往要储备未来一段时间内可能需要的各种零部件。这是一般的商业惯例。因此，当戴尔公司对这家电脑显示屏供应商说道："这款显示屏我们今年会购买400万—500万台，贵公司为什么不干脆让我们的人随时提货。”商界人士无不感到惊讶，甚至认为戴尔公司疯了。戴尔公司的经理们则这样认为，开箱验货和库存零部件只是传统的做法，并不是现代企业运营所必要的步骤，遂将这些“多余的”环节取消了。

戴尔公司的做法就是，当物流部门从电子数据库得知公司某日将从自己的组装厂提出某型号电脑××台时，便在早上向这家供应商发出采购相应数量显示屏的指令，这样等到当天傍晚时分，一组组电脑便可打包完毕配送到顾客手中。如此，不但节约了检验和库存成本，也加快了发货速度，提高了服务质量。

请思考 你认为，戴尔公司对电脑显示屏供应厂商是否完全放弃和取消了控制？

在组织活动过程中，无论在制定决策时考虑得多严密，都会因为组织内外部环境的不断变化而发生组织行为与既定目标间的偏移，所以实际执行结果与预期的目标不完全一致的情况时常发生。对管理者来说，重要的问题不是工作有无偏差，或是否可能出现偏差，而在于能否及时发现已出现的偏差或预见到潜在的偏差，采取措施予以预防和纠正，以确保组织各项活动能正常进行，从而顺利实现组织预定的目标。美国的管理专家巴达维(Badawi)说得好：“没有控制，组织就不起作用，企业的日常工作如果不通过有效的控制，使它在轨道上正常运转，最好的计划和决策都是要落空的。”

第一节　控制概述

一、控制及其必要性

(一)控制的概念

控制与我们日常的工作、学习和生活息息相关，无论是在上班的路上还是在家里或是在其他地方，也无论人们是否留意到，每个人都会受到各种控制的影响。例如，我们在考试过程中，或去上班、上学的途中，经常会看看时间；医生给患者量完血压后告知：血压正常、偏高或偏低；汽车、飞机、轮船等的驾驶以及机器的操作等都是一种控制。从管理学的角度来说，所谓控制，就是管理者为了实现组织目标，监督组织各方面的活动，以促使组织实际作业活动与计划之间保持动态适应的过程。在这里，“动态适应”有两方面的含义：既包括按照既定的计划标准来衡量和纠正计划执行过程中的偏差，还包括在必要时修改计划标准，以使计划更加适合于变化了的实际情况。

（二）控制的必要性

现代组织系统中的人、财、物、信息等要素的组合关系是多种多样的，时空变化大。环境对组织的影响也越来越大。此外，组织内部运行和结构有时变化也很大。处在这样一个复杂多变系统中的组织，如果缺少有效的控制，就容易产生混乱，甚至偏离正确的方向。因此，对于组织来说，控制工作必不可少，其原因主要有以下几方面。

1. 环境的变化

组织所处的环境总是复杂多变和不确定的。从制定目标到目标实现总要经历一段时间，在这段时间内，由于在市场经济条件下，市场竞争日益激烈，顾客的消费心理可能会发生改变，新材料和新技术可能会出现，政府可能会制定新的法规或对原有的政策进行修正，组织内部人员可能会有很大的变动等。这些变化可能对企业有利也可能不利，但总是和以往的计划设想有一定的差距。企业内外部环境的变化，必然要求企业在计划的执行过程中，运用控制这一管理手段，不断调整企业的生产经营活动，以满足内外部环境变化的需要，实现企业经营目标。

2. 管理权力的分散

只要企业经营达到一定规模，企业主管就不可能直接地、面对面地组织和指挥全体员工的工作。时间与精力的限制要求分派一部分管理事务给下属，不可避免地要用间接的方式来管理全体员工的劳动。下属们也会因为同样的原因，再委托其他人帮助自己进行管理，由此就形成了企业管理层次。为了使助手们有效地完成受托的部分管理事务，高一级的主管必然要授予他们相应的权限。因此，任何企业的管理权限都制度化或非制度化地分散在各个管理部门和层次，企业分权程度越高，控制就越有必要。每个层次的主管都必须定期或不定期地检查直接下属的工作，以确保授予他们的权力得到正确的使用，保证利用这些权力的组织的业务活动符合计划与企业目的的要求。控制要以计划、组织和领导职能为基础，如果没有控制，没有为此而建立的相应控制系统，管理人员就不能检查下级的工作情况，即使出现权力不负责任地滥用，或活动不符合计划要求等其他情况，管理人员也无法发现，更无法采取及时有效的纠正行动。

3. 工作能力的差异

即使企业制订了全面完善的计划，经营环境在一定时期内也相对稳定，对经营活动的控制也仍然是必要的。这是由不同组织成员的认知能力和工作能力的差异所造成的。计划的实现要求每个部门员工的工作严格按计划的要求来协调地进行，然而，由于组织成员在不同的时空工作，他们的认知能力不尽相同，对计划要求的理解也可能发生差异。即使每个员工都能完全正确地理解计划的要求，但由于工作能力的差异，他们的实际工作结果也可能在质和量上与计划要求不符。某个环节失误会对整个组织活动造成冲击。因此，加强对这些员工能力差异的了解并对他们的工作进行控制是非常必要的。

二、控制的基本内容

控制的内容也就是控制的对象，斯蒂芬·P·罗宾斯将控制的内容归纳为对人员、财务、作业、信息和组织的总体绩效5个方面的控制。

(一)对人员的控制

组织的目标是要由人来实现的，员工应该按照管理者制订的计划去做，为了做到这一点，就必须对人员进行控制。对人员控制最常用的方法是直接巡视，发现问题马上纠正。另一种有效的方法是对员工进行系统化的评估，通过评估对绩效好的予以奖励，使其维持或加强良好表现；对绩效差的就采取相应的措施，纠正其出现的偏差行为。

(二)对财务的控制

为保证企业获取利润，维持企业的正常运作，必须要进行财务控制。财务控制包括审核各期的财务报表，保证一定的现金存量，保证债务的负担不至于过重，保证各项资产都得到有效的利用等。预算是最常用的财务控制衡量标准，因此也是一种有效的控制工具。

(三)对作业的控制

所谓作业，就是指从劳动力、原材料等资源到最终产品和服务的转换过程。组织中的作业质量在很大程度上决定了组织提供的产品或服务的质量。作业控制就是通过对作业过程的控制，来评价并提高作业的效率和效果，从而提高组织提供的产品或服务的质量。组织中常见的作业控制有：生产控制、质量控制、原材料采购控制、库存控制等。

(四)对信息的控制

随着人类步入信息社会，信息在组织运行中的地位越来越高，不精确的、不完整的、不及时的信息会大大降低组织效率。因此，在现代组织中对信息的控制显得尤为重要。对信息的控制就是要建立一个管理信息系统，使它能及时地为管理者提供充分、可靠的信息。

(五)对组织绩效的控制

组织绩效是组织上层管理者的控制对象,组织目标的达成与否都从这里反映出来。要有效实施对组织绩效的控制,关键在于科学地评价、衡量组织绩效。一个组织的整体效果很难用一个指标来衡量,生产率、产量、市场占有率、员工福利、组织的成长性等都可能成为衡量指标,关键是看组织的目标取向,即要根据组织完成目标的实际情况并按照目标所设置的标准来衡量组织绩效。

三、控制与计划的关系

从某种意义上讲,管理控制与计划是一个问题的两个方面。计划不仅确定了组织的目标,还制定了实现目标的措施。从计划的角度讲,这些措施是对计划执行过程的规范和约束,以保证计划目标的实现。但从控制的角度看,计划中的措施又是控制的手段和方法,同样也可保证计划目标的实现。计划与控制的关系主要表现在如下几方面。

首先,计划是控制的前提,控制是计划实现的保证。计划为控制表明了目标,提供了依据和标准,计划越明确、详细和全面,控制工作就越容易进行,效果就越好。

其次,控制又是计划正确实施的保证。控制工作要经常地将实际情况与计划目标相比较,发现问题,分析原因并进行改进,从而保证了计划目标的实现。

最后,控制为制订新一轮计划提供了依据。控制中发现的问题和产生的原因,在制订下一轮计划时,是必须要考虑的因素,从而使新一轮计划更加符合实际情况。

第二节　控制的基本类型

控制工作自始至终贯穿在组织整个经营过程中。控制可以按照不同的标准进行不同的分类。

一、根据确定控制标准 Z 值的方法不同分类

根据确定控制标准 Z 值的方法不同,可以将控制分为 4 类:程序控制、跟踪控制、自适应控制和最佳控制。

(一)程序控制

程序控制的控制标准 Z 值是时间 t 的函数。即 $Z=f(t)$。在工程技术中,如程

序控制的机器人或程序控制的机床，都严格按照预先规定的程序开展动作。某种动作什么时间开始，什么时间结束，都根据计数器给出的时间数值加以控制，到时间就进行规定的动作，而不管实际的具体情况如何。

在企业生产经营活动中，大量的管理工作都具有程序控制的性质。例如计划编制程序、统计报告程序、信息传递程序等都必须严格按事前规定的时间进行活动，以保证整个系统行动的统一。

（二）跟踪控制

跟踪控制的控制标准 Z 值是控制对象所跟踪的先行量的函数。若先行量为 W，则 Z＝f(W)。例如，要求军舰的航线必须与海岸线保持 12 海里的距离。那么，海岸就是先行量 W，航线就是跟随量，控制标准 Z 就是 12 海里。军舰要不断地测量自己与海岸的距离来控制自己的航线。

先行量也可以是某种运动中的变量，如图 12-1 所示的狗追兔子的追捕曲线问题。兔子从 O 点开始沿着 X 轴直线逃跑，狗从 P 点开始行动跟踪追捕。追捕中狗跟着兔子的运动随时改变自己的追捕方向，使自己与兔子之间始终保持最短的距离。狗的行动轨迹就形成了一条追捕曲线。兔子是先行量 W，追捕曲线是跟随量，z_1，z_2，z_3，z_4 就是控制标准值。

在企业生产经营活动中，税金的交纳，利润、工资、奖金的分配，资金、材料的供应等都具有跟踪控制的性质。实行利改税后，企业产品的销售额就是先行量，税金就是跟随量，控制标准就是各个税种的税率。这是一种动态的跟踪控制。国家通过制定各种税种和税率，就可有效地控制国家与企业在经济利益上的分配关系。随着企业生产的发展、销售额的增长，国家的税金收入也水涨船高。

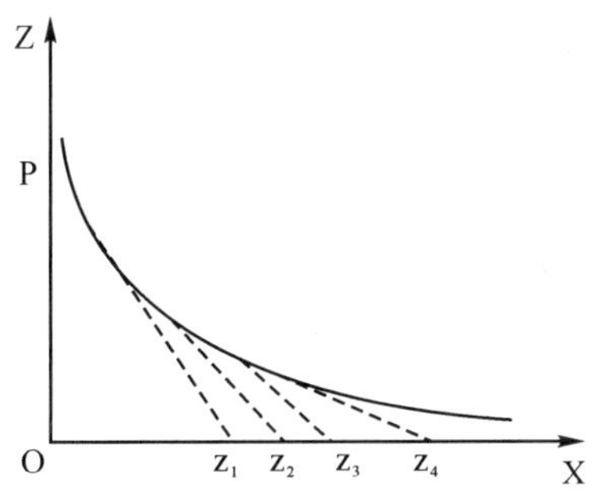

图 12-1　追捕曲线

（三）自适应控制

自适应控制没有明确的先行量，控制标准 Z 值是过去时刻（或时期）已达到状态 K_t 的函数。也就是说，Z 值是通过学习过去的经验而建立起来的。即 Z＝

$f(K_t)$。例如，工程技术中的学习机器人就是一种自适应控制的机器人。它通过学习过去的经验，会对活动中遇到的各种情况采取相应的行动。但如果发生了它在学习中没有遇到过的事情，它将无法采取行动。因此，自适应是相对的，有一定限度的。

在企业的生产经营活动中，情况是千变万化的，企业最高领导人对企业的发展方向很难进行程序控制或跟踪控制，而必须进行自适应控制。他们往往要根据过去时刻企业所处的外部环境和内部环境已经达到的状态，凭自己的分析、判断、经验、预感等做出重大的经营决策，使企业适应外部环境发生的新变化。

（四）最佳控制

最佳控制的控制标准 Z 值由某一目标函数的最大值或最小值构成。这种函数通常含有输入量 x，传递因子 s 和 K 及各种附加参数 C，即 $Z=\max f(x,s,K,C)$ 或 $Z=\min f(x,s,K,C)$。例如在前述追捕问题中，若以最短路程 L 作为狗追兔子的最佳控制标准的话，狗就不应沿着追捕曲线奔跑，而应从 $P(x_1,z)$ 直接朝着两者的交点 W(t) 跑去。这样，就可用最短的路程追到兔子，如图 12-2 所示。

在企业的生产经营活动中，普遍应用了最佳控制原理进行决策和管理。例如用最少费用来控制生产批量，用最低成本来控制生产规模，用最大利润率控制投资，用最短路程控制运输路线等。几乎所有可以用线性规划、网络技术等运筹学方法和其他数学方法求解的问题，都毫无例外地要得出某种过程的最优解，并以此作为对过程实施管理的控制标准。

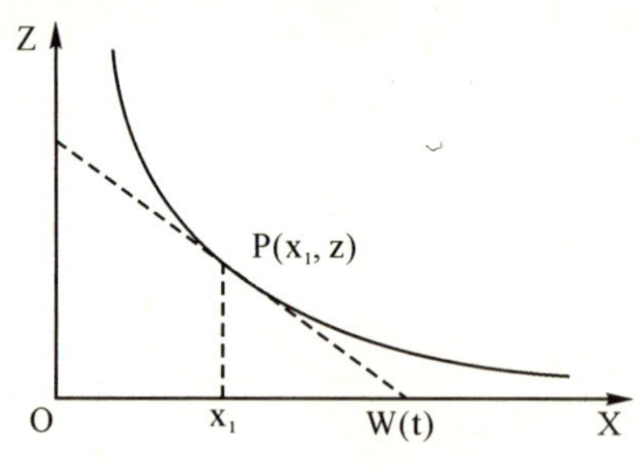

图 12-2　最佳控制

二、按照控制发生在管理过程的时间分类

根据控制发生在管理过程的时间不同，可以将控制分为 3 类：前馈控制、现场控制和反馈控制，如图 12-3 所示。

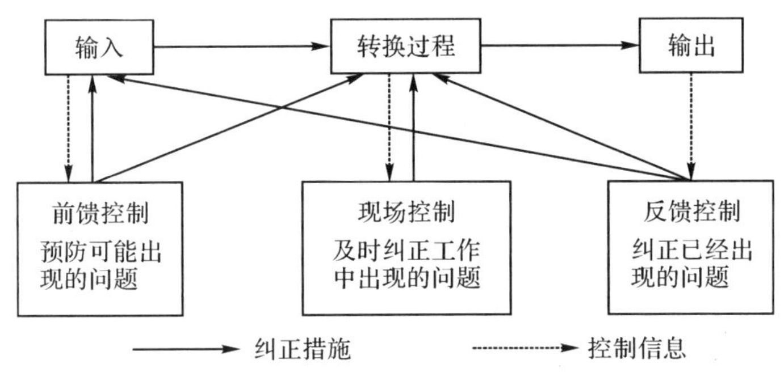

图 12-3 控制类型示意图

(一)前馈控制

前馈控制又称事前控制或预先控制,是一种防患于未然的控制,它是在工作正式开始前对工作中可能产生的偏差进行预测和估计,并采取防范措施,将可能的偏差消除于产生之前。

前馈控制的内容主要是对活动最终产出的确定和对资源投入的控制,其重点是防止组织所使用的资源在质和量上出现偏差。一是要检查组织能否筹措到在质和量上符合计划要求的各类资源;二是要检查已经或将要筹措到的资源经过转换后是否符合要求。例如,企业为了生产出高质量的产品而对进厂原材料进行检查,对员工进行上岗前培训,制定一系列规章制度让员工遵守等,这些都属于前馈控制。

(二)现场控制

现场控制又称事中控制或同步控制。它发生在工作开始到完成的全过程中(受控系统运行之中),是管理者通过深入现场亲自监督检查、指导和控制下属的活动。所以现场控制主要有监督和指导两项职能。监督是按照预定的标准检查正在进行的工作,以保证目标的实现;指导是管理者针对工作中出现的问题,根据自己的经验指导下属改进工作,或与下属共同商讨纠正偏差的措施以便使工作人员能正确地完成所规定的任务。

现场控制的效果在很大程度上依赖于管理者的个人素质、个人作风、指导的表达方式以及下属对这些指导的理解程度,其中,管理者的“言传身教”具有很大的作用。在进行现场控制时,要避免单凭主观意志进行工作,管理者必须不断加强自身的学习和素质,亲临第一线进行认真仔细的观察和监督,以计划(或标准)为控制依据,服从组织原则,遵从正式指挥系统的统一指挥,逐级实施控制。

(三)反馈控制

反馈控制又称事后控制或成果控制。它是指工作完成之后,对最终结果进行多方面的考核和分析，总结经验教训，用以指导未来工作。企业工作系统的运行是一个连续的、循环的过程，对前一过程的考核和分析，是指导下一过程的必要环节。例如，企业发现不合格产品后追究当事人的责任，发现产品销路不畅而相应做出减产、转产或加强促销的决定等都是反馈控制。

专栏 12-1

魏文王问名医扁鹊："你们家兄弟 3 人，都精于医术，到底哪一位医术最好呢？"

扁鹊回答："大哥最好，二哥次之，我最差。"

文王再问："那么为什么你最出名呢？"

扁鹊回答："我大哥治病，是治病于病情发作之前。由于一般人不知道他事先能铲除病因，所以他的名气无法传出去，只有我们家里的人才知道。我二哥治病，是治病于病情刚刚发作之时。一般人以为他只能治疗轻微的小病，所以他只在我们的村子里才小有名气。而我扁鹊治病，是治病于病情严重之时。一般人看见的都是我在经脉上穿针管来放血、在皮肤上敷药等大手术，所以他们以为我的医术最高明，因此名气响遍全国。"

文王连连点头称道："你说得好极了。"

小思考 扁鹊及其两位哥哥在行医时，从不同的角度对疾病采取了不同的控制方式，它们分别是什么控制？

第三节 控制过程

控制是根据计划的要求，设立衡量绩效的标准，然后把实际工作结果与预定标准相比较，以确定组织活动中出现的偏差及其严重程度，然后在此基础上，有针对性地采取必要的纠偏措施，以确保组织资源的有效利用和组织目标的圆满实现。无论在什么地方，也无论控制的对象是什么，控制的过程都包括 3 个基本环节：确立标准、衡量工作绩效、纠正偏差。如图 12-4 所示。

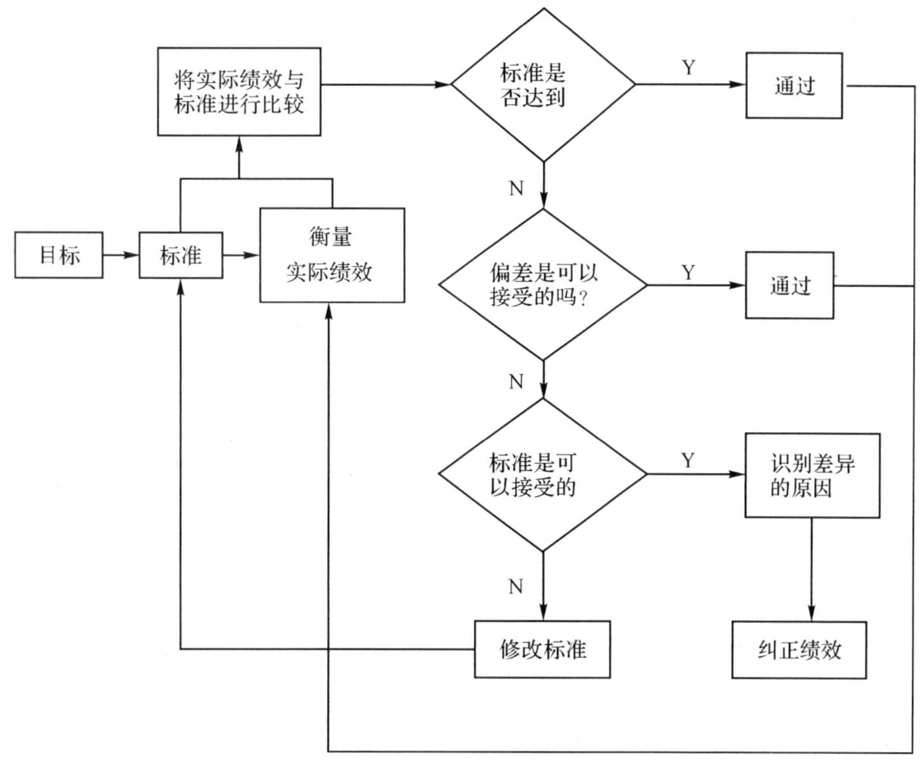

图 12-4 控制过程示意图

一、确立标准

标准是所期望的业绩水准，是人们检查和衡量工作及其结果的规范。管理控制的标准一般是由计划提供，或是由计划目标分解而成，但由于计划的详细程度和复杂程度不一，它的标准不一定适合控制工作的要求，而且控制工作需要的不是计划中的全部指标和标准，而是其中的关键点。标准的类型很多，可以是定量的，也可以是定性的。但一般情况下，标准应尽量数字化和定量化，以保证控制的准确性。

（一）标准的类型

标准的类型有很多种，最理想的标准是以可考核的目标直接作为标准。但更多的情况则往往是需要将某个计划目标分解为一系列的标准。在实际工作当中，按照不同的依据，可以将标准分为不同的类型。

1. 实物标准

这是一类非货币标准，以实物量为计量单位，主要用于在投入产业方面可用实物计量的场合。这些标准反映了定量的工作成果，常用的有：单位产量工时、单位台时产量、货运量的吨公里、日门诊人数等。实物标准也可以反映产品的质量，例如轴承面的硬度、飞机上升的速率、纺织品的耐久性和颜色牢度等。在某种程度上,实物标准是计划的基石,也是控制的基本标准。

2.成本控制标准

这是一类货币标准,也普遍适用于操作层,这些标准是用货币值来衡量经营活动的代价。常用的成本标准有:单位产品的直接成本和间接成本、单位产品或每小时的人工成本、单位产品的原材料成本、工时成本、单位销售成本、单位销售费用等等。

3.资本标准

这类标准与投入企业的资本有关,而与企业的营运资本无关,最常用的就是投资报酬率,还有流动比率、资产负债率、应收账款周转率等等。这类标准主要是与资产负债表有关。

4.收益标准

这是用货币价值衡量销售量的标准,例如公共汽车每乘客/km的收入、既定市场范围内的人均销售额等等。

5.无形标准

这是一类既不能用实物又不能用货币来衡量的标准。主管人员能够以什么样的标准来确定下属的才干?又能够用什么标准来确定一项广告策划是否符合组织的短期目标或长期目标?怎样才能判断出下属是否忠诚于组织的目标?要为这类目标确定控制标准是非常困难的,因为既无法用明确的定量标准也无法用明确的定性标准来描述它们。因此,这类问题的控制仍然不得不以无形的标准、主观的判断、反复的试验,有时甚至是纯粹的感觉等等为依据。

6.直接以目标为标准

定量目标和定性目标:定量目标大多采用的是上述各种标准的量化表达形式,它是可以准确考核的。定性目标虽然也可考核,但却不能与定量目标一样考核准确,不过,我们可以采用详细说明计划或其他具体目标的特征和完成日期的方法提高其可考核的程度。

每个计划都会有很具体的特征,甚至包括定量的数据,所以这些计划对部门的主管人员及其下属来说,都是完全可以考核和非常有用的目标。

(二)制定标准的方法

在实际工作中常用的制定标准的方法有以下3种。

1.统计分析法

统计分析法是以企业的历史数据资料或与同类企业对比的水平为基础,运用统计方法分析，确定现在的控制标准，标准可选择统计平均数，也可选择高于或低于平均数的某个数。这种方法能较好地反映过去的平均或一般的水平状态，为预期未来的行为提供依据。但统计标准受历史数据水平及准确性的限制，以及立足于根据历史推断未来的前提，所以其应用也有一定的局限。

2.技术分析法

技术分析法是以定量分析为基础制定的准确的技术参数和实测的数据作为控制标准。技术标准准确性较高，具有较强的稳定性，所以，在企业中一般都采用标准文件的形式把它法律化，如产品质量标准、材料消耗定额、工时定额等。通常国家或国际机构也制定相关的产品质量标准，企业可以根据自己的技术水平和市场竞争要求选择采用。

3.经验估计法

经验估计法是在缺乏充分资料数据的情况下，由有经验的管理者以过去的经验和判断为基础进行估计评价以确定控制标准。显然，采用这种方法来建立控制标准时，带有较大的主观性。因此要注意利用各方面管理者的知识和经验，综合大家的判断，给出一个相对先进合理的标准。这种方法通常是对以上两种方法的补充。

标准的制定是全部控制工作的第一步，一个周密完善的标准体系是整个控制工作的质量保证。

二、衡量实际绩效

衡量绩效是以控制标准为依据，对计划执行的各阶段成果进行检查、比较，从而确定实际绩效与标准之间的偏差，为下一步采取必要的纠偏措施提供依据。为了确定实际工作的绩效究竟如何，管理者在衡量工作绩效的过程中应注意以下几个问题。

（一）衡量什么——明确衡量对象

衡量什么是衡量绩效工作中最为重要的方面，它将会在很大程度上决定组织中的员工追求什么。有一些控制标准是在任何管理环境中都可运用的，比如，员工的满意程度或营业额，以及出勤率等是可以衡量的。许多管理者通常都有他职权范围内的费用预算，因此将支出费用控制在预算之内是一种常用的衡量手段。但是任何内容广泛的控制系统都必须承认管理之间的多样性，管理者应该针对决定实际工作成效好坏的重要特征项进行衡量。例如，一个制造业工厂的经理可以用每日的产量、单位产品所耗费的资源或顾客退货的百分比等进行衡量。销售部门的经理常常可用市场占有率、每笔合同的销售额或每位销售员拜访的顾客数等来进行衡量。而有些工作和活动的结果是难以用数量标准来衡量的，这时管理者就需要首先确定某个人、某个部门或某个单位对整个组织所贡献的价值，然后将其转换成标准。在实际衡量过程中，管理者应该避免仅仅侧重于测量那些容易测量的项目，而忽视那些不易测量、较不明显但实际相当重要的项目。

（二）如何衡量——选择衡量方法

衡量实际绩效首先需要收集反映实际运行状态的信息，然后才能根据这些信息与标准的比较确定是否存在偏差，因此，衡量绩效实质上就是信息的收集与处理的过程。通常管理者用于收集信息的途径主要有以下 5 种。

1. 个人观察

个人观察可亲眼看到工作现场的实际情况，还可以通过与工作人员现场交谈来了解工作进展及存在的问题，进而获得真实而全面的信息。但是，由于时间和精力的限制，要求管理人员对所有工作活动都亲自观察是不可能的。

2. 口头汇报

信息也可以通过口头汇报的形式获得，如各种会议、一对一的谈话或电话交谈等。尽管这种信息是经过过滤的，但它是一种快捷的、有反馈的，同时可以通过语言语调和词汇本身来传达的信息。

3. 书面报告

与口头汇报相比它显得要正式一些，也更精确和全面。此外，书面报告更易于分类存档和查找。

4. 统计报告

现在各组织中广泛地使用了计算机，因此管理者越来越多地依靠统计报告来衡量实际工作情况。这种报告不仅包括文字，还可包括多种图形、图表等，并且可按管理者的要求列出各种数据以及清楚有效地显示各种数据之间的关系。但它对实际工作提供的信息也是有限的。

5. 抽样检查

在工作量比较大而且工作质量又比较平均的情况下，管理者可以通过抽样调查来衡量工作，即从整批调查对象中抽取出部分样本进行深入细致的检查，以此来推测全部工作的质量。这种方法可节省调查成本及时间，最常见的如产品质量抽检。

衡量工作是整个控制工作的基础性工作，而获得合乎要求的信息又是整个衡量工作的关键。上述几种方法各有其优缺点，因此管理者在控制活动中可将它们结合起来使用。

(三)通过衡量绩效,检验标准的客观性和有效性

衡量工作成效是以预定的标准为依据来进行的,这就出现了一个问题:偏差到底是执行中出现的问题还是标准本身存在的问题呢?如果是前者,当然需要纠正;如果是后者,则需要修正或更新预定的标准。这样,利用预先制定的标准去检查各部门在各个阶段的工作,这本身也是对标准的客观性和有效性进行检验的过程。

检验标准的客观性和有效性,是要分析通过对标准执行情况的测量能否取得符合控制需要的信息。在为控制对象确定标准的时候,人们可能只考虑了一些次要的因素,或只重视了某些表面的因素,因此,利用既定的标准去检查人们的工作,有时并不能达到有效控制的目的。例如,衡量职工出勤率是否达到了正常水平,不足以评价劳动者的工作热情、劳动效率或劳动贡献;计算销售人员给顾客打电话的次数和花费在推销上的时间,不足以判定销售人员的工作绩效等。在衡量过程中对标准本身进行检验,就是要指出能够反映被控制对象的本质特征,从而判定最适宜的标准。要评价员工的工作热情,可以考核他们提供有关经营或技术改造合理化建议的次数;评价他们的工作效率,可以计量他们提供的产品数量和质量;衡量推销人员的工作绩效,可以检查他们的销售额是否比上年或平均水平高出一定数量;等等。

由于企业中许多类型的活动难以用精确的手段和方法加以衡量,建立标准也就相对困难,因此,企业可能会选择一些易于衡量,但并不反映控制对象特征的标准。比如,科研人员和管理人员的劳动效果,并不总能用精确的数字表示出来,有关领导可能根据研究小组上交研究报告的数量和质量来判断其工作进展;或根据科室是否整齐划一、办公室是否挂满了各种图表来判断管理人员的工作努力程度。然而,根据这些标准去检查,得到的可能是误导的信息:科研人员用更多的时间去撰写数量更多、结构更严谨的报告,而不是将这些精力真正花在科研上;管理人员可能会花更多的精力去制作和张贴更漂亮的图表,而不是用这个时间去扎扎实实地进行必要的管理基础工作。

衡量过程中的检验是要辨别并剔除这些不能为有效控制提供必要信息、容易产生误导作用的不适宜标准。

(四)建立有效的信息反馈系统

对实际工作情况进行评价的目的,是为控制提供有用的信息,为纠正偏差提供依据。负有控制责任的管理人员只有及时掌握反映实际工作与预期工作绩效之间偏差的信息,才能迅速采取有效的纠正措施,不精确、不完整、过多或延误的信息将会严重阻碍他们的行动。然而,并不是所有的衡量绩效的工作都是由主管直接进行的,有时需要借助专职的检测人员。并且管理人员所接受的信息通常是零乱的、彼此孤立的,其中难免混杂着一些不真实、不准确的信息。因此,有必要建立有效的信息反馈系统,使反映实际工作情况的信息能迅速地收集上来,通过分类、比较、判断、加工,提高信息的真实性和清晰度,同时将杂乱的信息变成有序的、系统的、彼此紧密联系的信息,进而能将信息适时地传递给恰当的管理人员,使之能与预定标准相比较,及时发现问题。这个网络信息系统还应能及时将偏差信息传递给与被控制活动有关的部门和个人,以使他们及时知道自己的工作状况,知道为什么错了,以及怎样做才能更有效地完成工作。建立这样的信息管理系统,不仅更有利于保证预定计划的实施,而且能防止基层工作人员把衡量和控制视作上级检查工作、进行惩罚的手段,从而避免产生抵触情绪。

信息要能有效地服务于管理控制工作,需要符合 3 项基本要求:

第一,信息的及时性。要保证信息收集的时效性,促使组织成员养成重视信息收集意识,培养他们掌握信息收集方法。信息的加工、检索和传递工作也要及时跟上。否则信息的使用价值就会丧失,会给组织带来有形或无形的损失。

第二,信息的可靠性。管理人员必须依靠准确、可靠的信息才能对工作中的问题做出正确的决策。

第三,信息的适用性。收集信息的目的是为了利用信息。事实上信息不足和信息过多同样都有害。因此,工作人员对工作评价中所获得的信息进行整理分析,并保证在管理者需要的时候能提供尽量精练而又满足控制要求的信息。

三、纠正偏差

利用科学的方法,依据客观的标准,对工作绩效的衡量,可以发现计划执行中出现的偏差。纠正偏差就是在此基础上,分析偏差产生的原因,制定并实施必要的纠正措施。这项工作使得控制过程得以完整,并将控制与管理的其他职能相互联结;通过纠偏,使组织计划得以遵循,使组织结构和人事安排得到调整,使领导活动更加完善。

为了保证纠偏措施的针对性和有效性,必须在制定和实施纠偏措施的过程中注意如下问题。

(一)找出偏差产生的主要原因

并非所有的偏差都会影响企业的最终成果。有些偏差可能反映了计划制定和执行工作中的严重问题,而另一些偏差则可能是由一些偶然的、短暂的、区域性因素引起的,从而并不一定会对组织活动的最终结果产生重要影响。因此,在采取任何纠偏措施以前必须对反映偏差的信息进行评估和分析。一方面,要判断偏差的严重程度,是否足以构成对组织活动效率的威胁,从而值得去分析原因,采取纠正措施;另一方面,要探寻导致偏差产生的主要原因。

纠偏措施的制定是以偏差原因的分析为依据的。而同一偏差则可能由不同的原因造成:销售利润的下降既可能是因为销售量的降低,也可能是因为生产成本的提高;前者既可能是因为市场上出现了技术更加先进的新产品,也可能是由于竞争对手采取了某种竞争策略,或是企业产品质量下降。后者既可能是原材料、劳动力消耗和占用数量的增加,也可能是由于购买价格的提高。不同的原因要求采取不同的纠正措施。要通过评估反映偏差的信息和对影响因素进行分析,透过表面现象找出造成偏差的深层原因,再从众多的深层原因中找出最主要的原因,为纠偏措施的制定指导方向。

(二)确定纠偏措施的实施对象

在确定纠偏措施的实施对象时,应从 2 方面考虑:一是当计划或衡量标准没有问题的情况下,需要纠正的是企业实际活动。二是当计划或衡量标准出现问题时,需要纠正组织这些活动的计划或衡量标准。如大部分员工没有完成劳动定额,可能并不是由于员工不努力所造成的,而是定额水平太高;承包后企业经理的兑现收入可高达数万,甚至是数十万,可能不是由于经营者的努力数倍或数十倍于工人,而是由于承包基数不恰当或确定经营者收入的挂钩方法不合理;企业产品销售量下降,可能并不是由于质量劣化或价格不合理,而是由于市场需求的饱和或周期性的经济萧条;等等。在这些情况下,要求改变的不是或不仅是实际工作,而是衡量这些工作的标准或指导工作的计划。

预定计划或标准的调整是由两种原因决定的:一是原先的计划或标准制定得不科学,在执行中发现了问题。二是原来正确的标准和计划,由于客观环境发生了预料不到的变化,不再适应形势的需要。负有控制责任的管理者应该认识到,外界环境发生变化以后,如果不对预先制订的计划和行动标准进行及时的调整,那么,即使内部活动组织得再完善,企业也不可能实现预定的目标,譬如消费者的需求偏好转移,这时,企业的产品质量再好,功能再完善,生产成本、价格再低,仍然不可能找到销路,不会给企业带来期望利润。

(三)选择恰当的纠偏措施

针对产生偏差的主要原因,就可能制订改进工作或调整计划与标准的纠偏方案。纠偏措施的选择和实施过程中要注意以下几点。

1. 使纠偏方案双重优化

纠正偏差，不仅在实施对象上可以进行选择，而且对同一对象的纠偏也可采取多种不同的措施。所有这些措施，其实施条件和效果相比的经济性都要优于不采取任何行动、使偏差任其发展可能给组织造成的损失，有时最好的方案也许是不采取任何行动，如果行动的费用超过偏差带来的损失的话。这是纠偏方案选择过程中的第一重优化。第二重优化是在此基础上，通过对各种经济可行方案的比较，找出其中追加投入最少、解决偏差效果最好的方案来组织实施。

2. 充分考虑原先计划实施的影响

由于对客观环境的认识能力提高，或者由于客观环境本身发生了重大变化而引起的纠偏，可能会导致对原先计划与决策的局部甚至是全局的否定，从而要求对企业活动的方向和内容进行重大的调整。这种调整有时被称为是"追踪决策"，即当原有决策的实施表明将危及决策目标的实现时，对目标或决策方案所进行的一种根本性修正。

追踪决策是相对于初始决策而言的。初始决策是所选定方案尚未付诸实施，没有投入任何资源，客观对象与环境尚未受到人的决策的影响和干扰，因此是零起点的决策。进行重大战略调整的追踪决策则不然，此时企业外部的经营环境或内部的经营条件已经由于初始决策的执行而有所改变，是"非零起点"。因此，在制定和选择追踪决策的方案时，要充分考虑到伴随着初始决策的实施已经消耗的资源，以及这些消耗对客观环境造成的种种影响。

3. 注意消除人们对纠偏措施的疑虑

任何纠偏措施都会对组织的运行带来影响，会在不同程度上引起组织的结构、关系和活动的调整，从而涉及某些组织成员的利益。不同的组织成员会因此对纠偏措施持不同的态度，特别是纠偏措施属于对原先决策目标进行重大调整时，原先决策的制定者和支持者害怕改变决策标志着自己的失败，从而会公开或暗地里反对纠偏措施的实施。执行原先决策、从事具体活动的基层工作人员则会对自己参与的已经形成的或开始形成的活动结果怀有感情，或者担心调整会使自己失去某种工作机会、影响自己的既得利益而努力抵制任何重要的纠偏措施的制定和执行。因此，控制人员要充分考虑到组织成员对纠偏措施的不同态度，特别是要注意消除执行者的疑虑，争取更多的人理解、赞同和支持纠偏措施，以避免在纠偏方案的实施过程中可能出现的人为障碍。

专栏 12-2

1979 年 12 月，洛伦兹在华盛顿的美国科学促进会的一次讲演中提出：一只蝴蝶在巴西扇动翅膀，有可能会在美国的得克萨斯引起一场龙卷风。他的演讲和结论给人们留下了极其深刻的印象。从此之后，所谓“蝴蝶效应”之说就不胫而走，名声远扬了。

“蝴蝶效应”之所以令人着迷、令人激动、发人深省，不但在于其大胆的想象力和迷人的美学色彩，更在于其深刻的科学内涵和内在的哲学魅力。经典动力学的传统观点认为：系统的长期行为对初始条件是不敏感的，即初始条件的微小变化对未来状态所造成的差别也是很微小的。可混沌理论的传统观点提出了挑战。混沌理论认为在混沌系统中，初始条件的十分微小的变化经不断放大，对其未来状态会造成极其巨大的影响。我们可以用西方流传的一首民谣对此做形象的说明。这首民谣说：

丢失一个钉子，坏了一只蹄铁；坏了一只蹄铁，折了一匹战马；

折了一匹战马，伤了一位骑士；伤了一位骑士，输了一场战斗；

输了一场战斗，亡了一个帝国。

管理启示 马蹄铁上一个钉子是否会丢失，本是初始条件的十分微小的变化，但其“长期”效应却是一个帝国存与亡的根本差别。这就是军事和政治领域中的所谓“蝴蝶效应”。有点不可思议，但是确实能够造成这样的恶果。一个明智的领导人一定要防微杜渐，看似一些极微小的事情却有可能造成集体内部的分崩离析，那时岂不是悔之晚矣？横过深谷的吊桥，常从一根细线拴住小石头开始。

第四节 有效控制的原则

组织建立起一整套控制系统，并非是为了例行公事，而是希望这套控制系统起到应有的作用，保障目标的顺利达成。因而控制虽然关注过程，但归根结底是成果导向的。这个成果当然同时包括效果和效率。为了实现效果和效率，控制工作本身就被赋予了有效性的要求。有效的控制必须具备一定的条件，遵循科学的控制原则。

一、灵活性与及时性相结合的原则

任何受控系统和控制过程都受到众多未来因素的影响，而对未来因素变化的预测总会存在一定的差距。灵活地控制是指控制系统能适应主客观情况的变化，持续地发挥作用。控制工作不是僵化的，其依据的标准、衡量工作所用的方法等都可能会随着情况的变化而变化。如果环境突变或者事先制订的计划因为预测不到的情况而无法执行，但事先设计的控制系统仍在如期运转，那将会在错误的道路上越走越远。例如，假设预算是根据一定的销售量制定的，那么，如果实际销售量远远高于或低于预测的销售量，原来的预算就变得毫无意义，这时要求修改甚至重新制定预算，并根据新的预算制定合适的控制标准。

控制的及时性说明了控制时机选择的两方面的问题。一方面，控制活动从发现问题到采取措施、纠正偏差，有时差，因此控制过程要及时传递信息，及时对信息做出反应，采取措施。如果信息的收集和传递不及时，信息处理时间又过长，偏差就得不到及时矫正。更有甚者，实际情况已经发生了变化，这时采取滞后的矫正措施则可能不仅没有积极作用，反而会带来消极的影响。另一方面，情况是千变万化的，控制过程要估计可能发生的变化，提前对适应变化的措施做出安排，使将来采取的措施与将要发生的变化相适应。总之，高效率的控制系统，要求能迅速发现问题并及时采取控制措施，这就要求及时准确地提供控制所需要的信息。当然，及时并不等于快速，而是指当决策者需要时，控制系统能适时地提供必要的信息。

二、重点控制与全面控制相结合的原则

重点控制是指在计划的实施过程中，应对关系全局的重点部门和重点工作环节进行特别控制。全面控制指对计划实施过程中的诸多方面进行一般控制。控制必须做到重点控制与一般控制相结合，以重点控制来带动一般控制，以一般控制来保证重点控制。

重点控制在控制过程中是十分重要的。因为一项计划，无论多么简单，也会涉及多个部门的协调，要经过多个环节。不同部门、不同环节在计划实施中的地位和作用是不同的，有的事关全局，有的仅起配套的辅助作用。因此，找出或确定出最能反映或体现经营成果的关键部门和关键工作环节，并加以重点控制，是比较有效率的。

同时，在控制系统中，全面控制也是十分必要的。如果只抓重点控制，放弃全面控制，一些部门就会放任自流，一些环节虽然是非关键性的，但在失去控制之后也会影响计划的完成。所以说，全面控制和重点控制是相辅相成的，缺一不可。

三、客观性与准确性相结合的原则

控制作为一项管理活动，难免包含着主观成分，但是，主管人员必须清楚地认

识到，在控制工作中应力求客观准确。主管人员不能仅凭个人的经验和主观判断，而应该采用科学的方法，尊重客观事实，尽力获取准确无误的信息，这是科学控制的重要保证。管理控制的客观准确性主要表现在：一是控制标准要客观准确，不管是定量标准，还是定性标准，都应当符合受控系统的实际情况，都应当是可以预测的。二是控制过程要客观真实，检查和衡量工作成果时，要注意引导被考核者如实反映情况，避免弄虚作假，同时，还要深入调查研究，尽量取得第一手资料，避免主观判断。

四、有效性与经济性相结合的原则

在整个组织的活动中，供应、生产、销售、技术、人事、财务等工作各有不同，要按照不同的工作性质、内容、范围、要求和现实的条件进行控制，建立不同的控制标准，采用不同的方式，选择不同的控制类型，拟定具体的控制方案。这样的控制工作才能符合实际，才可能取得实效。同时，要根据具体情况，建立和健全相应的组织结构，要在结构中将信息进行畅通无阻的传递，要做到权责分明，并且不同的工作要有各自不同的具体目标，切记"一刀切"。

在保证控制活动有效性的基础上，还应该注意控制活动的经济性。为进行控制而支出的费用和为控制增加的收益，都直接与控制系统的设计和控制的程度有关。从经济性角度考虑，控制工作要坚持适度、适量的原则，即控制力度并不是越大越好，控制系统也不是越复杂越好。控制系统越复杂，控制工作力度越大，只意味着控制的投入越大。在许多情况下，这种控制投入的增加并不一定会导致计划的更顺利实施。事与愿违的情况，在现实中也是经常发生的。通过控制必须要能获得一定的经济效益，要把实施控制所获得的成果同实施的费用进行经济比较，选择出投入少、效益好的经济合理的控制方案。当然，有时，自然消退也是一种行之有效的控制方法。

本章小结

组织环境复杂多变、管理权力分散以及员工工作能力差异等都需要管理者实施管理控制。所谓控制，是指管理者为了实现组织目标，监督组织各方面的活动，以促使组织实际作业活动与计划之间保持动态适应的过程。它是管理的一项基本职能。管理控制和计划密不可分，计划不仅确定了组织的目标，还制定了实现目标的措施。计划是控制的前提，控制是计划实现的保证；同时，控制为制订新一轮计划提供了依据。

管理控制按照不同的标准可以分为不同的类型。根据确定控制标准Z值的方法不同，可以将控制分为程序控制、跟踪控制、自适应控制和最佳控制4类；根据控制的时机、目的和对象不同，又可以将控制分为前馈控制、现场控制和反馈控制3类。不同类型的控制有其自身不同的特点。

管理控制的过程一般由3个阶段组成，确立标准，衡量工作绩效，纠正偏差。管理者都希望能够对组织进行有效的控制，但要实现有效的管理控制，管理者一般要遵循系列原则，包括灵活性与及时性相结合的原则、重点控制与全面控制相结合的原则、客观性与准确性相结合的原则、有效性与经济性相结合的原则。

本章重点：控制的类型、控制的内容和控制过程。

本章难点：控制过程管理的实际应用。

复习题

1. 什么是控制？为什么要进行控制？
2. 控制的内容包括什么？
3. 控制与计划的关系是什么？
4. 控制的类型有哪些？
5. 为什么在控制过程中“衡量什么”比“如何衡量”更关键？
6. 控制过程包括哪几个阶段？
7. 有效控制应遵循哪些基本原则？

技能训练

1. 案例分析题

麦当劳公司以经营快餐闻名遐迩。1955年，雷·克罗克(Ray Kroc)在美国创办了第一家麦当劳餐厅，其菜单上的品种不多，但食品质量高，价格廉，供应迅速，环境优美。连锁店迅速扩大到每个州，截至1983年美国国内分店已超过6000家。1967年，麦当劳在加拿大开办了首家国外分店，以后国外业务发展很快。到1985年，国外销售额约占销售总额的1/5。

麦当劳金色的拱门允诺：每个餐厅的菜单基本相同，而且“质量超群、服务优良、清洁卫生、货真价实”。它的产品、加工和烹制程序乃至厨房布置，都是标准化的，严格控制的。它撤消了在法国的第一批特许经营权，因为这些店尽管盈利可观，但在快速服务和清洁方面未达到相应的标准。

麦当劳的各分店都是由当地人所有并由当地人从事经营管理。鉴于在快餐饮食业中维持产品质量和服务水平是其经营成功的关键，因此，麦当劳公司在采取特许连锁经营这种开辟分店和实现地域扩张的方式的同时，特别注意对连锁店的管理控制。如果管理控制不当，使顾客吃到不对味的汉堡包或受到不友好的接待，其后果不仅是这家分店将失去这批顾客及其亲友的光顾，还会波及影响到其他分店的生意，乃至损害整个公司的信誉。为此，麦当劳公司制定了一套全面、周密的控制方法。

麦当劳公司主要是通过授予特许权的方式开辟分店。其考虑之一，就是使购买特许经营权的人在成为分店经理人员的同时也成为该分店的所有者，从而使其在直接分享利润的激励中形成了对所扩展业务的强有力控制。麦当劳公司在出售其特许经营权时非常慎重，总是通过各方面调查了解后，挑选那些具有卓越经营管理才能的人作为店主，而且事后如发现其能力不符，则撤销这一授权。

麦当劳公司还通过详细的程序、规则和条例，使分布在世界各地的麦当劳分店的经营者和员工们进行标准化、规范化的作业。麦当劳公司对制作汉堡包、炸薯条、接待顾客和清理餐桌等工作都事先进行翔实的动作研究，确定各项工作开展的最好方式，然后再编成书面的规定，用以指导和规范各分店管理人员和一般员工的行为。公司在芝加哥开办了专门的培训中心——汉堡包大学，要求所有的特许经营者在开业之前都要接受为期一个月的强化培训。回去之后，还要求他们对所有的工作人员进行培训，确保公司的规章条例得到准确的理解和贯彻执行。

为了确保所有特许经营分店都能按统一的要求开展活动，麦当劳总部的管理人员还经常走访、巡视世界各地的经营店，进行直接的监督和控制。例如，有一次巡视中，公司总部管理人员发现某家分店自作主张，在店里大厅中摆放电视机和其他物品以吸引顾客，由于这种做法与麦当劳的风格不一致，立即得到了纠正。除了直接控制外，麦当劳公司还定期对各分店的经营业绩进行考评。为此，各分店要及时提供有关营业额、经营成本和利润等方面的信息，这样总部管理人员就能及时把握各分店经营的动态和出现的问题，以便商讨和采取改进的对策。

麦当劳公司的另一个控制手段，就是要求所有经营分店都塑造公司独特的组织文化，这就是大家所熟知的由“质量超群、服务优良、清洁卫生、货真价实”口号所体现的文化价值观。麦当劳公司共享价值观的建设，不仅在世界各地的分店及其上上下下的员工中进行，而且还将公司的一个主要利益团体——顾客也包括进这支队伍中。麦当劳的顾客虽然要自我服务，但公司特别重视顾客的要求，如为他们的孩子们开设游戏场所，提供快乐餐和生日聚会等服务，以形成家庭式的氛围，这样既吸引了孩子们，也增强了成年人对麦当劳的忠诚度。

案例思考：

（1）麦当劳公司所创设的管理控制系统，具有哪些基本构成要素？

（2）该控制系统如何促进麦当劳公司全球扩张战略的实现？

2. 实训操作题

张正在几天前被任命为一家国有化妆品公司的总经理。他很快就发现这家公司存在着很多问题，而且其中的大多数问题都与公司不适当的管理控制有关。例如，他发现公司各部门的预算是由各部门自行制定的，前任总经理对各部门上报的预算一般不加修改就签字批准；公司内部也没有专门的财务审核人员，因此对各部门的预算和预算的实施情况根本就没有严格的审核。在人事方面，生产一线人员流动率大，常有人不辞而别，行政工作人员迟到早退现象严重，而且常有人在工作时间炒股票。

公司对这些问题都没有采取有效的控制措施，更没有对这方面的问题进行及时调整或解决。不少中层管理者还认为，公司业务不景气，生产人员想走是很正常的，行政工作人员在没有什么工作可做的情况下，迟到早退、自己想办法赚点钱也是可以理解的，对此没有必要大惊小怪。

张正认为，要改变公司的面貌，就一定要加强资金、人员等方面的控制，为此，就需要制订出一个综合控制计划。

训练步骤：

第一步，回顾控制过程的几个阶段，分析案例中存在的问题；

第二步，为了改变公司的面貌，制订控制计划时应该考虑哪几个方面的内容？

第三步，预测实施当中会出现一些什么问题，如何去解决它？

第四步，得出结论。

第十三章 管理控制方法

控制是管理过程的最后一步。管理者必须对是否有效完成了在计划过程中制定的目标进行监控。这是他们在控制时从事的工作。正确的控制能帮助管理者找到绩效差异和可改进的领域。

——斯蒂芬·P·罗宾斯

【学习目标】

1. 了解预算控制的定义和预算控制的优缺点
2. 掌握预算控制的种类和方法
3. 熟悉比率分析法
4. 了解审计控制类型
5. 掌握平衡积分卡的内容

导入案例

陈某是一家有一定规模的中小企业的经营者，这几年在艰难的创业过程中渡过了一个又一个难关，克服了一个又一个困难，及时抓住了市场机遇，使企业在很短的时间内得以迅速成长壮大。但是随着企业规模的不断扩大，管理上常显得捉襟见肘：比如明明账上有利润，但在接一项重要订单时，突然发现资金周转不过来；又如，在进行某一业务时，总认为会有一定的利润，但结果又往往与预想不符。

管理启示 陈某企业的现象涉及管理的控制问题，造成的因素是多方面的，而这和他没有预算控制意识有直接关系。任何一个企业都应该处于一种有序运作的状态中，而管理控制恰恰是有序运作的一个不可或缺的必要组成部分。

第一节　预算控制

一切社会组织都可以从事预算的制定。预算是根据计划目标和实施方案，预计组织在未来一个时期中的经营收入或现金流量，为各部门或各项活动规定了在资金、劳动、材料、能源等方面的支出不能超过的额度。它使得计划的实施与控制建立在更可靠的基础之上。因此，它既是计划的工具，又是控制的工具。

预算控制就是根据预算规定的收入与支出标准来检查和监督各个部门的生产经营活动，既保证各种活动或各个部门在充分达成既定目标、实现利润的过程中对经营资源的利用，也使费用支出受到严格有效的约束。预算控制是管理控制中最基本、运用最广泛的方法。

一、预算的种类

按照预算的不同内容，可以将预算分为经营预算、投资预算和财务预算。

(一)经营预算

经营预算是指企业日常发生的各项基本活动的预算，分收入和支出两个方面。它主要包括销售预算、生产预算、直接采购预算、直接人工预算、制造费用预算、单位生产成本预算、推销及管理费用预算等。

销售预算是最基本和最关键的预算。先确定收入，然后才能计划支出。企业主要依靠销售产品和提供劳务所得的收入维持各项费用的支出。所以，销售收入是企业收入最重要的形式，销售预算是预算控制的基础。

生产预算是根据销售预算中预计销售量，按产品品种、数量分别编制的。生产预算编好后，根据分季度的预计销售量，经过对生产能力的平衡，可编制分季度的生产进度日程表，也叫生产计划大纲。在生产预算和生产计划大纲的基础上，又可以编制直接材料采购预算、直接人工预算和制造费用预算。这 3 项预算构成对企业生产成本的统计。

推销及管理费用预算包括制造业务范围以外预计发生的各种费用明细项目，如销售费用、广告费用、运输费用及管理费用等。

(二)投资预算

投资预算是对企业固定资产的购置、扩建、改造和更新等，在可行性研究的基础上编制的预算。它具体反映何时进行投资、投资多少、资金从何处取得、何时可获取收益、每年的现金流量为多少、多少时间能收回全部投资等内容。

由于资金来源往往是限定企业投资的重要因素，而对厂房和设备等固定资产进行的投资又往往需要很长时间才能收回，因此，投资预算应当和企业的战略以及长期计划紧密联系在一起。

（三）财务预算

财务预算是指企业在计划期内反映有预计现金收支、经营成果和财务状况的预算。它主要包括现金预算、预计利润表和预计资产负债表。前述各种经营预算、投资预算中涉及的材料，都可以折算成金额反映在财务预算内。所以，财务预算就成为各项经营业务和投资的整体计划，也称为总预算。

1. 现金预算

现金预算主要反映企业在计划期内预计的现金收支的详细情况。现金预算完成后，财务主管便知道企业在计划期需要多少资金，可以提前安排和筹措。

2. 预计利润表

预计利润表是用来综合反映企业在计划期内生产经营的财务情况，并作为预计企业经营活动最终成果的重要依据，是企业财务预算中最主要的预算表之一。

3. 预计资产负债表

预计资产负债表主要用来预计企业在计划期末那一天的财务状况。它的编制需要以计划期开始日的资产负债表为基础，然后根据计划期内各项预算的有关资料进行必要的调整。

二、预算的编制方法

现代预算的编制方法主要有弹性预算、滚动预算和零基预算。

（一）弹性预算

弹性预算是在编制费用预算时，考虑到计划期业务量可能发生的变动，编制一套能适应多种业务量的费用预算，以便分别反映各业务量所对应的费用水平。由于这种预算是随业务量的变化做机动调整，故称弹性预算。在编制弹性费用预算时，把所有费用分为变动费用和固定费用两部分。固定费用在相关范围内不随业务量变动而变动，变动费用则随业务量变动而变动。因此，在编制弹性预算时，只需要按业务量的变动调整费用总额即可。

（二）滚动预算

滚动预算是指先确定一定时期的预算，然后每隔一定时间，就要定期修改以使其符合新的情况，从而形成向后推移一段时间的新预算。滚动预算的优点是根据预算的执行情况，调整下一个阶段的预算，使预算更加切合实际和可行。

（三）零基预算

零基预算是指在每个预算年度开始时，将所有还在进行的管理活动都看作重新开始，即以零为基础。零基预算法的做法是审查预算前，主持这一工作的主管人员首先应明确组织的目标，并将长远目标和近期目标，定量目标和非定量目标之间的关系和重要次序搞清，建立起一种可考核的目标体系；在开始审查预算时，将所有过去的活动都当作重新开始；确定出哪些项目是真正的必要之后，根据已定出的目标体系重新排出各种活动的优先次序；按照所确定的顺序，结合计划期间可动用的资金总额分配资金，落实预算。采用零基预算法，工作量非常大，但它考虑每项费用的效益，可以精打细算，减少不必要的开支，是事前控制的一种好方法。

三、预算控制的优缺点

作为一个企业的经营者，必须对预算敏感，要牢记预算中的各种数字，学会运用预算控制企业。要将预算的各种指标分解到各年度、各部门，自新年 1 月 1 日开始，就用新的预算控制企业。做到：天天看预算、周周评预算、月月结预算。对于月末还处于未完成预算的部门，管理层要召开以这个部门为中心的会议，专题讨论如何保证预算的有效完成，只有这样，才能体现预算的刚性，警示其他部门重视预算管理，达到以预算控制企业经营的目的。

用预算控制企业，要发挥全员的主观能动性，调动各级相关责任人的积极性，要通过预算指标的分解，使企业的目标变成一个个部门的小目标，使每个部门的责任者能够心中有数地进行生产和经营，以达到用预算控制下级、控制各部门，督促各级管理人员努力工作，从而保证企业的大目标得以按预算实现。

对于任何组织来说，预算控制的优点是明显的。它使得组织可以对各种业务采用同一种标准——以货币尺度来加以控制，便于企业对各种不同业务进行综合比较和评价。在此基础之上，它又为企业协调各项活动提供了依据。它为企业的各项活动确立了财务标准，大大方便了控制过程中的绩效衡量工作。它有利于明确组织及其内部各单位的责任，有利于调动所有单位和个人的积极性。

然而，在预算的编制和执行过程中也存在一些局限性。主要表现在：

第一，有片面控制的危险。只能帮助企业控制那些可以计量的业务活动，不能促使企业对那些不能计量的企业文化、企业形象、企业活动的改善予以足够的重视。

第二，有管得过细的危险。按照预算项目详细列出费用数额，可能束缚主管人员对于本部门工作所必需的自主权。

第三，有管得过死的危险。企业活动的外部环境是不断变化的，而缺乏弹性、非常具体、涉及较长时期的预算可能会过度束缚决策者的行动，使企业经营缺乏灵活性和适应性。

第四，有预算目标取代组织目标的危险。部门领导人可能在工作开展过程中拘束于"按预算办事"的准则，忽视了部门工作的本来目的。

第五，有鼓励虚报、保护落后的危险。因为预算经常是以历史数据和申报数额为依据编制的，这有可能造成各部门虚报或多报预算数据，以便日后能轻松完成预算。

专栏 13-1

霍克公司是美国一家生产经营多种卫生用品的大型企业，按照产品事业部的形式构建分部，分部下设生产和市场两个部门，实行产销分开；按照分部的组织结构运行；采取分权管理模式，通过预算指导各分部的工作。

总的来说，霍克公司的预算控制系统具有以下两个特点：

(1)紧贴企业经营方式进行预算控制系统的设计和运行。霍克公司所处的是进入壁垒低的竞争性市场，其生产要根据市场情况来进行，因此生产预算要在销售预算的基础上制订。这有利于分清企业各部门在预算执行中的责任，合理考评其业绩。

(2)服从于企业的整体目标来制订预算。在预算制订的过程中，每个环节的工作都体现了公司的一定目标。这主要表现在以下两个方面：在微观层次上，各基层部门切实参与企业预算的制订工作，将本部门的实际情况最为切实地反映于预算之中，并将之作为自己下一年度工作的目标，此时的预算具有较强的可操作性，并且基层部门执行起来积极性高；在宏观层次上，企业总部有关人员在工厂生产预算制订过程中到各工厂进行访谈，了解基层的预算制订情况，当预算与公司要求有偏差时及时指出并与相关人员协商，同时弄清工厂的财务状况和员工的工作方式，这不仅有助于收集用于复查基层预算草案的数据，还可以确保各工厂的预算与公司的整体目标相一致。

管理启示 霍克公司的预算控制系统可为主要产品处于成熟期的企业所采用。因为只有在产品售价、市场份额相对稳定的环境下，企业才能有效地以销售预测为起点安排生产计划，并且以生产成本的控制作为主要的利润点。霍克公司的做法不仅适用于工业企业，也适用于商品流通企业。只是前者以生产成本控制为核心，后者以仓储、运输、销售等流通费用控制为核心。两者在预算程序上具有一致性。

第二节　比率分析法

一般来说，仅仅依靠经营结果的绝对数量是很难得出正确结论的。比如，知道某企业在某一年度的利润额达到500万元，这不能说明任何问题。因为我们不知道这个企业的销售额是多少，不知道它所占用的资金总数是多少，不知道它所处的行业平均利润水平是多少，也不知道该企业历年实现的利润额。所以，单个的数据本身没有意义。只有根据诸多数据之间的内在关系，相互对照分析，才能说明问题。

比率分析就是将相关数据进行对比，形成一个比率，从中分析和评价企业经营成果和财务状况。比率分析是一种重要的控制方法。常用的比率可以分为两大类:财务比率和经营比率。

一、财务比率

财务比率及其分析可以迅速、全面了解企业的资金来源和资金运用的情况，也可以了解资金利用的效果以及企业的支付能力和清偿债务的能力。

(一)流动比率

流动比率是企业的流动资产与流动负债之比，用以衡量企业流动资产在短期债务到期之前，可以变现为现金用于偿还流动负债的能力。

企业流动资产大于流动负债，表明企业偿还短期债务的能力强。企业运用该比率进行管理控制时，一般要求流动资产在清偿流动负债后，还应基本满足日常生产经营中的资金需要。当然，这并不意味着流动比率越大越好，也要避免由于资金闲置而造成的收益损失。

(二)负债比率

负债比率是企业负债总额与资产总额之比，即在企业全部资产中负债总额占多大比重，用以衡量企业利用债权人提供资金进行经营活动的能力，也就是反映债权人借出资金的安全程度。负债的比率越低，表明企业长期偿债能力越强，债权人的保障程度越高。

以上两种指标用于评价企业的偿债能力。企业在经营中往往需要从银行等外部机构获得资金。作为投资者(企业的债权人)当然不希望企业破产而导致其收不回投资。所以，上述两种指标可以用来评估企业的支付能力、偿还债务的能力。

(三)销售利润率

销售利润率是销售净利润与销售总额之比。它反映实现的利润在销售收入中所占的比重。比重越大,表明企业获利的能力越高,企业的经营绩效越好。将企业不同产品、不同经营单位在不同时期的销售利润率进行比较,能为经营控制提供更多的信息。

(四)资金利润率

资金利润率是企业在某个经营时期的销售净利润与该期占用的全部资金之比。它是衡量企业资金利用效果的一个重要指标,反映企业是否从全部投入资金的利用中实现了足够多的净利润。同销售利润率一样,资金利润率也要同其他经营单位和其他年度的情况进行比较。

以上两种指标用于评价企业的盈利能力。分析这些指标的目的在于考察企业在一定时期实现企业总目标的收益及获利能力,分析企业以一定的劳动占用和劳动耗费能取得多少盈利。

二、经营比率

经营比率,是与资源利用有关的几种比例关系。它们反映了企业经营效率的高低和各种资源是否得到了充分利用,有助于对经营活动的直接控制。

(一)库存周转率

库存周转率是销售总额与库存平均价值之比,它反映了销售收入相比库存数量是否合理,说明了商品周转速度高低、存货是否过量等问题。在一定时期内库存周转率越高,表明资金的利用效率越高。

(二)固定资产周转率

固定资产周转率是销售总额与固定资产之比,它反映了单位固定资产能够提供的销售收入,表明了企业固定资产的利用程度。在一定时期内固定资产周转率越高,表明固定资产的利用效率越高。

(三)销售收入与销售费用的比率

这个比率表明单位销售费用能够实现的销售收入,在一定程度上反映了企业营销活动的效率。

上述几种经营比率通常需要进行横向的(不同企业之间)或纵向的(不同时期之间)比较,才更有意义。

第三节　审计控制

审计是对反映企业资金运动过程及其结果的会计记录及财务报表进行审核、鉴定，以判断其真实性和可靠性，从而为控制和决策提供依据。审计控制是一种常用的控制方法。

根据审查主体和内容的不同，可将审计分为3种主要类型：外部审计、内部审计和管理审计。

一、外部审计

外部审计是由外部审计机构（如会计师事务所）选派的审计人员，对组织的财务程序和财务往来进行独立的、有目的的综合检查审核，以便确认企业现有的财务报表、财务往来账目、财务计划、财务报告是否合法，是否符合公认的会计准则和程序。

外部审计的优点是审计人员的工作具有独立性，与企业管理当局不存在工作上的依附关系，不需要看企业经理的眼色行事，只需对国家、社会和法律负责，因而其审计的分析结果具有很强的客观性和公正性。外部审计一方面有利于发现企业运行过程中存在的问题；另一方面还能使有关投资者对财务报表提供的信息产生信任感，有利于改善企业外部环境。法律规定，公众持股的公司必须进行外部审计。

外部审计的缺陷在于外来的审计人员不了解企业内部的组织结构、生产流程和经营特点，因而会对具体业务的审计发生困难；而处于被审计地位的企业成员可能会产生抵触情绪，不愿意积极配合，这也可能增加审计工作的难度。

二、内部审计

内部审计是由企业内部的机构或由财务部门的专职人员来独立地进行，兼有外部审计的目的。它不仅要核对企业财务记录的真实性和准确性，还要分析企业的财务结构是否合理；不仅要评估财务资源的利用效率，还要检查和分析企业控制系统的有效性；不仅要检查目前的经营状况，而且要提供改进这种状况的建议。

内部审计是对企业经营活动进行全面评价所采用的形式，可以被看作是对其他控制形式的总控制。有效的内部审计主要有以下作用。

第一，内部审计提供了一种测定程序和方法，检查企业在实现其目标和遵循既定政策方面是否成功。

第二，内部审计可以对企业计划的可行性和有效性、控制方式等提出改进建议和措施。

第三，内部审计使高层管理人员对企业的经营状况、收支状况和信用状况有清晰的了解和全面的认识，并有助于推行分权化管理。

但是，内部审计局限性也很明显，表现在：内部审计可能需要的费用非常可观，特别是进行深入、详细、持续的审计时。内部审计不仅要搜集事实，而且要解释事实，并指出事实与计划的偏差所在，所以完成这些工作往往需要经过专业训练、具备相当经验的审计人员才能胜任。而企业中往往缺乏这样的人才。即使审计人员具备必要的技能，仍然会有许多员工认为审计是一种“鸡蛋里挑骨头”的工作，从而引起心理上的抵触情绪，不配合工作。如果审计过程中不能进行有效的信息和思想沟通，那么可能会对企业活动带来负面效应。

三、管理审计

管理审计的对象和范围比外部审计、内部审计的范围更广，它通过评价人力、物力和财力的组织及利用的有效性来检查企业管理工作的好坏，是一种对企业所有管理工作及其绩效进行全面、系统的评价和鉴定的方法。为了保证某些敏感领域得到客观的评价，企业通常聘请外部专家来进行管理审计。

管理审计的方法是利用公开记录的信息，从反映企业管理绩效及其影响因素的若干方面将企业与同行业其他企业、其他行业的著名企业进行比较，以判断企业经营与管理的健康程度。

反映企业管理绩效及其影响因素主要有以下几方面：

第一，经济功能。检查企业产品或服务对公众的价值，分析企业对社会和国民经济的贡献。

第二，企业组织结构。分析企业组织结构是否能有效地达成企业经营目标。

第三，收入合理性。根据盈利的数量和质量判断企业盈利的状况。

第四，研究与开发。评价企业研发部门的工作是否能为企业未来的发展进行必要的新技术和新产品的准备，以及管理当局对这项工作的态度。

第五，财务政策。是指企业的财务结构是否健康合理，企业是否能有效运用财务政策和控制来达到长、短期目标。

第六，生产效率。企业能否在适当的时候提供符合质量要求的必要数量的产品。

第七，销售能力。企业产品能否在市场上顺利实现销售。这方面的评估包括企业商业信誉、代售网点、服务系统以及销售人员的工作技能和工作态度等。

第八，对管理当局的评估。对企业主要管理人员的知识、能力、勤劳、正直、诚实等方面的素质进行分析和评价。

管理审计是对整个组织的管理绩效进行评价，因此，可以为企业在未来改进管理工作提供参考。

第四节　平衡积分卡

1992 年卡普兰(Kaplan)和诺顿(Norton)在《哈佛商业评论》上首次提出了"平衡积分卡"这一综合性的绩效评价工具。在随后的一系列文章和著作中，两位学者将平衡积分卡从单纯的绩效评价工具扩展到企业战略管理和实施方法。这种方法将长期战略目标与短期业务行动联系起来，通过明确获取业务成功的关键衡量指标来帮助组织将战略转化为行动。平衡积分卡不仅可以用作企业绩效评价方法，而且可以用作战略管理方法，同时，它还是一种企业控制工具。

平衡积分卡不仅可在企业层面使用，还适用于任何具有明确战略的组织。比如，阿里巴巴在 B2B、C2C、电子支付等领域都拥有业务，每一个业务单元都拥有自己独特的战略。那么，如果阿里巴巴要在企业层面使用平衡积分卡，那么它就要为每一个业务单元建立一套独立的平衡积分卡。而较小的企业可能全公司只有一个战略，那么也就只需要一套平衡积分卡。

一、平衡积分卡的内容

平衡积分卡使用财务、客户、内部业务流程、学习与成长 4 个维度对战略目标进行诠释，从而将组织目标与员工的日常行动联系起来，如图 13-1 所示。

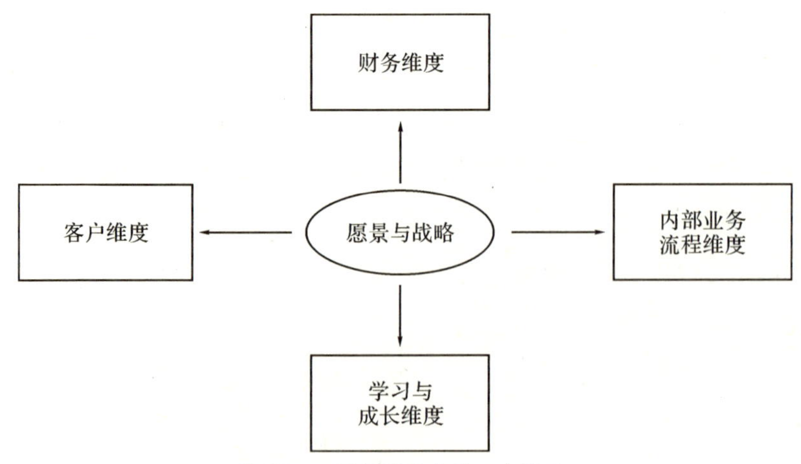

图 13-1　平衡积分卡的 4 个维度

资料来源：兰杰・古拉蒂，安东尼・J・梅奥，尼汀・诺里亚著，杨斌等译. 管理学[M]. 北京：机械工业出版社，2014.

(一)财务维度

平衡积分卡的财务维度是选择对达成战略目标最重要的财务指标。财务指标在20世纪主导了商业领域的控制管理流程,在现在和未来也将发挥重要作用。过去,企业使用预算这一工具来平衡收入和成本,并据此考核管理人员的工作绩效;利润额和投资收益率则是公司经营要追求的最终目标。传统的财务衡量指标包括:销售成本、行政管理费用、存货、应收账款、资产收益率、净资产收益率等。

旨在弥补传统指标不足的新型财务衡量指标也在不断发展中。

例如,根据以下公式计算出的经济增加值用于更准确地衡量企业带给股东的价值增加;它可以通过降低成本、处理掉不具生产力的资产、对收益大于成本的项目进行投资等方式提高。

净销售收入－营业成本＝营业利润

营业利润－税收＝税后营业净利润

税后营业净利润－资产总成本(资本总额×资本成本率)＝经济增加值

再如,一般而言财务指标都强调盈利能力,但是加入业务所处阶段的考虑后情况就有些不一样了。业务的生命周期包含成长期、维续期和收获期。在成长期,企业推出一项新产品,或是已有产品进入一个新市场,此时的业务以高投入和吸引新客户为特征,其投入超过产出,甚至无利可图。在维续期,企业继续投入资金,同时获取收益,追求以最大化投资回报为目标。企业可能在这一时期扭亏为盈。净资产收益率、营业收入、毛利率等传统财务指标也都适用于这一时期。在收获期,企业产品或服务已经成熟,只需要很小的投资,业务增长得也很有限,同样以投资回报最大化为目标。

当然,需要指出的是,企业内的预算和会计制度必须与组织结构、技术和经营环境相协调才能有效发挥作用。

(二)客户维度

平衡积分卡的客户维度是将若干客户导向指标与公司的财务表现联系起来。通过这样的联系,能够帮助管理者找出对业务经营最重要的客户群体。这也是平衡积分卡发挥价值的关键所在。如表13-1所示列出了最为重要的几项客户导向指标。

表 13-1 客户导向指标

指　标	指　标　内　容
市场份额	指一家企业在目标市场的渗透现状。当目标客户的市场份额下降,而非目标客户的市场份额上升时,意味着企业没有达成其战略目标
账户份额	指产品在目标客户“钱包”中所占的比重。客户在多个行业生产的众多产品中选择一些购买,以满足自身需求。一些企业发现,寻求提高客户购买自身产品支出占总支出的比重是一项有价值的工作
客户保有率	维系现有客户,是保持或提高市场份额的一种简单而有效的方法。许多企业还通过计算现有客户带来的业绩增长比重来衡量客户忠诚度
新客户获取能力	许多战略要求提高一个或多个市场的份额,因此,新客户获取能力成为一个重要指标。这一指标可通过两方面进行衡量:新客户数量、新客户带来的总销售额
客户满意度	这是最为重要的指标之一,但又是最具主观性的、定性的指标。通过客户反馈调查而获得。有研究认为,客户只会对他们评价“极为满意”的商品表现出重复购买行为
客户盈利能力	尽管客户的满意度非常重要,但对经营者而言,也需要从客户身上盈利。在评价刚获得的新客户时,若计入获取成本,通常是不能盈利的;但在考虑是否要开拓某类目标客户时,客户的长期盈利性是决策指标

资料来源:兰杰・古拉蒂,安东尼・J・梅奥,尼汀・诺里亚著,杨斌等译.管理学[M].北京:机械工业出版社,2014.

统领上述客户导向指标的是客户价值定位。客户价值定位是指客户最为关注的产品数量与质量方面的问题。每个行业、每个目标市场都会具有不同的价值定位,因此需要企业自己去寻找所面对的价值定位是什么。

(三)内部业务流程维度

平衡积分卡的内部业务流程维度展现了企业如何通过日常运营将产品和服务提供给客户。一般来说,根据客户的需要,企业可以按照“调查研究——寻找市场——设计和开发产品——生产制造——销售与售后服务”的顺序来创造流程。

成品率、次品率、返工率、新产品销售额在总销售中所占比例、开发新产品所用的时间、对产品故障反应的速度等都是考察企业内部业务流程是否合理、高效的指标。

针对不断提高业务流程效率、促进创新的要求,管理专家和学者进行了大量的研究,提出了很多可供实践选择的机制和理论。目前,这一方面最有价值的成果要数全面质量管理和六西格玛标准。

(四)学习与成长维度

学习与成长维度是平衡积分卡的基础。企业在实现业务流程、客户交流、持续财务增长的同时,也要发现现有资源和能力的不足,并设法提高,这便是学习与成长维度。

企业可以通过改善企业内部的沟通渠道，强化员工的教育和培训，调动员工的积极性，提高他们的满意度等措施，来促进学习和成长。学习和成长方面的指标通常有培训支出、培训周期、员工满意度、员工离职率、每个员工提出建议的数量、被采纳建议在总建议中所占的比重、被采纳建议所产生的效果等。由于企业自身状况和所面临的外部环境各不相同，这个维度的具体指标也极具多样性。企业应依据具体情境而定，其核心是要建立起鼓励学习的企业氛围。

二、平衡积分卡的实施

实施平衡积分卡有一个固定的前提，即战略必须先确定。其余方面，平衡积分卡的实施都可以依据企业独特的历史、文化、使命、愿景以及其所面临的外部环境而自行确定。甚至对于特定企业来说，平衡积分卡中的某一个维度可能比其他维度更重要。比如，重视创新力和新产品开发的公司会对学习与成长维度更为关注；而另一家处于业务已成熟、高度竞争行业中的公司则会更加强调业务流程维度来提高生产率。

专栏 13-2

水作为地球上最丰富和最珍贵的资源，对经济稳定增长、人体健康、社会福利、环境可持续发展等都具有至关重要的作用。2005 年，全世界共有 11 亿人缺少足够的饮用水，有 26 亿人缺乏清洁的饮用水。因此，水服务业是一个具有数十亿美元价值的大市场，而来自拉丁美洲的曼克公司是行业中的佼佼者。

曼克公司是南美洲供水系统零部件和塑料管材的主要生产商，公司业务涵盖从提取、输送、收集到废水处理的整个水循环过程。尽管曼克公司在行业中占据了最大的市场份额，并将业务拓展到了全球，但它仍然不断改善其业务流程。虽然公司开发出新材料，但原油价格不断上涨推动了成本升高，当地企业也开始推出相应的替代性产品。针对新形势，曼克公司希望成为一家在创造经济价值的同时注重生态保护的负有社会责任感的公司。因此，公司实行了一个“三要素”战略以实现下列目标：

(1)实现经济方面长期、可持续的增长；

(2)建立企业社会责任机制，创造社会价值；

(3)通过对环境保护的重视，创造环境价值。

为达到上述目标，曼克公司使用了一套根据公司战略修正的平衡积分卡。这套平衡积分卡除包含财务、客户、业务流程、学习与成长维度之外，新加入了“环境与社会”作为第 5 个维度。

在财务层面，曼克公司的目标是获得持续稳定的收入，创造更大的经济价值；公司通过销售收入的不断增加和对营业成本的控制来达到这一目标。在客户层面，公司集中关注客户满意度和产品创新性。在业务流程上，曼克公司集中关注 4 个领域：品牌管理、客户管理、产品创新和财务控制。公司对上述每个流程都列出了多项衡量指标，以促进流程效率提升。这些指标包括：市场部门与客户的沟通程度、产品保证质量的交付、研发部门的创新力、原材料采购的优化等。学习与成长维度，主要涵盖领导力提升计划，管理层继任规划，不同技能员工的合作、相互学习等内容。

曼克公司提出的环境与社会维度所涉及的范围十分广泛，包括了公司员工、环境、当地社区等。公司会在员工中进行满意度调查，会照顾到员工因受伤而损失的工作时间，还会设定雇佣女员工的最低比例。在环境方面，公司将每单位产出所需投入和所产生废弃物纳入衡量指标。在社区方面，曼克公司将社区使用其产品后的收入增加量、节约用水量等纳入衡量体系。

在新管理机制实行后的 3 年中，曼克公司在所有业务领域都获得了巨大成功，利润率、净资产率、净资产收益率、环境效率等指标连年攀升。虽然曼克公司为实现环境和社会目标付出了成本，但其利润额在这 3 年中仍然增长了 44%。

管理启示 平衡积分卡是确定绩效衡量指标的综合性工具，它由财务、客户、内部业务流程、学习与成长 4 个维度组成。每一个维度都包含若干能够帮助管理者从各个方面更好把握企业运营的衡量指标，而在不同的企业或产品生命周期阶段，某一个维度会比其他维度更为重要，甚至在企业战略指导下可以加入新的维度从而保障企业更加卓越的运营。

人物介绍

——罗伯特·卡普兰(Robert S. Kaplan)与戴维·诺顿(David P. Norton)。

罗伯特·卡普兰，是平衡积分卡(Balanced Score Card; BSC)的创始人之一，美国平衡积分卡协会主席。获麻省理工学院电子工程学士和硕士学位，以及康奈尔大学运营研究博士学位，1994 年，获德国斯图加特大学荣誉博士学位。曾执教于卡内基·梅隆大学管理学研究生院达 16 年，执教于哈佛商学院达 18 年。其研究方向为快速变化环境下制造业和服务业组织的新成本计量和业绩管理系统。作为8本书和100多篇论文的著者或合著者，他获得了多项教学和论著方面的奖励。他为北美和欧洲许多一流公司的业绩和成本管理系统设计担任顾问，提供业绩管理和成本管理系统设计方面的咨询。

戴维·诺顿，是平衡积分卡的创始人之一。在与罗伯特·卡普兰一起创办美国平衡积分卡协会之前，是复兴全球战略戴维·诺顿集团的创始人之一，担任总裁。在此之前他曾创办诺兰·诺顿公司。诺顿博士在哈佛商学院取得博士学位，在佛罗里达州立大学取得工商管理学硕士学位，并在佛罗里达科技大学获得过营运研究学士学位，在全斯特工业大学获得电气工程学士学位。

1992年，在《哈佛商业评论》上，卡普兰与诺顿发表了关于平衡积分卡的第一篇文章《平衡积分卡——业绩衡量与驱动的新方法》。这是一套企业业绩评价体系，它打破了传统的只注重财务指标的业绩管理方法，认为传统的财务会计模式只能衡量过去发生的事情。在信息社会里，组织必须通过在客户、供应商、员工、组织流程、技术和革新等方面的投资，获得持续发展的动力。基于这种认识，平衡积分卡方法认为，组织应从财务、客户、业务流程、学习与成长4个维度审视自身业绩。1996年，卡普兰与诺顿关于平衡积分卡的第一本专著《平衡积分卡：化战略为行动》出版，标志着这一理论的成熟。西尔斯公司、美孚石油公司和信诺保险公司就是几家从平衡积分卡方法中受益的公司，平衡积分卡帮助它们实现了战略转变和公司改革。

平衡积分卡面世后好评如潮，两位学者也因为平衡积分卡“一技成名”，但他们并没有停下探索的脚步，仍然密切注视着平衡积分卡的执行，并不断完善着他们的理论。2001年，两位作者出版了新作——《战略中心型组织：实施平衡积分卡的组织如何在新的竞争环境中立于不败》。

美国《哈佛商业评论》将平衡积分卡理论评为最具影响力的管理学说之一。

本章小结

企业管理实践中运用着多种控制方法。本书决策和计划章节里所介绍的工具，其实也可以作为企业管理控制的方法。此外，本章重点介绍预算控制、比率分析、审计控制、平衡积分卡等4种实践中常用的控制方法和工具。

本章重点：预算控制的种类和方法，平衡积分卡所包含的4个维度。

本章难点：各种控制方法的实际应用。

复习题

1. 常用的控制方法有哪些？
2. 预算的种类和预算的优缺点有哪些？
3. 常用的比率有哪些？
4. 审计的内涵和主要的审计控制类型是什么？
5. 平衡积分卡的内容包含什么？

技能训练

1. 案例分析题

西湖公司是由李先生靠3000元创建起来的一家化妆品公司。公司开始时只经营指甲油，后来逐步发展成为颇具规模的化妆品公司。李先生于2000年发现自己患癌症之后，对公司的发展采取了两个重要措施：(1)制定公司向科学医疗卫生行业发展的目标；(2)高薪聘请雷先生接替自己的职位，担任董事长。

雷先生上任后，采取了一系列措施，推行李先生为公司制订的进入医疗卫生行业的计划：在特殊医疗卫生业方面开辟一个新行业，同时开设一个凭处方配药的药店，并开辟上述两个新部门所需产品的货源、运输渠道。与此同时，他在全公司内建立了一个严格的控制系统：要求各部门制订每月的预算报告；每个部门在每月初都要对本部门的问题提出切实的解决方案；要求每月定期举行一次由各部门经理和顾客代表参加的管理会议；要求各部门经理在会上提出自己本部门在当月的主要工作目标和经济目标。同时，他特别注意资产回收率、销售边际及生产成本等经济指标。他也注意人事、财务收入和降低成本费用等方面的工作。

实行上述措施后，西湖公司获得了巨大成功，年销售额稳步增长，2007年达到20亿元。但进入2010年以来，该公司逐渐出现了问题：收入下降、商品滞销、价格下跌。其主要原因是：(1)化妆品市场的销售量已达到饱和状态；(2)该公司制造的高级香水，一直未能打开市场，销售情况没有预测的那样乐观；(3)国外公司对本国市场的占领；(4)公司在国际市场上出现了不少问题：推销员的冒进；得罪推销商；公司形象未能很好地树立。

雷先生也意识到公司存在的问题，准备采取有力措施，以改变公司目前的处境。他计划要对国际市场方面进行总结和调整。公司开始研制新产品，他相信运用大量资金研制的医疗卫生工业品不久也可进入市场。

案例思考：

(1)雷先生在西湖公司里采取了哪些控制方法？

(2)就西湖公司的目前状况而言，应该怎样健全控制体系？

2. 实训操作题

对班级寝室卫生情况的控制，实训目标、实训内容以及评估标准如下：

实训目标：

运用所学知识进行班级寝室卫生情况的控制。

实训内容：

(1)学生以寝室为单位4人分成一组。

(2)小组讨论：如何搞好宿舍的卫生？对卫生活动应如何控制？

(3)依照小组讨论结果实施寝室卫生的整改和控制。

(4)整改和控制持续3周，每周由学院宿管部门检查打分。

(5)每组完成实训报告。

(6)在课堂上进行实训报告的交流与论证。

标准与评估：

(1)实训报告需写明寝室卫生的整改和控制措施，小组成员的分工，取得的成果，总结控制过程中的优点和不足。

(2)在全班进行交流，共同对各组的实训报告进行评估。

第六篇 创 新

第十四章 创新管理

可持续竞争的唯一优势来自于超过竞争对手的创新能力。

——詹姆斯·莫尔斯

【学习目标】

1. 掌握创新职能与“维持”职能(计划、组织、领导、控制)的关系
2. 掌握创新含义、特征、作用及基本类型
3. 掌握企业创新活动的动因、主体、模式、障碍及有效管理的方法

导入案例

“余额宝”的前世今生

2013年6月13日,阿里巴巴集团利用支付宝平台(第三方支付)推出了一款新产品——余额宝,给平静的金融资本市场投入一架荡起涟漪的“小钢炮”。

余额宝本质是货币基金(即聚集社会闲散资金,由基金管理人运作、基金托管人保管资金的一种开放式基金,专门投向风险较小的货币市场工具),天弘基金是其基金管理人,具体名称是“天弘增利宝货币基金”。

出乎意料的是,截至2014年1月15日,余额宝规模突破2500亿元,用户数超过4900万户,天弘基金一跃超过华夏基金等130多家货币基金而成为国内最大的基金管理公司,规模达到整个中国货币基金的四分之一。

对于使用互联网成长的消费者来说,余额宝就是一个宝。不仅投资收益高于正常银行活期存款,高于CPI(消费者物价指数),而且投资没有门槛,提取方便,还能随时消费支付和转出,像使用支付宝余额一样方便,流程设计颇具人性化。大家奔走相告,一定程度上造成了当时中国存款搬家的景象,着实让传统银行和银监会

吃惊不小。

同时，阿里巴巴与天弘基金的合作也没有停止。2013年10月16日，阿里巴巴集团以浙江阿里巴巴电子商务有限公司(现更名为“蚂蚁金服”)出资11.8亿元认购天弘基金26 230万元的注册资本，从而51%控股天弘基金，实现收购。用阿里小微CEO彭蕾的说法，阿里小微和天弘基金是“先恋爱后结婚”。除了余额宝，阿里巴巴又开发了招财宝等创新产品，又在筹建网商银行。所以，2014年10月16日成立的蚂蚁金服的主要产品和服务有：支付宝、支付宝钱包、余额宝、招财宝、蚂蚁微贷、芝麻信用、网商银行(筹)等。

以后的市场发展也说明了阿里巴巴当初创新“余额宝”产品并收购天弘基金的战略意义。2014年3月的两会期间，中国人民银行行长周小川、副行长潘功胜和易纲一天之内被追问四次，各有表述。周小川表示不会取缔余额宝，对余额宝等金融业务的监管政策会更加完善；潘功胜表示互联网金融可以扩大对小微企业的供给，拓宽老百姓投资渠道，提高交易效率，降低交易成本；易纲表示要支持容忍余额宝等金融产品创新。

“余额宝”是阿里巴巴的创新之举，也绝非什么重大的金融创新，但是它抓住了互联网思想和技术，致力于打造一个开放的金融环境，专注于服务小微企业与普通消费者。正因为有这种想法和做法，有这样的市场需求，“余额宝”已经稳稳占据了市场一隅，至2014年12月底，余额宝规模达到了5789亿元，几乎占中国货币基金的半壁江山。

请思考 阿里巴巴的“余额宝”产品为什么会出现？其创新点在哪里？为什么？

自从有了人类活动，创新无处不在、无时不在，整个人类社会文明进程就是一部创新发展史。1776年亚当·斯密在《国富论》中就提到了最初蒸汽机的企业创新活动：“最初的蒸汽机，需安排一个小男孩，按照活塞的升降，不断开关锅炉和管道之间的通路。一个贪玩的男孩发现，只要将打开通道的阀门把手系在机器的另一部分上，阀门就可以自动开关，无须照看；而他自己就可以自由自在地和小伙伴玩耍了。这个机器最大的改进之一，就这样被一个试图节省自己劳动时间的小男孩发现了。”蒸汽机导致了第一次工业革命，而第二次工业革命归功于电的发明，而能源技术的创新，特别是人类掌握石油技术的开发使人类进入了第三次工业革命，最近出现的互联网技术更是将人类的经济活动带入一个新高度。

面对这些纷繁复杂的经营环境，组织只有不断创新和变革才能得以顺利生存和发展。松下幸之助说过：“只有努力创新的商店或制造公司，才会有前途。墨守成规或一味模仿他人，到最后一定失败。"IBM公司第8位首席执行官萨姆·帕米萨诺(Sam Palmisano)指出："当今商界的制胜之道是创新，包括技术创新、战略创新和商业模式的创新。""大众创业，万众创新"更是当代中国深化改革的实践方针，让创新的血液在全社会自由流动是当届政府的奋斗目标，因为，我们深深知道，创新是人类社会进步的原动力和源泉。

第一节　创新职能概述

一、创新的含义及创新职能

(一)创新的含义

按《现代汉语词典》(1985)解释，创新就是"抛开旧的，创造新的"。1912年，约瑟夫·阿洛伊斯·熊彼特(Joseph Alois Schumpeter)在《经济发展理论》一书中第一个从经济学角度对创新进行论述，并阐述了创新对"经济发展"的作用。他提出，创新就是"建立一种新的生产函数"，也就是，把一种从来没有过的关于生产要素和生产条件的"新组合"引入生产体系，"新组合"包括5种情况：(1)一种新产品或产品的一种新特征；(2)一种新生产方法；(3)一个新市场；(4)一种原材料或半制成品的新供应来源；(5)一种工业的新组织。"经济发展"就是社会不断地去实现这种"新组合"，即创新。可见创新对社会经济发展的重要作用。

任何组织都是经济发展过程中的一个细胞，组织的创新活动是社会、经济发展的一种内生动力。因此，大量学者和实践者对组织，尤其是企业组织的创新活动展开了深入的研究和实践探索，取得了丰硕的成果。

1985年彼得·德鲁克在《创新与企业家精神》一书中提出："创新活动赋予资源一种新的能力，使它能创造财富。"

我国学者周三多(1993)则认为："创新首先是一种思想以及在这种思想指导下的实践，是一种原则以及在这种原则指导下的实践。"

邢以群(2007)则认为："创新是指对原有的东西加以改变或引入新的东西的过程或活动。"

阿曼德(Ahmed)和谢泼德(Shepherd)则总结了一些关于创新的共同特点，如创新是"利用人、时间和金钱等资源发明一种新产品、服务或者生产工艺，有时甚至发明全新的思考方式"的创造过程，"创新是扩散和学习的过程——学习、支持或者使用某种产品、服务和想法"。"创新是一种(突破性或者渐进性)变化——创新带来变化，有些创新会形成微小的变化，有些会使组织发生彻底的变革。”

这些观点从不同角度说明了什么是创新，可谓仁者见仁、智者见智，要统一观点还有很长一段路要走。但有一点可以确信，创新的概念已经不只是企业相关的生产要素、技术等“新组合”的概念，它更是一个融入了组织、社会、思维模式等人文因素的综合概念。可以说，创新力也是一名管理者，特别是领导者应该具备的能力，这是新形势下的新要求。因此，我们更倾向于认为，创新是组织在原有基础上，引入一种新发明、新技术、新构想、新方式、新手段、新观念、新目标等，带来组织渐进性或者突破性的变化，从而提升组织效能，更有效实现组织目标的活动或过程。

（二）创新职能

创新活动对组织非常重要，也经历了很长时间，但将创新活动作为管理的一个职能，还是最近几十年的事情。

20 世纪 60 年代初期，美国学者希克斯（Hicks）在总结前人对管理职能分析的基础上，提出了创新职能，突出了创新可以使组织的管理不断适应时代发展的论点。

1988 年，我国学者王建民等就将创新作为管理的职能之一，提出：“创新是管理活动的本质”，“创新职能是指经济管理必须把各种新思想和新方案应用于经济活动之中，创造出各种新的产品、新的服务和新的经营管理方式，开拓出新的市场，以满足不断发展的社会需求。”

1993 年，我国学者周三多教授在《管理学：原理与方法》一书中，将创新归入管理的第五职能，他写道：“创新首先是一种思想以及在这种思想指导下的实践，是一种原则以及在这种原则指导下的实践，是管理的一种基本职能。”2005 年周三多又进一步指出：“创新工作作为管理的职能表现在它本身就是管理工作的一个环节，它对于任何组织来说都是一种重要的活动；创新工作也和其他管理职能一样，有其内在逻辑性，建构在其逻辑性基础上的工作原则，可以使得创新活动有计划、有步骤地进行。”同时，他认为传统的管理职能（计划、组织、领导、控制）属于“维持”职能，“维持和创新是管理的本质内容，有效的管理在于适度的维持与适度的创新的组合”。

既然创新职能与维持职能一样，对组织生存发展至关重要，贯穿于整个组织的管理活动之中。那么，管理的创新职能和“维持”职能到底是什么关系呢？

首先，两者都对组织生存和发展非常重要，是管理活动的基本职能。

第一，管理的四大“维持”职能是组织得以顺利存在的基本手段，也是组织中管理者和成员日常从事的基本活动。如果没有了计划、组织、领导、控制活动，组织的目标难以实现，计划无法制订和落实，工作可能偏离计划，组织要素就有可能相互脱离、各自为政、各行其是，造成资源浪费，组织效能低下。所以，“维持”对于企业生命的延续至关重要。

第二，组织除了生存活动，还有发展活动。组织作为社会经济生态系统的一员，它除了经历内部组织要素自身不断变化发展之外，还要不断地与变化发展的组织外部环境发生物质、信息、能量的交换，这些内外变化必然会对组织活动产生不同程度的，甚至是生死攸关的影响。组织若不能及时发现这些变化，并适时进行局部或全局性调整，则有可能被变化的内外环境所淘汰。因此，创新也是组织的基本职能。

其次，创新和“维持”相互联系、互为条件、相互促进。

第一，组织的管理活动是一个从创新到“维持”，再到创新和再到“维持”的循环往复的过程，互为基础、互为依托。正如周三多提出“创新是维持基础上的发展，而维持则是创新的逻辑延续；维持是为了实现创新的成果，而创新则是为更高层次的维持提供依托和框架。任何管理工作，都应围绕着系统运转的维持和创新而展开”。就如同组织生命周期、产品生命周期、产业生命周期、经济周期一样，创新和“维持”就是在相互作用的条件下，不断地从低到高，从初级到高级的提升，从而促进组织管理水平的提高。创新与“维持”职能之间的这种关系如图 14-1 所示：

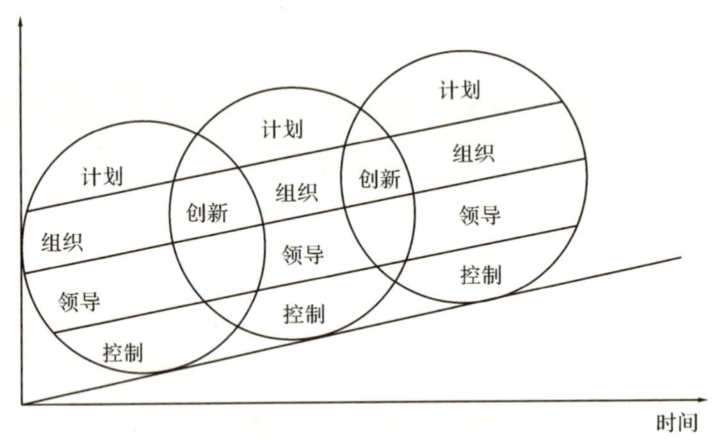

图 14-1　创新与“维持”职能的关系图

第二，有效的管理就是根据组织内外环境条件实现“维持”与创新的最优组合的管理，准确把握“维持”与创新的均衡度。一方面，如果忽视组织内外环境变化，过度维持会引发组织的僵化和保守，抑制组织成员能力的发展，导致组织的反应能力下降，错失发展机遇；或者只注重组织的短期利益，而忽视组织的长期发展战略。另一方面，如果忽视组织的自身条件，过度创新会导致对于组织运行的规章制度等权威性减弱、组织结构的紊乱、专业化程度的削弱；或者不惜消耗大量的人力、物力和财力等资源，又不能从创新中得到收益，往往会导致组织凝聚力下降，乃至瓦解。因此，“只有创新没有维持，系统便会呈现无时无刻无所不变的无序的混乱状态，而只有维持没有创新，系统则缺乏活力犹如一潭死水，适应不了外界的变化，最终会被环境淘汰。”“维持”和创新对管理者的管理技能要求的差异是不同的，创新更多强调的是概念技能。在具体的管理实践中，管理者真正要把握好这两个活动的均衡度非常困难，这也体现了管理者的管理水平。一个好的管理者就是能将两者完美结合得如同弹钢琴的艺术家一样，张弛有度、进退有节。

请思考 你觉得将创新增加为管理的一个单独职能合理吗？为什么？

二、创新的特征与作用

(一)创新的特征

创新作为管理活动的一个单独职能，它与一般的管理活动不同，具有以下特征：

第一，首创性

首创性是创新活动与其他管理活动最主要的区别，体现在创新活动具有创造性，总是采取一种与原来完全不同的突破性或者渐进性的新变化，这些新变化在内容上是新颖的，区别于原来旧的做法；在动因上也是组织自主发起；在时间上也是最早的，领先于其他组织，这是创新首要和最重要的特征。

第二，风险性和收益性

创新具有风险性和收益性的两面性特征。一方面，由于创新活动所涉及的许多组织内外部因素的难控性，又有创新投入需要消耗资源，人类认知的局限性，再加上创新时机不对、创新构想实践结果的不确定性、商业化不利等影响，使得创新活动从一诞生就具有风险性，成功率低。俗话说，“一将功成万骨枯”，一个创新成功的背后往往有着数以百计的失败。据统计，在美国，企业产品开发的成功率只有20％—30％，如果计算从设想到进行开发成功的比率，那就更是凤毛麟角了。同时，由于创新活动的出发点就是有效提升经营管理活动的收益，所以一旦成功，创新活动的收益性也是水到聚成的。这种收益除了经济上的收益，还有管理水平提升，社会价值、学术价值、艺术价值和实用价值等提高。创新失败，也是成功之母，可为再次创新提供借鉴。收益性也是组织追求创新的内生动力。

另一方面，创新的收益性与风险性呈正相关关系，即低风险性对应低收益性，高风险性对应高收益性。创新有风险，成功率低，但是成功之后可以获得高于行业的平均利润。例如医药行业中诸如德国默克(Merck)、美国辉瑞(Pfizer)等企业，完全不同于采用仿制过期专利药的低成本战略的企业，而是投入高额的研发费用，开发新的、有专利的、突破性的药物，采用高风险高回报的专利药物开发战略。这种创新做法一般一种新药的研发投入就高达5亿美元，而研究和临床试验又要花去10年时间，而且新药的失败率很高，只有十分之一的新药能够进入临床试验并最终获得美国食品药物管理局批准上市。虽然风险高，但一旦成功回报丰厚，因为你拥有某种药物的20年的专利，市场上的价格由你说了算，利润可想而知。其他的一些高新技术产业企业也是如此。

也正是由于创新的高风险高收益的特性，经济领域出现的诸如私募股权(Private Equity, PE)、风险资本(Venture Capital, VC)、天使投资(Angel Investment, AI)等各类风险投资基金，资助有想法的创新者进行创新，推动技术进步，同时也会因某个项目的成功而获得丰厚的收益。如日本软银集团孙正义，看好互联网，在1999年就投资入股阿里巴巴，最终在2014年9月19日凭借阿里巴巴在纽约上市而成为日本首富。

第三，系统性和协同性

创新涉及组织的方方面面，具有系统性和协同性。首先，创新的内容具有系统性。组织在战略决策、市场预测、产品研发、工艺设计、制造生产、营销服务、安装调试、人力资源管理等一系列价值链活动的创新，一定要通盘系统考虑，协同发展，才能保证创新效果。其次，创新行为可能是个人的、部门的、团队的，也可能是组织整体的，都需要组织各个部门及其成员的通力协作和信息共享。所以创新是一个远见与技术、个体与群体、思想与实践的协调互动，系统反应，才能产生出组织的协同效应，使创新达到预期目标。

第四，动态性

由于受到组织内外环境的不断变化发展的影响，创新具有相对性，而不是绝对的，不是一劳永逸，是动态发展的。不同时期、不同组织的创新内容、方式、水平等都是不同的。高水平的创新总是会替代低水平的创新，从而推动组织发展，社会进步。

(二)创新的作用

创新是管理活动的基本职能，它的作用主要体现在以下3方面。

第一，创新是组织新陈代谢的基本需要

任何组织的存在都是有社会使命的，只有符合社会需要、提供某种社会福祉的组织才能生存和发展。组织要向社会提供某种福祉，必定会消耗一定的社会资源，只有组织管理得当，产出大于消耗，才有存在的生命力。假如我们将组织想象成一个生命体，那么，这个生命体的生命力就是自身新陈代谢的能力。新陈代谢就是组织与外部环境之间进行物质、信息与能量交换以及组织自身进行体内物质、信息与能量的自我更新过程，这个过程就是创新过程。组织从无到有、从小到大、从大到强，适者生存，无不经历着新陈代谢的过程，这个过程是组织表现自身生命活力的过程。自我更新主导着这个过程，演绎着这个过程，它是组织生存的必要技能，是组织新陈代谢的基本需要。

第二，创新是组织适应不断变化的内外环境的需要

组织发展受到内外环境因素的影响和制约，这些因素不仅包括政治、经济、社会、科技等宏观环境，也包括产业生命周期、产业结构、产业内战略群组等中观产业环境，而且还包括企业自身组织文化、价值观、心理环境、规章制度、物理环境等微观环境因素。这些组织发展所面临的内外环境因素是不断变化发展的，组织只有不断适应内外环境的变化才能健康持续发展。俗话说，世上唯一不变的是“变”字，说明变化是常态，作为组织必须以“变”应“变”，而这个“变”的实质就是创新，创新是实现组织与内外环境的动态适应的途径。

第三，创新是组织发挥主观能动性，实现持续发展的需要

除了满足新陈代谢基本需求及适应内外部环境之外，在激烈的优胜劣汰的竞争环境中，组织要想取得同业的竞争优势，要想长寿，必须具备高于竞争对手的创新能力。这种创新能力要求组织在成长过程中必须根据自身的优势和劣势，因时制宜、因地制宜、因人制宜，发挥主观能动性，不断创新，做到人无我有、人有我优、人优我廉、人廉我变，永远领先对手半步，成为行业的翘楚和标杆。创新正是通过发挥组织主观能动性，实现超越，满足实现组织持续发展的需要。这个作用也正是学界和业界将创新归为管理的基本职能之一的原因，创新越来越在企业竞争中发挥重要的作用。

三、创新的基本类型

创新涉及许多方面，类型很多。归纳一下，与组织有关的创新类型可以参阅阿曼德和谢泼德在《创新管理：情境、战略、系统和流程》一书中的创新分类图，他们将产品创新、流程创新、战略创新归为“企业可以控制的创新”，而将社会创新、政治创新、哲学创新归为“企业影响范围之外的创新”。为了表达方便，我们将“企业可以控制的创新”命名为“组织内创新”，而将“企业影响范围之外的创新”命名为“组织外创新”，或称“环境创新”。我们认为，“组织外创新”包括社会创新、政治创新和哲学创新；“组织内创新”包括产品/服务创新、管理/流程创新和战略创新，具体的关

系如图 14-2 所示。

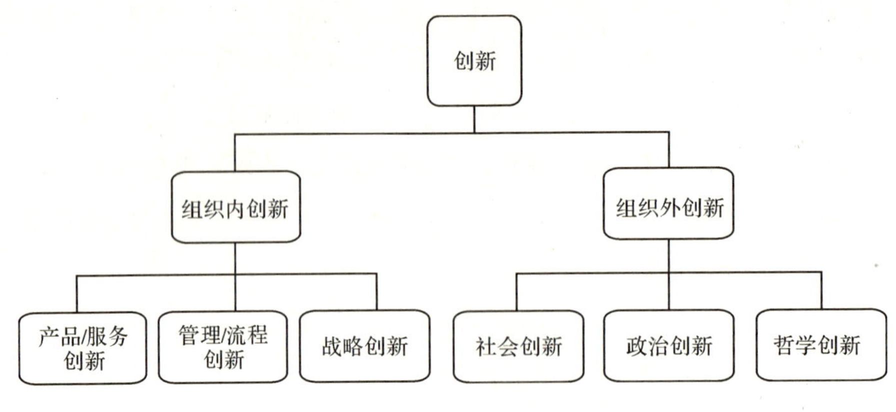

图 14-2　创新的一般分类

下面,我们对这几类创新类型做一个简单的介绍。

社会创新:社会永远处于变化发展之中,社会创新是永恒的。“社会创新是一系列因素联合驱动,进而使整个社会朝某个新方向发展的过程。”比如经过改革开放三十余年,中国取得了巨大的成就,但是社会一味强调经济发展的 GDP(国内生产总值)指标也给社会带来了不良的后果,如雾霾等自然环境的严重破坏,政府投资的低效性,腐败滋生等也催生着社会行政管理的创新。比如移动互联网对现代消费者,特别是年轻消费者行为的影响,微信、微博等成了社交媒体,人人成了记者,自媒体冲击着传统的媒体组织。在这种形势下,中国政府提出的“互联网+”就是转型的一个创新支撑点。

政治创新:狭义角度也可以称为制度创新。政治对于社会发展的作用也非常巨大。政治创新可以有多种形式,主要有立法、体制改革、社会治理等。比如,2001 年发生的美国安然事件“促使美国政府通过立法和体制创新,来规范市场”。

哲学创新:哲学领域的创新看上去和紧张忙碌的商业活动没有直接关联。然而事实上,新的哲学观念却深刻地影响着社会的运转模式。哲学观念不断地更新人类的知识体系,并定义了哪些是好的,哪些是不好的。某些发明创造从一诞生起就一直饱受道德舆论的压力,比如避孕药、人体克隆和转基因产品等的哲学创新远早于强有力的社会体制通过影响社会主体的价值判断来延缓这些技术的发展。最终当这些技术逐渐被大多数民众所接受之后,法律和体制上才给予这些技术一定的发展空间。哲学创新产生的变化可谓是积极深远的。

产品/服务创新:产品/服务创新是组织首先想到和实践的一种创新方式,它是组织生存之源、立身之本,同时,新产品和新服务又是组织创新旨在完成的目标。产品/服务创新可以是技术导向的,也可以是市场导向的,这取决于产品和服务的本身特点。随着改革开放三十余年,中国企业在这方面的重视和投入程度也与日俱增，慢慢也取得一定的回报。华为作为中国唯一一家企业入选 2014 年度“全球百强创新机构”榜单即是很好的开始。

管理/流程创新：体现在组织内部管理活动层面的流程创新上，就是大家平常听到的管理创新，或者流程创新。这些创新一般来说包括两方面的内容，一类是技术性的流程创新，它包括技术流程和操作流程，如半导体技术的引入不仅引发了产品创新，同时也推动了半导体企业制造工艺操作流程的创新，最终使顾客得到价廉物美的产品和服务。

另一类是管理创新，它包括行政和管理流程等的创新，例如组织结构的变化，组织工作流程的创新等，这主要是组织管理者的职责，也是组织成员日常努力的方向，更是组织管理活动追求的目标。关于管理创新，不同学者给予了不同的理解。常修泽(1994)认为，它“是指一种更有效而尚未被企业采用的新的管理方式或方法的引入”，其“主要目标是试图设计一套规则和服从程序以降低交易费用”。邢以群(2007)则认为，它“是指为了更有效地运用资源以实现目标而进行的创新活动或过程”。这个定义一方面指出了管理创新的目的和功能，“不仅注重新颖，也注重预期效益的实现，从而把管理创新与其他创新区别开来”；另一方面，“管理创新是一个过程，从一个新思想提出一直到付诸实施并取得预期效益的过程，这一过程可以是非连续性的，但是有规律可循的。”通过管理创新，目的是让组织的组织能力得到加强，形成核心竞争力，并有效地利用资源，产生最高的绩效。

战略创新：战略创新体现在组织转变当前的商业模式或者采用全新的商业模式上。战略创新会由产品/服务创新或者流程创新驱动，有时则会有组织外部的创新(如社会、政治、哲学创新)触发。例如，最近二十多年的组织都面临着外部互联网技术引发的战略转变，互联网使电子商务得以实现。就像在中国，阿里巴巴、小米等企业崛起一样，无不得益于互联网技术，得益于战略创新，从而成为行业领跑者。

总之，不管是组织内创新也好，组织外创新也好，它们都是社会发展进程中的重要的创新活动，两者相互影响、相互促进。组织外创新，如哲学创新会影响到组织内创新，如技术创新，而组织内创新，如产品/服务创新又会影响到组织外创新，如社会创新。

专栏 14-1

2014 年 11 月 6 日，基于一系列与专利相关的测度指标，汤森路透集团发布了全球 100 家最具创新活力的机构。中国企业华为技术有限公司首次荣登此榜单。

汤森路透知识产权与科技事业部全球总裁罗勒·莫塔(Basil Moftah)表示:“我们的这份全球百强机构榜单代表着真正的创新先锋。这些机构不断地寻求新的突破、创造新的就业机会并驱动着全球经济的发展,我们很荣幸能够见证他们的努力。”

请思考　华为为什么可以获得2014年度“全球百强创新机构”?

第二节　企业创新的管理实践

企业是为顾客和社会创造价值的组织,创新是企业的基本职能,正如阿曼德和谢泼德(2014)写道:“创新既是一种目标,也是一个价值增加的过程。从增值角度来看,创新就像一个发动机开启了整个价值创造的过程;而与此同时,创新又可被看作是一种目标,它承载着企业某种产品、服务、理念或者行为的内在‘增值’属性。”本节我们主要谈谈企业创新的管理实践。

一、企业创新的动因

企业创新的动因就是企业进行创新的动力来源。企业是以创造财富为主要目的的营利组织,是创新成果的主要需求者和推动者。因此,企业为了提高自己的核心竞争力,必须在经营过程中不断进行创新活动而获得行业竞争优势。企业创新的动力不仅来自于企业内部,而且也来自于企业外部。一般来说,企业创新的动力来自于以下4个因素:市场推动、技术推动、体制推动、企业家推动。

1. 市场推动

企业提供产品和服务给顾客,满足其不同需求,并随着竞争压力加强而不断满足顾客不断变化发展的需求。如原来的自行车只要能代步骑行就可以,但是现在的自行车就得满足有些顾客健行、时尚的需求,从而推动自行车企业在材料、款式等方面的创新,捷安特自行车就是一个市场推动创新的例子。只有抓得住顾客的企业才能立于不败之地,因此企业挖空心思满足顾客不断变化的需求,才能给顾客提供价廉物美的产品和服务,才能在激烈的竞争环境中生存与发展。

2. 技术推动

技术的改变会影响企业资源的获取方式、生产设备和产品的技术水平发生变化,也可能使企业的生产规模以及组织形式发生变化。如电梯行业目前使用的无齿轮曳引技术,原来都是蜗轮蜗杆的有齿轮曳引技术,但是随着曳引技术的提升及材料革命,如发现稀土材料可用于曳引机制造,使得稀土永磁技术应用于电梯的曳引机，不仅使电梯机房变小，噪音降低，还比传统有齿轮技术节能30%左右，这是环保节能意识及材料革命对企业技术创新推动的例子。

3.体制推动

体制推动包括国家政治、经济、政府机关、企事业单位等的组织制度的变动引发企业创新，也可以泛称为制度推动。如2001年12月11日中国正式加入世贸组织(WTO)，成为其第143个成员，这么一个国际多边贸易举措给中国企业带来了创新的压力和机会，如产品有竞争优势的出口企业因此而更容易进入国际市场，拓展新的国际市场，实现市场创新；而有些没有技术优势、没有知识产权、受到外资产品冲击较激烈的企业则因此而丢失阵地，面临更大的创新压力。所以，体制推动是一把双刃剑，企业应该认清形势，顺势而为，及早做好企业创新准备。

4.企业家推动

企业家“Entrepreneur”一词来源于法语，原意是指冒险事业的经营者和组织者。熊彼特认为企业家的职能是实现新组合的人们。德鲁克也认为，企业家必须有目的地寻找创新的来源，寻找预示成功创新机会的变化和征兆。企业家是企业的父母，企业生产和经营的实质就是通过企业家的创新，使企业内部生产要素的组合适应市场需求，在满足市场需求中谋求企业的发展。所以，某种程度上，企业家是企业创新的最重要的主体，是创新的天然推动者和实践者。本章最后的技能案例中提到的乔布斯在苹果公司创新iphone智能手机的过程就是企业家推动的创新，由此他也成了“微创新”的鼻祖。

二、企业创新的主体

企业创新的主体是指企业创新的推动者和实施者，它一般包括企业家、企业管理者、企业员工以及外部管理专家或咨询机构等。

第一，企业家

德鲁克(1985)认为，创新是企业家特有的工具，凭借创新，他们将变化看作是开始另一个企业或服务的机遇。目前大家对企业家还没有一个权威的、统一的定义，但根据现代企业实践，我们可以将创业者，创业成功后的企业创始人、执行股东等人都归入企业家一类。他们往往活跃于市场创新、技术创新、制造创新等领域，位于企业股东会、董事会及执行高管层面，把握着企业的战略、发展方向、经营管理等事项，由于他们了解顾客，了解顾客需求，了解自己，故对市场和环境的变化有很好的敏感性，同时又有企业的控制支配权力，所以他们往往是企业创新的发起者、推动者和实践者，他们或亲自提出创意，或落实人员创新，或领导创新过程，或评价创新成果，或实施创新成果等。可以说，企业家是创新成败的关键人物，在企业创新上，企业家是主要的创新主体。如乔布斯在苹果公司创新中的作用可见一斑。

第二，企业管理者

企业创新还体现在组织管理活动层面的创新，因此，组织中各级管理者在各自分管的诸如研发、制造、市场营销、服务等领域中，存在大量的创新空间，其中更多的是一些管理流程，制度等方面创新，如发现流程问题加以改进，以提高管理的效率和效益。例如，福特汽车公司当初在亨利·福特的支持下，生产管理部门的管理人员同技术人员经过艰苦的实验，不断修改来自“河水推动水车”的创意，设计实施方案，最后终于推出了“生产流水线”这一工业化标志的生产流程方面的重大创新，极大扩张了生产规模，降低产品成本，成为自工业革命以来足以和其他重大科技发明相媲美的管理创新。

第三，企业员工

企业创新的一个重要源泉是全体员工的脑力贡献和群策群力，因为员工是所有管理工作的落脚点和执行点，了解实际管理措施对工作绩效的影响，以及哪些是影响工作绩效的因素，因此，只要企业形成创新文化和创新激励措施，鼓励创新、鼓励创意、鼓励沟通，企业员工也是重要的创新主体。例如，微软公司的 IE 浏览器产品就是一名基层工程师将创意上报自己主管，但被直接主管忽视，后其合理越级报告给比尔·盖茨后，才由公司层面确定为公司新产品开发而得以面世而被广为使用的浏览器。

第四，企业外部管理专家或咨询机构

有时候，企业的经营管理者由于自身知识、经验、能力等方面的不足而对企业整体发展趋势难以把握。此时企业就可以借助一些企业外部的管理专家或咨询机构的力量，依靠他们的专业优势来收集、分析信息，提供创新方案，帮助企业付诸实施，并及时发现企业创新活动中出现的各种问题，及时改进。尤其是一些存续时间较长、创新障碍较多的企业。这时，依靠外部的管理专家或咨询机构来协助、推进创新就是一个比较好的选择。

专栏 14-2

2014 年 4 月 7 日，一封联想集团内部柳传志致员工信摘录：在我印象中，香港人做事往往中规中矩、一丝不苟，老板叫做什么就做什么，老板叫怎么做就怎么做，不偷懒，也不越权。在联想把这叫“齿轮文化”，齿轮可以高效运转，但本身不产生动力。联想提倡的是“发动机文化”，意思是最高管理层是大发动机，而子公司的领导、职能部门的领导是同步的小发动机。

大发动机制定好下一阶段公司发展的目标、战略路线(当然制定这些时也会请小发动机参加研究),每台小发动机努力吃透总目标,然后领回分解到自己这一部分的子目标,以及相应的责、权和利(责、权、利是可以和大发动机讨论商榷的)。据此,小发动机定出一套工作方案,先提出个概要和大发动机对一下,看是否正确了解了上级意图,这称为"对大血管"。然后就可以召集本部门的骨干研究,要过到河那边去摘桃子,咱们到底是造船,还是建桥?游泳行吗?于是小发动机就会有各种创新的方案,就会发现更有潜质的小小发动机苗子,而且自觉地不断提高执行力,把激励使用得更到位,最后的结果,大多数情况是出色地完成了任务。

这种做发动机完成任务的感觉,和做齿轮完成任务的感觉是很不一样的——充满了成就感。而就在这一次又一次的设计、执行之中,主人翁的感觉也越来越浓,小小发动机苗子涌现得越来越多。这些小小发动机不但可以不断输送人才,而且自己也想要更大的平台。

请思考 柳传志提出"发动机文化"、"齿轮文化"与企业创新管理有什么关系?

三、企业创新的模式

既然创新是企业的常态,那么企业可以根据自身条件等考量,分别采取自主创新、模仿创新和合作创新等 3 种模式。

自主创新(Independent Innovation):就是以企业自身为创新主体,依靠自身资源进行的创新活动。一般来讲采取该模式的企业经营管理者往往有根深蒂固的创新意识和永驻浪头的创新文化,同时也有丰富的创新资源,如科学家、工程师、资金等,这种创新被许多高科技企业使用。如前面提到过的专利药制造企业,又如美国3M、谷歌公司等都是自主创新的优秀公司。

模仿创新(Imitation Innovation):通过跟踪行业标杆企业,在法律范围内,合理地学习、模仿别人的创新思路或创新成果,并根据自己的资源进行消化、吸收和转换,从而加以改进的创新活动。这是新兴市场、发展中国家的企业,以及新进入行业者立足市场的主要方法。如一个行业的新进入者,或者市场跟随者,他们往往采取模仿创新战略。

合作创新(Cooperation Innovation):企业与有互补资源的组织,如企业、科研院所、专利所有人等相关机构和个体,通过一定的合作协议进行的创新活动。他们通常以市场、技术为推动力,以共同预期利益为合作基础,共同投入,根据各自优势共同参与,风险共担,成果利益共享,并以协议约定之。如丰田与宝马在氢气燃料动力汽车技术上的联盟就是合作创新的例子。

最后，我们将3种创新模式做一个比较，如表14-1所示。

表14-1 企业创新模式的比较

	自主创新	模仿创新	合作创新
创新思路行为来源	自身企业	标杆企业	合作双方
创新资源条件（人财物）	自身企业	自身企业	合作双方
创新的首创性	是	否	一般具首创性
创新成果的独享性	是	否	共享
优势	成果独享，因差异化而获得高于平均的收益，容易控制创新管理过程	风险低，进入快，不确定性降低	优势互补，分散风险
劣势	风险大、投入高、企业创新管理成本大	没有差异化收益，而只有低成本的收益，存在模仿对象是过渡性或二等技术的风险等	利益要分享，合作过程管理复杂，协调成本高
适用条件	完全拥有创新必备资源、创新难以被模仿、有能力的竞争对手很少	部分拥有创新必备资源、创新容易模仿、有能力的竞争对手不多	双方拥有互补的创新必备资源、创新相对难以模仿、创新没有特别把握、有能力的竞争对手较少

四、企业创新的障碍及有效管理

企业创新非常重要，但在企业成长过程中，又有许多因素妨碍着企业的创新活动，从企业整体和个体层面来看，这些因素主要包括以下4个方面。

1. 资源短缺与缺少管理层的支持

企业创新最大的障碍是企业缺乏对管理创新的资源投入和支持。绝大多数的企业管理者和员工由于不是企业的所有人或创始者，注重的是维持正常的经营管理活动和日常工作，不会主动地安排时间、资金和人力进行企业创新，而是在做好本职工作过程中的有限管理提升。这种情况无可厚非。所以，企业创新的最大障碍来自于企业没有将企业创新作为组织的战略目标之一，特别是管理层对创新没有认识、没有要求，也没有投入，缺乏必要的支持，缺乏营造创新的价值观文化。没有资源做保证，没有管理层做承诺，企业开展管理创新非常困难，会成为无源之水。

2. 僵化的部门局部观与官僚主义意识

企业中人员按职能部门进行分工，优点在于能提高各自专业化水平，进而提升管理效率，但它也有缺陷，就是容易造成条条框框，部门藩篱，影响部门合作。而企业创新的成功正是需要部门职能间协同合作的结果，一味僵化、自守阵地、各人自扫门前雪、管好自家"一亩三分地"等部门局部观对企业创新就是一个灾难。

3. 害怕失败、从众、抵制变化

害怕失败是人的天性,害怕自己的行为受到批评或观点受到嘲笑也是人之常情。人们之所以不愿意主动发表自己的创新性、建设性的观点,多半是因为害怕受到嘲笑和批评,这是我们东方文化熏陶的鲜明个性之一,我们喜欢在一个群体环境中从众的心理默契:用不着费心,人家怎么办我就怎么办,错也是大家错,对也是大家对,好歹人人有份。正是这种规避风险的从众行为,压制了企业中人的创新冲动。有些做得极端一点的就是,企业成员会养成因循守旧、循规蹈矩的习惯,只唯书、只唯上、不唯实。这些害怕失败、从众的习惯是最不利于人发挥创造性思维的,有碍创新。

4. 创新中贪大求全、急于求成,或者过分挑剔

企业创新是一个极为复杂的系统过程,从企业产生创新愿望,寻找创新机会,提出创新方案,实施创新行动,并评价、完善与固化创新成果到创新目标的实现,需要时间,需要耐心,切忌贪大求全、急于求成,或过分挑剔,否则,它们都会成为创新的绊脚石。例如有人一提到创新,就马上想到解决大问题,搞大创新,特别是新上任的管理者,恨不得马上对企业或部门来一个彻底的革命,但对小问题、眼前事、身边事视而不见,对小改小革没有兴趣,殊不知,任何的创新都是从小事做起。

因此,企业创新活动就像是一个先进的观念,一个有待实施的目标计划,是否有实效,需要企业克服上述提到的一些妨碍创新的因素之外,还要对创新活动建立从企业创始人、股东层面到企业员工层面的有效企业创新管理机制,主要可以从以下两个方面考虑。

首先,要培养促进创新的企业文化和价值观

促进企业创新最好方法是从企业创始人、股东层面开始在股东会、董事会、管理层及员工中树立创新为荣、容忍失败的企业文化,并将创新融入企业价值观,要营造人人谈创新、时时想创新、无处不创新的企业氛围,反对将创新工作看作事不关己、高高挂起的消极态度,让员工感觉到企业就是要贡献智慧的地方。如美国硅谷崇尚冒险、开放与创新的文化有利于新企业的成长和新技术的创新。

其次,建立科学合理的创新计划、组织、领导、控制工作体系

制订创新计划,由于创新活动的未来具有不确定性,因此计划要有弹性,给予创新者充分的时间。如美国谷歌公司等科技公司实行的"20%自由时间政策",工程帅 80%时间完成公司指派的工作,留出 20%的弹性时间完成自己的创新课题,当然创新课题与公司目标保持一致。又如,落实组织架构及人员,要考虑到创新的艰巨性和保密等因素,要选拔最少、最高精尖、最具创新性的人员投入创新活动,可

采取项目管理方式的矩阵组织结构等。再从领导角度，创新活动要建立合理的激励和沟通机制，保证创新者在没有后顾之忧、充分被经营决策层关怀、容许失败的企业文化中安心创新。当然，对创新还要做好控制工作，因为创新是风险性很大的工作，企业经营决策层要经常与创新团队保持沟通，控制进度和投入情况，有助于减少不必要的损失或提供更多的资源。

人物介绍

创新理论研究的开创者

——约瑟夫·阿洛伊斯·熊彼特

约瑟夫·阿洛伊斯·熊彼特(Joseph Alois Schumpeter，1883—1950)，美籍奥地利人，著名经济学家。1932年移居美国，一直任教于哈佛大学。《经济发展理论》是熊彼特成名之作，第一次从经济学角度阐述创新理论(Innovation Theory)，曾轰动西方经济学界，并一直享有盛名。此书最早以德文发表于1912年，1926年修订再版。1934年，以德文修订本为依据的英译本，由美国哈佛出版社出版，被列为《哈佛经济丛书》第四十六卷。虽然熊彼特创新理论产生的基础是资本主义经济发展时期，但是他的一些主要观点还是开创并指引着学界和实业界对创新的深入研究和实践，如创新是生产要素"新组合"，企业是实现"新组合"的实体，并强调企业家的基本职能就是实现"新组合"，企业家是"创新""经济发展"的主要组织者和推动者。

本章小结

创新是指组织在原有基础上，引入一种新发明、新技术、新构想、新方式、新手段等，从而提升组织效能，更有效实现组织目标的活动或过程。创新具有首创性(或者叫新颖性、创造性)、风险性和收益性、系统性和协同性、动态性等特征。

创新职能是管理的第五大基本职能，它与计划、组织、领导、控制四大基本职能("维持"职能)的关系是：首先，两者都对组织生存和发展非常重要，是管理活动的基本职能；其次，创新和"维持"是相互联系、互为条件、相互促进。有效的管理就是根据组织内外环境条件实现"维持"与创新的最优组合的管理，准确把握"维持"与创新的均衡度。

创新的作用体现在，它是组织新陈代谢的基本需要，是组织适应不断变化的内外环境的需要，是组织发挥主观能动性，实现持续发展的需要。

创新的基本类型有:“组织内创新”和“组织外创新”。“组织内创新”包括产品/服务创新、管理/流程创新和战略创新;“组织外创新”包括社会创新、政治创新和哲学创新。

企业创新的动因来源于市场推动、技术推动、体制推动和企业家推动4个方面。企业创新的主体是指企业创新的推动者和实施者,它一般包括企业家、企业管理者、企业员工以及外部管理专家或咨询机构等,其中企业家是最重要的创新主体。

企业创新可以采取自主创新、模仿创新和合作创新等3种模式。

本章重点:创新的特征、基本类型和企业创新的动因、主体及模式。

本章难点:创新职能与“维持”职能的关系的实际应用。

复习题

1. 什么是创新?它有哪些特征?基本类型有哪些?
2. 请阐述创新职能与“维持”职能的关系。
3. 企业创新的动因有哪些?主体有哪些?
4. 企业可以采取哪3种方式进行创新活动?请比较。
5. 中国企业近几年的发展主要依靠哪类创新模式?为什么?
6. 你认为对企业创新影响最大的因素是什么?

技能训练

案例分析

“微创新”是最近几年流行在互联网行业的一个新提法,据说国内最早提出这个概念的是奇虎360的董事长周鸿祎。据他说,“微创新”的鼻祖应该是乔布斯,乔布斯曾说过一句著名的话:“微小的创新可以改变世界。”2014年周鸿祎在《周鸿祎自述:我的互联网方法论》一书中对“微创新”进行了定义,“从用户角度看,从行业巨头看不到、看不懂、看不起的小处着眼切入市场,通过快速地、持续地改进产品的用户体验,从而达到颠覆市场格局的目标,这种持续不断的创新就是微创新。”

下面,我们来回顾一下乔布斯是如何利用“微创新”带领苹果实现“屌丝”逆袭的。

1997年乔布斯重返苹果后,最初3年也曾在热门的个人电脑上进行微创新,比如,他设计了一些苹果机彩壳,一时间也争取到了眼球,但并没有成功。卖个人电脑卖不过戴尔,卖系统卖不过微软,没办法,乔布斯只好从大公司看不上的 MP3 开始。

MP3 是一个小产品,在行业中并不认为是有前途的产品。但乔布斯偏偏就将此作为“井冈山根据地”掀起了“星星之火,可以燎原”之势。他将 MP3 播放器取名为 iPod,开始了苹果 i 系列产品的“微创新”实践之路。

iPod 之所以能够流行,除了一流的设计,再一个“微创新”就是里面的东芝小硬盘,号称可以存储一万首歌,一辈子都听不完,从而通过 iPod 把用户听音乐的体验做到了极致,满足了人们的需求。

从 iPod 开始,每一个微小的创新,持续改变,都成就了一个伟大的产品。在 iPod 中加入一个小屏幕,就有了 iPod Touch 的雏形。有了 iPod Touch,任何一个人都会想到,如果加上一个通话模块打电话怎么样呢? 于是,就有了 iPhone。有了 iPhone,把它的屏幕一下子拉大,不就变成了 iPad 了吗?

然而,一切看似眼花缭乱、万象丛生的东西,无一不是从那个“一”开始,那个“一”就是 iPod。要知道,当苹果推出 iPhone 的时候,iPod 在全球的销量已经超过了一亿部。这一亿多部 iPod 不仅为苹果创造了口碑,创造了品牌,而且也为苹果捕捉了不少消费者的体验。没有这个台阶,如果乔布斯一下子上来就做 iPhone,也不见得会成功。当然,在 2007 年推出 iPhone 手机时,“微创新”依然还在:设计中创意地引进 Multi—touch 触控屏幕、重力传感器、电子罗盘,搭配 GPS 与相机,加上其独特的使用接口设计,让 iPhone 一举在操作界面上大幅领先其他品牌手机。后又推出在线软件商店 App Store,这也是受到 iPod 搭配其在线音乐商店 iTunes 的启发,结果大受消费者喜欢,完全改变了消费者习惯和行业格局。iPhone 不但让苹果公司取得前所未有的成功与利润,也跟着带起一股厂商群起效尤的风潮,有的甚至由于没有及时从功能手机转向智能手机而关门。

乔布斯 iPhone 的成功并不是高瞻远瞩、缜密规划、大跨步的战略成功,而在一个未知领域中,踏踏实实地、一步一步地走,每一步都是在不断地捕捉当前的用户需求和市场状态,避开了当时主流竞争对手的主战场,达到了颠覆市场的目标。这是“微创新”的力量,也是“微创新”的成果。

资料来源:周鸿祎微博和《周鸿祎自述:我的互联网方法论》编写

请思考 乔布斯一开始就布局 iPhone 智能手机了吗? 为什么说苹果的 iPhone 产品是“微创新”的结果,乔布斯是“微创新”的鼻祖? “微创新”是否普遍存在? 为什么?

第十五章 管理面临的新挑战

有效的管理总是一种随机制宜，或因情况而异的管理。

——哈罗德·孔茨

【学习目标】

1. 了解大数据时代管理面临的挑战
2. 了解新生代员工、知识型员工及工作/家庭平衡对管理的挑战
3. 了解绿色管理的定义和实施措施
4. 了解和谐管理的定义和实施措施

导入案例

由于互联网的广泛使用，到1995年，越来越多的商业机遇已经被众多头脑灵活的人们所发现。于是，许多人纷纷成立了自己的网络公司，包括亚马逊网络公司、思科系统和甲骨文公司等。而其他诸如联邦快递和联合包裹服务之类的公司则能够预见自己业务的增长，因为网络公司需要依靠它们把商品发送到世界各地的消费者手中。实体公司也意识到自己需要建立公司网页，以便充分利用这种接近消费者的新型重要途径同其他的网络公司竞争。美国最大的连锁书商巴诺公司和玩具反斗城也争先恐后地开办了自己的网上商店。

互联网环境的变化和发展十分迅速，机遇无处不在。人们曾经认为网络行业的前景无比光明：新世纪里的一个新兴产业，在这一行业中，每一个利益相关者——供应商、分销商、顾客、投资者——都能够获得丰厚的回报。风险资本家动辄拿出几十亿美元扶持新网络公司的成立，而投资者则蜂拥而至，抢购这些公司的股票。这些行为使得网络公司的股票价格上升到了一个从未有过的高度。

然而，在2000年，风险资本家和投资者开始放弃网络公司市场，到2001年，数

以千计的网络公司纷纷破产。是什么原因导致了这种结果呢？到底在互联网环境中出现了什么样的变化，竟然导致所有利益相关者的命运发生如此巨大的变化？

请思考 引起整个互联网行业兴衰的原因是什么？

经济全球化和知识经济已成为21世纪初世界经济发展的主要趋势。以信息技术为主导的高新技术发展日趋快速化、综合化、深入化和广度化，使信息成为经济发展的一种重要的资源，并成为21世纪初世界高新技术发展的核心，人类社会在信息技术的推动下进入全新的知识经济新时代。这使管理几十年来所依托的环境发生了根本性的变化。

大批新的管理理论的涌现。随着科技进步，管理科学必将有新理论、新概念、新方法的出现。从20世纪60年代之后，出现了诸如知识管理、技术创新、战略管理、企业文化、企业社会责任、非营利性组织、电子商务管理、精益生产、供应链管理、人性化管理等理论，这些理论都是随着企业和社会经济的发展而出现。

信息技术的发展和移动互联网的普及。当今信息技术的发展，尤其是移动互联网日新月异的发展，引起了整个社会经济结构、生产方式、消费结构、价值观念等诸多方面的巨大变革。信息技术革命和移动互联网络的普及必将迅速改变传统的管理模式，为管理理论和管理实践的发展开辟新的沃土。

新生代员工和知识工人的出现。进入21世纪以来，我国的劳动力市场也悄然发生了变化，出生于20世纪八九十年代的新生代员工已进入就业高峰期，并逐步成为中国劳动力市场的主力军。对80后、90后新生代员工的管理已经成为企业倍感困扰的一个问题。然而，21世纪组织最有价值的资产将是知识工作者，因此管理需要做出最重要的贡献便是如何提高知识工作者的生产率。

第一节 信息挑战

全球化的管理环境对组织管理者提出的一个重大挑战是如何有效利用信息技术和电子商务。许多组织都广泛使用互联网、视频会议等信息系统，通过信息技术建立其自身的竞争优势。信息技术提供了更加丰富、更加有意义的信息，从而改变了管理者扮演角色的方式，也对管理者所扮演角色需要的技能提出新的要求。正如现代管理学之父彼得·德鲁克在《21世纪的管理挑战》一书中所说，信息将席卷社会中的所有组织。信息挑战需要企业和个人从根本上改变对信息的认识，这不是一场技术、机械、技巧、软件或速度的革命，而是概念上的革命。

一、信息技术相关概念

(一)现代信息技术的特征

信息技术,是一种以微电子学为基础的计算机技术与电信技术相结合形成的手段,是一种对声音、图像、文字、数字和各种传感信号等信息进行获取、加工、处理、传播和使用的能动技术。而联合国教科文组织对信息技术的定义是:应用在信息加工和处理中的科学、技术与工程的训练方法和管理技巧,这些方法和技巧的应用,涉及人与计算机的相互作用,以及与之相应的社会、经济和文化等诸多事物。

与传统的信息技术相比,现代信息技术具有如下显著特征:

传播速度更快。互联网的兴起及计算机的快速发展极大地提高了信息的存储空间,信息技术的不断更新进步也使得信息的数量更多、质量更好和传输速度更快。电子媒介的快速发展,改变了信息传输的单一方式,尤其是互联网及移动互联网的发展,使企业能够在第一时间及时获取各种相关的信息。

管理更复杂。传统的信息管理方式较为落后,数据的处理不仅慢而且方式单一,而互联网的兴起,不但增大了信息的传输量,更为信息管理提供了方便。传统的信息管理方式依然存在,这就导致了新旧信息技术的交叉,使得信息管理更为复杂。从信息的采集、记录、归类到信息的加工、存储、更新,信息的处理要经过一个复杂的过程。而信息技术的发展使信息处理变得更流畅,信息管理工作效率也得到了极大的提升,并减少了信息管理过程中错误的出现概率。

发展更不平衡。发展水平与普及程度因企业类型、行业性质和所处地区经济状况而存在很大差异。从企业类型上看,国有大中型企业、具有国际开拓能力的外资企业、高新技术企业的信息化发展较快,相比而言中小企业则竞争性较差、效益较低、信息化发展较慢;技术含量高的行业和经济发展水平及市场化程度高的地区,企业信息化发展水平与普及程度较高,技术含量低的行业和经济发展水平及市场化程度低的地区,企业信息化发展水平与普及程度较低。

(二)信息技术的作用

1. 大大降低了管理成本

通过信息技术的应用,许多复杂的、重复性、程序化的工作使用相应的信息系统,如智能系统、专家系统、网络办公自动化等进行计算机管理。只需简单的电脑操作,如点击鼠标、录入数据等电脑操作和监控,就能使原本复杂,甚至危险、难做的工作都准确、快速、高效地完成,更加有效地加强企业的内部管理,节约了许多的物质资源和人力资源,减少浪费,从而大大地降低了生产的成本和管理费用等支出。通过信息技术,企业可以直接在网上销售,可以接到顾客订单后再进行生产,从而可以实现"零库存",这就降低了库存费用,降低了产品成本。通过利用信息技术,企业的销售成本、生产成本、宣传成本等都能大大降低。

2.改善企业内部管理

对于现代企业而言,可以利用信息技术来改善企业的内部管理,获得企业的竞争优势,支持企业的商业活动。例如,建造自动(在线)订货系统、库存控制系统、财务系统、人力资源系统、决策支持系统、专家系统等。这些都可以用来控制产品质量,提高服务标准等,及时满足顾客的需要,实现企业的目标价值链,达到增值的效果。

3.加强与客户的沟通

对于现代企业来讲,选择最合适的顾客群体是企业实现信息营销战略的关键。通过网络这种良好的沟通渠道,在提供信息、共享信息的情况下,企业还可以获取客户所关心的信息,把这些信息数据进行采集、处理。企业通过信息网络技术的互动性、个性化服务,可以大大减少销售的盲目性,而以特色的产品和服务来选择最合适的、最忠实的目标顾客群体,实现一对一的优良客户服务,将客户的注意力转变成购买力,其中重点是保持并增强客户群体,培养客户的忠诚度。同时,还可进一步发展公共关系,在无形中争取更多的潜在客户。

4.为新型组织中的管理者提供决策支持

应用信息技术研制出的这些决策支持系统提供两种信息:一种是从属于管理者的组织内部的信息,用于支持对该部门及员工的管理;另一种是组织部门外部的信息,可以用来帮助提高管理者对外部环境变化迅速反应的能力。

(三)信息技术与企业管理

企业要获得和创造竞争优势就必须充分利用信息技术,选择和占有可靠信息,充分地存储和处理信息。

在企业管理中,决定企业成败的往往是人、产品和服务等要素。而现在很多企业都把失败的原因归结于产品的信息,这就忽视了整体的企业管理。一般而言,完整的企业管理要求企业的决策层能够制定企业的战略,并判断企业的发展现状,再根据信息进行及时的调整;通过信息技术可以清楚地了解企业员工的现状,以及企业目前的经营状况,简单来讲,通过信息技术可以控制企业的运作成本,使企业获得更大的利润。

信息技术的发展改变了西方发达国家的经营模式,而新的经营模式是以信息技术为基础的。可见,现在的企业管理已经离不开信息技术。信息技术使企业内部的联系更加密切,工作效率大幅提高。在信息全球化的时代,很多重大的决策很难由某一个人去完成,所以群体的重要性就体现出来了,而此时信息技术就可以完全应用到企业的决策层中去,这能保证决策的公正客观性。企业的管理工作利用信息技术对企业内部的信息进行统一的管理,确保企业能够达到目标,信息技术成为企业管理中最有效的工具,是企业成功的关键所在。

信息技术使得各层级管理者能够方便、快捷地获得更多、更准确的信息,从而提高了计划、组织、领导和控制能力。信息技术的运用还改写了沟通的原则,通过"命令链"来进行沟通不再对传统沟通行为产生约束。员工可以在任何时间、任何地点和任何人进行及时沟通。总的来说,信息技术的使用增强了个人准确、快速地获取信息并根据这些信息进行决策的能力,减少了组织雇佣员工数,保证低成本进行全球竞争的需要。信息技术带来的改变还不仅止于此。通过利用新信息技术,提高了管理质量。如通过使用功能强大的新型软件程序,扩展了员工的知识和能力,使得向员工授权成为可能;也使得自我管理团队这种组织方式更为普遍,这种由员工自己负责监督自己的活动,监控自己产品和服务质量正是通过计算机来实现的。基层管理者由过去指挥的职责转变为向员工提供建议和指导,协助团队成员找到更有效完成任务的新方法和新途径。

二、大数据的到来

在数据急速增长的时代,互联网技术的飞快发展,引发了数据的爆炸式增长,全球已经进入了大数据时代。调查表明,全球每年信息的最低增长率为 59%,其中 34%是非结构化数据,其余的则由有规律的结构化数据组成。有关报告显示,到 2016 年大数据将带动超过 2300 亿美元的 IT 支出。同时,该报告预测,在未来 10 年内 IT 人员的数量会增长 1.4 倍,而数据量却增长 44 倍。全球著名咨询公司麦肯锡公司呼唤的大数据时代已经到来,数据爆炸性增长将给整个网络体系带来革命性改变。

(一)大数据的产生及特点

"大数据"一词最早出现在 2010 年 2 月《经济学家》杂志中一篇名为《The Data Deluge》的文章中,这被认为是"大数据"概念的起源。2011 年 5 月麦肯锡全球研究院发表了一篇名为《大数据:未来创新、竞争和生产力的下一个前沿》的研究报告,这份报告对"大数据"进行了界定,即大数据是指大小超出了传统数据库软件工具的获取、存储、管理和分析能力的数据群,从此"大数据"这词开始出现并愈来愈流行。

在大数据时代,数据成为企业生存与发展的基础。维克托·迈尔—舍恩伯格(Viktor Mayer-Shchonberger)在他的著作《大数据时代》中提到,大数据的精髓在于我们分析信息时的3个转变:第一个转变就是,在大数据时代,我们可以分析更多的数据,有时候甚至可以处理和某个特别现象相关的所有数据,而不再依赖于随机采样;第二个改变就是,研究数据如此之多,以至于我们不再热衷于追求精确度;第三个转变因前两个转变而促成,即我们不再热衷于寻找因果关系,而应该寻找事物之间的相关关系。

专栏 15-1

微软大数据成功预测奥斯卡21项大奖。2013年,微软纽约研究院的经济学家大卫·罗斯柴尔德(David Rothschild)利用大数据成功预测24个奥斯卡奖项中的19个,成为人们津津乐道的话题。而2014年罗斯柴尔德再接再厉,成功预测第86届奥斯卡金像奖颁奖典礼24个奖项中的21个,继续向人们展示现代科技的神奇魔力。

小思考 大数据时代的到来,给我们的生活带来了哪些变化?

(二)大数据时代管理面临的挑战

随着信息的普及、科技的发展、数据的爆炸式增长,这些不仅给各行各业带来了重大机遇,同时也给管理带来了一系列的挑战。

1. 大公司数据垄断

大数据时代,数据已成为企业获取竞争优势的利器。Google、Facebook、亚马逊、阿里巴巴、腾讯和百度等国内外互联网巨头可以很容易获得海量的用户互动数据和交易数据,但是对于广大中小企业而言,获取数据则相对比较困难。互联网巨头可以获得类似于20世纪能源巨头企业的垄断地位,并且数据是有累积效果的,数据的累积可以让数据的边际价值上升,从而进一步增强大企业的垄断。

2. 信息安全的挑战

大数据时代,企业将面临用户隐私、数据备份恢复以及商业机密等安全问题。企业为了降低成本,通常会把大量的交易数据和交互数据存储在云端,这样一来云端服务商可以看到企业管理和决策的全部数据,商业秘密泄露的风险非常大。另一方面,企业的数据包含了大量用户的个人信息,包括客户地址、交易历史、个人偏好等。这些信息使用不当或者泄露很可能使企业陷入法律纠纷,对公司业务的持续发展构成威胁。

3.人力资源的挑战

大数据改变了企业的传统管理思维，大数据时代的到来使企业的管理者和员工都需要重新认识数据的重要性，必须提高相应的素质才能胜任原有的职位。从大数据中获取价值，至少需要3类关键人才队伍：一是进行大数据分析的资深分析型人才；二是精通如何申请、使用大数据分析的管理者和分析家；三是实现大数据的技术支持人才。但是，目前大数据从业人员面临巨大的缺口。在大数据时代，对数据的处理和分析已经超出了信息化的范畴，超出了市场营销的范畴，超出了运营管理的范畴，需要具有综合能力的人才，需要有相应新的部门来整合数据资源。对大数据的处理需求，必须有专业的数据分析人才运用这些大数据，才能将其转化为经济价值，数据人才必须能够深入了解企业业务与组织，具有统计应用知识、熟悉大数据分析工具的运用等。大数据时代的到来意味着“人类将可以通过对这些大数据的交换、整合和分析来发现新的知识，创造新的价值，带来大知识、大科技、大利润和大发展”。对企业来说，这既是机遇又是挑战。

专栏 15-2

全球零售业巨头沃尔玛在对消费者购物行为分析时发现，男性顾客在购买婴儿尿片时，常常会顺便搭配几瓶啤酒来犒劳自己，于是尝试推出了将啤酒和尿布摆在一起的促销手段。没想到这个举措居然使尿布和啤酒的销量都大幅增加了。如今，“啤酒＋尿布”的数据分析成果早已成了大数据技术应用的经典案例，被人津津乐道。

管理启示 大数据时代已经到来，数据正日益成为企业的重要资源。面对挑战，企业要重新认识数据，并转变管理思维，变革管理模式，还要注重技术应用，培养专业数据人才，充分、有效地利用大数据，挖掘潜在价值，在激烈的市场竞争中赢得胜利。

第二节　新型人才管理的挑战

一、新生代员工的管理挑战

新生代员工，是指伴随着计算机以及互联网的成长而成长起来的20世纪八九十年代出生的群体，泛称“80后”“90后”。时至今日，这批人大多已经完成了高等教育，他们中的绝大部分已经进入职场。毋庸置疑，伴随着新生代员工在企业中所占比例的逐年升高，他们已经逐渐成为职场的主力军。

（一）新生代员工的成长环境

时代的变革。20 世纪 80 年代是中国进入改革开放重要的历史转折点，这一时期中国社会的经济、文化、生活发生了翻天覆地的变化。加之计划生育政策使“80 后”“90 后”出生的孩子基本都是独生子女，这两个重要历史背景使得这 2 个年代的人有着与以往任何年代的人更多的不同与个性。

社会经济全球化和移动互联网的快速普及。中国加入 WTO 后，与世界各国的交流与融合更加紧密。新生代是在中西方文化共同熏陶下成长起来的，接收到不同国家、不同文化背景、不同社会制度的信息。多元文化冲突的年代使他们在性格、价值观、人生观等方面受到中西方文化的共同影响。成长的文化背景使得他们成为一个矛盾共同体。

高等教育的改革。高质量的中学教育以及扩招后的高等教育，使新生代具有良好的教育背景。他们在物质丰富、家庭宠爱中长大，大学升学率历史最高，而就业压力又是历史之最，他们选择职业的目的可能更多地是因为现实因素。

（二）新生代员工的特征

与老一代的员工不同，新生代员工被赋予了独有的新时代特质：独生子女，备受家庭宠爱；时代变革，成长于改革开放年代；社会经济全球化，经历东西方文化的大冲突和大融合；高等教育改革，具有高学历背景；互联网的快速普及，接触到大量来自不同社会的知识和信息……

这样的成长环境使新生代员工形成了鲜明的个性特征：创新意识较强，但工作满意度、忠诚度低；渴望短期的回报，但缺乏耐心、不喜欢循规蹈矩的工作；具有较高的计算机水平和专业技术能力，但缺乏沟通、倾听的技巧。其中，出现为数较多的以自我为中心，挑战“英雄式领导”，漠视企业规章制度等现象，造成了企业居高的离职率和管理的失衡。用传统的人力资源管理模式去规范、约束和改造他们，往往得不到实际效果。企业原有的行之有效的管理方式，在新生代员工面前出现了对立和冲突。新生代员工的特点和个性对如今的管理造成了巨大的挑战。

（三）新生代员工对传统管理模式的挑战

新生代的特征与特质，正在挑战传统的管理方法和模式。针对新生代员工这一庞大的群体，如何在管理方式上创新，如何引导这一群体发挥自身优势，规避自身弱势，实现企业与员工的双赢，是亟待解决和探讨的问题。

新生代员工热衷快节奏和高效率，喜欢压力和挑战，保持高涨的工作热情和最佳的工作效率，尽情发挥想象力和创造力，在短时间里取得惊人的成绩。而传统管理思想中的求稳、求平在一定程度上形成了管理者思想上的惰性，表现在管理实践中的决策缓慢、工作效率低。过于保守而形成的墨守成规的管理行为已不能适应未来激烈的国际市场竞争，亟须培养适应现代化经济发展的管理人才。

新生代员工讲究公开，与前辈相比，他们更符合市场经济精神，公开表明自己的利益，不委曲求全，不满意的时候可以用脚投票。而许多企业在初创阶段和发展早期阶段形成的“人治”色彩，过多合于情的考虑左右或代替了合于法的管理思路，使管理具有很大随意性，不利于企业长足发展。故必须依靠规章制度的力量来管理，靠组织的力量来推动，以弥补人力的不足。

二、知识型员工的管理挑战

管理大师彼得·德鲁克在 20 世纪 50 年代就提出“知识工作者”的概念：掌握和运用符号和概念，并利用知识或信息工作的人。简而言之，他们工作中用脑多于用手，是通过自己的创意、分析、判断和设计为组织做出贡献。德鲁克将知识型员工的生产力称为 20 世纪的重大管理挑战。20 世纪结束时，这一挑战还未解决。正如汤姆·达文波特(Tom Davenport)在《为生活而思考》中指出的那样，即使是今天，我们仍缺乏“措施、方法和经验法则”来管理知识型工作者。

(一)知识型员工的特征

有较强的学习和创新能力。库柏说：“知识型员工之所以重要，并不是因为他们已经掌握了某些秘密知识，而是因为他们具有不断创新有用知识的能力。”知识型员工不满足从事简单重复性工作，而是热衷于在易变和不完全确定的系统中充分发挥个人的资质和灵感，应对各种可能发生的情况，推动着技术的进步，不断使产品和服务得以更新。他们依靠自身占有的专业知识，运用头脑进行创造性思维，并不断形成新的知识成果。知识型员工普遍受过较高等的教育，因此，知识型员工更倾向于拥有宽松的、高度自主的工作环境，注重强调工作中的自我引导和自我管理，有较强的自主管理意识。

工作过程不易直接监督，工作结果不易直接量化。由于知识型员工的工作主要是在复杂环境中从事创造性的思维性活动，往往没有固定的工作规则和流程，且具有较大的随意性和自我支配性，对这种非标准化的工作内容及非程序化的绩效行为是难以进行监控和考评的。且知识型员工工作成果的取得一般要经历较长的时间周期，有的工作甚至有较大的不确定性，因而往往不具有立竿见影的经济形态。

有较高的流动性倾向。知识型员工重视自身价值的实现，重视自身知识的获取与提高。他们追求终身就业能力而非终身就业饭碗，他们渴望获得教育和培训机会，因此他们希望到更多更优秀的企业学习新的知识，通过流动实现自身人力资本的增值。这种个性特征使知识型员工本身就有较高的流动意愿，不希望终身在一个组织工作。

（二）知识型员工管理面临的挑战

由于知识型员工具有较强的自主性、创新性及较高的流动性，这些特征都对企业知识型员工管理造成了巨大的挑战。然而，许多企业由于没有认识到知识型员工在心理需求、价值观念等方面的特殊性，因而在管理中陷入了许多误区。

目前，对知识型员工的管理并没有成为人力资源管理的重心。在知识经济时代，社会经济领域发展的决定性因素正在逐渐转变为社会生产力中的智力。在现行许多企业中，仍然认为薪酬是员工包括知识型员工追求的主要目标，而忽视了他们的精神需求。

对员工的管理没有转变为全过程的动态管理，而仍采用传统的控制型管理模式，对知识型员工与其他员工实行“一刀切”管理，在工作环境、工作方式上没有差别，导致知识型员工得不到有效激励，其作用也不能充分发挥。有些知识型员工甚至因其不受重视而产生不满，变成企业的“负资源”。

缺乏科学的职业生涯规划。许多企业仅仅站在自身发展的角度，认为企业目标也应该是所有员工共同的目标，无视知识型员工自身的职业生涯需求，从而引发了组织人力资源需求和员工个人生涯需求之间的矛盾，最终导致知识型员工短期行为的增加和对企业忠诚度的降低。

专栏 15-3

不断创新是互联网企业的生存法则之一，以工程师为主体是互联网行业的人才架构的特色。Google 作为互联网行业的巨头一直秉承着“我们只雇佣最聪明的人”的人才宗旨，Google 相信，只有“最聪明的人”才能在这个全新的互联网领域不断创新。其两位创始人甚至对于所有领域的人才都偏爱有加，如果你是脑外科或是火箭研究领域的博士，也可能有机会去 Google 工作，现在 Google 的员工中就包含一名火箭领域的科学家和一名脑外科医生。Google 认为管理学大师德鲁克对于如何管理“知识型员工”的理解最为深刻。知识型员工相信自己拿工资是为了出效率，而不是为了完成朝九晚五的呆板工作，而聪明的企业会“排除任何影响‘知识型员工'工作的障碍"。Google为员工提供了一整套标准的额外利益，但首先是一流的餐饮设施、体育馆、洗衣房、按摩室、理发厅、洗车房、接送班车等，几乎任何一位勤奋工作的工程师所需的一切。

小思考 你认为有哪些措施可以提高知识型员工对企业的忠诚度？

三、工作/家庭平衡的管理挑战

工作和家庭是人们生活中最重要的2个领域，中国传统文化也把成家与立业作为人生两大要务。每个人都既想做一个好员工，也想做一个好家庭成员。随着社会竞争的加剧、家庭生活水平期望的提高以及传统的社会、文化观念对人们的影响，人们所肩负的工作和家庭两副担子更加沉重了。

一方面，社会要求员工要能胜任职业、跟上社会潮流，成为事业型雇员；信息技术的发展使得他们在任何时间、任何地点都有工作的可能，工作时间在不知不觉中被延长。另一方面，随着社会变革加剧，双收入家庭和单亲家庭不断增加，女性大量涌入劳动力大军的同时男性也不得不承担更多的家庭责任。因此，如何平衡工作和非工作领域的需求已经成了当前组织、家庭和个体面临的最大挑战。

(一)工作/家庭冲突的3种形式

所谓"工作/家庭冲突"指的是由于来自工作和家庭领域的压力在某些方面难以调和而产生的一种角色冲突，它包括3种具体的冲突形式：基于时间的工作/家庭冲突、基于精神的工作/家庭冲突和基于行为的工作/家庭冲突。

基于时间的工作/家庭冲突是指由于个体把时间都投入到工作领域（或家庭领域），而没时间参与家庭领域（或工作领域）的活动而产生的工作/家庭冲突，如晚上有重要会议而不能参加家庭成员的生日宴会。

基于精神的工作/家庭冲突是指由于个体因承担工作领域（或家庭领域）的角色而产生的紧张、焦虑、疲劳、郁闷、易怒、冷漠等精神状态，使得个体难以顺利履行家庭角色（或工作角色）的职责。如在工作中由于未能完成销售业绩遭到上司的批评，情绪沮丧，而回到家后冷落了自己的妻子和孩子。

基于行为的工作/家庭冲突是指由于工作角色（或家庭角色）要求的行为与家庭角色（或工作角色）要求的行为不一致，所以在工作领域（或家庭领域）的有效行为在家庭领域（或工作领域）就可能失效。如工作要求比较客观、情绪化程度较低的行为，而家庭则要求温柔、情感丰富的行为。

(二)如何平衡工作与家庭生活对管理的挑战

工作/家庭冲突一旦产生,对个人的工作和家庭都会产生影响,不但影响个人在工作和家庭生活中的行为,也会直接或间接地影响行为绩效,进而影响到组织的绩效和家庭的幸福。因此,维护好工作和家庭生活的平衡,为增强个人和家庭生活的幸福感,及提高个人价值与组织绩效都有不可忽视的作用。

弹性工作制是目前工作/家庭平衡计划中最有效、最实际的一种方法。弹性工作制是指在完成规定的工作任务或固定的工作时间长度的前提下,员工可以灵活地、自主地选择工作的具体时间安排,以代替统一、固定的上下班时间的制度。在欧美,超过40%的大公司采用了弹性工作制,其中包括施乐公司、惠普公司等著名的大公司;在日本,日立制造所、富士重工业、三菱电机等大型企业也都不同程度地进行了类似的改革。

此外,远程工作、工作分享以及在以前的全职岗位上设立兼职岗位,或者是开展“家庭日”活动,这些做法都在一定程度上缓解了工作/家庭冲突。但想要真正解决工作/家庭平衡问题,仍是21世纪管理工作的一大挑战。

专栏 15-4

EAP直译为员工帮助计划,它是由企业为员工设置的一套系统的、长期的福利与支持项目。通过专业人员对组织的诊断、建议和对员工及其直属亲人提供的专业指导、培训和咨询,旨在帮助解决员工及其家庭成员的各种心理和行为问题,提高员工在企业中的工作绩效。截至1994年,世界财富500强中,有80%以上的企业建立了EAP项目。如今,EAP已经发展成一种综合性的服务,其内容包括压力管理、职业心理健康、裁员心理危机、灾难性事件、职业生涯发展、健康生活方式、法律纠纷、理财问题、饮食习惯、减肥等各个方面,全面帮助员工解决个人问题。解决这些问题的核心目的在于使员工在纷繁复杂的个人问题中得到解脱,管理和减轻员工的压力,维护其心理健康。据统计,目前在美国有1/4以上的企业员工常年享受着EAP服务,大多数超过500名员工的企业目前已有EAP,员工人数在100—490的企业70%以上也有EAP,并且这个数字正在不断增加。通过改善员工的职业心理健康状况,EAP能给企业带来巨大的经济效益。美国的一项研究表明,企业为EAP投入1美元,可为企业节省运营成本5—16美元。

小思考 你认为EAP能有效解决工作/家庭的冲突吗?

第三节　知识管理

随着信息化和知识经济的到来，知识管理应运而生并成为组织竞争及生存的主要措施。知识和信息作为经济发展的首要资源，引起了增长模式和发展观念的变化，成为经济增长的关键性资源和经济发展的新动力。21世纪企业的成功越来越依赖于企业所拥有知识的质量，利用企业所拥有的知识为企业创造竞争优势和持续竞争优势对企业来说始终是一个挑战。

一、知识管理的概念

知识管理是新时代对传统管理提出的重要挑战，作为管理学的一个新兴理论，其概念仍在不断发展中。在这里，我们主要概括了目前国内外学者对知识管理概念较为成熟的定义。

(一)国外学者对知识管理的定义

(1)巴斯(Bassi)认为，知识管理是指为了增强组织的绩效而创造、获取、使用知识的过程。

(2)维格(Wiig)认为，知识管理主要涉及4个方面：自上而下的监测、推动与知识有关的活动；创造和维护知识基础设施；更新组织和转化知识资产；使用知识以提高其价值。

(3)法拉普罗(Frappuolo)认为，知识管理就是运用集体的智慧提高应变和创新能力。

(二)国内对于知识管理概念的界定

对知识管理的定义分为狭义和广义两种。所谓狭义的“知识管理”，主要是对知识本身的管理，包括对知识的创造、获取、加工、存储、传播和应用的管理。而广义的“知识管理”不仅包括对知识进行管理，而且还包括对与知识有关的各种资源和无形资产的管理，涉及知识组织、知识设施、知识资产、知识活动、知识人员的全方位和全过程的管理。

对知识管理的定义分为3个学派：技术学派、行为学派和综合学派。技术学派认为“知识管理就是对信息的管理”。行为学派认为“知识管理就是对人的管理”。综合学派认为“知识管理不仅要对信息和人进行管理，还要将信息和人连接起来进行管理：知识管理要将信息处理能力和人的创新能力相互结合，增强组织对环境的适应能力”。

(三)知识管理的内容

由于人们对知识管理概念的界定是由不同角度展开的,因此对知识管理内容的研究也就相应不同。目前,对知识管理内容的界定,尚未形成统一的标准。

从广义上理解,特别是有关企业组织的知识管理内容,大致可分为以下几个方面:知识管理的基础措施与设施建设;企业业务流程的重组;企业知识管理方法的确立;知识的获取和检索;知识的传递;知识的共享和测评。

在较微观的意义上,知识管理的内容主要包括:显性知识的获得;通过编辑整理给知识增添价值;开发知识分类方法;实行知识分配;利用知识并创造新的知识。

二、知识管理的原则

世界著名的管理咨询业霸主麦肯锡公司长期以来具有将其收入的10%用于发展和管理智力资本的目标,正如对任何一种资产的管理都需要成本一样,知识管理也是一项代价昂贵的活动。为了以最小的成本进行最为有效的知识管理需要把握以下几个原则。

(一)知识积累原则

无论对于组织或个人,知识积累都是实施知识管理的基础。如果没有积累,这些信息和知识就会随着某项具体工作的结束而消失,或者随着员工的离去而流失。在一个具体的组织中,为了防止知识的流失和保证知识积累的长期性,必须指定专门的管理者负责收集知识并进行分类,建立面向知识的技术基础,并监督知识的利用。

(二)知识共享原则

知识的共享指的是企业内部的知识和信息要做到尽可能的公开,使每个员工都能接触并有权使用企业的知识和信息。比尔·盖茨也曾在著作《未来时速》中强调了“知识共享”的重要性。之所以强调知识共享的重要性,是由于分享知识并不是人们自觉的行为;相反,隐藏自己的知识并疑惑地看待来自他人的知识,正是大多数人的天性。为了实现知识的分享,已经有一些公司开始通过诸如业绩评价和补偿等鼓励措施对员工的相关表现进行评价和奖励。

(三)知识交流原则

如果企业的知识有积累、能共享,但是没有交流,那么仍然不能算作有效的知识管理。知识管理的核心就是要在企业内部建立一个有利于交流的组织结构和文化氛围,使员工之间的交流畅通无阻。这样才能最大限度地使信息和知识在交流过程中得到融合和升华,使知识交流者得到启发和提高。

提倡交流是知识管理的 3 个原则中处于最高层次的原则。如果说积累和共享是使知识发挥作用的基础,那么交流则是使知识体现其价值的关键环节。只有在交流过程中才能更好地完成知识的学习、利用与创新,而创新正是知识管理的最高追求。

三、知识管理的过程及模式

(一)知识管理的过程

日本的管理学专家野中郁次郎(Nonaka)定义了组织知识创造的 SECI 螺旋模型,开创了知识管理研究的新天地。此模型基于隐性知识(又称缄默知识)和显性知识的划分,定义了两种知识相互转化的 4 个过程,即社会化、外在化、融合化和内在化。

具体而言,包括隐性知识—隐性知识的社会化过程,主要通过企业文化氛围和有效的知识传递环境来实现;隐性知识—显性知识的外在化过程,又称编码化,主要通过对人脑中存在的隐性知识进行归纳、总结并以编码的方式表现出来;显性知识—显性知识的融合化过程,主要是将现存的显性知识通过组合形成新的系统化的显性知识;显性知识—隐性知识的内在化过程,主要通过人在工作中运用显性知识的体验来形成。新的知识正是在这两类知识不断转化的螺旋式上升过程中创造出来的。SECI 模型如图 15-1 所示,使知识管理的理论与实践的研究向前推进了一大步。

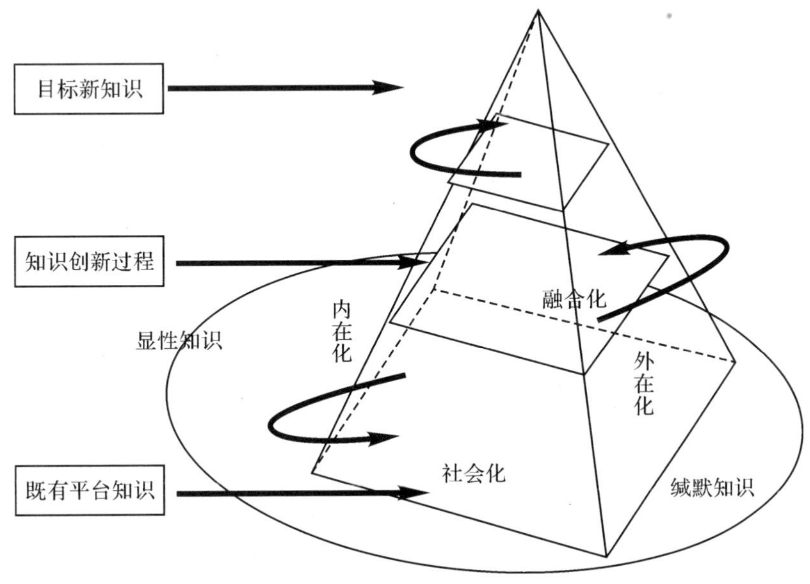

图 15-1 SECI 模型

与此同时，也有许多学者对知识管理的过程给出了自己的界定：

维格(K. Wiig)认为知识管理包括如下 4 个过程：知识的创新与获得、知识的编辑与传播、知识的吸收、知识的应用及其价值实现。

史佩克(R. Vander Spek)将知识管理分为 4 个过程：开发新知识、现有知识及新知识的保护、知识的扩散、应用可用知识到产品与服务。

(二)知识管理的模式

1. 编码化的知识管理

编码化的知识管理模式指的是将知识编码、贮存在数据库中，当企业内人员需要获取知识时，任何人都能够利用资讯科技，如计算机网络来直接获取所需知识。

这种知识管理方式强调在信息技术方面的投资，首先要求企业开发出能够迅速收集、传播知识的信息管理系统，然后从知识的重复使用中获取收益。

编码化知识管理模式的目的主要在于节省员工收集知识的时间，以及减少企业利用知识的成本，具有明显的比较优势，因而在规模经济中的效应较为显著，对于那些生产标准化或者成熟产品的企业进行知识管理是比较有利的。

2. 个人化的知识管理

在个人化的知识管理模式中，知识并没有和其所有者分离，知识所有者所拥有的知识通过直接的员工之间的交流得以传播和分享。

个人化的知识管理注重人力资源方面的投资，需要大量引进国内外一流的专家、学者，并且积极花费巨资鼓励他们直接同企业其他人员和顾客进行交流沟通，来使他们的知识得以传播，这些专家、学者的知识相对社会总需求来说是极为稀缺的。因此，个人化的知识管理模式为这些顾客享用社会稀缺资源提供了机会，同时也满足了一部分个性化顾客的心理需求。

个人化知识管理战略主要针对隐性知识的管理，有利于企业知识创新，尤其适合于个性化定制型、产品换代周期短、知识含量高的知识型企业。

专栏 15-5

以协作技术为核心的知识管理是 Lotus 公司坚定不移的发展策略。在 Lotus 看来，知识管理的对象是知识，产生知识的主体是人，人们在工作、学习和与他人的交流与协作的过程中产生了知识，因此，人、场所和事件便构成了产生知识的三大要素。但通常情况下，企业员工的知识往往存在于人的头脑中，难以为他人所共享，从而难以成为企业的知识资产。通过信息技术把这种存在于人脑中的知识转换为企业知识，成为一种企业能够共享的、可以指导行动的企业知识资产便成为知识管理的重要内容。IBM Lotus的知识管理策略是紧紧围绕着“人、场所和事件”提供了丰富的知识管理产品，为用户构建基于知识管理的信息管理系统提供强有力的帮助，使用户能够将最恰当的知识在最恰当的时候传递给最恰当的个人，以便使他们做出最好的决策，取得最佳的行动效果。

IBM Lotus的知识管理系统首先对于存储在信息系统中的“信息内容”提供了共享、积累、沉淀的容器，对于掌握在人头脑中的“专家技能”提供协作、交流的工具。同时，IBM Lotus还创造性地推出了知识发现和专家定位服务器，实现对信息的发掘和自动分类，并通过显性知识的分析，定位每个领域的专家，以形成企业的完整知识地图。

管理启示 知识管理作为一种新兴的管理体系，尽管还不很成熟，但可以预言，在市场全球化、一体化的明天，在即将来临的知识经济时代，它必定是企业最重要的管理工具和管理内容，谁不掌握它，谁就必将被时代所淘汰！

第四节 全球化视野下的新管理

不同的时代，会有不同的生存与活动环境；不同的环境，会孕育出具有时代特征的活动方式和组织方式，同样也会产生符合该时代特征的管理特色和模式。在全球化的趋势下，我们正处在一个充满变革、充满未知、充满风险同时又充满机会的时代。全球化的发展变化趋势使得众多组织面临着前所未有的激烈竞争，也必然要求组织的管理者重新思考在全球性的环境中如何提高组织绩效水平，寻找更好地利用组织资源的方法。未来的社会，无论是个人或组织，都面临着不确定的管理环境的严峻挑战，这就要求要有处变不惊、应变自如的管理机制。这也对管理科学的整合和创新提出了更高的要求。本节将对几种新的管理理论展开讨论。

一、绿色管理

工业的发展的确给国家带来了巨大的经济效益，但同时也给自然环境造成了沉重的负担，各种环境污染问题给国家的发展蒙上了阴影。在这种背景下，保护环境的呼声日益高涨，一种新的管理理念便应运而生了，即绿色管理。

(一)绿色管理的内涵

绿色管理，也称生态管理，是指根据可持续发展的思想和环境保护的要求，形成的一种绿色经营理念及其所实施的一系列管理活动。绿色管理要求企业在产品设计、生产和销售各个环节除了需要满足消费者需求之外，还必须充分考虑环境保护，力求减少对环境的不利影响。

作为近几年悄然兴起的一种新型管理理念，绿色管理是消费者环境保护意识和绿色消费意识增强的必然结果，对企业来说是其适应环境法规和政策的必然选择，也是其适应环境保护标准的要求，更重要的是绿色产业的优势吸引企业实施绿色管理，因为绿色产业已成为新的经济增长点。大量实践已证明，企业通过改进管理方式，实施绿色管理，完全能够做到在节约资源、保护环境的同时实现企业的持续增长，从而实现社会—经济—生态的“三赢”。

(二)实施绿色管理的必要性

1. 管理目标方面

传统的企业管理以追求经济效益最大化为终极管理目标，因此，在企业管理中，只要能够实现多赚钱的目标，往往不择手段，有时甚至不惜通过损害环境的方式实现经济利益。例如，企业为了节约生产成本，没有对污水进行处理就直接排入河流。这种经营管理方式单纯追求经济效益，忽视了生态环境，从而造成了严重的环境污染问题和资源浪费。因此有必要转变管理目标，除了考虑经济效益，还应该重视企业生产的环境效益。把管理的最高目标确定为实现经济效益与环境效益的最优化。

2. 资源使用方面

绿色管理要求合理利用资源，实现资源的高效利用，减少资源浪费。而传统的管理方式对资源的管理往往比较粗放，使得资源配置不合理，造成了资源浪费严重、消耗很大，长此以往必然造成资源的枯竭，不利于社会经济的可持续发展。因此有必要引进绿色管理，改变资源利用方式，提高资源利用效率。

3. 环境污染方面

以往的管理模式往往走的是“先污染，后治理”的老路，先一味地发展经济而不考虑环境破坏，等经济发展起来之后，再回过头来治理环境，这种发展模式并不科学，因为由于生态环境的脆弱性，有的一旦遭到破坏往往难以恢复原状。而且，环境问题一旦形成，治理起来难度大、成本高。绿色管理强调源头治理，即在污染发生之前就采取预防性措施，以防患于未然，同时采取积极措施应对不可避免的环境破坏，做到预防与治理并举，从而把环境破坏控制在最低限度之内。

4. 生产成本方面

传统的企业管理对资源的使用方式是一次性的，而绿色管理强调资源的高效利用，可以实现对资源的循环利用，从而有效降低了生产成本。

(三)绿色管理实施措施

企业进行绿色管理的方式有很多,主要有以下几种。

1. 树立绿色价值观

企业价值观是经营活动的指导思想,是企业为适应市场环境求得生存和发展,由企业经营者倡导并为企业员工所认同的一系列理念。企业价值观是现代企业文化的核心,在绿色文明时代来临之际,树立绿色价值观,即将环境保护作为企业生存发展的基础之一,是企业推行绿色管理的关键。

2. 使用绿色技术

绿色技术是指能够节约资源、避免和减少环境污染的技术,是绿色管理的核心内容。绿色技术可以分为末端处理技术和污染预防技术。末端处理技术是在默认现有生产体系的前提下,对废弃物采用隔离、处置、处理和焚烧等手段以减少废弃物对环境污染的技术;污染预防技术是着重于污染源头的消减。绿色技术是解决资源耗费和环境污染产生的主要办法,它既可以为企业带来效益和增强竞争力,又可以在不牺牲生态环境的前提下发展,是建设绿色企业的关键。

3. 开发绿色产品

绿色产品是企业绿色管理的主要内容。所谓绿色产品,是指产品的生产、使用及回收处理过程符合环境要求,对环境无污染,对人的身体健康无危害,并有利资源再生和回收利用的产品。也就是说,绿色产品的“绿色程度”体现在产品生命周期全过程,而不是产品的某一局部或产品生产的某一阶段。因此,绿色产品在其生产、消费、维护、回收的每一个环节,都必须考虑其环境影响和资源利用状况,努力实现产品优化与整体“绿化”。

4. 推行绿色生产

绿色生产又称清洁生产,是指企业在生产中效仿自然系统内部运作的“低耗高效的循环性能,自我调节和控制的运行机制及和谐统一的美学规律”,以追求节能、省料、减污(无污)的综合效果,满足人们的绿色需求。绿色生产在组织层次上,恰恰将环境保护延伸到生产的整个过程,它通过采用环境管理体系、生态设计、生命周期评价、环境标志、环境管理会计等工具,渗透到生产、营销、财务和环保等各个领域,将环境保护与生产技术、产品、服务全部生命周期紧密结合。

5. 开展绿色营销

绿色营销即企业在市场调查、产品研制、产品定价、促销活动等整个营销过程中,都以维护生态平衡,重视环保的“绿色理念”为指导,使企业的发展与消费者和社会的利益相一致。绿色营销是一个复杂的过程,它要求绿色管理思想贯穿于原料采购和产品设计、生产、销售到售后服务的各个营销环节。绿色营销应包括收集绿色信息、发展绿色技术、开发绿色产品、实行绿色包装、重视绿色促销、制定绿色价格、选择绿色渠道、树立绿色形象、提供绿色服务等。

总之,企业只有改变现行的不可持续发展的生产经营模式,通过实施绿色管理,使自己的经济行为同自然环境、社会环境的发展协调起来,才能在激烈的市场竞争中始终处于不败之地。

专栏 15-6

2003 年才进军汽车行业的比亚迪,却是国内较早聚焦电动汽车产业的企业。特有的“袋鼠”理论与完整的产业链条,使它笑傲群雄。

如果了解比亚迪的发展历程与企业文化,就会发现这种对产业链的全面把握与垂直整合并非偶然,“袋鼠”理论是其背后的支撑。

这个曾被商界传媒、《商界评论》杂志、长江商学院、红杉资本中国基金、北大纵横咨询管理集团共同评为 2007 年最佳商业模式的简单表述是:集中内部资源,在已有的商业领域成功后,迅速进行战略转移,利用内部的资源像袋鼠一样繁衍一个又一个新业务。汽车业务即是比亚迪培育出的一只“袋鼠”,电动汽车业务则是另外一只“小型绿色袋鼠”。这其中,技术创新是它的“长腿”,具有核心竞争力的零部件组装是它的“育袋”,多个平台的客户整合则使它具备良好的“自我奔跑”能力。在比亚迪公司随处可见包括电动汽车、储能电站、低成本太阳能等领域的“绿色”梦想。

小思考 比亚迪的“绿色”梦想能成为现实吗?

二、和谐管理

全球化大背景下,国际的联系更加频繁,同样基于文化的、政治的、经济的各种摩擦与冲突,甚至酿成局部地区的动乱与战争。构建和谐社会,营造和谐世界,在全球范围内已广受认同,具有很大的影响力。为了更好地推进和谐管理,我们要理解和谐管理的本质,把握和谐管理的特征,使和谐管理更好地应用到现今的管理中。

(一)和谐管理的概念

在我国,首次正式完整地提出和谐管理理论的是席酉民教授,他在其著作中对和谐管理进行了详尽的介绍。和谐管理是组织为了达到其目标,在变动的环境中,围绕和谐主题的分辨,以优化和不确定性消减为手段提供问题解决方案的实践活动。其中“和谐主题”是指组织在特定的时期和情境下,为实现其愿景和使命所要解决的核心问题或要完成的核心任务。具体来看,和谐管理主要包括两方面。

1.“和则”

“和则”主要着眼于不确定性的消减和利用,激发成员的积极性、主动性和创造性以形成环境诱导下的自主演化,是用来调整人际间、组织间的共处的基本原则。其现实对应包括:规则、契约、文化、舆论、社会观念,属于“软”的方面。

和则1:提供人在组织中的基本意义和角色,主要包括“诚信”和“责任”。

和则2:提供人群在组织中的基本意义和角色,主要包括“对分工互补的认同”和“倾向与合作”。

和则3:提供组织在社会、自然中的基本意义和角色,主要包括“对可持续的遵从”和“积极地回馈”。上述和则包括的主要原则,共同构成了一个和则体系。

2.“谐则”

“谐则”主要着眼于行为路线的事先规定和安排,以形成一种在相对确定性下进行理性设计和优化的控制机制,是较为常见的最优化思想,属于“硬”的方面。

谐则1:是指要素间组合过程中最基本的要求,即匹配或一致性(例如结构和功能的协调)。

谐则2:是指要素间确定性联系的可变动性和调适性(例如负债率的安全值域、业务流程的再造)。

谐则3:是指既定投入的最大产出,即优化性(例如最短运输路径、最大产出规模)。

和则与谐则共同作用,形成耦合,并随同环境不断变化,这样才能促进组织的适应和发展,从而使组织获取竞争优势并提高绩效水平。

(二)和谐管理的理论特色

1.“双规则”:理性设计与自主演化的结合

和谐管理理论的特色之一在于通过引入双规则,从而摆脱了长期以来在管理领域占主导地位的单纯依赖科学设计的观点,为分析和解决管理问题打开了新的思路。

和谐管理面对复杂现实,既强调人类在物理领域积累的大量知识,又注重利用人理,利用环境诱导下其能动性和创造性,围绕和谐主题,将“构建主义”和“演化主义”相结合,以人与物的互动以及人与系统的自治性和能动性为前提,坚持围绕“和谐主题”,以“理性设计与优化”和“环境与诱导下的自主演化”双规则的耦合来应对管理问题,即能够事先安排、用科学方法解决的,用科学设计和优化来解决;反之,让人发挥其创造性,权宜应变。

2.“和”:应对不确定性的解决之道

在双规则的引入和运用中,和谐管理理论的特色也突出地表现在对于“和”的强调上,并认为经过传统积累和环境诱导下的行为协调形成“和则”体系对组织应对不确定性具有重要作用。

和谐管理理论将与人有关的问题归结为“和”的问题,并将“和”定义为人及人群的观念、行为在组织中的“合意”的“嵌入”,而“和则”是从“和”概念中派生出来的一套人嵌入组织的规则或者说主张。作为和谐管理理论解决管理问题的两个基本方面之一,“和则”是实现环境诱导下行为主体自主演化的基本原则,是对人的行为及人际关系进行协调与控制的管理机制。对于复杂环境下组织管理中的不确定性的应对具有重要意义。

3.“和谐耦合”:设计干预下的演化机理的体现

和谐管理理论将一定的问题或任务的有效解决途径总结为“理性设计与优化”和“环境诱导下的自主演化”双规则的互动耦合,和谐耦合是在和谐主题下对和则、谐则关系的调节,是和则与谐则围绕和谐主题在组织不同层级间相互作用的适应和演化的过程,而组织的管理体系也正是“诱导演化”和“理性设计”在一定条件下的相互耦合的结果。

和则与谐则的耦合过程是一个在互动中不间断的螺旋式推进的过程。围绕和谐主题的和则、谐则的运用及其耦合不仅鲜明地体现了管理活动中自主演化和人为设计的特点,而且也提供了复杂问题的有效解决之道。

(三)和谐管理的应用及价值

1.对复杂管理现象的解释力

按照和谐管理理论,我们可以既站在一个相对统一的框架内看待管理问题,又将每一个需要分析的管理问题视为具有其特定情境和性质的“个体”,剖析组织是否围绕其和谐主题,并通过和则与谐则的有效运用解决了组织的问题。这就使得和谐管理理论解释力的广泛性达到了传统理论所没有的高度,这也正是和谐管理理论应用价值的体现。

2.为分析管理问题提供思路

一个组织在其运行过程中不可避免地会出现这样那样的管理问题,“问题”意味着现实和理想之间存在差距。差距的存在迫使管理者分析和思考问题产生的原因,并根据其分析结果采取必要的措施来缩小以致消灭差距。和谐管理理论是从和则、谐则和组织运动过程不断涌现的和谐主题的互动和耦合来考察组织管理现象的，这就为我们分析现实中的管理问题提供了基本思路。

和谐主题具有强烈的环境依赖特征，与组织在特定时期的外部环境和内部条件有密切关系，并受到领导意识和行为的强烈影响。辨识出和谐主题后，需要分析组织围绕和谐主题的和则和谐则的运用，也就是分析组织管理体系与和谐主题之间的关系如何，在管理体系中和则与谐则的选择及其之间的配合程度如何。根据这一分析思路，管理者可以以和谐主题的辨识和围绕和谐主题的和则与谐则的运用为焦点，对组织发展的历程和特定时期的活动进行动态梳理，从而发现管理问题产生的机理。

3. 为解决管理问题提供帮助

和谐管理理论所提出的通过围绕和谐主题的和则与谐则的互动耦合，一方面是对管理现实广泛地反映，另一方面也是寻找问题解决途径的直接尝试，即针对组织中的具体问题和对象，管理者可以运用和谐管理理论的基本思想，通过围绕和谐主题的管理系统的设计，有效解决现实中的管理问题。

通过组织管理者对双规则的有意识地利用及其对管理体系的设计，可以找到组织具体问题的对策，为应对现实中的管理问题提供操作性的解决思路和方法，并为管理实践提供更为有效的依据和支撑。

全球化的历史潮流已经形成，势不可当，经济社会的发展呈现出多样化的发展态势，同样也深刻地影响着管理的变革，因此，在实际管理中必须树立全球化思维，树立全球化管理思维。全球化管理思维意味着，能以开阔的眼界审视世界，不断寻找那些对实现个人、职业或组织目标带来机遇的、意想不到的潮流或机会，并引领组织绕开威胁，规避风险，持续成功。

人物介绍

——让“苹果”掉下来改变世界的梦想者

史蒂夫·乔布斯

史蒂夫·乔布斯(Stere Paul Jobs，1955—2011)，一个简单的美国名字，却有一个不平凡的人生传奇。就是这个名字让代表着生命之源的平凡水果变成了人类进步的科技图腾。作为苹果公司的联合创始人、前行政总裁，乔布斯以天才般的商业眼光和科技头脑、不可抗拒的热情追求和个人魅力在世界范围内赢得了潮水般的崇拜。

1955 年，乔布斯生于美国旧金山，在出生后不久就被亲生父母送给了一对好心夫妇收养，他的亲生父母不可能意识到，他们所放弃的竟然是一个在将来几十年里通过科技改变世界的孩子。

1972 年，仅仅在里德学院上了一个学期的课程之后，乔布斯就选择了辍学。但他并没有离开学校，而是留在学院里选择一些自己感兴趣的课程，学习书法和哲学等看上去并不实用的知识。但是连他自己都没有想到，当多年以后他开创自己的事业之后，这些当初毫无功利心的学习却成了最大的产品优势之一。同时，他对宗教尤其是佛教产生了浓厚的兴趣，曾经前往印度亲身体验，也许正是这一系列的人生经历塑造成型了后来的乔布斯，使他能够更深层次地领略艺术之美，理解人类追求内心纯净和原始感动的本能。而哲学晦涩表面下的深邃和自然能够带给人的感性浸染正是乔布斯在那些由塑料和金属构成的科技产品下的人本追求。

1976 年，乔布斯的人生发生了一连串的重大转变，在同一年里他和朋友成立了苹果公司，推出了第一代苹果机。即便这个在现在看来异常简陋的产品在当时仍然是其貌不扬，但它却代表着一种完全创新的科技和一种从未有过的生活体验。第一代苹果机的大受欢迎使得乔布斯看见了一个更加广阔的市场，但他们在寻找资金支持的时候却是屡次碰壁。然而真的就像书本里所说的那样，命运从来不会抛弃努力的人，当百万富翁马尔库拉来到乔布斯的车间工厂之后，一切都彻底改变了。公司在马尔库拉的巨资帮助下得到了飞速的发展，乔布斯以其前瞻的商业头脑和出色的谈判技巧把自己的公司带上了更加商业化的轨道。

1977 年，在第一届计算机展览会上，苹果公司发布的苹果第二代样机以小巧轻便、造型美观改变了人们对于个人电脑的沉重笨拙、造型丑陋的刻板印象，带来了革命性的科技转变。乔布斯和苹果公司成了万众瞩目的焦点。

1980 年，当苹果公司上市的时候，460 万份股票在一个小时内被抢购一空，但是随着公司的日益发展，不同的思路和意见也逐渐堆积。乔布斯在公司发展理念上的超前与其他一部分高层的看法形成了完全的对撞，这也直接导致他失去了公司管理的话语权，他的研发项目被关闭一直到最后被彻底架空。他选择退出苹果，成立了自己的 NEXT 公司。而之后的市场表现证明离开了乔布斯的产品理念，苹果这颗曾经的科技明星逐渐失去了诱人的光泽正在一步步地变成腐烂的水果。

1996 年，苹果公司不得不重新召唤乔布斯回归，而此时的苹果公司已经是一艘严重进水的大船。乔布斯开始大刀阔斧的改革，为公司带来了重燃激情的气氛，也开始将苹果这一品牌带到世界的顶峰。从那时候开始，苹果公司每年都会有新产品发布，其中的很多产品都代表着当时最为先进的科技概念和生活方式。

乔布斯追求完美和誓不罢休的激情使个人电脑、动画电影、音乐、移动电话、平板电脑以及数字出版等6大产业发生了颠覆性变革。作为创造力与想象力的终极偶像，乔布斯独树一帜。因为他明白，在21世纪创造价值的最佳方式就是将创造力与技术相结合。

阿里巴巴创始人
——马云

当他在国内最早到处宣讲他的“黄页”时，别人说他是骗子；当他喊出“要做全中国最好的企业”时，别人说他是疯子；当他执意要创办全世界最伟大的公司时，别人说他是狂人。然而，他是中国第一位登上《福布斯》杂志封面的企业家；他的阿里巴巴被评为全球电子商务第一品牌；他还是比尔·盖茨、克林顿和布莱尔的朋友。没错，他就是马云。深凹的颧骨，扭曲的头发，淘气的露齿笑，一个5英尺高，100磅重的顽童模样。这个长相怪异的人有着拿破仑一样的身材，更有拿破仑一样的伟大志向。

马云，1964年10月生于浙江省杭州市，1988年毕业于杭州师范学院英语专业。1988—1995年任杭州电子科技大学英文及国际贸易讲师；1995年创办中国第一家互联网商业信息发布网站“中国黄页”；1999年创办阿里巴巴网站。他开拓电子商务应用，明确提出互联网产业界应重视和优先发展企业与企业间电子商务；他的观点和阿里巴巴的发展模式被称为“互联网的第四模式”。他和阿里巴巴在经营管理方面的实践被收录为MBA案例。他以“东方的智慧、西方的运作、全球的大市场”的经营管理念，招揽国际人才，开拓国际市场，同时培育国内电子商务市场，为中国企业构建一个完善的电子商务平台。他倡导诚信电子商务，帮助企业建立网上诚信档案，提高网上交易的效率和成功的机会。他和他的团队创造了中国互联网商务众多第一。

马云的两次“小发现”造就阿里巴巴。

所有成功的企业家，无不是伟大的学习者。他们善于倾听，善于从一切看似不可能中创造惊人的成就。马云就是如此。他抓住了两次机会，脱胎换骨、浴火重生般地重新找回了属于自己的一片天。

创业前期的失败让马云承受着难以言说的压力，但从海博翻译社到中国黄页，再到中国外经贸部，经历了大风大浪、坎坎坷坷的马云，在现实面前没有感到茫然而不知所措，相反，马云显得越发沉稳和坚强。

1999 年 1 月 15 日，马云和他的团队悄然南归。从北京市回到杭州市，马云成了一位名副其实的“无业游民”。不过，“黄河尚有澄清日，岂无人有得运时”。一向自恃颇高的马云显然不会对他的身份抱有丝毫的遗憾，因为此时的马云和他的团队正在酝酿一个更大的梦想。

马云的第一次发现，其实是一件十分有趣的事情。那还是马云一行人离开北京市前集体游览长城时的一个偶然发现。

马云在长城上看见了许多涂鸦者留下的痕迹，诸如“某某某到此一游”之类。在文物古迹上刻画本是一种陋习，但那时的马云却想：“大概这是中国人特别爱随手写点什么的‘历史传统’吧。”日后马云概括这个发现为：“长城上的这些涂鸦其实就是 BBS 的早期雏形。”

马云的第二次发现，源于 1999 年 2 月在新加坡召开的亚洲电子商务大会。由于马云在中国外经贸部做网站已经使他在互联网界小有名气，所以他有幸受到了大会的邀请。

之所以说有幸，是因为尽管大会美其名曰亚洲大会，但受邀的与会人员中，真正的黄皮肤黑头发的亚洲人却只有寥寥数人。走进会场，放眼望去，尽是金发碧眼高鼻子的欧美人。据说当时参加大会的欧美人竟占到了 80%。当然我们不能因为来了多少老外来判断这场会议规格有多高，但是至少可以证明一点：那时的亚洲电子商务几乎还没有开始起步，不然也不会不惜重金请一批不了解亚洲国情的老外在台上高谈阔论。

老外们所谈的自然是欧美式的电子商务，他们讲 eBay，讲亚马逊，而在台下认真聆听的马云不禁暗暗地思考。

当轮到自己发言的时候，马云没有片刻犹豫，他用流利的英语说道：“亚洲电子商务步入了一个误区。亚洲是亚洲，美国是美国，现在的电子商务全是美国模式，亚洲应该有自己独特的模式。”全场的人被震惊了，马云也几乎对自己的发言感到了震撼，但是这种震惊的背后依然是胸有成竹。因为马云思考的结论是：“小企业通过互联网组成独立的世界，这才是互联网真正的革命性所在。”

本章小结

21 世纪管理环境面临的巨大变化，同时也给管理带来了巨大的挑战。大量 80 后、90 后员工进入劳动力市场。由于社会经济全球化和移动互联网的快速普及，高等教育的改革，使这批新生代员工的价值观与老一辈相比，发生了巨大的变化。这对企业人力资源的管理提出了巨大的挑战。同时大量的知识型员工存在于劳动力市场上,如何使他们的工作/家庭生活得到平衡,也对管理提出了巨大的挑战。

21世纪,知识管理成为企业管理的一项重要内容。所谓知识管理,即在组织中建构一个量化与质化的知识系统,让组织中的资讯与知识,透过获得、创造、分享、整合、记录、存取、更新、创新等过程,不断地回馈到知识系统内,形成永不间断地累积个人与组织的知识成为组织智慧的循环,在企业组织中成为管理与应用的智慧资本,有助于企业做出正确的决策,以适应市场的变迁。

企业可以通过树立绿色价值观,使用绿色技术,开发绿色产品,推行绿色生产,开展绿色营销等方式进行绿色管理,只有改变现行的不可持续发展的生产经营模式,通过实施绿色管理,使自己的经济行为同自然环境、社会环境的发展协调起来,才能在激烈的市场竞争中始终处于不败之地。

和谐管理是组织为了达到其目标,在变动的环境中,围绕和谐主题的分辨,以优化和不确定性消减为手段提供问题解决方案的实践活动。和则与谐则共同作用,形成耦合,并随同环境不断变化,这样才能促进组织的适应和发展,从而使组织获取竞争优势并提高绩效水平。

本章重点:知识管理及绿色管理。

本章难点:和谐管理。

复习题

1. 什么是信息技术?它有哪些特征及作用?
2. 大数据时代管理面临的挑战有哪些?
3. 新生代员工、知识型员工给管理带来了什么挑战?
4. 如何理解工作/家庭平衡对管理造成的挑战?
5. 什么是知识管理?知识管理的原则和内容是什么?
6. 企业如何进行知识管理?
7. 绿色管理的内涵是什么?有哪些实施措施?
8. 和谐管理的主要内容是什么?它有什么特征?应用价值有哪些?

后　　记

为独立学院的学生撰写一本更具针对性、适用性的《管理学》教材，一直是我们想要努力完成的一个心愿。经过1年多的努力，我们终于完成了这本《管理学》教材的编写，在教材内容设置、教学重点安排及体例等方面进行了一些创新的尝试。

本教材的编写分工是：马淑文（第一、二、五章），张鑫（第三章），何静（第四章），张琦（第六章），顾姗姗（第七、十三章），来半分（第八、九章），王晓萍（第十、十二章），黄文胜（第十一、十四章），古家军（第十五章）。最后由主编统稿。

本书撰写借鉴了国内外有关研究成果，但由于是为独立学院学生量身打造的教材，经验有限，教材中难免存在不足，恳请读者批评指正。

马淑文　古家军

2016年3月1日

参考文献

[1]安德鲁·J. 杜伯林. 管理学精要[M]. 7 版. 胡左洁,郑黎超译. 北京:电子工业出版社,2007.

[2]埃德加·沙因. 组织文化与领导力[M]. 马红宇,王斌,译. 北京:中国人民大学出版社 ,2011.

[3]彼得·德鲁克. 21 世纪的管理挑战[M]. 朱雁斌,译. 北京:机械工业出版社,2009.

[4]阿曼德,谢泼德. 创新管理:情境、战略、系统和流程[M]. 陈劲,译. 北京:北京大学出版社,2014.

[5]彼得·德鲁克. 创新与企业家精神[M]. 蔡文燕,译. 北京:机械工业出版社,2009.

[6]大卫·鲍迪. 管理学[M]. 2 版. 北京:经济管理出版社,2011.

[7]海因茨. 韦里克,哈罗德·孔茨. 管理学:全球化与创业视角[M]. 13 版. 马春光,译. 北京:经济科学出版社,2011.

[8]罗伯特·N. 卢西尔. 管理学基础:概念、应用与技能提高[M]. 4 版. 高俊山,戴淑芬,译. 北京:北京大学出版社,2011.

[9]罗伯特·克瑞尼. 管理学原理[M]. 姜思琪,吴茜,刘路娟,译. 北京:清华大学出版社,2012.

[10]斯蒂芬 P. 罗宾斯. 管理学:原理与实践[M]. 7 版. 北京:机械工业出版社,2012.

[11]W. 理查德·斯科特,杰拉尔德·F. 戴维斯. 组织理论:理性、自然与开放系统的视角[M]. 高俊山,译. 1 版. 北京:中国人民大学出版社,2011.

[12]陈传明,周小虎. 管理学原理[M]. 2 版. 北京:机械工业出版社,2011.

[13]单凤儒. 管理学基础实训教程[M]. 2 版. 北京:高等教育出版社,2009.

[14]杜红平. 管理学原理[M]. 北京:科学出版社,2006.

[15]郝云宏,向荣. 管理学[M]. 2 版. 北京:机械工业出版社,2013.
[16]罗珉. 现代管理学[M]. 3 版. 成都:西南财经大学出版社,2013.
[17]李先江. 管理学[M]. 北京:北京大学出版社,2012.
[18]李成彦. 组织文化——基于组织效能的视角[M]. 北京:北京大学出版社,2013.
[19]刘飞燕,史丽华. 管理学原理[M]. 广州:华南理工大学出版社,2014.
[20]李杰,张秋来,盛丽,等. 管理学原理[M]. 北京:清华大学出版社,2011.
[21]牛三平. 管理学基础[M]. 北京:人民邮电出版社,2012.
[22]宋晶,郭凤侠. 管理学原理[M]. 4 版. 大连:东北财经大学出版社,2014.
[23]孙成志,刘明霞. 管理学[M]. 4 版. 大连:东北财经大学出版社,2012.
[24]孙晓红,闫涛. 管理学[M]. 2 版. 大连:东北财经大学出版社,2009.
[25]谭力文,李燕萍. 管理学[M]. 3 版. 武汉:武汉大学出版社,2009.
[26]王小兵,石蕊. 管理学原理与实务[M]. 北京:中国财政经济出版社,2014.
[27]王心娟,庞学升,崔会保. 管理学原理[M]. 北京:清华大学出版社,2011.
[28]王林雪. 管理学——原理、方法与技能[M]. 西安:西安电子科技大学出版社,2007.
[29]卫武. 管理学[M]. 北京:清华大学出版社,2013.
[30]席酉民. 变革时代的管理:中国学者的探索[M]. 北京:北京师范大学出版社,2012.
[31]邢以群. 管理学[M]. 3 版. 杭州:浙江大学出版社,2012.
[32]杨文士,焦叔斌,张雁,等. 管理学[M]. 3 版. 北京:中国人民大学出版社,2009.
[33]姚月娟. 管理学[M]. 大连:东北财经大学出版社,2014.
[34]亚当·斯密. 国富论[M]. 南京:译林出版社,2011.
[35]周三多,陈佳明,鲁明泓. 管理学——原理与方法[M]. 5 版. 上海:复旦大学出版社,2011.
[36]赵慧军. 管理沟通[M]. 北京:人民教育出版社,2011.
[37]赵惠芳. 管理学[M]. 杭州:浙江大学出版社,2010.
[38]朱雪芹. 管理学原理[M]. 北京:清华大学出版社,2011.
[39]张逸昕,赵丽. 管理学原理[M]. 北京:清华大学出版社,2014.
[40]张国良. 管理学原理与实践[M]. 北京:清华大学出版社,2014.